Praxisbuch Interkulturelle Handlungskompetenz

Alexander Thomas

Praxisbuch Interkulturelle Handlungs- kompetenz

Für Fach- und Führungskräfte mit globalen Herausforderungen

 Springer

Alexander Thomas
Köln, Deutschland

ISBN 978-3-662-63670-1   ISBN 978-3-662-63671-8   (eBook)
https://doi.org/10.1007/978-3-662-63671-8

Die Deutsche Nationalbibliothek verzeichnet diese Publikation in der Deutschen Nationalbibliografie;
detaillierte bibliografische Daten sind im Internet über http://dnb.d-nb.de abrufbar.

Springer ist ein Imprint der eingetragenen Gesellschaft Springer-Verlag GmbH, DE und ist ein Teil von
Springer Nature.
Die Anschrift der Gesellschaft ist: Heidelberger Platz 3, 14197 Berlin, Germany

Inhaltsverzeichnis

Einleitung

1

Das vorliegende „Praxisbuch zur interkulturellen Handlungskompetenz. Für Fach- und Führungskräfte mit globalen Herausforderungen" enthält eine Sammlung von Vortragstexten zu verschiedenen zentralen Aspekten der erlernbaren Qualifikation „interkulturelle Handlungskompetenz". Im Zusammenhang mit einer immer intensiveren Internationalisierung und Globalisierung vieler Lebensbereiche in Wirtschaft, Politik und Gesellschaft sowie im Lebensalltag und im Zusammenhang mit den beruflichen Herausforderungen wird interkulturelle Handlungskompetenz immer bedeutsamer. Es geht um das Wahrnehmen, Erkennen, Deuten, Interpretieren und Verstehen kulturell bedingter Einflussfaktoren auf die Erfassung und den Umgang mit Verhaltensweisen fremdkulturell geprägter Kommunikations- und Kooperationspartner.

Die einzelnen Texte basieren auf Ergebnissen empirischer Forschungsarbeiten aus den Forschungsfeldern Sozial-, Entwicklungs-und Organisationspsychologie. Das Buch beginnt mit Beiträgen zu zentralen Aspekten interkultureller Handlungskompetenz wie Erläuterungen zur Begrifflichkeit, Wirksamkeit und Qualifizierung interkultureller Handlungskompetenz, der Vertrauensbildung, zur Integration und Identität. Die Bedeutung der Entwicklung interkultureller Handlungskompetenz im Verlauf der lebensbiografischen Entwicklung, zum Beispiel durch Erfahrungen im Zusammenhang mit der Teilnahme an internationalen Jugendbegegnungen und im Kontext schulischer und beruflicher Bildungswege, wird in mehreren Beiträgen behandelt. Die selten thematisierte interreligiöse Sensibilisierung im Zusammenhang mit der Entwicklung interkultureller Handlungskompetenz wird in einem eigenen Kapitel differenziert dargestellt. Weitere Beiträge befassen sich mit der Qualifizierung interkultureller Handlungskompetenz. Somit wird das Thema aus sehr unterschiedlichen Blickwinkeln beleuchtet und in verschiedenen Bereichen verortet. Die jeweiligen Kapitel können auch einzeln gelesen werden. Um hierfür aber das Verständnis zu gewährleisten und um den Lesern unnötiges Vor- und Zurückblättern zu ersparen, tauchen einzelne Fallbeispiele sowie zentrale Definitionen in mehreren Kapiteln auf. Für Interessierte, die das gesamte Buch lesen, entstehen dadurch aber keine bis kaum Redundanzen, da sich wiederholende Fallbeispiele aus anderen Perspektiven beleuchtet werden.

Die Zielgruppen für das Buch sind Fach- und Führungskräfte aus den Bereichen Bildung, soziale Arbeit, Jugendarbeit, berufliche Auslandseinsätze und die Zusammenarbeit mit ausländischen Partnern in Deutschland.

Interkulturelle Handlungskompetenz als Schlüsselqualifikation

Inhaltsverzeichnis

2

2.1 Einleitung

Interkulturelle Handlungskompetenz ist eine Qualifikation, die eine Gewähr dafür bietet, dass Menschen unterschiedlicher kultureller Herkunft verständnisvoll und gleichermaßen reibungslos miteinander interagieren, kommunizieren und kooperieren, was keineswegs eine Selbstverständlichkeit ist. Das wird ersichtlich aus den in diesem Kapitel berichteten und behandelten und für deutsche Fach- und Führungskräfte aus kulturellen Gründen unerwarteten problematischen und schwer zu verstehenden Kommunikations- und Kooperationssituationen.

2.2 Die Bedeutung interkultureller Handlungskompetenz aus psychologischer Sicht

Jeder Mensch ist hinsichtlich seiner physischen und psychischen Beschaffenheit einmalig. Es gibt keine zwei Menschen, die einander gleich sind, es gibt sie weder heute, noch gab es sie in der Vergangenheit, und es wird sie auch in der Zukunft nicht geben. Selbst eineiige Zwillinge, die sich in vieler Hinsicht sehr ähnlich sind und erstaunliche Übereinstimmungen im Denken, Empfinden und Verhalten zeigen, sind keineswegs völlig gleich. Im Alltagsleben gehen Menschen allerdings in der Regel davon aus, dass alle, mit denen sie kommunizieren und interagieren, sehr ähnlich wahrnehmen, urteilen, bewerten, fühlen, erleben und handeln wie sie selbst. Es gibt zwar immer wieder einmal abweichende, überraschende und unverständliche Aktionen und Reaktionen im alltäglichen sozialen Umfeld, aber die meisten Ereignisse verlaufen, so wird es angenommen und vermutet, doch recht erwartungsgemäß, sachlich richtig und problemlos. Die große Mehrzahl der Ereignisse, die sich mit uns und um uns herum abspielen, erscheinen uns sinnvoll und logisch, selbstverständlich und sachlich angemessen, üblich, und sind Bestandteil der Handlungsroutinen. Jedenfalls gehen wir so damit um, übersehen kleine Abweichungen und ertragen bis zu einem gewissen, individuell unterschiedlichem Maße, durchaus auch Unstimmigkeiten und sind darauf eingestellt und dazu qualifiziert, unter Umständen unerwünschte und missliebige Divergenzen auf dem Weg der Wahrnehmungsselektion, der Generalisierung, der Typisierung und der Uminterpretation zu beseitigen. Dies alles gelingt dadurch, dass unter normalen Umständen Menschen über ein mehr oder weniger ausgeprägtes Maß an sozialer Handlungskompetenz verfügen, das sie zur Bewältigung sozialer Situationen zielgerichtet und effektiv einzusetzen verstehen. Dem Aufbau eines ausreichenden Maßes an Lebenstüchtigkeit, die zu einem Teil getragen wird von sozialer Handlungskompetenz (Kommunikationsfähigkeit, Empathie, soziale Motivation, soziale Bindungsfähigkeit, Kooperationsbereitschaft und Kooperationsbefähigung usw.), dient der Prozess der Akkulturation, verbunden mit einer erfolgreichen Sozialisation. Das Hineinwachsen in die Gesellschaft und das Erlernen der in ihr geltenden sozial relevanten Werte, Normen und Verhaltensregeln sowie die Ausbildung entsprechender Qualifikationen sind die Grundlage zum Erreichen eines Minimums an Lebensqualität. Im Verlauf der lebensgeschichtlichen Entwicklung wird im Prozess des Verstärkungslernens, Vorbildlernens und der sozialen Unterstützung nahezu alles, was zum Lebensalltag, zur Lebensgestaltung und zur Problembewältigung erforderlich ist, einer Schematisierungs-, Routinisierungs-,

Generalisierungs- und Objektivierungssystematik unterworfen. Deshalb werden die zur Bewältigung der Alltagsanforderungen erforderlichen kognitiven, motivationalen und emotionalen handlungsbezogenen Vorgänge in ihrem Handlungsvollzug auch nicht mehr bewusstseinspflichtig. Sie sind schematisiert, und sie werden so behandelt, als seien sie für alle anderen Menschen genauso wichtig und richtig wie für einen selbst. Dadurch wird ihnen quasi eine universell gültige Gesetzmäßigkeit unterstellt.

Im Kontext dieser sich aus Alltagserfahrungen heraus ergebenden Selbstverständlichkeiten entwickelt sich die Erkenntnis, dass die Akkulturation, und mit ihr der Prozess der Sozialisation, vorrangig dazu dient, die nachwachsende Generation in das Erfahrungswissen, in das Wert-, Norm- und Regelwerk der für die Individuen relevanten Kultur, in das entsprechende kulturspezifische Orientierungssystem einzuführen, um so eine für die soziale Gemeinschaft adäquate kulturspezifische Handlungskompetenz aufbauen zu können (Thomas, 2000).

Diesen Überlegungen liegt folgende Kulturdefinition zugrunde, die auch für das Verständnis dessen, was hier unter „interkultureller Handlungskompetenz" verstanden wird, von zentraler Bedeutung ist:

» „Kultur ist ein universelles, für eine Gesellschaft, Organisationen und Gruppe aber sehr typisches Orientierungssystem. Dieses Orientierungssystem wird aus spezifischen Symbolen gebildet und in der jeweiligen Gesellschaft usw. tradiert. Es beeinflusst das Wahrnehmen, Denken, Werten, Empfinden und Handeln aller ihrer Mitglieder und definiert somit ihre Zugehörigkeit zur Gesellschaft. Kultur als Orientierungssystem strukturiert ein spezifisches Handlungsfeld für alle sich der Gesellschaft zugehörig fühlenden Individuen und schafft damit die Voraussetzungen zur Entwicklung eigenständiger Formen der Umweltbewältigung. Als Handlungsfeld bietet die Kultur Handlungsmöglichkeiten, stellt aber auch Handlungsbedingungen: Sie bietet Ziele an, die mit bestimmten Mitteln erreichbar sind, setzt zugleich aber auch Grenzen des möglichen – oder richtigen – Handelns." (E. Boesch, zitiert in Thomas, 1980, S. 234).

In einer Begegnung zwischen Menschen aus unterschiedlichen Kulturen handeln die Interaktionspartner mit gleichem Recht und gleicher Überzeugung, so wie sie es gewohnt sind, und somit aus der Überzeugung heraus, dass ihr eigenes Orientierungssystem für alle anderen Personen so selbstverständlich, richtig, wahr und angemessen ist wie für sie selbst. Aus dieser Selbstgewissheit heraus werden anders als erwartet handelnde Personen entweder ignoriert oder die Ursachen für das unpassende, fehlerhafte Verhalten den Partnern zugeschrieben. Die sich ergebenden Verstehens- und Interpretationsprobleme können deshalb von den handelnden Personen nicht als Resultat unterschiedlicher kultureller Orientierungssysteme erkannt, anerkannt und entsprechend bewertet werden. Vielmehr werden die Ursachen personal attribuiert, also auf den interagierenden Partner bezogen, und als eine spezifische Eigenart dieser Person und als Persönlichkeitszug, Marotte oder bewusst eingesetzte Taktik, um dem Partner zu schaden, bewertet. Die Reaktionsmöglichkeiten auf dieses Verhalten reichen von Erdulden und Ertragen oder dem Aktivieren einer gezielten Ursachenanalyse sowie Aufklärungs- und Überzeugungsarbeit bis hin zur Resignation, Verärgerung, Abwehr und Aggressivität. Die eigentlichen Ursachen dieser Störungen, die bis hin zum Orientierungsverlust führen können, sind an den Interaktionspartner gestellte Verhaltenserwartungen, die vom Partner aufgrund seines andersartigen kulturellen Orientierungssystems aber nicht erkannt und so auch nicht erfüllt werden

2

können. Interkulturelle Handlungskompetenz zeigt sich nun gerade darin, dass es dem Handelnden gelingt, mit solchen erwartungswidrigen Interaktionen fertigzuwerden.

Die folgenden Beispiele illustrieren solche erwartungswidrigen Situationen im Bereich unterschiedlicher sozialer Kontexte.

2.3 Fallbeispiele

Berichte über personale und kulturspezifisch determinierte Probleme in der Kooperation mit Partnern im Auslandseinsatz

1. Der Manager eines deutschen Pharmaunternehmens berichtet:

   „Ich habe zunächst drei Jahre in Ostasien gearbeitet und wurde dann in die USA versetzt. In Asien überfällt einen die Fremdheit gleich am ersten Tag, man spürt sie wie einen Hammerschlag. Es dauert Monate, bis man beginnt, hinter der Fremdheit hier und da auch Vertrautes zu entdecken.

   In den USA habe ich es umgekehrt erlebt. Manche Äußerlichkeit mutet zwar zunächst auch fremd an, beispielsweise die Architektur der Städte, aber doch nicht so fremd wie in Asien. Ich habe das, was ich sah, auch ständig in Bezug zu Deutschland gesetzt. Ich habe mich mit Hoffnung, öfter aber auch mit Sorge, gefragt: Wann wird es bei uns auch so sein wie hier? Schon in dieser Frage kommt ein gewisses Maß an Nähe zwischen Deutschland und den USA zum Ausdruck!

   Mit den Menschen kam ich in den USA zunächst sehr gut zurecht: „Leute wie du und ich", dachte ich. Aber je länger ich da war, desto fremder wurden sie mir – und dies in vielen Bereichen. Aus der heutigen Distanz betrachtet würde ich immer noch sagen, dass die Unterschiede insgesamt viel geringer sind als die zu meinen ostasiatischen Partnern, aber es gab in den USA Momente, da war ich mir dessen gar nicht mehr so sicher, und zwar deshalb, weil wenig so lief, wie ich es erwartet hatte.

   Aber ein wichtiger Unterschied lag auch in meinem Herangehen an die beiden Kulturen:

   In Asien habe ich Fremdheit erwartet und dann manche Gemeinsamkeit gefunden. In Amerika habe ich Gemeinsamkeit erwartet und bin auf viel Fremdes gestoßen."

2. Ein amerikanischer Trainer, der Manager auf den Arbeitseinsatz in Deutschland vorbereitet, berichtet:

   „Die meisten Deutschen unterschätzen die Unterschiede zwischen den USA und Deutschland. Umgekehrt ist es etwas anders: Deutschland ist bei uns in den Medien, überhaupt in unserem Alltag, viel weniger präsent. Aber natürlich haben wir ein ganzes Bündel von Klischees im Kopf, wenn wir an Deutschland denken. Dabei sind wir auch nicht ganz frei von Misstrauen, aufgrund der Ereignisse im Zusammenhang mit dem Zweiten Weltkrieg, der Nachkriegsgeschichte und der aktuellen Entwicklungen im Zusammenhang mit Rechtsradikalismus und Fremdenfeindlichkeit in Deutschland.

Unsere Manager, die nach Deutschland geschickt werden, fallen jedenfalls gelegentlich auf den Bauch, schon deshalb, weil sie denken, sie seien schlicht und einfach besser als die Deutschen – technisch und natürlich erst recht moralisch.

Weiterhin ist festzustellen, dass einige bedeutende deutsche Unternehmen in den letzten Jahren große Schwierigkeiten auf dem amerikanischen Markt hatten. Eine Weile haben sie die Ursachen dafür vor allem in den Wechselkursschwankungen und ähnlichen „Schicksalsschlägen" gesehen. Aber inzwischen hat man sich zu der Erkenntnis durchgerungen, dass falsches Auftreten ihrer Repräsentanten in den USA einen viel bedeutsameren Anteil an den Misserfolgen hatte. Man macht sich inzwischen Gedanken darüber, was es heißt, in den USA „richtig" und „angemessen" aufzutreten."

(Bericht aus Interviews)

3. Ein deutscher Managementtrainer, der deutsche Manager auf einen USA-Einsatz vorbereitet, bemerkt:

„Es besteht bei deutschen Firmen durchaus eine gewisse Nachfrage zur Vorbereitung auf die USA. Wenn man allerdings berücksichtigt, dass die USA nach wie vor das Land sind, in das deutsche Unternehmen im Schnitt die meisten Auslandsmitarbeiter entsendet, ist die Nachfrage überproportional niedrig. Während es mittlerweile viele Unternehmen für unabdingbar halten, einen nach China oder Japan zu entsendenden Mitarbeiter auf die chinesische resp. japanische Kultur allgemein und die Unternehmenskultur im Besonderen vorzubereiten, hat eine entsprechende Vorbereitung auf die USA noch immer den Charakter einer „Luxusveranstaltung".

Die Einschätzung, dass amerikanische Vorgehensweisen eigentlich jedem gebildeten Deutschen vertraut sein müssen, ist immer noch weit verbreitet. Interessanterweise haben vor allem die deutschen Unternehmen gelernt, sich besser vorzubereiten, die schon lange in dem US-Markt präsent sind und häufig erfahren haben, wie schnell man dort eine Bruchlandung machen kann. Sie vor allem sind es, die ihre Mitarbeiter heute systematisch auf einen Amerikaeinsatz nicht nur sprachlich, landeskundeorientiert und marktspezifisch vorbereiten, sondern auch auf den Umgang mit der Mentalität der Amerikaner."

(Bericht aus Interviews)

4. Ein Expatriate im Auslandseinsatz berichtet:

„Für insgesamt zwei Jahre wurde ich von meinem Unternehmen, das in der Unternehmensberatung in Deutschland tätig ist, zu unserer Vertretung in Moskau entsandt. Insgesamt waren im Moskauer Büro ca. 15 Experten aus verschiedenen Ländern tätig. Der überwiegende Teil der Mitarbeiter (etwa 95 %) stammte aus Russland. Sowohl die Vorbereitungsphase als auch die erste Woche nach Ankunft in Moskau waren gut organisiert. Momente der Frustration gab es zwar genug, aber man hatte sich in gewisser Weise auch mental darauf vorbereitet, was einen erwartet. Im beruflichen Bereich gab es die größten Anpassungsprobleme, vor allem aufgrund der unterschiedlichen Arbeitsweise und Organisation im Vergleich zu Deutschland. Nach ein paar Monaten gewöhnt man sich allerdings an die Mentalität der russischen Kollegen und erkennt, dass Deutschland nicht unbedingt das Maß aller Dinge sein muss und es auch anders genauso gut funktioniert. Hilfreich in dieser Phase aber war sicherlich auch der Austausch mit den anderen Expatriates. Allerdings stellt jeder Arbeitsplatzwechsel innerhalb Deutschlands eine ähnliche Situation dar.

2

Die größten Probleme gab es im privaten Bereich. Das bisherige soziale Umfeld musste neu entwickelt und organisiert werden: Neue Freunde mussten gefunden werden. Alltägliche, einfache Dinge wie Einkaufen gestalten sich aufgrund sprachlicher und kultureller Probleme schwierig und zeitraubend, zumindest in der Anfangsphase ist man auf die Unterstützung vor allem durch Kollegen aus Deutschland angewiesen. Andererseits ist genau dies die interessante Seite bei einem Auslandseinsatz. Zudem ist man nicht allein: Andere Expatriates teilen das Schicksal und stehen unterstützend zur Seite. Nach ein paar Monaten habe ich mich schließlich akklimatisiert und fühlte mich heimisch.

Die Rückkehr und die Integration nach zwei Jahren verliefen nicht einfacher, eher schwieriger. Erst einmal hieß es, Abschied nehmen von der neu gewonnenen Heimat, von Freundschaften, und wieder in die „Normalität" zurückzukehren. Die größten Schwierigkeiten gab es bei der Rückkehr allerdings nicht im privaten, sondern im beruflichen Feld. Die Zeit bleibt während der Abwesenheit in einer Gesellschaft nicht stehen, und man kann nicht davon ausgehen, dass man mit offenen Armen wieder empfangen wird. Kunden und Mandate, die man vor dem Auslandseinsatz betreut hat, werden nun von anderen Kollegen betreut. Wer ist schon so selbstlos und weicht von seiner Position, nur weil ein Kollege aus dem Ausland zurückkehrt? Hier gibt es sicherlich das größte Frustrationspotenzial, denn insgeheim hat man sich ja auch aus dem Auslandseinsatz eine berufliche Weiterentwicklung versprochen, auch viel Zeit und Nerven investiert (von privaten Schwierigkeiten mit dem Partner ganz zu schweigen). Insgesamt war ich während der Anfangsphase meiner Rückkehr froh, den Auslandseinsatz nicht nur aus beruflichen Gründen, sondern auch aus privatem Interesse unternommen zu haben. Aus persönlicher Sicht hat sich der Auslandseinsatz sicherlich voll gelohnt. Den beruflichen Nutzen muss man eher langfristig sehen. Die Erfahrungen und Kenntnisse, die man im Ausland gewonnen hat, können in der Regel nicht sofort verwertet werden, machen sich aber sicherlich in jedem Lebenslauf gut.

Unbedingt notwendig für eine erfolgreiche berufliche Reintegration ist, dass man während des Auslandseinsatzes niemals die Rückkehr aus dem Auge verliert. Unabdingbar ist, dass der Kontakt zu den Kollegen in der Heimat immer aufrechterhalten bleibt und ein Kontaktpartner im Heimatland zugewiesen wird. Mit ihm sollte man frühzeitig für zukünftige Positionen nach der Rückkehr sprechen. Hierbei steht überwiegend der Entsandte in der Pflicht. Er muss immer wieder den Kontakt mit der Heimatgesellschaft suchen. Das „alte" Netzwerk sollte gepflegt werden. Besuche im Heimatland soll genutzt werden, um kurz bei den alten Kollegen vorbeizuschauen. Fortbildungsangebote der Heimatgesellschaft sollten besucht werden, um den beruflichen Anschluss nicht zu verpassen. Alles in allem muss für eine gute berufliche Reintegration bereits während der Entsendung gesorgt werden. Ferner kann man nicht damit rechnen, dass sich die Entsendung sofort beruflich auszahlt. Es ist eher eine langfristige Investition, die sich aber früher oder später auszahlen wird.

In diesen Berichten werden schon einige zentrale Aspekte und Anforderungen angesprochen, die einerseits mit den charakteristischen Merkmalen kultureller Überschneidungssituationen zu tun haben und andererseits mit den Möglichkeiten und Problemen im Zusammenhang mit der Entwicklung von Fähigkeiten und Fertigkeiten im Umgang mit interkulturellen Diversitäten zusammenhängen, wie z. B. Differenzen zwischen Erwartung und Realität, erwartete und erfahrene kulturelle Ähnlichkeit und Unähnlichkeit, kulturell angemessenes und adäquates Reagieren, Divergenzen zwischen Selbstbild und Fremdbild sowie vermutetem Fremdbild, Ignoranz in Bezug auf die Notwendigkeit interkultureller Orientierungstrainings, unterschiedliche Ursachenzuschreibungen für wirtschaftliche Misserfolge im Zielland u. Ä. Auf alle diese Punkte wird im Verlauf der weiteren Themenbehandlung ausführlich eingegangen.

Ergänzend zu diesen Berichten von Fach- und Führungskräften im Auslandseinsatz und dem, was sie dabei über die Schwierigkeiten der Anpassung an eine neue Umgebung und Kultur und was sie zusätzlich noch an kulturspezifischen Verhaltensweisen berichten, werden im Folgenden kulturspezifisch determinierte Probleme in der Kooperation mit ausländischen Partnern geschildert, die aufgrund der von ihnen ausgehenden erwartungswidrigen Verhaltensreaktionen irritieren, verunsichern und zum Orientierungsverlust führen. Sie illustrieren die Bedeutung interkultureller Handlungskompetenz für das Gelingen der Zusammenarbeit und der Vermeidung von Frustration und Orientierungslosigkeit.

2.4 Fallbeispiele kulturell bedingt kritischer Interaktionssituationen: Ursachen und Wirkungen

Fallbeispiel: deutsch-amerikanischer Studentenaustausch

Eine US-amerikanische Studentin in Deutschland berichtet:

„Mithilfe eines Studienstipendiums bin ich für sechs Monate nach Deutschland gekommen, an eine weltweit bekannte und für ihre Forschungen berühmte Universität. Inzwischen fühle ich mich in Deutschland ganz wohl und komme mit dem Studium gut voran. Der Beginn in Deutschland war allerdings für mich sehr schwer. Die deutsche Sprache bereitete mir keine Schwierigkeiten, denn ich hatte vorher mehrere Deutschkurse besucht. Probleme bereitete mir aber der Umgang mit den deutschen Gesprächspartnern, auch mit den deutschen Kommilitonen und Kommilitoninnen. Schon nach kurzer Zeit merkte ich, dass niemand mich von sich aus ansprach, keiner suchte direkt ein Gespräch mir. Wenn ich von mir aus jemanden ansprach, den ich im Wohnheim schon häufiger gesehen hatte und mit dem ich nun plaudern wollte, hatte ich immer den Eindruck, dies sei unpassend. Die Reaktion der Deutschen war nicht teilnahmsvoll, sondern eher von Irritation und Ablehnung geprägt. Zunächst dachte ich, dies läge an meinem Aussehen, meiner Kleidung oder daran, dass mein Deutsch vielleicht noch einen amerikanischen Dialekt zu erkennen gibt, dann aber fiel mir auf, dass Deutsche auch untereinander nicht viel miteinander reden. Ich hatte den Eindruck gewonnen, dass sie nur dann gesprächig sind, wenn es etwas Wichtiges zu besprechen gibt, sonst aber eher schweigen. Daran habe ich mich inzwischen gewöhnt, und ich spreche von mir aus niemanden mehr so an, wie ich das von zu Hause gewohnt bin. Allerdings kann ich dieses Verhalten der Deutschen überhaupt nicht verstehen, und das bis heute nicht.

Bei uns in den USA ist es üblich, zu jeder Zeit mit jedem Menschen, dem man begegnet, der einem nahekommt, und das in Situationen, die es erlauben, miteinander zu sprechen, zum Beispiel im Studentenheim, in den Seminarpausen oder in der Mensa, man begrüßt sich mit einem Hallo und erkundigt sich nach dem Wohlergehen des Gesprächspartners und schafft so eine gute Atmosphäre. Man fragt nach seinem Wohlergehen und ob man sich gegenseitig helfen kann, und nicht selten verabredet man sich noch für weitere Treffen. Das gilt auch für Personen, denen man zum ersten Mal begegnet. Das ist manchmal ganz schön stressig, aber tun wir das nicht, fühlen wir uns unwohl und in gewisser Weise auch etwas schuldig."

Ein deutscher Student in den USA berichtet:
„Um Daten für meine Dissertation zu sammeln, vermittelte mein Professor mir ein einjähriges Forschungsstipendium an einer amerikanischen Universität. Ich war noch nie in den USA gewesen und kannte auch aus meiner bisherigen Studienzeit keine Amerikaner. Was mich am Anfang meines Aufenthalts in den USA am meisten überraschte, ja richtig überwältigte, war die Aufgeschlossenheit und Kontaktfreudigkeit der Amerikaner. Überall wurde ich so freundlich empfangen und in Gespräche verwickelt, als wäre ich ein alter Bekannter, dabei begegnete ich allen doch zum ersten Mal. Im Supermarkt, im Studentenwohnheim, an der Universität der Mensa, in öffentlichen Verkehrsmitteln wurde ich angesprochen und war schnell in ein Gespräch über meine Herkunft, den Grund der Reise in die USA, meine Forschungsarbeiten, meine Hobbys und meine beruflichen Ziele gleichsam hineingezogen. Nachher war ich manchmal selbst von mir überrascht, was ich alles wildfremden Menschen von mir erzählt hatte und was ich alles von ihnen erfahren habe. Viele boten mir auch von sich aus Hilfe an und wollten Kontakte herstellen, die für meine Studien wichtig sein könnten. Von den amerikanischen Kommilitoninnen und Kommilitonen wurde ich immer wieder zu gemeinsamen Treffen, Kinobesuchen und Kneipen eingeladen. Allerdings merke ich auch schnell, dass manche Einladung nicht so ernst gemeint war, wie ich sie aufgefasst hatte, sie wurde kurzfristig abgesagt oder in eine unklare Zukunft hinein verschoben. Aus den freundschaftlichen Einladungen und Verabredungen, so hatte ich es gelernt, kann man nicht unbedingt eine verbindliche Verpflichtung ableiten. Das hat mich manchmal schon enttäuscht und auch etwas gekränkt. Das permanente Gefordert sein, mit jedem, dem man nahekommt, ein Gespräch zu beginnen und auf seine Gesprächswünsche eingehen zu müssen, war auch oft sehr belastend. Für so jemanden wie mich, der sich in eine so völlig neue Umgebung einleben und an eine so ganz andere soziale Lebensweise gewöhnen musste, war das zunächst alles fremd und gewöhnungsbedürftig, aber die selbstverständliche Offenheit der Amerikaner empfand ich dann auch als Wohltat, und all das erleichterte mir die Eingewöhnung sehr."

Erläuterungen: In diesen beiden Beispielfällen erfahren die handelnden Personen in einer Erstbegegnungssituation eine Reaktion des Partners, die sie nicht erwartet haben. Das führt zunächst zu emotionalen Belastungen, es macht sie stutzig, es irritiert und verunsichert, zeigt aber zugleich auch den Weg auf, wie man sich in der neuen Umgebung (Kultur) kulturadäquat zu verhalten hat. Die amerikanische Studentin und der deutsche Doktorand passen sich den Gegebenheiten an, obwohl sie die Gründe für das ungewohnte Verhalten nicht verstehen.

In allen Kulturen gibt es tradierte Regeln und Verhaltensnormen, die befolgt werden müssen, wenn man auf Mitmenschen trifft, die man schon kennt oder denen man erstmalig begegnet. Als angemessenes und normgerechtes Verhalten bei Erstbegegnungen wie in den beiden Beispielen gilt für Deutsche die Regel, erst einmal zu reflektieren und zu differenzieren in „Bin ich dem schon einmal begegnet? Kenne ich den?" Wenn nicht, besteht zunächst einmal keine Verpflichtung, ein Gespräch zu beginnen. Bin ich dem schon einmal begegnet – dann reicht ein kurzer Gruß. Das gilt auch für die Begegnung mit Menschen in Räumen, in denen man nahe beieinander steht oder sitzt, wie zum Beispiel Aufzüge und Wartezimmer. Kenne ich die Person, der ich gerade begegne, sollte ich mich nach ihrem Befinden erkundigen, und wenn ich sie gut kenne, ist es angebracht, mit ihr ein ausführliches Gespräch zu beginnen und mich nach ihrem Wohlbefinden und dem ihrer Familie zu erkundigen. Eventuell begrüße ich sie dann auch mit Handschlag. Bin ich mit ihr verwandt, umarme ich sie, eventuell gebe ich ihr einen Kuss, nehme mir die Zeit zum ausführlichen Plaudern und lade sie eventuell noch zu einem Kaffee ein. Das hat aber alles mit einem gewissen Maß an Zurückhaltung zu erfolgen, denn in Deutschland lautet die Vorschrift für eine gesittete Gestaltung interpersonaler Begegnungen: „Mische dich nicht ungefragt in die Angelegenheiten eines anderen Menschen ein! „Distanzlosigkeit", „Zudringlichkeit" und „Aufdringlichkeit" werden stärker mit Ablehnung bestraft als ein gewisses Maß sozialer Hemmungen und Kontaktzurückhaltung.

Dieses Verhalten steht im diametralen Kontrast zum angemessenen Sozialverhalten zwischen Personen in den USA. Direktes, freundliches und Hilfsbereitschaft signalisierendes Verhalten, aktiv auf jede in der Nähe befindliche Person zuzugehen ist ebenso selbstverständlich wie den Gesprächspartner nach seinen Befindlichkeiten, Plänen, Zielen, Emotionen zu fragen, gegebenenfalls ein längeres Gespräch anzustoßen und Verabredungen für zukünftige Treffen vorzuschlagen. Dies sind selbstverständliche Bestandteile jeder zwischenmenschlichen Begegnung in den USA. Dieses Verhalten folgt der Regel: „soziale Distanzminimierung, also Herstellen von sozialer Nähe verbunden mit Akzeptanz und Vertrautheit."

Wer diese kulturell bedingten Unterschiede im zwischenmenschlichen Verhalten bei US-Amerikanern und Deutschen kennt, kann mit den erwartungswidrigen Verhaltensweisen besser umgehen, denn negative Emotionen und Orientierungsverluste sind minimiert und Anreize zur positiven Einschätzung der ungewohnten Verhaltensreaktionen und die Erwartung, sie produktiv bewältigen zu können, aktiviert. So kommt interkulturelle Kompetenz im Bereich des so wichtigen zwischenmenschlichen Verhaltens bei interpersonalen Begegnungen in Gang.

Fallbeispiel: Flüchtlings- und Migrantenbetreuung

Eine gelernte Sozialarbeiterin berichtet:

„Ich habe nun schon 18 Jahre in einer Beratungseinrichtung für weibliche Flüchtlinge und Migranten gearbeitet. Nun habe ich das Pensionsalter erreicht und gehe in den Ruhestand. Die Arbeit hat mir Freude bereitet, obwohl auch viele kritische Problemfälle zu bewältigen waren. Manche Klienten stellten immer wieder nur Forderungen, viele waren aber auch mit dem Beratungsangebot zufrieden und dankbar für die Hilfe. Wenn sie es bei ihren sonstigen Belastungen bewältigen konnten, boten einige sogar an, ehrenamtlich in der Einrichtung mitzuhelfen. So entwickelte sich allmählich zwischen mir und

2

diesen ehrenamtlichen Helfern und Helferinnen ein gewisses Vertrauensverhältnis. Nach der Verabschiedungsfeier zu meiner Pensionierung kam eine Frau aus der Gruppe der ehrenamtlichen Helferinnen, die als alleinerziehende Mutter vor fünf Jahren aus dem Kosovo mit zwei Kindern geflohen war und jetzt finanziell so gerade über die Runden kommt, auf mich zu, fasste mich an die Hand, bedankte sich überschwänglich für das ihr entgegengebrachte Wohlwollen und die geleistete Hilfe und drückte mir dabei schnell einen 50-€-Schein in die Hand. Da ich wusste, welch hohen Wert ein 20-€-Schein für die Frau hatte und ich auch aufgrund meiner beruflichen Verpflichtung von unseren Klienten kein Geld oder sonstige Geschenke annehmen zu dürfte, verweigerte ich die Annahme. Sie ließ aber nicht locker, betonte, wie sehr ich ihr doch geholfen hätte, die Anfangszeit zu bewältigen, und wie gut und vertrauensvoll wir doch immer zusammengearbeitet hätten und dass sie sich dafür mit dieser Kleinigkeit bedanken möchte. Sie betonte noch, dass sie ohne mich nie so weit gekommen wäre. Sie war außer sich vor Erregung und rief schließlich, wenn ich den Schein nicht annähme, würde sie sie ihn vor meinen Augen zerreißen – und brach dann in Tränen aus. Ich versuchte noch, sie etwas zu beruhigen und ihr zu erklären, dass ich nach den geltenden Arbeitsvorschriften ein solches Geschenk überhaupt nicht annehmen dürfte, aber dazu kam es nicht mehr, denn die Kosovarin verließ wutentbrannt und weinend die Abschiedsfeier.

Ich habe überhaupt nicht verstanden, warum die sonst immer so ruhig und beherrscht wirkende Kosovarin sich so aufgeregt hat und so wütend geworden ist.

Die Abschiedsfeier war dadurch natürlich massiv gestört worden."

(Mündlicher Bericht aus Interviews)

Erläuterungen: Die handelnden Personen haben offensichtlich sehr unterschiedliche Vorstellungen von dem Beziehungsverhältnis, was sich im Lauf der Zeit zwischen ihnen entwickelt hatte. Aus Sicht von Frau Meier hat sie der Frau so geholfen und mit ihr als ehrenamtliche Kraft so zusammengearbeitet wie mit anderen Flüchtlingen auch. Aus Sicht der Kosovarin hatte sich allerdings zwischen ihr und Frau Meier mit der Zeit ein besonders freundschaftliches Verhältnis entwickelt, denn sie konnte sich einfach nicht vorstellen, dass Frau Meier als bezahlte Angestellte ihr gegenüber so viel Freundlichkeit, Hilfe und Zuwendung entgegenbrachte. Sie hatte in ihrer Heimat immer nur erfahren, dass Angestellte nur das Nötigste an Hilfe anboten, wenn überhaupt, und das auch oft nur gegen eine zusätzliche Bezahlung. Deshalb wollte sie sich mit dem Geldbetrag erkenntlich zeigen und auf diese Weise das besondere Freundschaftsverhältnis zwischen ihr und Frau Meier betonen, dokumentieren und erhalten. Die Irritationen entstanden aus kulturspezifisch geprägten unterschiedlichen Sichtweisen auf eine sachlich notwendige Dienstleistung. Aus Sicht von Frau Meier hat sie die ihr aufgetragene und bezahlte Arbeit fachlich kompetent geleistet. Aus Sicht der Kosovarin war daraus eine enge Freundschaft entstanden, die Bestand haben sollte.

Fallbeispiel: eine deutsch-französische Firmenkooperation

Der Geschäftsführer eines deutschen mittelständischen Unternehmens, Herr Hauf, und Herr Miro, Besitzer eines französischen Familienunternehmens, lernen sich auf der Hannover-Messe kennen. Sie stellen fest, dass es bei einer engen Kooperation zwischen ihren beiden Unternehmen im Bereich der Teilefertigung und Material-beschaffung erhebliche Synergiepotenziale geben könnte, die beide im internationalen Wettbewerb zugutekämen. Sie kommen überein, dass es sich hier also um eine klassische Win-Win-Situation handeln könnte. Sie informieren ihre Firmenleitungen, und mit deren Zustimmung beschließen sie, dass jeder zunächst für sich Überlegungen anstellt, wie eine solche Kooperation aussehen könnte, um dann die Konzepte auszutauschen und sie gemeinsam zu diskutieren.

Nach zwei Wochen schickt Herr Hauf sein Konzept an Herrn Miro. Es enthält mehrere grundlegende Gedanken zum Projekt, eine Auflistung der Vor- und Nachteile für beide Seiten, Vorschläge für die weiteren Schritte und eine auf fünf Jahre angelegte, vorläufige Budgetplanung. Als er nach einem Monat von Herrn Miro noch keine Antwort erhalten hat, schreibt er eine E-Mail mit der Bitte um Rückmeldung. Als er einen Monat später immer noch nichts von Herrn Miro gehört hat, macht er sich Sorgen, ob Herr Miro das Konzept überhaupt erreicht hat oder ob ihm etwas zugestoßen sein könnte. Zudem fragt seine Geschäftsleitung immer mal wieder nach, was denn aus dem so interessanten Kooperationsprojekt inzwischen geworden ist und ob es vorangeht. Schließlich ruft Herr Hauf in Paris an, bekommt aber Herrn Miro nicht ans Telefon, da er, wie seine Sekretärin mitteilt, zu beschäftigt ist. Bei weiteren Anrufen bekommt er zur Antwort, Herr Miro sei auf Auslandsreisen oder, ein anderes Mal, im Urlaub.

Herr Hauf versteht nicht, warum die Sache nicht vorangeht und warum Herr Miro sich so offensichtlich verleugnen lässt. Er weiß auch nicht, was er weiter unternehmen kann, um herauszufinden, was da wirklich los ist, und um das Projekt voranzubringen oder um es definitiv zu beenden. Schließlich schreibt Herr Hauf eine Mail an Herrn Miro mit folgendem Inhalt: Er habe nun zigmal vergeblich versucht ihn zu erreichen, um zu erkunden, wie weit er mit dem angestrebten Kooperationsprojekt vorangekommen sei, denn immerhin sei er beim ersten Gespräch anlässlich der Hannover-Messe sehr interessiert gewesen, und er hätte sehr euphorisch auf den Vorschlag reagiert, sofort Kooperationsmöglichkeiten zu erkunden. Nun höre er nichts mehr von ihm und wüsste nicht, wie es weitergehen solle. Herr Hauf betonte auch noch, dass er bereits Vorarbeiten geleistet hätte und nun auf eine konstruktive Antwort von ihm warte, um seine ausgearbeiteten Vorschläge für ein gemeinsames Konzept mit ihm zu diskutieren. Er habe ihn doch damals mit seiner Begeisterung angestachelt, und deshalb habe er sich auch sofort hingesetzt und neben seiner Alltagsarbeit das Konzept als eine erste Arbeits- und Diskussionsgrundlage erstellt. Nun hätte er von ihm gerne gewusst, ob er überhaupt noch an dem Projekt interessiert wäre. Auf dieses Schreiben hat Herr Hauf nie eine Antwort bekommen, obwohl er weiß, dass es definitiv Herrn Miro zur Kenntnis gebracht wurde.

Erläuterungen: Industriemessen sind dazu da, sich mit seinen Unternehmen zu präsentieren, um Kunden anzuwerben, interessante Gespräche mit Partnern, altbekannten oder neuen, zu führen und um zu erfahren, wie die Mitbewerber, Konkurrenten und Neulinge sich präsentieren. Alle beteiligten Personen, so sicher auch Herr Miro und Herr Hauf, sind froh, interessante und für ihre Unternehmen Erfolg versprechende Gespräche führen und neue Kontakte herstellen zu können. Insofern ist die Art der Begegnung für sie nichts Außergewöhnliches. Das Messegeschehen in

2

Verbindung mit der Umsetzung dort erkannter und angewandter Kooperationsmöglichkeiten in den Unternehmensalltag ist aber eine nicht zu unterschätzende Herausforderung. Herr Hauf ist in seinem deutschen Unternehmen in einer Position, den angebahnten Kontakt mit Herrn Miro weiterführen und vertiefen zu können. Nun lädt er aber seinen neu gewonnenen französischen Kollegen Herrn Miro nicht zu einem opulenten Geschäftsessen mit gutem französischem Wein, verbunden mit einer Betriebsbesichtigung, bei sich zu Hause ein, um die angebahnte Zusammenarbeit zu vertiefen, sondern präsentiert ihm sofort ein ausgearbeitetes Konzept für die zukünftige Zusammenarbeit, verbunden mit der höflichen Aufforderung, mit ihm darüber zu diskutieren. Herrn Hauf geht es darum, die interessant erscheinende „geschäftliche Sache" voranzubringen. Dabei zeigt er keinerlei persönliches Interesse an seinem zukünftigen französischen Partner als Person. Auch dessen Position und Entscheidungsbefugnisse in dessen französischem Unternehmen interessieren ihn nicht. Er geht auch nicht auf die bei dem Treffen in Hannover von Herrn Miro gemachten Vorschläge und seine dabei gezeigte Euphorie ein. Die wird von Herrn Hauf nur zweckgebunden verstanden und projektbezogen eingesetzt. In Frankreich würde es sich kein Unternehmer in gehobener Managementposition gefallen lassen, wie ein „Laufbursche" behandelt zu werden, und von einem deutschen Geschäftsmann schon gar nicht. Her Hauf liefert Herrn Miro ein Konzept für die Entwicklung der angedachten Kooperation und verlangt von ihm, dies zu lesen, sich dazu Gedanken zu machen, diese ihm mitzuteilen und dann weiter an dem Projekt zu arbeiten. Für einen französischen Chef und Unternehmer ist es aber von zentraler Bedeutung, alle Entscheidungen, Projekte und Zukunftsvisionen und die dazu erforderlichen organisatorischen Schritte selbst zu bestimmen.

„Herr Hauf hätte gut daran getan, seine aus deutscher Sicht nachvollziehbare Verärgerung nicht zum Ausdruck zu bringen. Er hätte das Verhalten seines französischen Partners über sich ergehen lassen sollen und sich erkundigen und lernen sollen, wie man sich in Frankreich als Chef in Position setzt, und er hätte abwarten sollen, was Herr Miro mit ihm und den präsentierten Arbeitsergebnissen vorhat.

Er sollte sich darauf einstellen, dass, wenn dann geklärt ist, wer das Sagen hat, noch genügend Gelegenheit gegeben sein wird, seine Ergebnisse in die Diskussion mit einzubringen. Möglicherweise gäben seine Ergebnisse nachher sogar den Ausschlag für die neue Kooperation, und Herr Miro würdigte bei einem erneuten Treffen seine Arbeit. Zu Hause und vor Publikum wird er möglicherweise demonstrieren, dass er entschieden hat, ob und wie nach dem von Herrn Haufe erarbeiteten Verfahren vorzugehen ist. Auf diese Weise wäre allen berechtigten Anliegen Rechnung getragen worden: Denn der französische Chef hätte gezeigt, was er kann, und dass er das Heft in der Hand hat; Herrn Haufs Arbeiten wären gebührend gewürdigt worden und alle beteiligten Personen auf beiden Seiten wären zufrieden, denn sie wüssten nun, dass die beiden Chefs für das weitere Vorgehen die Verantwortung übernehmen." (Mayr & Thomas, 2008, S. 81).

Um die Kooperation zum Erfolg zu führen, wird sich Herr Hauf noch einiges einfallen lassen müssen, besonders im Bereich der privaten Kontakte, damit Herr Miro den Eindruck bekommt, seiner Stellung entsprechend von Herrn Hauf gebührend gewürdigt zu werden, und nicht der getriebene, sondern der ideenreiche und kreative Antreiber zu sein.

Fallbeispiel: Verhandlungsprobleme in China

Herr Dipl.-Ing. Simon ist für ein deutsches Unternehmen als Verkaufsleiter weltweit unterwegs. Sein Unternehmen konkurriert im Bereich der Blitzableitertechnik mit einigen wenigen amerikanischen Firmen, verfügt aber über die meisten Patente auf diesem Gebiet und ist insofern Weltmarktführer. Nun soll er den chinesischen Markt erschließen. Bei zwei Besuchen entsprechender Technikmessen in Peking und Shanghai hatte er Erfolg versprechende Kontakte zu chinesischen Kollegen, alles gut ausgebildete Ingenieure, aufbauen können. Er wurde mehrfach von ihnen zu Restaurantbesuchen eingeladen und er hatte sich ebenfalls mit Einladungen revanchiert.

Von Deutschland aus verschickte er dann Angebotsbroschüren seiner Firma an sie. Über E-Mails versuchte er mit ihnen in Kontakt zu bleiben, um zu erkunden, inwieweit sie weiterhin an einer Zusammenarbeit interessiert wären. Zu seiner Überraschung und seinem Bedauern erhielt er aber auf alle diese Mails keine Rückmeldung.

Als er wegen eines anderen Projekts wieder einmal in Beijing war, rief er sie an und wurde sofort zu einem Besuch eingeladen. Er war darüber sehr erfreut überrascht, wie detailliert sich die beiden chinesischen Ingenieure inzwischen über seine Firma und ihr Angebotsspektrum an modernen Blitzableiteranlagen informiert hatten. Offensichtlich waren sie doch an der Zusammenarbeit interessiert. Ohne einen Auftrag von seinem Chef abzuwarten, nutzte er nun die Möglichkeit bereits, erste Vorverhandlungen aufzunehmen. Das war der Start für vier weitere Verhandlungsrunden in Beijing im Laufe des Jahres. Nach einer mehrmonatigen Pause reiste er dann wieder. Und, wie er hoffte, letztmalig zu Verhandlungen nach Beijing. Seine chinesischen Partner signalisierten weiterhin Interesse an der Zusammenarbeit, aber er gewann mehr und mehr den Eindruck, dass die Verhandlungen doch nicht so richtig vorankommen und ein Vertragsabschluss nicht in Sicht war. Inzwischen hatte er aus dem Stammhaus erfahren, dass der Geschäftsführung des Unternehmens seine Verhandlungen nicht effektiv genug zu verlaufen schienen und dass man auch Missfallen über seine „wenig glückliche" Verhandlungsführung geäußert hatte.

Bei Herrn Müller stauten sich Frust und Verärgerung auf. Als auch in einer weiteren Verhandlungsrunde aus seiner Sicht keine Einigung zustande kommen zu schien, glaubte Herr Simon, die Taktik seiner chinesischen Verhandlungspartner durchschaut zu haben. Sie wollten ihn doch nur hinhalten, um möglichst viele Informationen aus ihm herauszupressen, mit denen sie dann sein Unternehmen gegen die Konkurrenz ausspielen konnten. Er war wütend und verärgert über seine Verhandlungspartner, hinzu kamen die Belastungen der zermürbenden Verhandlungswochen.

Zu guter Letzt zeigte er eine Reaktion, die man hierzulande mit dem „denen mal ordentlich Bescheid sagen!"und „kräftig auf den Tisch hauen!" beschreiben würde.

Völlig unvermittelt schrie er seine chinesischen Verhandlungspartner an, er sei nicht mehr bereit, sich weiter hinhalten zu lassen, das „um den heißen Brei Herumreden müsse endlich aufhören, er wolle Klarheit und Verbindlichkeit und überhaupt seine Geduld sei nun am Ende". Die chinesischen Verhandlungspartner wurden blass und schwiegen. Die Verhandlungen kamen nicht zum Abschluss.

Nach seiner Rückkehr in die Heimat erfuhr Herr Simon von seinem Vorgesetzten, dass dies seine letzte Chinareise gewesen sei. Die Chinesen hätten zwar brieflich weiterhin Interesse an dem geplanten Geschäft geäußert, ohne aber auf die von ihm geführten Verhandlungen auch nur mit einem Wort einzugehen. Man müsse wohl mehr oder weniger wieder von vorne anfangen, und dies mit einem anderen Firmenvertreter.

2

Erläuterungen: In Bezug auf die interkulturell relevanten Problemstellungen ergeben sich eine Reihe von Fragen:

Wieso erzeugt das Verhalten der Chinesen bei Herrn Simon den Eindruck, dass sie überhaupt nicht daran denken, seriös zu verhandeln, sondern nur an seinen Informationen interessiert sind, um ihn gegen Konkurrenten ausspielen zu können?

Welche Verhaltensweisen der chinesischen Partner belasten Herrn Simon so massiv, dass er so heftig reagiert?

Warum haben die chinesischen Partner nach den Beschwerden von Herrn Simon, er sei nicht mehr bereit, sich weiter hinhalten zu lassen, geschwiegen, anstatt auf seine Vorhaltungen einzugehen?

Warum akzeptieren die Chinesen Herrn Simon nicht mehr als Verhandlungspartner?

Was hätte Herr Simon tun können, um bei den Verhandlungen ein positives und produktives Ergebnis zu erreichen?

Welche kulturspezifischen Orientierungen sind für die Auslösung des Konflikts verantwortlich?

Wie sollte sich die deutsche Firmenleitung nun verhalten?

Einige dieser Fragen hätten sich Herr Simon und seine Firmenleitung schon während der laufenden Verhandlungen stellen müssen, und besonders, nachdem sie erfolglos zu Ende gegangen waren. Sie hätten sich dabei schon bei erfahrenen Experten, die sich mit der chinesischen Mentalität auskennen, nach dem in China üblichen Verlauf solcher Verhandlungen erkundigen können, um zu erfahren und zu lernen, womit man im Umgang mit chinesischen Partnern zu rechnen hat und wie man auffällige Verhaltensweisen im Zusammenhang mit Verhandlungsvorgängen bewerten sollte. Nützlich wäre es auch gewesen, sich vorher oder während der Verhandlungen darüber zu informieren, wie man in China miteinander kommuniziert, besonders in Erstbegegnungssituationen, und was dabei zu beachten ist, um Missverständnisse zu vermeiden, oder, wenn sie auftreten, geeignete Mittel und Wege zu ihrer Bereinigung zu finden.

Sie hätten dabei sehr schnell die Erkenntnis gewinnen können, dass für Chinesen als oberstes Gebot gilt: Gesicht geben! Gesicht wahren! Und Gesichtsverlust vermeiden!

Das Konzept „Gesicht wahren" bedeutet generell, Peinlichkeiten im sozialen Umgang zu vermeiden. Es ist eng mit der Etikette verbunden, da durch ihre rechte Anwendung und Ausübung das Gesicht gewahrt bleibt oder im negativen Fall verloren geht. Das „Gesicht wahren" ist eines der ältesten Konzepte der Eigenwahrnehmung und Selbstdefinition im sozialen Umgang und im moralischen Verhalten der Chinesen. Das Konzept des Gesichts steht traditionell für die Einhaltung aller moralischen Tugenden wie Loyalität, Einhaltung der Hierarchie oder Pietät. Übertritt jemand bewusst die moralischen Normen oder lehnt diese offen ab, so spricht man davon, dass diese Person „kein Gesicht will", was einem Ausschluss aus der sozialen Gemeinschaft führt und damit der Definition als „Nicht-Person" gleichkommt. Die praktische Anwendung des Gesichtskonzepts umfasst verschiedene Aspekte und ist für das zwischenmenschliche Zusammenleben von allergrößter Bedeutung. Insbesondere dann, wenn es, wie in dem Fallbeispiel, um Verhandlungen über wichtige zukünftige geschäftliche Angelegenheiten geht.

Aus Sicht der chinesischen Gesprächspartner hatte Herr Simon natürlich „Gesicht", das hat er dann aber durch die Art seines Auftretens im weiteren Verlauf der

Verhandlungen dadurch verloren, dass er den Chinesen ihr „Gesicht" genommen hat. Herr Simon hätte mehr Geduld aufbringen müssen, was den Verlauf der Verhandlungen anbetrifft, er hat versäumt, über Dritte Informationen über den Verlauf der Verhandlungen auf chinesischer Seite einzuholen. Solche Informationen hätten ihm helfen können zu verstehen, warum sich die Verhandlungen so lange hinziehen. Zum kompletten Abbruch der Verhandlungen musste es kommen, als Herr Simon, ohne jedes Wissen über das Geschehen auf chinesischer Seite, seinen Verhandlungspartner unterstellte, sie würden ihn hintergehen und nicht aufrichtig mit ihm verhandeln.

Erstbegegnungen und die kulturell bedingt kritischen Interaktionssituationen bei erwartungswidrigen Entscheidungen, Reaktionen und Handlungen ihrer Partner zeigen, wie schwierig es ist, zu Einsicht und Verständnis für die unerwarteten Verhaltensweisen der ausländischen Partner zu kommen. Ein zentrales Merkmal interkultureller Handlungskompetenz besteht in der Bereitschaft und Fähigkeit, die kulturellen Bedingtheiten der Wahrnehmung, des Urteilens, des Empfindens des Handelns bei sich selbst und anderen Personen zu erfassen, zu respektieren, zu würdigen und produktiv zu nutzen. Das gelingt auch nur dann, wenn eine Grundhaltung kultureller Wertschätzung entwickelt ist. Dazu gehört die Anerkennung der eigenen kulturell bedingten spezifischen Werte, Normen, Verhaltensregeln ebenso wie die des Interaktionspartners und die Fähigkeit zum Perspektivenwechsel. Man muss schon bereit und fähig sein, sich auf den Partner einzulassen und seine spezifische Andersartigkeit ebenso wertzuschätzen wie die eigene. Die dazu notwendigen Informationen und Einsichten gewinnt man auf unterschiedlichen Wegen:

1. Teilnahme an Ausbildungs- und Trainingsseminaren, die landeskundliche Informationen vermitteln und Übungen anbieten, in denen man lernt, z. B. in videobasierten Rollenspielen, mit den unvertrauten Verhaltensweisen wie Begrüßungsgesten, Reaktionen auf Kritik, Herstellung von Glaubwürdigkeit, Vertrauensbekundungen, Zustimmung und Ablehnung umzugehen.

2. Informationen erwerben über landeskundliche Besonderheiten in Bezug auf den Verlauf der Geschichte des Landes, religiöser und spiritueller Orientierungen, des Erziehungs- und Bildungswesens, der Wirtschaftsgeschichte, der Industrialisierung, der innenpolitischen Lage und der Entwicklung internationaler Beziehungen. Informationen über die aktuelle Lage von gesellschaftlichen, politischen, wirtschaftlichen, rechtsstaatlichen und familiären Belangen.

3. Gezielte Befragungen deutscher Kollegen mit langjährigen Auslandserfahrungen, generell und in Bezug auf den Einsatz, und von Experten, die in unterschiedlichen Bereichen des Ziellandes Erfahrungen gesammelt haben und dort langjährig tätig waren.

4. Bearbeitung kulturell bedingt kritischer Interaktionssituationen aus dem jeweiligen Zielland gewinnen und didaktisch aufbereitet im Zusammenhang mit Befragungen von Fach und Führungskräften wie z. B. folgende Publikationen:

5. Ein Buchprojekt unter dem Titel „Handlungskompetenz im Ausland" (Herausgeber Alexander Thomas) (2001 bis 2013) umfasst 40 Bücher im Taschenbuchformat. Jedes dieser Bücher enthält ein Trainingsprogramm für deutsche Manager, Fach- und Führungskräfte zum Selbstlernstudium zur Vorbereitung auf die Kooperation mit Partnern aus dem jeweiligen Zielland. Jedes Buch enthält ca. 20 Fallbeispiele (kulturell bedingter kritischer Interaktionssituationen). Diese kulturell bedingt kritischen Interaktionen wurden gewonnen aus Interviews mit deut-

2

schen Fach- und Führungskräften an ihren jeweiligen Arbeitsplätzen im Zielland. Zu jeder Interaktionssituation werden die Deutung der Ursachen für das erwartungswidrige Verhalten und die kulturspezifische Bedeutung im Gastland geschildert, ähnlich den Fallbeispielen, die in diesem Kapitel behandelt werden.

Thomas A. et al. (2001–2013) in der Publikationsreihe: Handlungskompetenz im Ausland: „Beruflich in…". Trainingsmaterialien für deutsche Fach- und Führungskräfte zur Vorbereitung auf den Arbeitseinsatz in 40 Ländern weltweit.

■ **Fallbeispiel: die Vortragseröffnung**

Wissenschaftler publizieren die Ergebnisse ihrer Forschungsarbeiten, oder sie präsentieren sie im Rahmen ihrer universitären Vorlesungen, im Zusammenhang mit Vorträgen auf Kongressen und Tagungen, vor Fachpublikum oder vor einem interessierten Publikum. Für jeden Vortragenden ist es wichtig, sicherzustellen, dass die Zuhörer verstehen, was er ihnen zu sagen hat, dass sie seinem Vortrag aufmerksam zuhören, im Vertrauen, dass es auch stimmt, was er ihnen präsentiert, und ihm ein gewisses Wohlwollen entgegenbringen. Um diese Ziele zu erreichen, wird jeder Vortragende sich bemühen, mit einführenden Worten die Bedürfnisse der Zuhörer zufriedenzustellen. Wenn man wissenschaftliche Vortragseröffnungen aus unterschiedlichen Kulturen miteinander vergleicht, stellt man fest, dass diese kulturspezifisch sehr unterschiedlich ausfallen können. Im Folgenden werden Vortragseröffnungen präsentiert, wie sie in Deutschland, den USA und China üblich sind. Die Texte stammen von Wissenschaftlern aus den jeweiligen Ländern.

Vortragsöffnung Deutschland (Europa)

Eine deutsche Universität lädt den deutschen Professor Dr. Josef Meier zum Gastvortrag ein, zu dem über 100 Zuhörer gekommen sind.

„Meine sehr verehrten Damen und Herren. Ich werde Ihnen in der nächsten Stunde über die Ergebnisse meiner Forschungsarbeiten berichten. An der Universität Regensburg vertrete ich die Fächer Sozialpsychologie und Organisationspsychologie. Seit über einem Vierteljahrhundert befasse ich mich wissenschaftlich mit dem Thema ‚Psychologie interkulturellen Handelns'.

Unter diesem Themenkomplex sind alle meine Forschungsarbeiten einzuordnen. Bis heute habe ich in diesem Zusammenhang über zehn verschiedene einzelne Forschungsprojekte durchgeführt, die ich Ihnen auf dieser Folie präsentiere.

Die dabei von mir erzielten wissenschaftlichen Befunde habe ich in zahlreichen Büchern und Zeitschriftenaufsätzen publiziert. Die früheren Arbeiten sind in der Publikationsreihe des ‚Sozialwissenschaftlichen Studienkreises für Internationale Probleme' (SSIP) erschienen, in dem ich selbst über Jahrzehnte hinweg an maßgeblicher Stelle mitgewirkt habe.

Neuerdings habe ich zudem in dem renommierten deutschen Wissenschaftsverlag Vandenhoeck & Ruprecht eine Publikationsreihe begründet zum Thema ‚Handlungskompetenz im Ausland'. Die ersten drei Bände von mir und meinen Mitarbeitern sind bereits erscheinen oder erscheinen noch in diesem Jahr.

In meinem Vortrag werde ich nun über meine Forschungsergebnisse zur Handlungswirksamkeit von Kulturstandards berichten. Das Kulturstandardkonzept wurde vor 15 Jahren von mir entwickelt und seitdem in vielen von mir geleiteten wissenschaftlichen Arbeiten (Dissertationen und Diplomarbeiten) erprobt und weiter ausgebaut. Da ich diesen Vortrag schon mehrfach in ähnlicher Form, wenn auch mit anderen Schwerpunktsetzungen gehalten habe, bin ich sicher, dass ich auch Ihnen einen interessanten Einblick in diese komplexe Thematik bieten kann."

Erläuterungen: Der deutsche Professor Meier belässt es dabei, das Publikum mit sechs Worten („Meine sehr verehrten Damen und Herren") anzusprechen und kommt dann sofort zur Sache, d. h. er präsentiert seine Forschungen und seine Publikationen in renommierten Verlagen und seine Vortragstätigkeiten, weil er davon überzeugt ist, dem Publikum etwas Interessantes bieten zu können. Die Aussagen, die mit „Ich" beginnen, nehmen dabei viel Raum ein.

Fallbeispiel: Vortragsöffnung USA

Eine deutsche Universität lädt den amerikanischen Professor Jo Malcolm zu einem Gastvortrag ein, zu dem sich 100 Zuhörer einfinden. Er hält diesen Vortrag in englischer Sprache mit Simultanübersetzung ins Deutsche.

„Dear ladies and gentlemen!

Wissen Sie, was an Ihnen so bewundernswert ist? Dass Sie alle so gut Englisch sprechen und verstehen und dass Sie es wagen, mir zuzuhören. Oh Gott, mein texanischer Slang wird Ihnen noch viel Mühe bereiten.

Eigentlich müsste ich mir die Kompetenz, über interkulturelle Probleme zu sprechen, selbst absprechen, denn ich kann zwar Englisch, aber Sie können Deutsch, Englisch und vermutlich verstehen einige von Ihnen auch noch Französisch, Spanisch und Italienisch. That's great.

Sie sind einfach bewundernswert! (Sagte er in gebrochenem Deutsch).

Wir am Institut für Psychologie an der University of California haben eine gewisse Tradition in der Erforschung unterschiedlicher Probleme interkulturellen Handelns etabliert. In einem Team von Psychologen aus verschiedenen Nationen und unterschiedlicher kultureller Herkunft wurden Probleme des interkulturellen Lernens erforscht, aber auch die Bedeutung interkultureller Trainings für den Auslandseinsatz analysiert. Wir konnten dabei zeigen, dass ein didaktisch gut aufbereitetes und strukturiertes interkulturelles Training den beruflichen Auslandserfolg um 50 % steigern konnte. Auf der Grafik, die ich Ihnen auf der Folie präsentiere, sind die Lernerfolge in Abhängigkeit von der Trainingshäufigkeit dargestellt. Sie sehen zu Beginn einen deutlichen Anstieg des Trainingserfolgs, im weiteren Verlauf aber eine Abnahme der Wirksamkeit. Es ist nun zu vermuten, dass mit zunehmenden Trainings ein Ermüdungseffekt wirksam wird.

Diese Resultate sind in mehreren Schriften der University Press veröffentlicht. Ein Handout mit weiteren Literaturangaben liegt für Sie bereit. Sie können aber auch meine Homepage anklicken und finden dann die entsprechenden Quellen.

Mit Details sollten wir uns nun hier in der Kürze der Zeit nicht aufhalten. Stattdessen möchte ich mit Ihnen ins Gespräch kommen. Nur so können wir voneinander lernen.

Zur Anregung der Diskussion möchte ich nun auf drei verschiedene, uns wichtig erscheinende Teilaspekte der interkulturellen Thematik näher eingehen."

2

Erläuterungen: Der US-amerikanische Professor Malcon beginnt mit einem Kompliment an die Zuhörer, dass sie alle so gut Englisch sprechen und entschuldigt sich, keine weiteren Fremdsprachen zu beherrschen. Zudem warnte er sie vor seinem schwer zu verstehenden texanischen Slang. So ist er bemüht, einen Kontakt zum Publikum herzustellen und eine gute Stimmung zu verbreiten. Nach einer kurzen Bemerkung zu seinen Vortragsthemen verweist er noch auf ein Handout, das die Zuhörer anschließend mitnehmen können, und darauf, dass weitere Informationen über seine Homepage zu bekommen sind.

Fallbeispiel China (Asien)

Eine deutsche Universität lädt den Professor Dr. Wang Hongji zum Gastvortrag ein, an dem über 100 Zuhörer teilnehmen. Herr Wang hält den Vortrag in deutscher Sprache.

„Sehr geehrter Herr Direktor, sehr verehrte Kollegen, sehr geschätzte Damen und Herren!

Sie geben mir zu viel der Ehre. Sicher werden meine Ausführungen über Psychologie interkulturellen Handelns Sie langweilen. Sie wissen alle schon so viel über dieses Thema. Wir in China fangen erst an, uns in das, was Sie alles schon erdacht und erforscht haben, einzuarbeiten. So viel Bedeutsames haben wir bereits aus der Fachliteratur durch Sie alle vermittelt bekommen. Und nun geben Sie mir noch die Gelegenheit, von Ihnen zu lernen.

Die wissenschaftliche Beschäftigung mit den so bedeutsamen Fragen der Kulturunterschiede und der interkulturellen Psychologie ist in meinem Land unterentwickelt. Wenn auch schon eine ganze Reihe meiner Kollegen die Kulturstandardkonzeption, die Sie hier entwickelt haben, übernommen haben und darauf aufbauen.

Auch das Interesse an interkulturellem Training ist noch nicht groß. Zu viele Wirtschaftsfachleute in meinem Lande sind der Überzeugung, dass allein die Deutschen sich auf unsere chinesische Kultur einstellen sollen, wenn sie in China Geschäfte machen wollen. Sie sehen nicht, dass auch sie selbst sich auf die Zusammenarbeit mit Deutschen vorbereiten müssen. Ich glaube aber, das ist nur eine Frage der Zeit und der wirtschaftlichen Entwicklung, bis die Sensibilität für interkulturelles Training zunehmen wird. Deutsche kommen ja nach China, um Geschäfte zu machen. Aber welcher Chinese geht schon nach Deutschland, um Geschäfte zu machen? So ist die Bereitschaft, sich vorzubereiten, doch sehr einseitig.

Auch unsere wissenschaftlichen Arbeiten gehen nur sehr langsam voran. Natürlich können wir Trainingsverfahren aus Europa nicht einfach kopieren. Wir müssen sie an die Mentalität der chinesischen Geschäftsleute anpassen oder besser noch eigene, chinatypische Trainingsverfahren entwickeln und erproben. Dazu stehen aber viel zu wenige Forschungsmittel zur Verfügung.

Ich bin voller Dankbarkeit, dass Sie mich nach Deutschland eingeladen haben. So kann ich viel lernen.

Aber Sie hier haben ja zu Recht von mir Brot erwartet, doch nur Steine kann ich Ihnen bieten. Meine Kenntnisse dessen, was Sie interessiert, sind viel zu lückenhaft und weit hinter dem zurück, was Sie schon wissen.

Nach unserer Auffassung könnte man die Beschäftigung mit der interkulturellen Thematik gut mit einer alten chinesischen Kriegsweisheit begründen: ‚Nur wer sich selbst und den Gegner gut kennt, kann in 1000 Schlachten siegreich sein.' Abgewandelt auf psychologische Aspekte der im Zusammenhang von Globalisierung und Internationalisierung entstehenden interkulturellen Probleme könnte die Weisheit so lauten: ‚Nur wer den ausländischen Partner und sich selbst gut kennt, kann in 1000 Verhandlungen (Begegnungen) erfolgreich sein.'

Erläuterungen: Der chinesische Professor bedankt sich zunächst beim Publikum für die Ehre, die ihm erwiesen worden ist, einen Vortrag halten zu können. Dazu bemerkt er, dass die Zuhörer vermutlich zum Thema weit mehr zu sagen haben als er und dass die Deutschen weit fortgeschritten sind bei der Behandlung des Themas und der daraus zu ziehenden praktischen Konsequenzen, sodass Chinesen von ihnen lernen können, da sie eben noch nicht so weit fortgeschritten sind. Das hat viel damit zu tun, dass „Gesicht geben", bescheidenes Auftreten und sich selbst zurücknehmen wichtige Voraussetzungen dafür sind, um vom Publikum akzeptiert zu werden.

In den unterschiedlichen Arten der Vortragseröffnung spiegeln sich die für die jeweilige Kultur typischen Merkmale:

Deutschland: Sachorientierung, Regelorientierung und „schwacher Kontext" als Kommunikationsstil

USA: Gelassenheit (easy going), soziale Anerkennung, Distanzminimierung

China: Gesicht wahren, soziale Harmonie

In den Vortragseröffnungen zeigt sich die Wirkung der kulturspezifisch unterschiedlichen Kulturstandards.

Wenn nun das Publikum und der Vortragende ein und denselben kulturellen Hintergrund besitzen, funktionieren alle diese Vortragseröffnungen wie erwartet positiv. Wenn aber ein chinesischer Professor eingeladen wird, in Deutschland einen Vortrag zu halten, und dann schon zu Beginn betont, dass er als Vortragender weniger von dem anstehenden Sachverhalt versteht als die deutschen Zuhörer, dann fragen die sich, was ihn denn überhaupt legitimiert, einen Vortrag zu diesem Thema zu halten, und sie bezweifeln die Seriosität seiner Aussagen. Wenn der Professor aus den USA vor deutschem Publikum eine angenehme und entspannte Atmosphäre schafft, muss er auch in der Lage sein, ebenso die Ernsthaftigkeit und Bedeutsamkeit des Themas zu vermitteln und mit neuen Forschungsergebnissen aufzuwarten, um ernst genommen zu werden.

- **Quellen zur Vorbereitung auf interkulturelle Kooperation mit ausländischen Partnern**

In Anbetracht der vielen kulturell bedingt schwierigen Probleme, die im Umgang mit fremdkulturellen Partnern im Privatleben und bei beruflichen Aufgaben im Auslandseinsatz auftreten und die in der Kooperation mit fremdkulturellen Partnern im eigenen Land stattfinden, ist es nützlich zu wissen, welche Quellen zur Vorbereitung auf die Herausforderungen verfügbar und wirksam sind.

1. Wenn ein längerer, eventuell mehrjähriger Auslandsaufenthalt geplant ist, bieten sich zur Vorbereitung politische, kulturhistorische, wirtschafts- und bevölkerungsspezifische Sachbücher, entsprechendes Film- und Videomaterial zum Selbststudium an. Über die aktuellen Entwicklungen im Zielland informieren zudem deutsche Zeitungen und Magazine sowie TV- Sendungen und ziellandspezifische Publikationsorgane.

2

2. Gespräche mit Kollegen und Personen, die bereits im Zielland gearbeitet haben, womöglich noch in vergleichbaren Arbeitsfeldern, sind außerordentlich nützlich, wenn sie Fallbeispiele kulturell bedingt kritischer Interaktionssituationen, deren Entwicklung, Prozessverläufe und Wirkungen schildern können. Wichtig sind dabei genaue, detaillierte und vorurteilsfreie Schilderungen immer wieder auftretender unerwarteter Partnerreaktionen, nicht nur mit dem Blick auf sofort einleuchtende Begründungen, sondern alternativer Ursachenzuschreibungen.

3. Die Bearbeitung allgemein verfügbarer Trainingsmaterialien zum Selbstlernen (z. B. Thomas et al., 2001–2013), in gedruckter oder digitaler Form, für deutsche Manager, Fach- und Führungskräfte, die kultur- und landesspezifische Besonderheiten vermitteln und so helfen können, ein Verständnis für das Verhalten der Landesbewohner in berufsspezifischen Kontext zu gewinnen, ist sehr hilfreich.

4. Besuch interkultureller und ziellandspezifischer Trainingsseminare, in denen alltägliches Verhalten wie Begrüßung, Gesprächsführung, Small Talk, Bedanken, Loben und Kritisieren sowie fachspezifisches Verhalten, Verhandeln, Anweisungen und Verweise erteilen, Entlassungen aussprechen, Motivieren und Vertrauen aufbauen in Form von Rollenspielen mit authentischen Personen aus dem jeweiligen Zielland vollzogen werden. Diese Szenarien werden auf Video aufgenommen und anschließend den Seminarteilnehmern vorgespielt, sodass sie ihr eigenes Verhalten den ausländischen Partnern gegenüber erleben, kritisieren und diskutieren können. So kann der Lernende nicht nur erkennen, wie er sich in der gespielten Situation verhalten hat, sondern er lernt auch, kulturspezifische Formen von Interaktionsverhalten zu erkennen und zu praktizieren und kann so die Wirkungen auf das Verhalten der fremdkulturellen Partner besser einschätzen.

5. Im weiteren Verlauf der Vorbereitungen und der konkreten Arbeit am Einsatzort im Zielland wird es wichtig, mit Kollegen und Landsleuten immer wieder das als kulturell kritisch erlebte Verhalten der fremdkulturellen Partner in diversen Interaktionssituationen zu besprechen, kritisch zu diskutieren, und man sollte das alles außerdem noch schriftlich festhalten, eventuell in Form eines Tagebuchs. So gewinnt man ein selbst erstelltes und authentisches, lehrreiches Material, das den Blick für die in der Praxis erlebten erwartungswidrigen Verhaltensweisen öffnet. Verbunden mit kulturspezifischer Fachlektüre lassen sich diese Erfahrungen weiter ausdifferenzieren und vertiefen. Das sind wichtige Schritte zur Gewinnung interkultureller Handlungskompetenz und damit auch der Fähigkeit, nicht nur in Bezug auf eine spezifische Kultur bezogen kulturadäquat zu handeln, sondern kulturübergreifend erfolgreich zu sein.

6. Die Arbeit des Beobachtens, des Festhaltens, des Reflektierens, des Diskutierens und Erprobens erscheint bei all der zu erledigenden beruflichen und privaten Alltagsarbeit vor der Ausreise oft lästig und zeitraubend, aber sie stärkt die eigene interkulturelle Handlungskompetenz generell, reduziert die durch unerwartetes Partnerverhalten entstehenden Irritationen und emotionalen Belastungen, stärkt das Vertrauen in die Selbstwirksamkeit und fördert den beruflichen Erfolg sowie die emotionale Zufriedenheit im und mit dem Auslandseinsatz.

Interkulturelle Handlungskompetenz

Die Definition von interkultureller Handlungskompetenz enthält die zentralen Merkmale und handlungsrelevanten Bestimmungen dieser Qualifikation. Nach der Bearbeitung der vielen sehr unterschiedlichen Fallbeispiele kulturell bedingt kritischer Interaktionssituationen ist es hilfreich und nützlich, die Bestimmungsmerkmale interkultureller Handlungskompetenz mit den in den Fallbeispielen zur Wirkung gekommenen Verlaufsprozessen zu vergleichen, um zu verstehen, wie und auf welchen Wegen interkulturelle Handlungskompetenz zum Verständnis und zur Auflösung der durch kulturelle Unterschiede entstandenen Irritationen beiträgt.

1. „Interkulturelle Kompetenz ist die notwendige Voraussetzung für eine angemessene, erfolgreiche und für alle Seiten zufriedenstellende Kommunikation, Begegnung und Kooperation zwischen Menschen aus unterschiedlichen Kulturen.

2. Interkulturelle Kompetenz ist das Resultat eines Lern- und Entwicklungsprozesses.

3. Die Entwicklung interkultureller Kompetenz setzt die Bereitschaft zur Auseinandersetzung mit fremden kulturellen Orientierungssystemen voraus, basierend auf einer Grundhaltung kultureller Wertschätzung.

4. Interkulturelle Kompetenz zeigt sich in der Fähigkeit, die kulturelle Bedingtheit der Wahrnehmung, des Urteilens, des Empfindens und des Handelns bei sich selbst und bei anderen Personen zu erfassen, zu respektieren, zu würdigen und produktiv zu nutzen.

5. Ein hoher Grad an interkultureller Kompetenz ist dann erreicht, wenn
    (a) differenzierte Kenntnisse und ein vertieftes Verständnis des eigenen und fremder kultureller Orientierungssysteme vorliegen,
    (b) aus dem Vergleich der kulturellen Orientierungssysteme kulturadäquate Reaktions-, Handlungsweisen und Interaktionen generiert werden können,
    (c) aus dem Zusammentreffen kulturell divergenter Orientierungssysteme synergetische Formen interkulturellen Handelns entwickelt werden können,
    (d) in kulturellen Überschneidungssituationen alternative Handlungspotenziale, Attributionsmuster und Erklärungskonstrukte für erwartungswidrige Reaktionen des fremden Partners verstehbar sind,
    (e) die kulturspezifisch erworbene interkulturelle Kompetenz mithilfe eines generalisierten interkulturellen Prozess- und Problemlöseverständnisses und Handlungswissens auf andere kulturelle Überschneidungssituationen transferiert werden kann,
    (f) in kulturellen Überschneidungssituationen mit einem hohen Maß an Handlungskreativität, Handlungsflexibilität, Handlungssicherheit und Handlungsstabilität agiert werden kann.

Dabei sind Persönlichkeitsmerkmale und situative Kontextbedingungen so ineinander verschränkt, dass zwischen Menschen aus unterschiedlichen Kulturen eine von Verständnis und gegenseitiger Wertschätzung getragene Kommunikation und Kooperation möglich wird." (Thomas, 2011).

2

Literatur

Mayr, S., & Thomas, A. (2008). Beruflich in Frankreich. Trainingsprogramm für Manager, Fach- und Führungskräfte. Göttingen: Vandenhoeck & Ruprecht.

Thomas, A. (1980). Zur Entwicklung und Bedeutung der Handlungspsychologie im Spannungsfeld von Wissenschaft und Praxis. In A. Thomas & R. Brackhane (Hrsg.), *Wahrnehmen – Urteilen – Handeln. Forschungen im Spannungsfeld von Allgemeiner und Angewandter Psychologie* (S. 253–287). Huber.

Thomas, A. (2000). Forschungen zur Handlungswirksamkeit von Kulturstandards. In *Kultur, Handlung, Interpretation – Zeitschrift für Sozial- und Kulturwissenschaften* (Bd. 9(2), 231–279).

Thomas, A. (2011). *Interkulturelle Handlungskompetenz. Versiert, angemesse Publikationsreiheim internationalen Geschäft.* Gabler/Springer.

Thomas, A., et al. (2001–2013). *Publikationsreihe: „Handlungskompetenz im Ausland": „Beruflich in… Trainingsmaterial für deutsche Fach- und Führungskräfte zur Vorbereitung auf den Auslandseinsatz". 40 Einzelbände für 40 Länder weltweit.* Vandenhoeck & Ruprecht.

Kultur und Lernen

Interkulturelles Lernen als Voraussetzung für den Erwerb
interkultureller Handlungskompetenz

Inhaltsverzeichnis

3

3.1 Einleitung

Interkulturelles Lernen ist die Voraussetzung für den Erwerb interkultureller Handlungskompetenz, die zur produktiven Bewältigung kulturell bedingt kritischer Interaktionssituationen in der Begegnung und Zusammenarbeit mit Menschen unterschiedlicher kultureller Herkunft erforderlich ist. Interkulturelle Handlungskompetenz ist eine Qualifikation, die eine Gewähr dafür bietet, dass Menschen unterschiedlicher kultureller Herkunft verständnisvoll und einigermaßen reibungslos miteinander interagieren, kommunizieren und kooperieren. Da zum Teil sehr unterschiedliche Bestimmungen zu den zentralen Begriffen im Kontext von Kultur und Lernen vorzufinden sind, werden die für das Thema Kultur und Lernen wichtigen Begriffe zunächst einmal definiert. Diese Definitionen entstammen der internationalen Forschung auf diesem Gebiet und haben sich als zielführend und Klarheit schaffend erwiesen. Da die Definitionen naturgemäß auf einem recht abstrakten Niveau formuliert sind, ist es zum besseren Verständnis und zur praktikablen Verwendung der Definitionen sinnvoll, alltagsnahe Themen, Problemstellungen und Ereignisabläufe (Fallbeispiele) heranzuziehen, um zu versuchen, sie mithilfe der in den Definitionen formulierten Erkenntnisse zu analysieren und zu verstehen. Dazu dienen dann die im weiteren Verlauf präsentierten Fallbeispiele.

3.2 Hauptteil

3.2.1 Definitionen des Begriffs: Kultur

1. Unter Kultur versteht man den von Menschen geschaffenen Teil der Umwelt (UNESCO).
2. Alle Menschen leben in einer spezifischen Kultur und entwickeln sie weiter.
3. Kultur manifestiert sich immer in einem für eine Nation, Gesellschaft, Organisation oder Gruppe typischen Bedeutungs- und Orientierungssystem.

   Das kulturspezifische Bedeutungs- und Orientierungssystem schafft einerseits Handlungsmöglichkeiten und Handlungsanreize, erzeugt andererseits Handlungsbedingungen und setzt Handlungsgrenzen fest.
4. Das Orientierungssystem definiert für alle Mitglieder ihre Zugehörigkeit zur Gesellschaft und ermöglicht ihnen ihre ganz eigene Umweltbewältigung.
5. Kultur beeinflusst in spezifischer Weise das Wahrnehmen, Denken, Werten und Handeln aller Mitglieder der Gesellschaft.
6. Kultur strukturiert ein für die Bevölkerung spezifisches Handlungsfeld, das von geschaffenen und genutzten Objekten bis hin zu Ideen und Werten reicht. (s. Thomas, 1996, S. 112)

3.2.2 Definition: interkulturelle Handlungskompetenz

1. Interkulturelle Handlungskompetenz ist die notwendige Voraussetzung für eine angemessene, erfolgreiche und für alle Seiten zufriedenstellende Kommunikation, Begegnung und Kooperation zwischen Menschen aus unterschiedlichen Kulturen.

2. Interkulturelle Handlungskompetenz ist das Resultat eines Lern- und Entwicklungsprozesses.
3. Die Entwicklung interkultureller „Handlungskompetenz" setzt die Bereitschaft zur Auseinandersetzung mit fremden kulturellen Orientierungssystemen voraus, basierend auf einer Grundhaltung kultureller Wertschätzung.
4. Interkulturelle Handlungskompetenz zeigt sich in der Fähigkeit, die kulturelle Bedingtheit der Wahrnehmung, des Urteilens, des Empfindens und des Handelns bei sich selbst und bei anderen Personen zu erfassen, zu respektieren, zu würdigen und produktiv zu nutzen.
5. Ein hoher Grad an interkultureller Handlungskompetenz ist dann erreicht, wenn:
   (a) undifferenzierte Kenntnisse und ein vertieftes Verständnis der eigenen und fremder kultureller Orientierungssysteme vorliegen,
   (b) aus dem Vergleich der kulturellen Orientierungssysteme kulturadäquate Reaktions-, Handlungs- und Interaktionsweisen generiert werden können,
   (c) aus dem Zusammentreffen kulturell divergenter Orientierungssysteme synergetische Formen interkulturellen Handelns entwickelt werden können,
   (d) in kulturellen Überschneidungssituationen alternative Handlungspotenziale, Attributionsmuster und Erklärungskonstrukte für erwartungswidrige Reaktionen des fremden Partners kognizierbar sind,
   (e) die kulturspezifisch erworbene interkulturelle Kompetenz mithilfe eines generalisierten interkulturellen Prozess- und Problemlöseverständnisses und Handlungswissens auf andere kulturelle Überschneidungssituationen transferiert werden kann,
   (f) in kulturellen Überschneidungssituationen mit einem hohen Maß an Handlungskreativität, Handlungsflexibilität, Handlungssicherheit und Handlungsstabilität agiert werden kann (Thomas, 2016).

Dabei sind Persönlichkeitsmerkmale sowie soziale und situative Kontextbedingungen so ineinander verschränkt, dass zwischen Menschen aus unterschiedlichen Kulturen eine von Verständnis und gegenseitiger Wertschätzung getragene Kommunikation und Kooperation möglich wird (Thomas, 2011).

3.2.3 Definition: kulturell bedingt kritische Interaktionssituationen

Kulturell bedingt kritische Interaktionssituationen entstehen dann, wenn das am Partner beobachtete Verhalten den eigenen Erwartungen nicht entspricht, wenn dem Handelnden für dieses erwartungswidrige Verhalten keine stimmigen Ursachenzuschreibungen zur Verfügung stehen und auch keine passenden Erklärungen aufgrund der Individualität des Partners oder aus den situativen Gegebenheiten abzuleiten sind.

Beim Handelnden stellen sich gleichsam automatisch Erstaunen, Irritationen, Verärgerung, Aversion und Ablehnung des Partners sowie Angst vor Orientierungsverlust ein. Alle diese Reaktionen sind nicht bewusstseinspflichtig, sie werden also nicht bewusst vollzogen und kontrolliert. Um diese für den Handelnden unangenehmen Erfahrungen und Emotionen so schnell wie möglich loszuwerden bzw. zu

3

verarbeiten und dabei Handlungssicherheit zurückgewinnen zu können, konstruiert er schnell und ad hoc, ohne ausreichenden Realitätsbezug, ihm passend erscheinende Ursachenzuschreibungen (Kausalattribution), die dann sein weiteres Handeln bestimmen.

Wichtig ist, den im Folgenden beschriebenen Prozess der Fremdwahrnehmung zur Kenntnis zu nehmen. Die Wahrnehmung und Interpretation der sozialen Umwelt beruht einerseits auf den spezifischen Aspekten der Situation, dem Input und andererseits auf dem allgemeinen Wissen, welches Personen an diese Situation herantragen. Das Zusammenwirken von spezifischen Situationsmerkmalen und allgemeinem Wissen ermöglicht erst eine sinnvolle Interpretation der Umwelt. In interkulturellen Überschneidungssituationen entstehen zwei Besonderheiten: Das allgemeine Wissen ist kein allgemein geteiltes Wissen, sondern ein kulturspezifisch determiniertes Wissen, was dem Wahrnehmenden aber zunächst einmal nicht bewusst ist.

Die spezifischen Situationsmerkmale als Inputgröße sind einerseits universell erkennbar – zum Beispiel ein Mensch, ein Mann, eine Frau, eine alte oder junge Person – und andererseits kulturspezifisch determiniert/interpretiert (wie die Erscheinungsform, zum Beispiel Körperhaltung, Kleidung, Mimik, die Bedeutsamkeit, Wirkung usw.), wobei jeder Wahrnehmende unterstellt, dass seine Sicht, auf der Grundlage allgemein geteilten Wissens, auch der Sicht des Partners entspricht.

Erst die unerwartete, unverständliche, „falsche" Reaktion des Partners macht stutzig, irritiert, verwundert, macht nachdenklich. Die unerwartete Reaktion des Partners wird in der Regel als durch ihn selbst verursacht interpretiert, zum Beispiel durch Unaufmerksamkeit, Unfähigkeit, Böswilligkeit, sie wird also personal attribuiert.

Gehäuftes Auftreten unerwarteter Reaktionen in ähnlichen Situationen bei unterschiedlichen Personen führt zur Generalisierung und Typisierung: typisch chinesisch, typisch deutsch. Dies ist der Schritt von der Individualisierung zur national-kulturellen Klassifizierung/Typisierung und damit zur Personalisierung/Homogenisierung. Aus dieser Typisierung kann sich eine Stereotypisierung, also starre, festgefügte Merkmalszuschreibungen, ergeben, verbunden mit Vorurteilen, d. h. ablehnende, negative und eventuell feindselige Einstellungen und Haltungen gegenüber Personen, die nicht dazugehören (In-/Outgroup-Differenzierung) und in Bezug auf soziale Urteile.

Vorurteile entstehen aus der Arroganz des Nichtwissenden, ein sicheres, maßgebliches und zutreffendes Urteil über eine Person, Gruppe oder einen Sachverhalt abzugeben. Aus dieser Typisierung kann auch der Wunsch auftreten, herauszufinden, warum alle Partner in den spezifischen Situationen so erwartungswidrig reagieren. So entsteht das Interesse am interkulturellen Verstehen, verbunden mit interkulturellem Lernen und der Entwicklung interkultureller Kompetenz.

3.2.4 Definition: Lernen

Lernen findet dann statt, wenn gegenüber einem früheren Zustand eine Veränderung stattgefunden hat. Diese muss auf Erfahrung oder Übung des Organismus zurückgehen und überdauernd, d. h. längere Zeit verfügbar sein. Realisiert werden kann dies in Veränderungen von Verhaltensweisen und Veränderungen von kognitiven Strukturen. Lernen beinhaltet psychische Änderung aufgrund von Erfahrung. Lernen besteht in der mal mehr innen geleiteten und mal mehr von außen geleiteten aktiven Auseinandersetzung mit der für den Lerner relevanten und damit von ihm beeinflussten Umwelt, die in der Bildung von Erfahrungen gipfelt. Die Folge sind der Neuerwerb oder die Veränderungen psychischer Dispositionen, definiert als Bereitschaft und Fähigkeit, bestimmte psychische und physische Leistungen zu erbringen. Zu unterscheiden ist zwischen einer Disposition als Verhaltenspotenzial und der tatsächlich erbrachten Leistung (Performanz). Das eigentliche Lernen besteht also im Erwerb von Dispositionen, d. h. von Verhaltens- und Handlungsmöglichkeiten.

Der psychologische Begriff des Lernens schließt nicht nur das durch Unterricht absichtlich und planvoll organisierte Lernen ein. Lernen ist auf keinen Entwicklungsabschnitt beschränkt. Lernen meint nicht nur den Erwerb einzelner, isolierter Dispositionen, sondern auch den Aufbau einer Persönlichkeit durch Aneignung der menschlichen Kultur im Verlauf des individuellen Lebenswegs.

3.2.5 Definition: interkulturelles Lernen

Interkulturelles Lernen findet statt, wenn eine Person bestrebt ist, im Umgang mit Menschen einer anderen Kultur deren spezifisches Orientierungssystem der Wahrnehmung, des Denkens, Erlebens, Wertens und Handelns zu verstehen, als eigenständige kulturelle Leistung zu würdigen und im Vergleich zum eigenen Denken und Handeln im fremdkulturellen Handlungsfeld anzuwenden.

Interkulturelles Lernen bedingt neben dem Verstehen, Wertschätzen und Akzeptieren fremdkultureller Orientierungssysteme eine Reflexion der Besonderheiten des eigenkulturellen Orientierungssystems.

Erfolgreich ist interkulturelles Lernen dann, wenn es gelingt, die Bereitschaft und Fähigkeit zu entwickeln, bestimmte, im bisher geläufigen Handlungsrepertoire nicht verfügbare Dispositionen als Verhaltenspotenziale zu entwickeln und entsprechende Verhaltensleistungen zu erbringen.

Die sich daraus im konkreten Interaktionsvollzug ergebenden Anforderungen in Bezug auf ein passendes, für beide Partner akzeptables Verhalten, sind gewaltig und werden in der Regel unterschätzt.

Wenn zwei oder mehr Personen unterschiedlicher kultureller Herkunft füreinander bedeutsam werden, gehen sie zunächst davon aus, dass die im bisherigen eigenen Lebenslauf erworbenen Fähigkeiten und Fertigkeiten ausreichen, um die sich einstellenden Interaktionssituationen und ergebenden Verständigungsprobleme zu bewältigen. In der Regel wissen die Partner schon, dass sie sich in manchen Verhaltensgewohnheiten unterscheiden, und sind auch bereit, die Unterschiede zu akzeptieren, oder sie begrüßen sie sogar als Bereicherung des eigenen Erfahrungsrepertoires (im Sinne von „Horizonterweiterung").

Wenn nun beide Partner im Rahmen des ihnen geläufigen kulturellen Kontextes im Verlauf ihres Lebens ein gewisses Maß an sozialer Kompetenz erworben haben, sind sie in der Lage, die durch die individuelle Persönlichkeit oder die situativen Bedingungen verursachten Abweichungen von den erwarteten Verhaltensreaktionen zu akzeptieren. Die Akzeptanz ist umso größer, je ausgeprägter bei den handelnden Personen Ambiguitätstoleranz (Vieldeutigkeit und Unsicherheiten zur Kenntnis nehmen und ertragen können), Verhaltensflexibilität und Fähigkeit zum Perspektivenwechsel ausgeprägt sind.

3

Wenn es nun bei Begegnungen zwischen Personen unterschiedlicher kultureller Herkunft bei zentralen Themen und bei der Verständigung im Rahmen hoch bedeutsamer und komplexer Sachverhalte immer wieder zu erwartungswidrigen Reaktionen kommt und keine zufriedenstellenden Erklärungen für die unterschiedlichen Sichtweisen, Beurteilungen und Verhaltensreaktionen verfügbar sind, bleiben nur noch zwei Reaktionsmöglichkeiten: Abbruch und „aus dem Felde gehen" oder Aktivierung und Einsatz interkultureller Handlungskompetenz.

Abbruch erscheint zunächst der einfache Weg zur Wiedergewinnung der Orientierung zu sein. Abbruch ist aber auch riskant, besonders in Bezug auf eventuell unvorhersehbare negative Folgewirkungen. Oft ist aber auch der Abbruch aus persönlichen, sozialen und beruflichen Gründen nicht opportun. In diesem Fall ergeben sich wieder zwei Möglichkeiten: Entweder man macht weiter wie bisher, lässt sich von den erwartungswidrigen Reaktionen des Partners nicht irritieren und hofft, dass man mit seinen bisher so erfolgreichen Fähigkeiten und Fertigkeiten der Verarbeitung von Irritationen doch noch irgendwie zurechtkommt. Man kann aber auch nach neuen Bewältigungsmöglichkeiten Ausschau halten.

In diesem Fall ist es nützlich, dem Leitspruch des amerikanischen Sozialpsychologen Kurt Lewin zu folgen: „Nichts ist so praktisch wie eine gute Theorie".

Die Theorie, die zum Verständnis des Zustandekommens kritischer Interaktionssituationen und ihrer Verarbeitung passt, stammt von dem amerikanischen Entwicklungspsychologen Epstein (1993): Cognitive-Experiential Self-Theory (CEST).

Die Theorie besagt: Jedes Individuum entwickelt eine Theorie über sein eigenes Selbst (Selbsttheorie), über seine Umwelt (Umwelttheorie) sowie Annahmen über die Interaktionen zwischen Selbst- und Umwelttheorie. Zusammen machen diese Theorien die individuelle Realitätstheorie des Individuums aus. Sie entwickelt sich aufgrund der Erfahrungen im Laufe der jeweiligen Lebensspanne.

Die Realitätstheorie ist dynamisch, das heißt, sie verändert sich aufgrund neuer Erfahrungen. Neue Erfahrungen werden gemäß der bestehenden, individuellen Realitätstheorie wahrgenommen, interpretiert und entweder integriert oder abgewiesen. Die Realitätstheorie wird im Zuge einer Reihe von aktiven Lernprozessen erweitert und ausdifferenziert. Ausgelöst werden diese Lernprozesse durch erwartungsdiskrepante Erfahrungen, also auch durch kulturell bedingt kritische Interaktionssituation. Treten bei einer Person vermehrt transformative Lernprozesse auf bzw. ist die Person bereit, das Erlebte auf ihre grundlegenden Annahmen hin zu überprüfen und insbesondere auch Schemata der Selbsttheorie und der Umwelttheorie infrage zu stellen und zu revidieren, so entwickelt sie eine flexible, differenzierte und integrierte Realitätstheorie.

Genau das ist der Weg hin zum interkulturellen Lernen. Der Weg ist in der Realität aber deshalb so beschwerlich, weil als erstes die im Verlauf der lebensgeschichtlichen Entwicklung über Jahre und Jahrzehnte hinweg verfestigten und in der individuellen Selbst- und Umwelttheorie verankerten Prägungen und Schemata, die bisher so erfolgreich automatisch ablaufende Entscheidungs- und Handlungsstrategien ermöglichten, plötzlich nicht mehr wirken, revidiert und aufgegeben werden müssen.

Der erste Schritt in Richtung Aktivierung und Einsatz interkultureller Handlungskompetenz besteht darin, sich der automatischen Bewertung des unerwarteten Verhaltens des Partners als falsch, unpassend, nicht zielführend und alles in allem als minderwertig zu beurteilen, bewusst zu werden.

Weiterhin muss sich der Handelnde seiner automatisch wirkenden Ursachen-zuschreibungen bewusst werden, die darin bestehen, dass er dem Partner unterstellt, er sei unqualifiziert, handle in der Situation unkonzentriert oder lege es bewusst auf eine Provokation an. Um diese Fehlurteile mit ihren weitreichenden Folgen zu vermeiden, sind vom Handelnden folgende Lernschritte zu beachten:

1. Stoppe die automatische Bewertung des erwartungswidrigen Partnerver-haltens!
2. Stoppe die sich automatisch einstellenden Ursachenzuschreibungen bezogen auf das erwartungswidrige Partnerverhalten!

Reflektiere und präzisiere die eigenen Erwartungen!

Reflektiere die möglichen Erwartungen des Partners!

Antizipiere die Wirkungen deines eigenen Verhaltens!

Präzisiere, was dich irritiert und was den Partner irritieren könnte!

Erkenne die eigenen Kulturstandards und reflektiere ihre Wirkungen!

Nutze das Wissen um die fremden Kulturstandards, die das Geschehen steuern und beeinflussen, und reflektiere diese zur Konfliktlösung und zur Herstellung beiderseitiger Zufriedenheit!

Je besser, genauer und differenzierter der Handelnde über die kulturellen Besonder-heiten des Partners, also die kulturspezifischen Determinanten der Selbsttheorie, Umwelttheorie und Realitätstheorie des Partners, informiert ist, umso eher ist es möglich, eine produktive Bewältigung der konkreten kritischen Interaktions-situation herbeizuführen, und umso eher gelingt es, aufgrund der dabei gemachten Erfahrungen die eigene Selbsttheorie, Umwelttheorie und Realitätstheorie zu be-reichern und weiterzuentwickeln.

Zur Gewinnung realitätsgerechten kulturspezifischen Wissens liefern z. B. die Kulturdimensionen nach Geert Hofstede (1994) und das Kulturstandard-Konzept nach Alexander Thomas (2001–2015; 2016) nützliche Hinweise.

Mit dem Wissen um die Besonderheiten der kulturspezifischen Bewertungs- und Orientierungsmuster seiner eigenen Selbst-, Umwelt- und Realitätstheorie im Ver-gleich zu der des Partners ist es aber noch nicht getan. Entsprechende Steuerungen und Kontrollen des eigenen Handelns müssen so eingeübt sein, dass passende Ent-scheidungs- und Handlungsvollzüge sich automatisch einstellen und situationsspezi-fisch abrufbar sind. Um diesen hohen Ansprüchen an die interkulturelle Handlungs-kompetenz zu genügen, ist es hilfreich, ja sogar notwendig, Fallsituationen kulturell bedingter Interaktionssituationen aus den eigenen Erfahrungen oder aus Berichten Fremder als Lernmaterial verfügbar zu machen. Besonders wirksam sind dabei Fall-simulationen kulturell bedingt kritischer Interaktionssituationen, verbunden mit Fallanalysen, in denen authentisch erlebte, kulturell bedingt kritische Interaktions-situationen behandelt und passende Interaktionsszenarien entwickelt werden. Zu-sätzlich haben sich Rollenspiele mit Videofeedback als äußerst lernwirksam erwiesen. Rollenspiele werden in der Gruppenpsychotherapie und in der Betriebspsychologie im Rahmen der Personalentwicklung eingesetzt. Dabei übernehmen die Lernenden kurzzeitig verschiedene Rollen, um in einer Art von Problemhandeln spezifisches Ver-halten kennenzulernen, einzuüben und die mit der Rollenübernahme verbundenen kognitiven Anforderungen und emotionalen Prozesse zu erfahren. Durch das Rollen-spiel als gruppendynamische Methode soll das Individuum im handelnden Umgang mit den Gruppenmitgliedern lernen, welche Handlungsmöglichkeiten, Handlungs-

3

spielräume, aber auch Handlungszwänge mit dem Vollzug bestimmter Rollen verbunden und welche Erkenntnismöglichkeiten und emotionalen Erfahrungen im Umgang mit den Mitspielern und der im Rollenspiel geschaffenen sozialen Situation möglich sind. Das Rollenspiel kann also als Methode des sozialen Handelns für den Umgang mit Alltagssituationen und besonders belastenden, konflikthaften Situationen im Zusammenhang mit dem Umgang und der Lösung kulturell bedingt kritischer Interaktionssituationen nützlich sein. Hierbei können die Lernenden ihr eigenes Interaktionsverhalten mit dem fremdkulturellen Partner im Hinblick auf den Grad an erreichter interkultureller Handlungskompetenz kritisch überprüfen.

Wenn nun einmal kein allgemeines oder für ein bestimmtes Zielland spezifisches interkulturelles Training zur Entwicklung interkultureller Handlungskompetenz zur Verfügung steht, gibt es die Möglichkeit, sich mithilfe allgemein zugänglicher landes- und kulturspezifischer Informationen auf die Zielkultur generell und die berufsspezifischen kritischen Interaktionssituationen vorzubereiten. Anregungen dazu bieten die folgenden Fallbeispiele.

3.3 Fallbeispiele

Fallbeispiel: Fertigungshalle in Thailand

Das Management eines mittelständischen deutschen Unternehmens hat sich entschlossen, einen Produktionsstandort in Thailand zu eröffnen. Durch einen thailändischen Mittelsmann wird dem Unternehmen ein Grundstück etwa 50 km außerhalb Bangkoks an einer sechsspurigen Autobahntrasse, die den Flughafen mit der Innenstadt verbindet, zum Kauf angeboten. Die Firma erwirbt das Grundstück und beabsichtigt, dort eine Produktionshalle von 2000 m^2 zu errichten. Wegen der besonders schweren Maschinen, die zudem noch vibrationsfrei installiert werden müssen, sind umfangreiche Erd- und Fundamentierungsarbeiten erforderlich.

Der deutsche Manager, der die zu beginnenden Bauarbeiten begleiten und leiten soll, hat an einem interkulturellen Sensibilisierungstraining teilgenommen, in dem ihm die Bedeutung von kulturbedingten Einflussfaktoren auf das Denken, Empfinden und Handeln der Menschen und insbesondere die Problematik interkultureller Zusammenarbeit vermittelt wurde. Anhand einschlägiger Literatur über die Geschichte, Kultur und Religion (Theravada-Buddhismus) hat er sich auf seinen Auslandseinsatz in Thailand vorbereitet. Er weiß, dass die Thais ein sehr enges Verhältnis zur Natur pflegen und in einer kosmologischen Gesamtschau sich selbst als Teil der Natur empfinden. Die Natur ist nicht leblos, sondern beseelt von guten und bösen Geistern, die in Bäumen, Flüssen, Bergen, Hügeln, Wäldern, Steinen usw. wohnen, denen man opfern muss, um sie zu besänftigen und um ihr Wohlwollen zu erlangen, und die man auf keinen Fall in ihren jeweiligen Zuständen stören darf. Der deutsche Manager weiß, dass durch den Bau der Fabrikationshalle und durch die umfangreichen Fundamentierungen nach Auffassung der Thais die Wohnungen der Erdgeister zerstört werden, und sie, falls man ihnen keine adäquate Ersatzwohnung anbietet, schädliche Einflüsse auf das Bauvorhaben und das Leben der daran beteiligten Menschen ausüben können und werden. Aus diesem Wissen heraus sucht er, bevor der erste Spatenstich erfolgt, den

Rat eines ortskundigen Priesters, um zu erfahren, wie er vorgehen sollte, um keine bösen Überraschungen zu erleben.

Schließlich errichtet er am Rande des Grundstücks in einer dafür geeigneten Ecke unter schattenspendenden Bäumen ein traditionelles thailändisches Geisterhaus, in dem vom Augenblick der ersten Baumaßnahme an täglich Opfergaben dargebracht werden, frisches Wasser hingestellt wird und alles nach traditionellen Regeln daran gesetzt wird, die Erdgeister zu bewegen, dort Platz zu nehmen und sich häuslich einzurichten.

Nachdem er mit den Bauleuten Richtfest nach deutscher Tradition gefeiert hat, erfährt er, dass die thailändischen Handwerker und Bauunternehmer, die das Gebäude errichtet haben, überrascht und überglücklich darüber waren, dass der deutsche Manager mit der Errichtung des Geisterhauses so sehr für das Wohlergehen seiner thailändischen Mitarbeiter gesorgt hat, dass sie mit besonderer Freude und Motivation auf dieser Baustelle gearbeitet haben. Die entsprechenden thailändischen Subunternehmer waren selbst überrascht von dem hohen Arbeitseinsatz ihrer Mitarbeiter und der geringen Anzahl an Arbeitsunfällen auf dieser Baustelle. Niemand der bisherigen ausländischen Bauherren, so wurde ihm berichtet, habe auch nur einen einzigen Gedanken darauf verschwendet, dieser thailändischen Tradition der Geisterverehrung Folge zu leisten. Selbst vorsichtige Hinweise seitens der Bauunternehmer seien nur auf Unverständnis und Ablehnung gestoßen. Man habe immer mit Widerwillen, aber noch vielmehr mit Angst vor den Folgen, die von den aus ihrer Ruhe gebrachten Erdgeistern ausgehen könnten, auf den Baustellen von Ausländern gearbeitet.

Der deutsche Firmenvertreter freut sich über diese positive Reaktion und nimmt sich vor, sich zukünftig bei allen Auslandseinsätzen nicht nur um die materiellen Aspekte, sondern auch um die spirituellen Aspekte, die sein Handeln beeinflussen könnten, zu kümmern.

Fallbeispiel: fehlende Kontrolleinheit

Herr Meier arbeitet in einer deutschen Firma der Elektroindustrie. Die Firma unterhält ein Fertigungswerk in Malaysia, und er ist für die Betreuung der dortigen Mitarbeiter zuständig. Mit den malaiischen Kollegen kommt er sehr gut zurecht. Nun sind technische Probleme aufgetreten, und er reist zu Beratungen und zur Behebung der Probleme nach Malaysia. Eine Maschine zur Herstellung eines Bauteils läuft nicht fehlerfrei. Herr Meyer, der die Maschine und deren Tücken für den Fertigungsprozess von seiner Entwicklung her kennt, lädt nun zu einem Meeting der Experten vor Ort zur gemeinsamen Ursachenforschung ein. Schon zu Beginn des Meetings fragte er, ob die vor sechs Monaten extra angeschaffte Kontrolleinheit zur Gewährleistung des fehlerfreien Laufs des Fertigungsprozesses installiert worden ist. Von den malaiischen Verantwortlichen erhielt er die Antwort, dass eine entsprechende Einheit eingebaut wurde und aktiviert sei, dass man sich aber dennoch nicht erklären können, warum der Prozess nicht zuverlässig läuft. Nach Ende des Meetings wird beschlossen, noch einmal auf Fehlersuche zu gehen, um das Problem lösen zu können. Nach einer genaueren Untersuchung der Maschine, stellt Herr Meyer fest, dass die spezielle Kontrolleinheit definitiv nicht installiert wurde und die Maschine deswegen auch nicht funktionieren kann. Auf Nachfragen erfährt er, dass die Kontrolleinheit seit sechs Monaten im Lager liegt, aber nicht eingebaut wurde.

3

Herr Meyer versteht nicht, warum der Experte in der Diskussion den Einbau der Einheit wahrheitswidrig mehrfach bestätigt hat. Leider konnte Herr Meier den dafür zuständigen Experten nicht mehr zur Rede stellen, da dieser bis zum Ende seines Aufenthalts in Malaysia nicht mehr erreichbar war.

Gerade weil Herr Meier ein sehr gutes Verhältnis zu seinen malaiischen Kollegen hat, versteht er nicht, warum sie ihm gegenüber den offensichtlichen Fehler verleugnen, keine Erklärung dazu abgeben und das Problem totschweigen.

Erläuterungen: Der Fallschilderung ist nicht zu entnehmen, ob der Einbau der Kontrolleinheit nur vergessen wurde oder ob sich niemand getraut hat, sich damit zu beschäftigen. Tatsache ist aber, dass der Einbau der Kontrolleinheit angeordnet wurde, sie für die fehlerfreie Funktion der Anlage erforderlich war und das Fehlen der Kontrolleinheit nun öffentlich geworden ist – und das noch in Anwesenheit eines Vertreters aus der deutschen Zentrale.

In dieser Situation muss alles dafür getan werden, dass niemand sein Gesicht verliert und alle unbeschadet aus der schwierigen Situation herauskommen. Erhalt der Harmonie und Gesicht wahren sind oberstes Gebot! Wenn das gelingt, lässt sich alles andere schon irgendwie regeln.

Die zur fehlerfreien Funktion des Fertigungsprozesses erforderliche Kontrolleinheit wurde zwar geliefert, aber nicht eingebaut. Das wird aber erst offenkundig während eines von Herrn Meier einberufenen Expertenmeetings zur Klärung der aufgetretenen technischen Probleme. Die malaiischen Partner tun während der Sitzung so, als sei alles korrekt abgelaufen, und doch finden sie keine Erklärung für die aufgetretenen technischen Störungen. Obwohl Herr Meier wegen der Behebung der Störung extra nach Malaysia gereist ist, die Fertigungsanlage nicht fehlerfrei funktioniert, er deshalb extra eine Besprechung mit den verantwortlichen Experten ansetzt und auf mehrfaches Nachfragen zu hören bekommt, dass eine „entsprechende Einheit eingebaut wurde", kann er den Sachverhalt erst mit einer genauen Untersuchung der Maschine aufklären. Er stellt fest: Die Einheit wurde überhaupt nicht eingebaut. Die Gründe für dieses Versäumnis, zum Beispiel mangelnde Kenntnisse und Fähigkeiten der einheimischen Ingenieure, um die Kontrolleinheit einzubauen, die Sorge, dabei Fehler zu machen, die womöglich zum Ausfall der gesamten Anlage hätte führen können, der Mangel an Bereitschaft zur Verantwortungsübernahme oder Zeitmangel stehen hier nicht zur Diskussion. Es geht allein darum, zu klären, weshalb die malaiischen Partner nicht zu ihrem Fehlverhalten stehen, sondern so tun, als wäre alles in Ordnung, und behaupten, dass von ihrer Seite aus alles zur Fehlerbehebung unternommen worden sei. Hier wirkt sich, wie in vielen Ländern weltweit, aber besonders in Asien, das oberste Gebot „Gesicht geben und Gesicht wahren" in der zwischenmenschlichen Zusammenarbeit aus.

Mit Kritik wird in Malaysia anders umgegangen als in Deutschland. Einen Fehler in der Öffentlichkeit anzusprechen, ist absolut tabu. Es macht keinen Sinn, Probleme öffentlich anzusprechen, denn Malaysier haben ein großes Bedürfnis, ihr Gesicht zu wahren, sodass sie einen Fehler nie freiwillig in der Öffentlichkeit zugeben würden, und das wird auch von ihnen nicht verlangt. In Malaysia bedeutet „Gesicht haben" soziales Ansehen, Würde und Prestige. Damit die Harmonie zwischen Malaysiern gewahrt bleibt, ist es unerlässlich, selbst das Gesicht zu wahren und anderen Gesicht zu geben, was bedeutet, sein Gesicht in der Öffentlichkeit zu steigern. Das kann zum Beispiel durch Komplimente geschehen. Dabei kommt es nicht darauf an, dass das angesprochene Lob immer berechtigt ist, es dient eher der sozialen Anerkennung. Gesicht zu erhalten, bedeutet umgekehrt, von den anderen der eigenen Würde entsprechend bestätigt und mit Anerkennung bedacht zu werden. Dabei ist es unbedingt erforderlich, Lob und Anerkennung bescheiden abzuwehren, um im Gegenzug das Gegenüber zu loben. Anderen das Gesicht zu nehmen bedeutet, ihnen Würde und Prestige zu nehmen. (Kautz et al., 2006)

Fallbeispiel: deutsch-französische Wissenschaftlertagung

Ein deutscher Professor berichtet:

„Ich war von einer deutsch-französischen Organisation zur Förderung der Zusammenarbeit zwischen beiden Völkern nach Paris eingeladen, um dort an einer Arbeitstagung zur Vorbereitung einer deutsch-französischen Wissenschaftlerkonferenz teilzunehmen. Ziel des Treffens, so war vorher telefonisch vereinbart worden, sollte die Diskussion und Festlegung des Tagungsprogramms und begleitender Aktivitäten sowie die Auswahl der einzuladenden Teilnehmer auf deutscher und französischer Seite sein. Ich hatte bislang keine persönlichen Erfahrungen mit der einladenden Organisation gemacht und kannte weder die anderen Deutschen (zwei) noch die französischen (drei) Sitzungsteilnehmer.

Die Sitzung sollte vereinbarungsgemäß von 9:30 Uhr bis 18:00 Uhr stattfinden, was für mich bedeutete, einen Tag vorher mit dem Flugzeug anreisen zu müssen, um pünktlich sein zu können.

Da ich mich wegen der mir unbekannten Ortverhältnisse recht früh auf den Weg gemacht hatte, erreichte ich das Tagungsgebäude schon um 9:15 Uhr, meldete mich am Empfang an und erfuhr dort, dass die Sitzung wohl erst gegen 10:00 Uhr beginnen werde. Nachdem ich um ein Gespräch mit dem französischen Kontaktpartner noch vor der Sitzung gebeten hatte, wurde mir der Tagungsraum aufgeschlossen, und ich begann mit der Einarbeitung in meinen bereits fertig skizzierten Programmvorschlag, den ich der Arbeitsgruppe vorstellen wollte.

Um 9:30 Uhr trafen die beiden deutschen Teilnehmer ein, um 10:05 Uhr der französische Kontaktpartner und gegen 10:30 Uhr schließlich die letzten französischen Teilnehmer. Die Sitzung begann um 10:40 Uhr mit einer kurzen persönlichen Vorstellung der Anwesenden und einer Einführung in die Ziele der geplanten Wissenschaftlerkonferenz durch den französischen Tagungsleiter. Danach wurde ich gebeten, mich zu der geplanten Tagung zu äußern.

Ich war froh, dass nun endlich gegen 11:00 Uhr die eigentliche Arbeitssitzung stattfinden konnte. Anhand einer vorbereiteten Folie mit einem ausgearbeiteten Tagungsprogramm (Referenten, Themenstellung, Zeitplanung, aufgeteilt in Vortragszeit, Diskussionszeit und Pausen) legte ich den versammelten Fachkollegen meine Vorstellungen von Zielen, Verlauf und Resultaten der geplanten Wissenschaftler Tagung dar. Während meines Vortrags fiel mir auf, dass nur ein Teilnehmer sich hier und da einige Notizen machte, die anderen mir aufmerksam und mit einer Mischung aus Erstaunen und Bewunderung zuzuhören schienen. Nach meinem etwa 40-minütigen Vortrag forderte der Tagungsleiter zur Diskussion auf, wobei ein französischer Teilnehmer mich bat, meinen Kulturbegriff und meine Vorstellungen von interkulturellem Lernen zu er-

3

läutern. Über diese Frage war ich sehr erstaunt, da ich schon zu Beginn meines Vortrags darauf speziell eingegangen war und meine Definition vorgestellt und erläutert hatte. Nachdem ich nochmals kurz meinen Kulturbegriff und meine Definition von interkulturellem Lernen wiederholt hatte, entstand eine etwas längere Schweigepause. Es meldete sich niemand mehr zu Wort, bis dann schließlich ein französischer Tagungsteilnehmer an den Tagungsleiter die Frage stellte „Wann gehen wir essen?". Der Tagungsleiter fragte zurück: „Essen wir deutsch? Oder französisch?" Auf meine etwas erstaunte Frage, was denn das bedeute, wurde mir mitgeteilt, dass dies bei deutsch-französischen Arbeitsbesprechungen eine durchaus übliche Frage sei, die bedeutete, wenn man deutsch essen geht, bestellt man belegte Brote, verzehrt diese am Tisch und arbeitet weiter; französisch essen zu gehen aber bedeute, das nahe gelegene italienische Speiserestaurant aufzusuchen, was eine ausgezeichnete französisch-italienische Küche hat. Es wurde beschlossen, um 12:00 Uhr zum „französischen" Essen aufzubrechen.

Während des Essens wurden intensive Unterhaltungen gepflegt, die aber zu keiner Zeit einen Bezug zur Arbeitsthematik hatten. Um 15:00 Uhr schließlich wurde die Tagung fortgesetzt mit einer ausführlichen Diskussion darüber, wen man von französischer Seite zu der geplanten Konferenz einladen sollte. Die Diskussion wurde unter den französischen Tagungsteilnehmern sehr lebhaft und kontrovers geführt, und man einigte sich schließlich nach etwa einer Stunde auf die einzuladenden Personen. Die Tagungsorganisation wurde vertrauensvoll in die Hände der einladenden Institution gelegt, bis schließlich gegen 16:30 Uhr ein Tagungsteilnehmer bemerkte, dass er in fünf Minuten leider die Versammlung verlassen müsse, da er bei einer späteren Abreise zu lange im Pariser Feierabendstau stecken bleibe. Die noch verbleibende Zeit wurde zur Diskussion eines akzeptablen Termins für ein neues Treffen und einige organisatorische Details aufgewandt. Jedenfalls, um 17:20 Uhr stand ich mitten in Paris an einer Metrostation und stellte mir die Frage, warum ich zwei Tage meiner Arbeitszeit für eine Arbeitstagung aufwende, um 40 Minuten lang auftragsgemäß ein von mir sorgfältig vorbereitetes Kongressprogramm vorzustellen, über das aber nicht diskutiert wird und dem auch von französischer Seite kein Gegenvorschlag gegenübergestellt wird. Zudem wurden aus meiner Sicht auf der Tagung eigentlich nur Belanglosigkeiten diskutiert, die so gut wie nichts mit dem vereinbarten Ziel zu tun hatten. Ich war enttäuscht darüber, dass hier eine Chance für eine produktive, sachliche Zusammenarbeit vertan worden war, und verärgert über die verlorene Zeit. Für mich war klar, die Franzosen sind nicht nur desinteressiert an dem, was ich als Deutscher vorschlage, sondern sie sind überhaupt nicht besonders an einer Zusammenarbeit mit Deutschen und schon gar nicht an der Durchführung einer deutsch-französischen Wissenschaftlertagung interessiert.

In einem späteren Gespräch mit dem französischen Tagungsleiter, in dem ich mich kritisch zu diesem ersten Treffen äußerte, wurde mir Folgendes erklärt: Über ein Zuspätkommen bei einem Arbeitstreffen würde sich in Frankreich niemand aufregen, wenn, wie in Paris die Verkehrsverhältnisse für die anreisenden Teilnehmer nicht so gut kalkulierbar seien. Es sei für Franzosen höchst ungewöhnlich, wenn man bei einer ersten Zusammenkunft, anstatt sich langsam kennenzulernen und näherzukommen, sofort mit einer rein sachbezogenen Präsentation beginne. Kein französischer Teilnehmer käme auf die Idee, zu einer solchen Sitzung mit einer perfekt bis ins Detail ausgearbeiteten Vorlage zu kommen und diese zu präsentieren. Das wäre auch von mir nicht so erwartet worden. Für die französischen Teilnehmer sei mein Vortrag mit seiner

Systematik und Detailliertheit zu einem Zeitpunkt, zu dem mich noch niemand gekannt hätte, ein Zeichen für die typisch deutsche Art (eindeutig negativ bewertet) gewesen, mit einer solchen Situation umzugehen. Deshalb hätte sich auch niemand der französischen Teilnehmer von meinem Vortrag angesprochen gefühlt, geschweige denn darauf zu antworten oder eine inhaltsbezogene Diskussion zu beginnen. Aus französischer Sicht sei das eine durchaus sehr gelungene Arbeitstagung gewesen, da man sich kennengelernt, viel miteinander gesprochen habe und mit der Überzeugung auseinandergegangen sei, dass es sich lohnen könnte, einmal eine deutsch-französische Wissenschaftlertagung zur interkulturellen Thematik zu starten.

In diesem Gespräch ist mir bewusst geworden, wie weit Deutsche und Franzosen sich kulturell unterscheiden, und zwar in Verhaltensbereichen, in denen man bei benachbarten Völkern mit einer so langen gemeinsamen Vergangenheit überhaupt nicht mehr mit Unterschieden rechnet. Anschließend habe ich die französischen Tagungsteilnehmer bewundert, dass sie überhaupt mit einem Deutschen, der sich aus französischer Sicht in dieser Erstbegegnungssituation so unmöglich verhalten hat, wissenschaftlich kooperieren wollen. Im Laufe der Jahre haben mehrere deutsch-französische Wissenschaftlertagungen und vorbereitende Arbeitssitzungen stattgefunden. Fremdkulturelle Erfahrungen habe ich während dieser Konferenzen und Tagungen ständig machen können. Oft habe ich mich geärgert, wie wenig effektiv und sachbezogen in Frankreich gedacht und gearbeitet wird, jedenfalls erschien mir das so. Allmählich aber wurde ich fähig, zwischen der deutschen und der französischen Perspektive ein und desselben Sachverhalts zu wechseln, und hier und da gelang es mir, ungewohnte Verhaltensweisen der französischen Partner als Bereicherung zu erfahren und partiell für mich zu übernehmen."

(Thomas, 2003, S. 292–295)

Der deutsche Professor hatte Glück, dass ihm ein verständnisvoller und sachkundiger Gesprächspartner zur Verfügung stand. Er hatte auch Glück, dass er wohl aufgrund seiner Ausbildung in der Lage war, seine konkreten Erfahrungen zu reflektieren, nach Ursachen zu suchen und Rat und Aufklärung einzuholen. Er zeigte wohl ein gewisses Maß an Offenheit und Reflexionsfähigkeit, verbunden mit der Fähigkeit zum Perspektivenwechsel, also der Grundfähigkeiten, die interkulturelles Lernen erleichtern und die Wahrscheinlichkeit zu produktivem Problemlösen erwartungswidriger und kritisch verlaufender kultureller Überschneidungssituation erhöhen. Jedenfalls wurde erkannt, dass die vom deutschen Professor beobachteten Probleme bei seiner aktiven Teilnahme an der Wissenschaftlertagung in Paris nicht auf persönliche Schwächen auf seiner Seite oder der seiner französischen Partner zurückführbar sind, sondern durch die Wirksamkeit unterschiedlicher Kulturstandards auf Perzeption, Kognition, Emotion und Verhalten der interagierenden Partner. Das aus französischer Sicht nicht ungewöhnliche Zuspätkommen bei einem wissenschaftlichen Treffen, selbst im kleinen Kreis, ist für den deutschen Wissenschaftler ein Zeichen dafür, dass die französischen Sitzungsteilnehmer weder an den zu behandelnden Themen noch am Referenten interessiert sind, sondern nur das „französische Essen" und die beiläufigen Gespräche genießen möchten. Ein bis ins Detail ausgearbeitetes Tagungskonzept, an dem es nichts mehr zu diskutieren gibt, zeigt wieder einmal die Überheblichkeit, Arroganz und „Perfektion" der Deutschen, die ein solches Treffen nur unter Sachgesichtspunkten bewerten und keinen Sinn dafür haben, dass sich hier Menschen treffen und kennenlernen wollen, und das, um weiter zusammenarbeiten zu können, um die geplante Tagung zum Erfolg zu führen.

3

Erläuterungen der Fallbeispiele „Fehlende Kontrolleinheit" und „Deutsch-französische Wissenschaftlertagung": Beide Fallbeispiele schildern Szenen, die tatsächlich stattgefunden haben, und das in unterschiedlichen Ländern, im Kontext unterschiedlicher Aufgabenstellungen, Problemlagen und Lösungsmöglichkeiten. Dennoch haben sie eines gemeinsam: In beiden Fällen wird das Verhalten der ausländischen Partner vom deutschen Partner nicht erwartet, und das Verhalten des deutschen Partners stößt bei ausländischen Partnern auf Unverständnis. Hier beginnt die Notwendigkeit, interkulturelles Lernen in Gang zu setzen, um in der Lage zu sein, nur bedingt unerwartete Verhaltensweisen zu verstehen und produktiv damit umgehen zu können.

3.3.1 Grundlagen und Verlauf interkulturellen Lernens als Voraussetzung zur Entwicklung interkultureller Handlungskompetenz

Interkulturelle Handlungskompetenz ergibt sich nicht von alleine und auch nicht als selbstverständliches Resultat eines längeren Auslandsaufenthalts oder einer beruflich oder privat bedingten Zusammenarbeit mit ausländischen Mitbürgern im eigenen Land oder durch das so beliebte und hoch geschätzte „Learning by Doing". Denn dafür ist diese Schlüsselqualifikationen viel zu komplex und zu anspruchsvoll. Die für eine erfolgreiche und für alle Beteiligten zufriedenstellende interkulturelle Kooperation erforderliche interkulturelle Handlungskompetenz ist nur über den oft mühsamen Weg interkulturellen Lernens und interkultureller Trainings und damit eines die Gesamtpersönlichkeit beeinflussenden Entwicklungsprozesses zu erreichen. Lernen und Lernfortschritte vollziehen sich über verschiedene Phasen hinweg: In der ersten Phase sind Ausgangsbedingungen, bestehend aus Personal- und Umweltfaktoren, zu beachten, weiterhin der Prozessverlauf, bestehend aus interkultureller Konfrontation, interkultureller Erfahrungsbildung, interkulturellem Lernen, interkulturellem Verstehen und schließlich als Resultat dem Aufbauen und der Stabilisierung interkultureller Handlungskompetenz.

1. **Ausgangsbedingungen** sind zu beachtende personale und Umweltfaktoren. Die Lernenden bringen bestimmte Fähigkeiten und Fertigkeiten aus ihrer bisherigen Lerngeschichte mit ein, die den Lernprozess beschleunigen könnten. Forschungen haben gezeigt, dass folgende Persönlichkeitsmerkmale, die bereits in der Kindheit und im Jugendalter festgelegt und ausgebildet wurden, Chancen zur Bewältigung kultureller Überschneidungssituationen und zur Förderung interkultureller Handlungskompetenz deutlich erhöhen:
   a) Sozial-kommunikative Kompetenz, speziell Kontaktfreudigkeit, und Fähigkeit zu variablen Konfliktlösungen
   b) Neugier und Offenheit für Neues und Andersartiges
   c) Selbstsicherheit-/Selbstwirksamkeitsbewusstsein
   d) Empathie, Einfühlungsvermögen in die Befindlichkeitslage des Partners, in seine Hoffnungen und Wünsche, in seine Flexibilität im Umgang mit Problemstellungen und Widerstände
   e) Verhaltensflexibilität

f) Ambiguitätstoleranz, Vieldeutigkeit, Unsicherheiten zur Kenntnis nehmen und ertragen können

g) Ethnische Toleranz und Wertschätzung

h) Fähigkeit zum Perspektivenwechsel

i) Physische und psychische Belastbarkeit

Wer solche Fähigkeiten aufgrund seiner lebensbiografischen Entwicklung und Erfahrungen schon mitbringt, wenn er privat oder beruflich mit ausländischen Partnern zu tun hat, ist in der Lage, mit kulturell bedingten neuen, ungewohnten kritischen Interaktionssituationen umzugehen, den ausländischen Partner zu verstehen und auf dessen kulturelle Besonderheiten adäquat zu reagieren. Jeder, der vor der Aufgabe steht, mit kulturell unterschiedlichen Partnern kommunizieren und kooperieren zu müssen, tut gut daran, kritisch zu prüfen, welche dieser Fähigkeiten noch einer Verbesserung bedürfen, und Mittel und Wege zu suchen, dies zu realisieren.

2. **Interkulturelle Konfrontation** erfordert, sich mit den meist unerwarteten Reaktionen fremdkultureller Partnern auseinanderzusetzen, und das bedeutet, sie erst einmal wahrzunehmen, als kulturell bedingt zu deuten, sie nicht als individuelle Eigenarten oder Marotten abzutun, sondern sich mit ihnen zu befassen. Dazu gehört, sie nicht sofort gemäß den gewohnten Wahrnehmungs-, Attributions-, Einstellungs- und Bewertungsmustern zu beurteilen, zu bagatellisieren oder als Fehlverhalten des Partners zu behandeln. Die Konfrontation ist zunächst einmal auszuhalten, um dann nach den Ursachen bei sich selbst zu suchen, also dem, was man selbst für richtig und angemessen hält, und dann nach dem, was der fremdkulturelle Partner wohl für richtig erachtet. Diese Analysearbeit bietet Chancen zum interkulturellen Lernen.

3. **Interkulturelle Erfahrungsbildung** findet meist über interkulturelle Begegnungen statt, und zwar in der direkten Art – durch das Zusammentreffen von zwei Personen aus unterschiedlichen Kulturen bzw. durch die Beobachtung interkulturellen Handelns – oder auf indirekte Art, zum Beispiel durch Medien vermittelte Informationen, die dazu führen, dass man sich mit Aspekten des Eigenen und des Fremden vergleichend auseinandersetzt. Dabei ist neben der Bedeutsamkeit und Nachhaltigkeit auch die Erfahrbarkeit auf kognitiver und emotionaler wie auf der Willensebene von Bedeutung. Kritische Interaktionssituationen, also Situationen, in denen der fremdkulturelle Partner sich in einer Art und Weise verhält, wie der Handelnde es nicht erwartet hat, die von seinen eigenen Verhaltensgewohnheiten deutlich abweichen, die ihm unvertraut sind, für die er so schnell keine Erklärung zur Verfügung hat und die er unabhängig von einzelnen Personen in ähnlich gelagerten Situationen immer wieder beobachtet, sind besonders lernrelevant.

4. **Interkulturelles Lernen** setzt das Gewahrwerden erwartungswidrigen Verhaltens zwischen zwei Personen unterschiedlicher kultureller Herkunft voraus und die Erkenntnis, dass das wahrgenommene Verhalten aus unterschiedlichen kulturellen Orientierungssystemen heraus resultiert. Diese Erfahrung führt zu der Einsicht, dass irritierende kritische Interaktionssituationen einerseits immer als Resultat der eigenen kulturspezifisch geprägten Wahrnehmungs- und Beurteilungsmuster und andererseits der kulturspezifischen Verhaltensorientierung aufseiten des fremden kulturellen Partners entstehen.

3

Auf der Basis der über interkulturelles Lernen erfolgten Horizonterweiterung in Bezug auf die Eigenkulturalität und die Fremdkulturalität muss ein Bewusstwerden und ein Faktenwissen über die Gemeinsamkeiten, Ähnlichkeiten und Unterschiede im Vergleich der eigenen Kultur zur Fremdkultur und ein Prozesswissen über die Handlungsrelevanz solcher Vergleichsprozesse aufgebaut werden.

5. **Interkulturelles Verstehen** (Bilanzierung): Im Verlauf des interkulturellen Lernens im interkulturellen Training kommt es zum interkulturellem Verstehen, wenn folgende Einzelziele erreicht werden:

   a. Eine Erweiterung des Selbstkonzepts kommt zustande durch die bewusste Reflexion der Wirkungen des eigenkulturellen Orientierungssystems bei der Steuerung der Wahrnehmung, des Denkens, Empfindens und Handelns in kulturellen Überschneidungssituationen.

   b. Kulturadäquate Verhaltensattribuierung, auch als „isomorphe" Attribuierung bezeichnet, entsteht dann, wenn der Handelnde in kulturellen Überschneidungssituationen in der Lage ist, das erwartungswidrige Verhalten seines Partners so zu verstehen, wie es dem fremdkulturellen Orientierungssystem entspricht.

   c. Die Erweiterung des Repertoires an Erklärungsalternativen wird möglich durch die bewusste Reflexion der Wirkungen des eigenen kulturellen Orientierungssystems und die Fähigkeit zur isomorphen Attribuierung. So können unterschiedliche Erklärungsalternativen für das erwartungswidrige Verhalten generiert und auf ihre Kulturäquivalenz hin überprüft werden.

   d. Eine Erweiterung des Repertoires an Verhaltensalternativen ergibt sich daraus, dass aufgrund eines vertieften Verständnisses des fremdkulturellen Orientierungssystems alternative Möglichkeiten zur Interpretation und zur aktiven Gestaltung der entstehenden interkulturellen Situation entwickelt und erprobt werden können.

   e. Interkulturelle Orientierungsklarheit ergibt sich aus dem kulturisomorphen Verständnis für das fremdkulturelle Orientierungssystem und ermöglicht es, Ressourcen aus dem eigenen kulturellen Orientierungssystem gezielt einsetzen zu können.

   f. Potenzial zum kulturäquivalenten Handeln erwächst aus dem Gefühl der Orientierungsklarheit und der Zuversicht, über ein ausreichendes Handlungspotenzial zur Bewältigung kultureller Überschneidungssituationen zu verfügen, um kritische und womöglich konflikthafte Situations- und Interaktionskontexte frühzeitig zu erkennen, in ihrer wechselseitigen Komplexität zu verstehen und bewältigen zu können.

3.3.2   Verlauf kulturell bedingt kritischer Interaktionssituationen

Wenn Menschen einander begegnen, miteinander interagieren oder kooperieren, ob sie sich kennen oder eine erstmalige Begegnung vorliegt wie im ersten Fallbeispiel, haben sie Erwartungen an das, was nun passieren wird. Die Erwartungen werden gebildet aus den eigenen, in der Vergangenheit gewonnenen Erfahrungen mit ähnlichen Situationen, den Wunschvorstellungen bezüglich des Verlaufs der aktuellen Situation und des Partnerverhaltens sowie aus dem, was der soziale Kontext, in dem die

Begegnung stattfindet, an bekannten und vertrauten Elementen enthält. Selbst wenn die handelnden Personen unangenehme Ereignisse und Dialoge erwarten, gehen sie davon aus oder hoffen, dass die Begegnung gut ausgeht, und gehen so schon mit Ergebniserwartungen in den Dialog – oder mit Erwartungen über den Verlauf der Gespräche, Entscheidungen und Verhaltensweisen – und der Überzeugung, diese Prozesse und Resultate positiv beeinflussen zu können.

Sowohl im Alltagsleben als auch im Berufsleben gelingt das auch, wenn auch nicht immer hundertprozentig, sofern man sich im Kreis der eigenen vertrauten Personen bewegt und sich nicht im ungewohnten und vertrauten Umfeld auffällt. Den handelnden Personen in den beiden Fallbeispielen war das Umfeld und was dort passieren würde recht vertraut, zum Beispiel pünktliches Erscheinen bei Tagungen und Arbeiten im Team bei der Einrichtung neuer Maschinen und dem Suchen technischer Fehler. Zuspätkommen bei Tagungen und Fehler bei der Einrichtung neu aufzustellender Maschinen war ihnen auch vertraut. Aber in Malaysia und Frankreich half ihnen das alles nichts, um ein Verständnis für das Verhalten der ausländischen Partner aufzubringen, um dann zu verstehen, was vor sich geht, und um zur Problemlösung beizutragen. Beide Partner in den Verhaltensbeispielen empfinden das gegenseitige Verhalten als unpassend, einmal das Zuspätkommen der Franzosen und zum anderen das Verschweigen der Versäumnisse und Fehler bei der Montage der Maschine. Diese Empfindungen aktivieren Ablehnung, Missbilligung und den Druck, Ursachen für das Fehlverhalten zu finden und bei Bedarf zu erfinden. Die Schwierigkeit dabei besteht darin, dass die Ursachenzuschreibung (Kausalattribution) gleichsam automatisch erfolgt und in der Regel nicht bewusstseinswichtig ist. Für die handelnden Personen besteht der Vorteil darin, vermeintlich wieder Klarheit und Orientierung noch während der „verfahrenen Situation" herzustellen. Das ist aber trügerisch, da die so gebildeten Einstellungen und Erwartungen an den fremdkulturellen Partner nur dem Aufbau von Vorurteilen dienen und nichts zur Problemlösung beitragen. Die handelnden Personen können aus den deutschen Ergebnissen nur profitieren, wenn sie die auf beiden Seiten vorherrschenden kulturspezifischen Gepflogenheiten, Entscheidungen und das Handeln steuernden Gebote, Normen und Verhaltensregeln kennen und damit umgehen können. Das erfordert interkulturelles Lernen und die Entwicklung interkultureller Handlungskompetenz.

Anwendungstipps

Interkulturelles Lernen ist besonders zu Beginn der Interaktion und Zusammenarbeit mit ausländischen Partnern wichtig. also Personen, mit denen man zurechtkommen muss, die aber aufgrund ihrer eigenen kulturspezifischen Sozialisation seit ihrer frühen Kindheit andere Normen und Verhaltensregeln der Lebensbewältigung entwickelt und erlernt haben als man selbst. Sie zeigen Verhaltensweisen und Verhaltensreaktionen, die man nicht erwartet hat, deren Sinn und Zweck einem nicht sofort einleuchten, die irritieren, verunsichern, einen ratlos machen und hilflos zurücklassen. Wenn solche Erfahrungen bei unterschiedlichen Personen derselben kulturellen Herkunft in ähnlicher Weise immer wieder beobachtet werden, kann man davon ausgehen, dass das gezeigte Verhalten nicht aus personenspezifischen Eigenarten und Charaktereigenschaften heraus resultiert, sondern das Ergebnis kulturspezifischer Prägungen ist. Solche kulturspezifischen Prägungen zeigen sich

3

im alltäglichen Begrüßungsverhalten bis hin zum Umgang mit lebenswichtigen Entscheidungen und Problemen. Sie werden von Geburt an gelernt und trainiert, bis sie als Selbstverständlichkeiten empfunden werden.

Die Fallbeispiele enthalten solche kulturbedingt kritischen Interaktionssituationen aus Sicht deutscher Interaktionspartner, die sich bemühen, das Verhalten des ausländischen Partners zu verstehen. Dazu können folgende Schritte hilfreich sein:

1. Schritt: Schreibe auf was du am fremdkulturellen Partner beobachtet hast und was dich dabei irritierte.
2. Schritt: Schreibe auf, was du erwartet hast.
3. Finde heraus und schreibe auf, worin die Diskrepanz besteht zwischen deinen Erwartungen und dem Verhalten, das dein Partner gezeigt hat.
4. Versuche dich in die Wahrnehmung und Denkweise deines Partners hineinzuversetzen: Warum hat er so reagiert und nicht so, wie du es erwartet hast?!
5. Sprich über deine Beobachtungen mit Personen aus deiner Kultur und aus der Kultur deines Partners und thematisiere dabei deine Irritationen und vermeintlichen Erklärungen.
6. Informiere dich in einschlägigen Fachbüchern zur Landeskunde und in Reiseführern, die Auskunft geben über Sitten und Gebräuche des Herkunftslandes deines Partners, z. B. Thomas et al. (2001–2013) Handlungskompetenz im Ausland: Beruflich in … Trainingsprogramm für Manager, Fach- und Führungskräfte).
7. Bei anhaltenden kognitiv und emotional sehr belastenden, kulturell bedingten kritischen Interaktionssituationen diskutiere mit Personen, die aus dem Heimatland deines Partners stammen und schon lange in Deutschland leben, was du tun kannst, um das erwartungswidrige Verhalten deines Partners besser verstehen zu können.
8. Fertige eine Liste von Verhaltensvorschriften an, die du befolgen musst, um mit deinem Partner konfliktfreier kooperieren zu können.
9. Konsultiere Personen, zum Beispiel Berufskollegen, die bereits Erfahrungen im Umgang mit Partnern aus der Kultur deines Partners gemacht haben und die über Erfahrungen mit praxisnahen Vorschlägen zur Bewältigung kulturell bedingt kritischer Interaktionssituationen sowie über erprobte Verhaltensvorschläge zur Bewältigung und Reduzierung entstandener Probleme verfügen.

Fazit

Bereits um 500 vor Christus hat sich der chinesische Philosoph Sun Tsu mit der Frage beschäftigt, wie man aus kriegerischen Situationen erfolgreich als Sieger hervorgehen kann. Seine Erkenntnisse hat er in dem Buch „Wahrhaft siegt, wer nicht kämpft! Die Kunst der richtigen Strategie" niedergeschrieben (auf Deutsch erschienen 1997).

Darin wird unter anderem beschrieben, was man beachten muss, um eine Auseinandersetzung erfolgreich bestehen zu können, nämlich:

„Wer den Gegner und sich selbst gut kennt, kann in 1000 Schlachten siegreich sein!"

Das gilt auch für die Bewältigung kulturell bedingt kritischer Interaktionssituationen und könnte dann so formuliert werden:

„Nur wer den fremdkulturellen Partner und dessen kulturspezifische Besonderheiten und Eigenarten sowie seine eigenen kulturspezifischen Prägungen, die sein Denken, Entscheiden und Verhalten steuern, gut kennt, kann alle kulturell bedingt kritischen Interaktionssituationen meistern."

Wer sich selbst und seine fremdkulturellen Partner in Bezug auf die, das Denken und Handeln bestimmenden, Faktoren gut kennt, kann das Interaktionsgeschehen so beeinflussen und steuern, dass Begegnungen und Kooperationen in beruflichem und privatem Lebenskontexten für beide Personen erfolgreich und zufriedenstellend verlaufen. Auf dem Wege dorthin sind kritische Analysen der eigenen, meist automatisch ablaufenden Beurteilungen des Partnerverhaltens, die Akzeptanz alternativer Lebensweisen sowie Empathie, also ein sich Hineinversetzen in die Wahrnehmung, das Denken, Empfinden und die Handlungssteuerung des fremd kulturellen Partners unerlässlich. Es gilt also zu lernen, mit kulturellen Divergenzen produktiv umzugehen. Die erforderlichen Grundlagen zum vertiefenden Verständnis und die Hilfestellungen zur praktischen Anwendung (Fallbeispiele), gewonnen aus empirischen Forschungsarbeiten, sind in diesem Kapitel behandelt worden.

Literatur

Epstein, S. (1993). Entwurf einer integrativen Persönlichkeitstheorie. In S.-H. Philipp (Hrsg.), *Selbstkonzept-Forschung: Probleme, Befunde, Perspektiven* (3. Aufl., S. 15–45). Klett-Cotta.

Hofstede, G. (1994). *Cultures and organizations: Intercultural cooperation and its importance for survival.* Mc Graw-Hill.

Kautz, J., Bier, C., & Thomas, A. (2006). Beruflich in Malaysia. Trainingsprogramm für Manager, Fach- und Führungskräfte. Vandenhoeck & Ruprecht.

Thomas, A. (2003). Interkulturelle Wissenschaftskooperation. In A. Thomas, S. Kammhuber & S. Schroll-Machl (Hrsg.) Handbuch Interkulturelle Kommunikation und Kooperation. Band 2: Länder, Kulturen und interkulturelle Berufstätigkeit (S. 290–308). Vandenhoeck & Ruprecht.

Thomas, A. (2011). Das Kulturstandardkonzept. In W. Dreyer & U. Hößler (Hrsg.), Perspektiven interkultureller Kompetenz (S. 97-124). Göttingen: Vandenhoeck & Ruprecht.

Thomas, A. (2016). *Interkulturelle Psychologie. Verstehen und Handeln in internationalen Kontexten.* Hogrefe.

Der Beitrag der Psychologie zur Entwicklung interkultureller Handlungskompetenz

Inhaltsverzeichnis

4

4.1 Einleitung

Der Begriff „internationaler/interkultureller Austausch" ist etwas aus der Mode gekommen. In den 70er- bis 80er-Jahren sprachen die interkulturellen Fachexperten oft von internationalem Austausch und von Austauschforschung. Der Blick war damit also auf die Prozesse gerichtet, die zwischen Menschen unterschiedlicher kultureller Herkunft stattfinden, wenn sie bereits füreinander bedeutsam geworden waren. Wenn zum Beispiel ein deutscher Student im Rahmen eines Studienaufenthalts in den USA eine amerikanische Gastfamilie gefunden hatte, die ihn aufnahm, dann waren alle beteiligten Personen füreinander bedeutsam, und es fand zwischen ihnen ein Austausch statt, ob sie diesen nun angestrebt hatten oder nicht, ganz gemäß den pragmatischen Regeln der Kommunikation: „Man kann nicht nicht kommunizieren" (Watzlawick et al., 1969).

Man kann sich schlicht und einfach dem interkulturellen Austausch nicht entziehen!

Interkultureller Austausch findet auch statt, wenn eine japanische Sängerin auf der Bühne vor deutschem Publikum ein Liebeslied aus ihrer Heimat vorträgt und sie bemerkt, dass ihr das Publikum aufmerksam und gebannt zuhört und anschließend begeistert applaudiert. Sie hat das deutsche Publikum ansprechen können, ihm etwas gegeben, und sie hat Anerkennung und Zuwendung erfahren, obwohl sie weiß, dass ihr musikalischer Vortrag für die deutschen Zuhörer ungewohnt und fremd geklungen hat und vermutlich niemand ihren Text verstand.

Interkulturelle Kompetenz zeigt sich auch hier, und zwar darin, dass man bereit ist, sich auf eine solche Darbietung einzulassen, hingeht und Eintritt zahlt, der Darbietung die ganze Zeit über zuhört und die erbrachte Leistung durch Applaus würdigt, selbst dann, wenn man dem Gesang und der Musik aufgrund ihrer Fremdartigkeit nicht so viel abgewinnen kann.

So gesehen ist interkultureller Austausch Bedingung für interkulturelle Kompetenz, und interkulturelle Kompetenz ist die Voraussetzung dafür, dass interkultureller Austausch erfolgreich stattfinden kann. Alles andere, was mit interkultureller Kommunikation, interkultureller Interaktion, interkultureller Kooperation, interkulturellem Lernen und interkulturellem Verstehen bezeichnet wird, findet dabei immer in kontextbedingten Variationen statt. Zur Erforschung all dieser Prozesse einerseits mit dem Ziel zu verstehen, was zwischen Menschen unterschiedlicher kultureller Herkunft stattfindet, und andererseits, um den Austauschprozess zu verbessern, zu vertiefen, zu erweitern, zu bereichern und zu qualifizieren, bedarf es geeigneter fachwissenschaftlicher Erkenntnisse, Konzepte, Theorien und Methoden.

Die Psychologie wird als wissenschaftliche Disziplin anerkannterweise als die Wissenschaft vom menschlichen Verhalten und Erleben, als die Wissenschaft von den psychischen Grundlagen, Bedingungen, Verlaufsprozessen und Wirkungen menschlichen Verhaltens und Erlebens bezeichnet, und das sind grob kategorisiert: Wahrnehmung, Denken, Urteilen, Motivation, Emotion und Handeln, also genau das, was in kulturellen Überschneidungssituationen in reichhaltigen und komplexen Variationen stattfindet.

Wenn sich also ein Psychologe mit „Perspektiven interkulturellen Austauschs" wissenschaftlich befasst, dann steht ihm reichhaltiges Material an wissenschaftlich gesicherten Erkenntnissen, Theorien und Methoden zur Verfügung, mit denen er diesen komplexen Prozessen interkulturellen Austauschs unter multiplen Kontext-bedingungen auf die Spur kommen kann. Interkulturelle Forscher aus anderen wissenschaftlichen Disziplinen haben andere Zugangsmöglichkeiten verfügbar oder können sie sich verfügbar machen. Entscheidend ist nur, dass sie nicht nur die gängigen Begriffe kennen und verwenden, sondern fachwissenschaftliche Grundlagen und Zugänge zur interkulturellen Austauschthematik verfügbar haben oder sich erarbeiten.

4.2 Hauptteil

4.2.1 Zugänge der Psychologie zur interkulturellen Thematik

Im Vergleich zu anderen wissenschaftlichen Disziplinen weist die Psychologie zwei Besonderheiten auf, die der Erforschung und Qualifizierung interkultureller Kompetenz sehr zugutekommen:
1. Die Psychologie hat zu Ende des 19. Jahrhunderts neben der psychologischen Grundlagenforschung und der psychologischen Praxis eine „Angewandte Psychologie" als wissenschaftliches Arbeitsfeld etabliert. In diesem Arbeitsfeld werden Problemlagen, die sich aus dem Alltags- und Berufsleben der Menschen ergeben, behandelt, zu denen die Psychologie in der Lage ist, über Erkundungen und Analysen Lösungen zu generieren. So ist beispielsweise menschliches Erleben, Urteilen und Handeln in gefährlichen Situationen Gegenstand wissenschaftlichen Arbeitens der Sicherheits-, Unfall- und Risikopsychologie. Erleben, Bewerten, Urteilen und Handeln in erzieherischen Kontexten ist Gegenstand der Pädagogischen Psychologie.
2. Die moderne Psychologie als wissenschaftliche Disziplin hat im Verlauf ihrer nun über hundertjährigen Entwicklung drei unterschiedliche Zugänge zur Kulturthematik gefunden.

Die Kulturpsychologie entwickelte sich im Verlauf der von Wilhelm Wundt (1910) begründeten „Völkerpsychologie" und durch die von ihm angestoßene Diskussion. „Demnach besteht die Aufgabe dieses Teilgebiets der Psychologie in der Untersuchung derjenigen psychischen Vorgänge, die der allgemeinen Entwicklung menschlicher Gemeinschaften und der Entstehung gemeinsamer geistiger Erzeugnisse von allgemein gültigen Werten zugrunde liegen" (S. 1). „Aber wie nicht die psychischen Elemente im isolierten Zustande, sondern ihre Verbindungen und die hieraus entspringenden Produkte das bilden, was wir eine Einzelseele nennen, so besteht die Volksseele im empirischen Sinne nicht aus einer Summe individueller Bewusstseinseinheiten, deren Kreise sich mit einem Teil ihres Umfangs decken; sondern auch bei ihr resultieren aus dieser Verbindung eigentümliche psychische und psychophysische Vorgänge, die in dem Einzelbewusstsein allein entweder gar nicht oder zumindest nicht in der Ausbildung entstehen könnten, in der sie sich infolge der Wechselwirkungen der einzelnen entwickeln" (Wundt, 1911, S. 10).

Kulturpsychologische Forschung geht davon aus, dass menschliches Wahrnehmen, Denken, Urteilen, Erleben, Wollen und Handeln und sich daraus ergebende materielle und immaterielle Produkte in kulturspezifischen Einstellungs-

4

und Orientierungssystemen verankert sind, die eine identitätsstiftende Funktion für soziale Kollektive haben. Kultur ist demgemäß immer integrierender Bestandteil psychologischer Bedingungen, Verlaufsprozesse und Wirkungen menschlichen Verhaltens und Erlebens. Für die Kulturpsychologie ist der Mensch kein auf irgendwelche Reize gleichsam automatisch reagierendes Wesen, sondern ein selbstreflexives eigenständiges Kulturwesen. Gemäß dieser Aussage wird alle Psychologie zur Kulturpsychologie, und Kultur wird dann, wie Ernst Boesch (1980) formuliert, zum Handlungsfeld: „Kultur ist ein Handlungsfeld, dessen Inhalte vom von Menschen geschaffenen oder genutzten Objekten bis zu Institutionen oder ‚Mythen‘ reichen. Als Handlungsfeld bietet die Kultur Handlungsmöglichkeiten, stellt aber auch Handlungsbedingungen: sie bietet Ziele an, die mit bestimmten Mitteln erreichbar sind, setzt zugleich aber auch Grenzen des möglichen oder ‚richtigen‘ Handelns. Der Einzelne steht zu diesem Feld immer in einer zwiespältigen Beziehung: er fügt sich ein, genießt es, paßt sich an, aber im kleinen oder großen rebelliert er auch, sucht Grenzen zu erweitern, Vorhandenes zu transformieren, zu ergänzen oder zu ersetzen" (S. 17).

Damit ist auch klar, dass das gesamte theoretische, aber auch methodische Inventar der Psychologie nicht „kulturfrei" sein kann, was viele kulturvergleichend arbeitende Psychologen schmerzhaft erfahren mussten, wenn sie mit in Europa oder den USA bewährten Testinstrumenten in die Welt hinauszogen und immer noch hinausziehen, um den Nachweis der Universalität eines psychologischen Konzepts, einer Theorie oder eines Modells, zum Beispiel der Intelligenzentwicklung des Menschen (Piaget, 1983), zu erbringen. (Boesch, 1980; Chakkarath, 2007).

Die Kulturvergleichende Psychologie steht in der naturwissenschaftlich orientierten Tradition der Psychologie. Kultur ist demnach eine unabhängige Variable, die außerhalb des Individuums existiert. Diese ethisch-positivistisch ausgerichtete Kulturvergleichende Psychologie konzentriert sich auf die Erfassung von allgemeingültig definierten Gesetzmäßigkeiten individuellen Verhaltens und Erlebens und prüft, inwieweit mithilfe wissenschaftlich anerkannter Methoden gewonnene psychologische Erkenntnisse und Gesetzmäßigkeiten universelle Gültigkeit beanspruchen können. Von der ausschließlichen Konzentration auf die Suche nach und die Bestimmung von universell gültigen Gesetzmäßigkeiten in der Psychologie ist die Kulturvergleichende Psychologie inzwischen abgekommen. Zu häufig wurden kulturspezifische Einflussfaktoren auf die Bedingungen, Verlaufsprozesse und Wirkungen menschlichen Verhaltens und Erlebens und damit kulturelle Varianten und Relativierungen nachgewiesen. So lassen sich heute die Ziele der Kulturvergleichenden Psychologie so zusammenfassen: 1. Erweiterung der Erkenntnis über kulturelle Differenzen. 2. Beschreibung und Analyse kultureller Gemeinsamkeiten. 3. Entdecken neuartiger Phänomene und Aspekte im Kontext psychologischer Determinanten von Verhalten und Erleben. 4. Analyse der Einflüsse sich wandelnder kulturspezifischer Orientierungssysteme auf das individuelle Erleben und Verhalten. 5. Anwendung kulturvergleichender Forschungsergebnisse bei der Lösung von Kommunikations- und Kooperationsproblemen zwischen Menschen aus unterschiedlichen Kulturen. 6. Erfüllung einer normativen Zielsetzung dergestalt, dass die auf universelle Erkenntnisse abzielende Wissenschaft der Vielfalt und Individualität menschlicher Lebensformen und Kulturen Rechnung zu tragen hat (Straub & Thomas, 2003; Thomas, 2003; Trommsdorff & Kornadt, 2007).

Die Interkulturelle Psychologie beschäftigt sich mit der Beschreibung und Analyse psychischer Bedingungen, Verlaufsprozesse und Wirkungen menschlichen Erlebens und Verhaltens in Sonder- und Grenzsituationen, die dadurch gekennzeichnet sind, dass Menschen aus verschiedenen Kulturen aufeinandertreffen, füreinander bedeutsam werden, miteinander kommunizieren und eventuell über längere Zeit kooperieren. Analysiert und beeinflusst werden sollen dabei die das Verhalten steuernden psychologisch relevanten Prozesse, wie beispielsweise Wahrnehmungsvorgänge, Informationsverarbeitungs-, Bewertungs-, und Urteilsprozesse, motivationale Befindlichkeiten, Attributionen und Emotionen, in ihrem jeweils kulturspezifischen Einfluss auf interpersonale Begegnungen und Erfahrungsbildung.

Die mehr grundlagenwissenschaftlich orientierte Interkulturelle Psychologie analysiert die psychischen Bedingungen, Verlaufsprozesse und Wirkungen des Aufeinandertreffens kultureller Orientierungssysteme in der interpersonalen Begegnung. Analysiert werden dabei die verhaltenssteuernden psychologisch relevanten Prozesse wie beispielsweise Wahrnehmungsvorgänge, Informationsverarbeitungs-, Bewertungs- und Urteilsprozesse, Attributionen, Emotionen, Handlungsintentionen, Handlungspläne und Handlungsvollzüge in ihren jeweils kulturspezifischen Einflüssen auf interpersonale Begegnungen, die der Erfahrungsbildung in interkulturellen Situationen entsprechen.

Die mehr anwendungswissenschaftlich orientierte Interkulturelle Psychologie konzentriert sich auf die Analyse der Schwierigkeiten, die an der Schnittstelle zwischen verinnerlichtem Eigenem und dem noch unbekanntem und irritierendem Fremden in der Interaktion zwischen Menschen unterschiedlicher Kulturen entstehen. Hinzu kommen die Entwicklung und Überprüfung geeigneter Methoden zur Lösung der dabei entstehenden Probleme.

Es gibt eine Fülle von Aufgabenfeldern berufsbedingter Art, zum Beispiel der Einsatz von Fach- und Führungskräften im Ausland und der Ausbildung von Migrations- und Integrationsfachkräften im Inland sowie durch freiwilliges Engagement bedingte Aufgabenfelder, zum Beispiel internationale Jugendarbeit und Schüler-, Studenten- und Praktikantenaustausch, in denen die handelnden Personen mit interkulturellen Herausforderungen konfrontiert werden und zu deren Bewältigung interkulturelle Handlungskompetenz erforderlich ist. Die in diesen Aufgabenfeldern zu bewältigenden interkulturell bedingten Herausforderungen zu entdecken, sie im Hinblick auf die ihnen zugrunde liegenden psychologischen Aspekte zu analysieren und dementsprechend wirksame Lern- und Qualifizierungsprogramme zu entwickeln, ist Aufgabe der anwendungswissenschaftlich orientierten Interkulturellen Psychologie (Thomas et al., 2005, 2007).

Jeder Psychologe und Kulturwissenschaftler, der sich grundlagenwissenschaftlich und anwendungswissenschaftlich mit Aspekten der Kulturthematik und interkulturellen Themen beschäftigt, kann aus den vielfältigen Forschungsergebnissen dieser drei Zugänge der Psychologie zur Kultur Nutzen ziehen. Aber damit nicht genug, die Psychologie hat in ihren Teilfächern, von denen im Folgenden einige näher behandelt werden, eine Vielfalt an experimentell und empirisch gesicherten Forschungsergebnissen in Form von Theorien, Modellen und Konzepten denjenigen Fachexperten zu bieten, die sich mit der Analyse von Kultur als Bedingungsfaktoren menschlichen Verhaltens und Erlebens sowie der Qualifizierung interkultureller Handlungskompetenz grundlagenwissenschaftlich, anwendungswissenschaftlich sowie praktisch beschäftigen.

4

4.2.2 Fachspezifische Beiträge der Psychologie zur Entwicklung interkultureller Kompetenz im interkulturellen Austausch

■ **Psychologische Anforderungen im interkulturellen Austausch**

Für denjenigen der sich mit interkulturellem Austausch befasst, ist aus psychologischer Sicht das wichtig, was unter dem Begriff „Psychologie interkulturellen Handelns" zu fassen ist. Menschen unterschiedlicher kultureller Herkunft, zum Beispiel unterschiedlicher ethnischer und nationaler Herkunft, werden füreinander bedeutsam, tauschen Gedanken, Gefühle, Gesten, Einstellungen, Werte, Menschen- und Weltbilder aus und versuchen einander zu verstehen, als Partner zu gewinnen, eigene und gemeinsam definierte Ziele zu erreichen und einvernehmlich und zufriedenstellend miteinander umzugehen. Für jeden Beteiligten stellt sich die Frage: Wie kann das gehen? Welche Probleme stellen sich dem Handelnden in den Weg? Was ist kompatibel und was erweist sich als inkompatibel? Wie lassen sich die Probleme überwinden? Was muss man zur Überwindung kulturell bedingter Probleme leisten?

Eine sicher zutreffende Antwort auf all diese Fragen lautet: Entwicklung und Einsatz interkultureller Kompetenz.

Interkulturelle Kompetenz soll in dem hier diskutierten Zusammenhang folgendermaßen definiert werden.

Interkulturelle Kompetenz ist die notwendige Voraussetzung für eine angemessene, erfolgreiche und für alle Seiten zufriedenstellende Kommunikation, Begegnung und Kooperation zwischen Menschen aus unterschiedlichen Kulturen.

Interkulturelle Kompetenz ist das Resultat eines Lern- und Entwicklungsprozesses.

Die Entwicklung interkultureller Kompetenz setzt die Bereitschaft zur Auseinandersetzung mit fremden kulturellen Orientierungssystemen voraus, basierend auf einer Grundhaltung kultureller Wertschätzung.

Interkulturelle Kompetenz zeigt sich in der Fähigkeit, die kulturelle Bedingtheit der Wahrnehmung, des Denkens, des Urteilens, des Empfindens und des Handelns bei sich selbst und bei anderen Personen zu erfassen, zu respektieren, zu würdigen und produktiv zu nutzen.

Ein hoher Grad an interkultureller Kompetenz ist dann erreicht, wenn:

(1) differenzierte Kenntnisse und ein vertieftes Wissen des eigenen und fremden kulturellen Orientierungssystems vorliegen,

(2) aus dem Vergleich der kulturellen Orientierungssysteme kulturadäquate Reaktions-, Handlungs- und Interaktionsweisen generiert werden können,

(3) aus dem Zusammentreffen kulturell divergenter Orientierungssysteme synergetische Formen interkulturellen Handelns entwickelt werden können,

(4) in kulturellen Überschneidungssituationen alternative Handlungspotenziale, Attributionsmuster und Erklärungskonstrukte für erwartungswidrige Reaktionen des fremden Partners kognizierbar sind, die kulturspezifisch erworbene interkulturelle Kompetenz mithilfe eines generalisierten interkulturellen Prozess- und Problemlöseverständnisses und Handlungswissens auf andere kulturelle Überschneidungssituationen transferiert werden kann,

(5) in kulturellen Überschneidungssituationen mit einem hohen Maß an Handlungskreativität, Handlungsflexibilität, Handlungssicherheit und Handlungsstabilität agiert werden kann.

Dabei sind Persönlichkeitsmerkmale und situative Kontextbedingungen so ineinander verschränkt, dass zwischen Menschen aus unterschiedlichen Kulturen eine von Verständnis und gegenseitiger Wertschätzung getragene Kommunikation und Kooperation möglich wird.

Wenn hier nun immer von interkultureller Kompetenz gesprochen wird, so ist das eine unzulängliche Bezeichnung, denn im Mittelpunkt steht nicht die Bewältigung interkultureller Situationen, in denen Menschen irgendwie aufeinandertreffen, sondern interkulturelles Handeln. In der Psychologie, besonders in der Handlungspsychologie, kommt dem Handeln im Vergleich zum Verhalten eine besondere Qualität zu. Die besteht darin, dass Handeln sich dadurch auszeichnet, dass es intendiert, zielorientiert, geplant, organisiert, kontrolliert, von Motiven gesteuert und in Teilen reflektiert ist sowie meist bewusst vollzogen wird. Begegnet man zum Beispiel Menschen, die einem bekannt sind, dann werden sie begrüßt. Dies gilt für alle Kulturen weltweit, wenn auch die Begrüßungsrituale sehr unterschiedlich sind. Wenn vieles an dem kulturspezifischen Begrüßungsritual auch schon so weit automatisiert abläuft, dass die Details in der Regel im Handlungsvollzug nicht mehr bewusst werden, ist das Begrüßen aber nicht nur ein reflexartiges Verhalten, sondern Handeln, denn es ist intendiert, zielgerichtet, gesteuert, kontrolliert und im Hinblick auf den Eindruck, den man beim Gegenüber hinterlässt, sowie auf seine Reaktionen und seine Akzeptanz hin durchaus reflektiert.

Es geht also immer um interkulturelle Handlungskompetenz in kulturellen Überschneidungssituationen, die so zur Wirkung kommen soll (Handlungswirksamkeit), dass die Intentionen, Ziele und Erwartungen erfüllt werden und sich ein Gefühl der Zufriedenheit und des Gelingens einstellt – und, in der Sprache der Gestaltpsychologen, sich eine „gute Gestalt" in Form einer passenden „Handlungsgestaltung" vollzogen hat.

So ist zum Beispiel Verhandlungsverhalten ebenfalls immer und in allen Phasen Handeln und nicht einfach nur Verhalten.

Dabei geht es immer um soziales Handeln.

Wie komplex und vielschichtig Verhandlungen als Handeln in kulturellen Überschneidungssituationen betrachtet werden und wie komplex und vielschichtig interpersonale Interaktionsprozesse sein können, zeigen die Fallbeispiele 1 und 2.

■ **Zentrale psychologische Prozesse im Kontext interkulturellen Handelns**
Wenn man sich auf das Gegenstandsfeld interkulturelle Kompetenz im Kontext interkultureller Austauschprozesse konzentriert und dabei zum Beispiel die oben genannten zwei Fallbeispiele problematisch verlaufender kultureller Überschneidungssituationen im Auge hat, dann kann man sich fragen, welche zentralen psychologisch relevanten Prozesse zur Erstellung einer Feinanalyse all der hier bedeutsam werdenden Vorgänge zwischen den handelnden Personen und ihrer jeweiligen Umgebung zu benennen sind. Dies ist insofern bedeutsam, weil nur so festgestellt werden kann, inwieweit die Psychologie, und hier insbesondere auch die Allgemeine Psychologie, mit ihren Methoden, Theorien und Forschungserkenntnissen relevant wird.

Die folgende Liste zentraler Aufgaben- und Tätigkeitsfelder im Kontext interkulturellen Managements lässt bereits erkennen, welche zentralen psychologischen Prozesse im Kontext interkulturellen Handelns zu beachten sind. Die Liste könnte zwar noch ausdifferenziert und weitergeführt werden, sie enthält aber schon mal die wichtigsten Themen, zu deren Bearbeitung die psychologische Forschung Beiträge

4

leisten kann. Als Quellenmaterial eignen sich dazu die Reihen: Bengel et al. (Hrsg.) „Handbuch der Psychologie." und Birbaumer et al. (Hrsg.) (fortlaufend): Enzyklo-pädie der Psychologie.

1. Kommunikation und Interaktion
2. Wertorientierung
3. Entscheidungsverhalten
4. Verhandlungsverhalten
5. Konfliktverhalten
6. Austausch von Kritik
7. Festlegung von Prioritäten
8. Umgang mit Raum/Zeit
9. Bewertungskriterien
10. Partizipationsgrad
11. Mitarbeiterführung
12. Teammanagement
13. Arbeitsmotivation/-zufriedenheit
14. Austausch von Emotionen und Empfindungen
15. Interaktion in Problemlösesituationen
16. Arbeits- und Organisationskultur

- **Sozialpsychologische Erkenntnisse zur Analyse interkultureller Austausch-prozesse und ihrer Bewältigung**

Einen Zugang zu den sozialpsychologischen Erkenntnissen, die zur Analyse kulturel-ler Überschneidungssituationen, zur Bewältigung anstehender Anforderungen und zur Entwicklung interkultureller Kompetenz nützlich sind, gewinnt man am ehesten über die „Theorien der Sozialpsychologie" (Frey & Irle, 2002). Die hier besonders relevanten Theorien werden im weiteren Verlauf kurz behandelt. In vielen Fällen lassen sich leicht Bezüge zu den beiden oben berichteten, kulturell bedingt kritischen Interaktionssituationen herstellen.

- **Sozialpsychologische Theorien zur vertiefenden Analyse interkulturellen Han-delns**

1. Theorie der sozialen Interdependenz
2. Soziale Austauschtheorie
3. Hypothesentheorie der sozialen Wahrnehmung
4. Theorie der sozialen Vergleichsprozesse
5. Theorie der Selbstaufmerksamkeit
6. Attributionstheorie
7. Theorie der kognitiven Dissonanz
8. Selbstdarstellungstheorie/Impression-Management-Theorie
9. Theorie der psychologischen Reaktanz
10. Theorie der interpersonalen Attraktion
11. Theorie der kognitiven Kontrolle
12. Theorie der Urteilsheuristiken
13. Zielsetzungstheorie
14. Theorie des überlegten Handelns
15. Theoretische Modelle zu Kooperation, Wettbewerb und Verhandlungen bei interpersonalen Konflikten

16. Theorie des Intergruppenverhaltens
17. Theorie der Bewältigung von Bedrohungen, von Wohlbefinden und Handlungsfähigkeit

Zu 1. Theorie der sozialen Interdependenz Die sozialen Beziehungen, in die Personen
eingebunden sind, führen zu wechselseitigen Abhängigkeiten (Interdependenzen), weil
die Personen Einfluss aufeinander ausüben. Dabei sind alle interagierenden Personen
bestrebt, aus diesen Beziehungen positive Ergebnisse zu erzielen. Interaktionen, die als
angenehm und positiv empfunden werden, versucht man zu wiederholen, oder man
sucht sich (freiwillig) an Interaktionen zu beteiligen, von denen man positive Ergebnisse erwarten kann. Die Dauer der eingegangenen Beziehungen hängt von der Qualität des Ergebnisses ab, das sich aus den Differenzen zwischen Belohnung und Kosten
ergibt. Belohnung, Kosten und Ergebnisse sind subjektive Größen und können daher
von verschiedenen Personen unterschiedlich eingeschätzt werden. Sie sind außerdem
nicht konstant und können sich in Abhängigkeit von den gegebenen Umständen sowie
bei mehrfacher Wiederholung der Handlung ändern.

Bedeutsam für die Bewertung von Interaktionen ist das für die Person verfügbare Vergleichsniveau. Es ist das Ergebnisniveau, was nach Meinung der Person ihr
zusteht und worauf sie ein Anrecht hat. Weiterhin ist das Vergleichsniveau wichtig,
das sich aus dem erwarteten Ergebnis der besten Alternative ergibt für den Fall, dass
die aktuelle Beziehung beendet wird. Neben Belohnung, Kosten und Höhe des Ver-
gleichsniveaus sind noch die von der Person eingebrachten Investitionen in Form
von Beziehungsabhängigkeit und Beziehungscommitment wirksam. Dabei ist die Beziehungsabhängigkeit als strukturelles Merkmal und das Beziehungscommitment als
das subjektive Erleben der Abhängigkeit zu verstehen.

Diese Theorie hat das Verständnis zwischenmenschlicher Prozesse und Beziehungen nachhaltig gefördert. Zusätzlich bietet sie einen umfassenden Bezugsrahmen für die Analyse verschiedener Formen und Aspekte von Sozialverhalten,
sozialer Beziehungen sowie von Gruppenstrukturen und -prozessen, und das auch
noch unter den Bedingungen kulturell unterschiedlich geprägter Akteure.

Zu 2. Soziale Austauschtheorie In interpersonalen Begegnungen zwischen Menschen
unterschiedlicher kultureller Herkunft findet ein Austausch von Informationen, verbalen und nonverbalen Symbolen, materiellen und immateriellen Gütern statt, und diese
Austauschbeziehungen können als ausgeglichen oder als unbalanciert empfunden werden. Die Sozialpsychologie hat diese Austauschbeziehungen unter dem Prinzip dis-
tributiver Gerechtigkeit thematisiert. Es stellt sich dabei die Frage: Wie erwerben Personen Gewissheit über eine situationsadäquate Anwendung von Aufteilungsprinzipien?
Diese Frage hängt eng zusammen mit dem Streben nach Gerechtigkeit. Unterschieden
werden drei Aufteilungsprinzipien:
(a.) Das Beitragsprinzip, das nicht an Voraussetzungen gebunden ist, denn es macht
die Aufteilung nur davon abhängig, was einzelne Personen geleistet, aufgewandt
und investiert haben, um gemeinsam Ziele zu erreichen oder Ressourcen zu
mehren.
(b.) Das Gleichheitsprinzip orientiert sich nicht an den personalen Beiträgen, da
jede beteiligte Person gleiche Ansprüche geltend machen kann.
(c.) Das Bedürfnisprinzip fordert die Klärung der individuellen Bedürftigkeit, um
zu einer gerechten Aufteilung gemeinsamer Ressourcen zu kommen.

4

Zu 3. Hypothesentheorie der sozialen Wahrnehmung Der Wahrnehmungsvorgang beginnt mit einer Erwartungshypothese, die bereits vor Eingabe der Reizinformation gebildet wird. Die Stärke der Hypothese entscheidet darüber, wie sehr das Wahrnehmungsereignis beeinflusst wird. Je stärker eine Hypothese ist, desto kleiner ist die Menge der zu ihrer Bestätigung benötigten Informationen. Starke Hypothesen werden mit größerer Wahrscheinlichkeit aktiviert als schwache. Je stärker eine Hypothese im kognitiven System verankert ist, desto größer ist ihre Dominanz und Änderungsresistenz und desto größer ist die zu ihrer Widerlegung erforderliche Menge widersprechender Reizinformationen. Stereotype und Vorurteile, die als Erwartungstendenzen über längere Prozesse im Sozialisationsgeschehen entstanden und kulturspezifisch determiniert sind, beeinflussen die für die soziale Wahrnehmung bedeutsame Erwartungshypothese.

Die Hypothesentheorie der sozialen Wahrnehmung macht weiterhin Aussagen darüber, wie eine Person mit dem Konflikt umgeht, der dadurch entsteht, dass sie kognitive Dissonanzen beseitigen muss, die zwischen Reizinformationen und ihren Erwartungen auftauchen, z. B. durch langjährige eigene Erfahrungen oder aus von anderen Personen vermittelten Erfahrung, oder solche, die so nebenbei entstehen. Sie kann versuchen, die Hypothese zu ändern, wobei der Verankerungsgrund der Hypothese von Bedeutung ist, oder sie kann versuchen, die Informationen umzuwerten, wobei die Zuverlässigkeit der Informationen wichtig ist.

In diesemZusammenhang findet eine Intensivierung und Aktualisierung all jener Aspekte statt, die im Brennpunkt der Aufmerksamkeit stehen. Dabei werden sich die Personen der Diskrepanzen stärker bewusst, die zwischen ihrem tatsächlichen Verhalten und ihren Intentionen (Idealselbst) bestehen. In diesem Zustand sind Personen bestrebt, diese in der Regel negativ erlebten Diskrepanzen zwischen Teilen des Selbst und der jeweiligen Realität zu reduzieren, entweder durch Verhaltensänderung oder durch Umwertung der das Selbst bedrohenden Informationen.

Zu 4. Theorie der sozialen Vergleichsprozesse Individuen sind motiviert, ihre eigenen Meinungen und Fähigkeiten zu bewerten, und dabei vergleichen sie sich mit anderen Personen. Bei diesem Vergleich bevorzugen sie „objektive" Kriterien gegenüber sozialen Kriterien. Grundsätzlich besteht ein einseitiges Bestreben nach Leistungsverbesserung, wobei zum Vergleich Personen herangezogen werden, die hinsichtlich der eigenen Meinung und Fähigkeiten als ähnlich wahrgenommen werden. Ein Vergleich wird besonders dann gesucht, wenn eine Überprüfung der Fähigkeit oder einer Meinung wichtig erscheint. Weiterhin besteht ein grundsätzliches Bedürfnis, mithilfe sozialer Vergleichsprozesse zu einer Erhöhung des Selbstwerts zu gelangen.

Zu 5. Theorie der Selbstaufmerksamkeit Unter Selbstaufmerksamkeit wird ein Zustand verstanden, in dem die Person sich selbst als Objekt sieht. Selbstaufmerksamkeit bewirkt eine Individuen sind motiviert, ihre eigenen Meinungen und Fähigkeiten zu bewerten und dabei vergleichen sie sich mit anderen Personen. Bei diesem Vergleich bevorzugen sie „objektive" Kriterien gegenüber sozialen Kriterien. Grundsätzlich besteht ein einseitiges Bestreben nach Leistungsverbesserung, wobei zum Vergleich Personen herangezogen werden, die hinsichtlich der eigenen Meinung und Fähigkeiten als ähnlich wahrgenommen werden. Ein Vergleich wird besonders dann gesucht, wenn eine Überprüfung der Fähigkeit oder einer Meinung wichtig erscheint. Weiterhin besteht ein grundsätzliches Bedürfnis, mithilfe sozialer Vergleichsprozesse zu einer Erhöhung des Selbstwerts zu verloren gegangen.

Zu 6. Attributionstheorie   Die Attributionstheorie macht Aussagen über Bedingungen und Prozesse der Zuschreibung von Merkmalen und der Ursachenzuschreibung für das Zustandekommen, den Verlauf und die Wirkung von Ereignissen. Grundsätzlich kann die Zuschreibung von Ursachen auf die Person (intrapersonal) oder auf Umgebungseinflüsse (extrapersonal) bezogen werden. Der „fundamentale Attributionsfehler" entsteht dadurch, dass Personen dazu neigen, intrapersonale Ursachen für ihre Erfolge und extrapersonale Ursachen für ihre Misserfolge verantwortlich zu machen. Es besteht eine Tendenz, das an anderen Personen beobachtete Fehlverhalten intrapersonal zu attribuieren, bei der Ursachenzuschreibung eigenen Fehlverhaltens aber äußere Einflüsse zu bevorzugen.

Zu 7. Theorie der kognitiven Dissonanz   Personen sind bestrebt, ein Gleichgewicht ihres kognitiven Systems anzustreben. Wenn einander widersprechende Kognitionen bedeutsam werden, entsteht kognitive Dissonanz, die eine Motivation erzeugt, die Dissonanz zu reduzieren. Dies kann geschehen durch Hinzufügung konsonanter Kognitionen, durch Ignorieren, Vergessen und Verdrängen dissonanter Kognitionen und durch Subtsraktion dissonanter bei gleichzeitiger Addition konsonanter Kognitionen. Negative bzw. positive Ersteindrücke einer Person führen zu Verzerrungen weiterer Urteile, um so kognitive Dissonanzen zu vermeiden.

Zu 8. Selbstdarstellungstheorie/Impression-Management-Theorie   Hier geht es um Theorien, die Aufschluss geben über die allgemein menschliche Tendenz zur interpersonalen Eindruckssteuerung. Individuen versuchen, in sozialen Interaktionssituationen den Eindruck zu kontrollieren, den sie auf andere Personen ausüben. Da Individuen das Bild von sich selbst aus der Reaktion anderer Personen ihnen gegenüber erschließen, hat die Selbstdarstellung wieder Auswirkungen auf das Selbstbild.

Selbstdarstellung, Impression Management, Eindrucksteuerung, Imagekontrolle und Selbstdefinition erfolgen in der Regel unbeabsichtigt, unkontrolliert, unbemerkt und routinemäßig, können aber auch als bewusste Taktik und Täuschung eingesetzt werden. Personen mit einer hohen Selbstüberwachungstendenz („self-monitoring") weisen stärkere Selbstdarstellungstendenzen auf, zum Beispiel bei Selbstzuschreibungen von Erfolgen und opportunistischem Verhalten sowie der öffentlichen Wirksamkeit der eigenen Persönlichkeit („public consciousness").

Zu 9. Theorie der psychologischen Reaktanz   Personen sind bestrebt, selbst zu bestimmen, welche Handlungen sie wann und wie ausführen. Wenn nun diese Freiheit bedroht ist, eingeschränkt oder unmöglich gemacht wird, entsteht psychologische Reaktanz als ein motivationaler Zustand, der zur Folge hat, dass die Person versucht, die bedrohte Freiheit wiederherzustellen. Für die Stärke der Reaktanzausprägung sind entscheidend: die Bedeutsamkeit der freien Entscheidung für den Handelnden, der Umfang der bedrohten Freiheit und die Wirkmächtigkeit der Freiheitseinschränkungen. Entscheidend ist weiterhin, ob die Person gegen ihren Willen dazu gebracht werden soll, bestimmte Handlungen zu vollziehen – durch sozialen Einfluss –, oder ob sie daran gehindert wird, etwas zu tun, was sie für richtig und erforderlich hält. Weiterhin ist für das Auftreten psychologischer Reaktanz bedeutsam, dass der Handelnde die Freiheitseinengung als illegitim ansieht und sich ihr ausgeliefert fühlt.

Reaktanz steht insofern in Zusammenhang mit „Impression Management", als die Person bestrebt ist, als autonom handelndes Individuum behandelt zu werden,

4

und nur dann mit Reaktanz reagiert, wenn die Freiheitsbedrohung innerhalb sozialer Beziehungen zu Statusveränderung führt. Die Reaktanzstärke ist abhängig vom Umfang des Freiheitsverlustes, von der Stärke der Einengung und von der Wichtigkeit der eingeengten Freiheit.

Zu 10. Theorie der interpersonalen Attraktion Diese Theorie befasst sich damit, zu klären, warum Menschen einander sympathisch finden, Freundschaften schließen und als Ehepaare, Partner oder Freunde lange oder sogar ein Leben lang zusammenbleiben. Es gibt eine Fülle von Erklärungen dafür, warum Personen eine andere Person oft auf Anhieb sympathisch oder unsympathisch finden. So spielt Ähnlichkeit des Aussehens, von Meinungen und Einstellungen, Werten etc., also Ähnlichkeit in bedeutsamen Bereichen, eine wichtige Rolle und erhöht die Sympathiewerte. Weiterhin beeinflussen positive und negative Gefühlsbeziehungen und Einheitsbeziehungen die Prozesse der interpersonalen Attraktivitätsentwicklung. Für Aufbau, Ausgestaltung und Stärkung interpersonaler Attraktion sind weiterhin lernpsychologische, austauschpsychologische, konsistenzpsychologische, entwicklungspsychologische und evolutionspsychologische Aspekte von Bedeutung.

Zu 11. Theorie der kognizierten Kontrolle Personen sind grundsätzlich bestrebt, Ereignisse und Zustände in ihrer Umwelt kontrollieren zu können. Man spricht in diesem Zusammenhang auch von einer Kontrollmotivation, d. h., das Bedürfnis nach Autonomie, Selbstwirksamkeit, Kompetenz und Selbstbestimmung befriedigen zu können. Die Theorie der kognizierten Kontrolle befasst sich einerseits mit affektiven, kognitiven und motivationalen Konsequenzen wahrgenommener Kontrolle und andererseits mit affektiven, kognitiven und motivationalen Reaktionen auf Kontrollverlust. Anerkannte Hypothesen über Kontrollverlust und seine Auswirkungen sind:
1. „Personen sind bestrebt, Zustände und Ereignisse in sich selbst und in ihrer Umwelt kontrollieren, das heißt beeinflussen, vorhersagen und erklären zu können.
2. Nimmt eine Person wahr, dass sie über Kontrollmöglichkeiten verfügt, reduziert dies den durch aversive Ereignisse hervorgerufenen Stress bzw. eliminiert ihn ganz. Kogniziert eine Person hingegen, dass sie bedeutsame Ereignisse oder Zustände und die damit verbundenen Konsequenzen nicht kontrollieren kann, beeinträchtigt dies ihr Erleben und Verhalten (negative Folgen von Kontrollverlust).
3. Die Art dieser Reaktion auf wahrgenommenen Kontrollverlust – im Sinne von aktiver oder passiver Reaktion, Intensitäten, Stabilität und Generalität der Reaktion – ist abhängig von der subjektiven Bedeutsamkeit des nicht zu kontrollierenden Ereignisses, von der Sicherheit der Überzeugung, keine Kontrolle ausüben zu können, sowie davon, auf welche Ursachen der Kontrollverlust zurückgeführt wird. All diese Faktoren werden durch frühere Erfahrungen mit dem Ausüben von Kontrolle oder dem Verlust von Kontrolle beeinflusst" (Frey & Jonas, 2009, S. 18).

Zu unterscheiden sind internale Kontrollüberzeugungen, die sich darin zeigen, dass Personen Ereignisse auf sich selbst zurückführen, und externale Kontrollüberzeugungen, d. h., dass andere Personen oder äußere Einflussfaktoren für die Ereignisse verantwortlich sind. Bei sogenannten primären Kontrollwiederherstellungsversuchen werden Handlungen initiiert, von denen sich die handelnde Person verspricht, die erwarteten Ziele doch noch erreichen zu können. Bei den sekundären

Kontrollwiederholungsversuchen spielen kognitive Umstrukturierungsstrategien, die retrospektive Suche nach Erklärungen für den Grund des Kontrollverlustes und die Suche nach inhaltlicher und zeitlicher Vorhersehbarkeit zur besseren Adaptation an zukünftige Ereignisse eine Rolle.

Zu 12. Theorien der Urteilsheuristiken   Wenn eine Person einen Urteilsgegenstand auf eine Urteilsdimension einordnen will, dann stehen ihr dazu unterschiedliche Urteilsstrategien zur Verfügung. Sie kann nämlich viel Zeit und Energie aufwenden, um zu einem richtigen Urteil zu kommen, oder sie kann versuchen, mit weniger Informationen auszukommen, die leichter zu verarbeiten sind, die zu einem befriedigenden, wenn auch nicht unbedingt zu einem sehr sicheren Urteil führen.

Unter Urteilsheuristiken versteht man einfache „Faustregeln", die man auf leicht zu erhaltende Informationen anwendet, um auf diese Weise mit einem relativ geringen Verarbeitungsaufwand ein hinreichend genaues Urteil zu bekommen. Dabei stellt sich heraus, dass heuristische Urteile zwar häufig mit Urteilen übereinstimmen, die aufgrund eines aufwendigen Verarbeitungsprozesses zustande kommen, doch unter bestimmten Bedingungen kommt es auf diese Weise auch zu systematischen Urteilsverzerrungen. Der Einsatz von Urteilsheuristiken wird aus diesem Grund oft erst aufgrund eines Fehlurteils bemerkt. Jedes Individuum verfügt über eine Vielzahl solcher individuell sehr spezifischer Urteilsheuristiken, die sich auf die individuelle Lebensumgebung und bestimmte Merkmale beziehen. Darüber hinaus gibt es aber auch weitverbreitete, allgemeine Urteilsheuristiken; die in einer Vielzahl von Situationen verfügbar sind und zur Anwendung kommen, besonders dann, wenn es um die Einschätzung von Häufigkeiten und Wahrscheinlichkeiten geht, um die Kategorisierung von Personen, um Werturteile oder die Einschätzung von Mengenangaben.

Zu 13. Zielsetzungstheorien   Gegenstand dieser Theorien sind Prozesse des Zielsetzens, Zielstrebens und der Zielkonflikte. Es geht darum, zu verstehen, wie Prozesse der Zielsetzung und des Zielstrebens geplant und gesteuert werden. Die Zielauswahl, die Personen vornehmen, ist gesteuert von Variablen der Wünschbarkeit und der Machbarkeit. Bei der Wünschbarkeit spielt der eingeschätzte Anreiz der wahrscheinlichen kurz- und langfristigen Konsequenzen der Zielerreichung die entscheidende Rolle. Dabei beziehen sich die Konsequenzen auf antizipierte Selbstbewertung oder auf die Bewertung durch vertrauenswürdige andere Personen und auf die Annäherung an ein übergeordnetes Ziel oder auf fremdthematische Belohnungen. Die Machbarkeit hängt zusammen mit der Kompetenz, die man sich im Hinblick auf die erfolgreiche Ausführung effektiven zielgerichteten Handelns zuschreibt (Selbstwirksamkeitserwartungen), und der Überzeugung, dass das eigene zielgerichtete Verhalten auch tatsächlich zur Zielerreichung führt. Hinzu kommt die generelle Einschätzung, das Ziel zu erreichen, sowie die Einschätzung, dass die persönliche Zukunft insgesamt positiv ausfallen wird. Der Schwierigkeitsgrad, mit denen sich Personen Ziele setzen, wird bestimmt von der eingeschätzten Wünschbarkeit und der Machbarkeit. Personen mit Hoffnung auf Erfolg entscheiden sich in der Regel für Ziele mittleren Schwierigkeitsgrads, wogegen Personen mit Angst vor Misserfolg sich eher leichtere und schwerere Aufgaben vornehmen.

Bei konfligierendem Zielstreben ist die Konzentration auf das momentane, aktiv angestrebte Ziel von entscheidender Bedeutung, um sich vor alternativen Zielen abschirmen zu können. Dieser Abschirmmechanismus stellt eine Form der Handlungskontrolle dar und besteht aus Aufmerksamkeitskontrolle, Emotionskontrolle und Umweltkontrolle. Eine handlungsorientierte Person ist auf das Planen und Initiieren zielgerichteten Verhaltens konzentriert, geht flexibel mit situativen Anforderungen um und nutzt die genannten Kontrollstrategien. Demgegenüber kann sich eine lageorientierte Person nicht von unerledigten alten Zielen ablösen, grübelt weiter über erlebte Misserfolge und macht sich eher kritische Gedanken über zukünftige Erfolgsaussichten.

Zu 14. Theorien des überlegten Handelns Diese Theorie befasst sich mit den Einstellungen einer Person gegenüber ihren eigenen Verhaltensweisen. Thematisiert werden die kausalen Beziehungen zwischen Meinungen, Einstellungen, Verhaltensintentionen und tatsächlichem Verhalten. Handlungen werden von den Intentionen des Handelnden gesteuert. Die Verhaltensintentionen einer Person sind eine Funktion der Einstellungskomponente und der sozialen/subjektiven Normkomponente. Mit der Einstellungskomponente gegenüber dem Verhalten wird erfasst, ob der Handelnde sein Verhalten als positiv oder negativ bewertet. Die subjektive Normkomponente hängt zusammen mit der individuellen Wahrnehmung des sozialen Drucks der Umgebung zur Ausführung oder Unterlassung eines bestimmten Verhaltens. Personen führen ein Verhalten dann aus, wenn sie es positiv bewerten und wenn sie glauben, dass für sie wichtige Personen ihr Verhalten ebenfalls positiv bewerten. Die subjektive Normkomponente ist eine Funktion von Überzeugungen und deren Bewertung.

Individuelle Unterschiede zeigen sich in Bezug darauf, ob eine Person sich bei der Verhaltensausführung eher von inneren Merkmalen oder von situationalen Erfordernissen und Anreizen leiten lässt, ob sie sich in einem Zustand hoher Selbstaufmerksamkeit befindet und so auf das eigene Selbst ausgerichtet ist und ob sie sich in Bezug auf ihr Verhalten als relativ konsistent (Selbstkonsistenz) bezeichnet.

Zu 15. Theoretische Modelle zu Kooperation, Wettbewerb und Verhandeln bei interpersonalen Konflikten Interpersonale Konflikte entstehen aus zukunftswirksamen Gegensätzlichkeiten in Bezug auf Interessen, Ziele, Handlungen, Meinungen und Werte zwischen Personen, Gruppen, Organisationen oder Nationen, innerhalb und zwischen diesen sozialen Einheiten. Konflikte sind einerseits unvermeidbar und andererseits auch sinnvoll, denn Konflikte ermöglichen es, dass Probleme wahrgenommen werden. Konflikte entfalten zudem eine identitätsstiftende Funktion, indem sie Abgrenzungen zu anderen herstellen. Konflikte mit externen Personen stärken oft die Kohäsion in der Gruppe. Konflikte bieten im Verlauf von Lösungsversuchen Gelegenheiten, personale Fähigkeiten und Möglichkeiten zu erproben, sie sind so oft auch Anstoß für Veränderungen und stimulieren in sozialen Gebilden fruchtbare Kontroversen und sichern so deren Fortbestand.

Zu 16. Theorie des intergruppalen Verhaltens Im Rahmen dieser Theorie werden urteils- und handlungswirksame Konzepte an der Schnittstelle zwischen Individuum und sozialen Kontexten angenommen, wie Selbstkategorisierung, Depersonalisierung, soziale Identität, sozialer Vergleich, soziale Distinktheit. Dadurch wird die Vorhersage und Beschreibung von Gruppenbildung, von Beziehungen zwischen Gruppen und Veränderungen von Gruppenstrukturen ermöglicht.

Das Konzept des minimalen Gruppenparadigmas zeigt, dass allein die Aufteilung einer Anzahl von Personen in zwei Gruppen, die einander nicht kennen und bislang keinerlei Gemeinsamkeiten erfahren haben, dazu führt, dass die so künstlich hergestellte eigene Gruppe gegenüber der anderen Gruppe bevorzugt wird. Die Mitglieder der anderen Gruppe werden diskriminiert und Unterschiede zu ihnen (Distinktheit) betont. Diese Distinktheit der eigenen Gruppe von der anderen Gruppe erfolgt mit dem Ziel, auf diese Weise eine positive Selbstbewertung im Sinne der sozialen Identität zu ermöglichen.

Durch das Konzept der Personalisierung können entstandene Kategorisierungen dadurch aufgelöst werden, dass anstatt der Bewertung von Personen aufgrund ihrer Gruppenzugehörigkeit Selbstkategorisierungen in den Vordergrund treten. Gleichförmige und austauschbare Gruppenmitglieder werden dann als unverwechselbare Individuen mit einem eigenen Profil wahrgenommen, bewertet und behandelt.

Die Theorie des intergruppalen Verhaltens und der sozialen Identität haben Auswirkungen auf die Bekämpfung von Fremdenfeindlichkeit und Rassismus, die Zusammenlegung von Abteilungen innerhalb von Firmen und die Zusammenlegung von Firmen und Organisationen innerhalb von Nationen und transnational (Merger).

Zu 17. Theorie der Bewältigung von Bedrohungen von Wohlbefinden und Handlungsfähigkeit Belastungen, die aus subjektiver Sicht die Handlungsfähigkeit und das Wohlbefinden bedrohen oder einschränken, weil sie die aktuell verfügbaren Ressourcen übersteigen, bedürfen einer psychischen Bearbeitung. Bei der erforderlichen Bewältigung sind zum einen soziale Kognitionen und Emotionen und zum anderen die Mobilisierung sozialer Unterstützung sowie die Verfügbarkeit entlastender Kognitionen beteiligt. Der Bewältigungsvorgang beginnt mit einer Einschätzung der Situation in Verbindung mit der Bedeutung für die eigene Person, gefolgt von einer Bewertung der individuellen Ressourcen zur Bewältigung der eingetretenen Situation. Immer geht es bei der Bewältigung um die Diskrepanz zwischen dem erlebten Ist-Zustand und dem erwünschten oder angestrebten Soll-Zustand. Entweder man verändert den Ist-Zustand oder die Soll-Norm. Eine Auflösung der Diskrepanz ist erreichbar durch eine gezielte Selektion erreichbarer Zielbereiche, eine optimale Nutzung der zur Zielerreichung einsetzbaren Mittel. Falls diese nicht mehr ausreichend verfügbar sind, erfolgt eine Kompensation durch die Anwendung interner oder externer Ressourcen.

Unterscheiden kann man in diesem Zusammenhang zwischen assimilativen Bewältigungsreaktionen, die darin bestehen, einer krisenhaften Entwicklung einen günstigen Verlauf zu geben, eine Bedrohung abzuwenden oder eine Belastung zu verringern. Durch problemorientiertes Handeln aber unter Festhalten an den bedrohten Standards, Wert- und Zielorientierungen wird die Diskrepanz verringert.

Die akkommodativen Bewältigungsreaktionen zeigen sich in Anpassungen an die unabänderliche Problemlage, durch Anpassung an das persönliche Werte- und Präferenzsystem, Umdeutung belastender Problemlagen, Perspektivenänderungen und gezielte (Abwärts-)vergleiche. Akkommodative Bewältigungsreaktionen können zu teilweise oder vollständigen positiven Neudefinitionen bzw. entsprechenden neuen Deutungen der Lebenssituation führen.

■ **Erkenntnisse der Entwicklungspsychologie**

Zentrale entwicklungspsychologisch relevante Probleme im Kontext interkultureller Austauschprozesse bestehen darin, zu klären, in welcher biografischen Entwicklungs- und Lebensphase die beteiligten Personen stehen, welche Bedeutung der

4

interkulturelle Austausch als Prozess und als Resultat auf die zukünftige persönliche, soziale und berufliche Entwicklung nimmt und nehmen wird und wie mit sozialen und psychischen Entwicklungsbrüchen, zum Beispiel dem vorzeitigen Abbruch eines Auslandseinsatzes aufgrund eines psychischen Zusammenbruchs oder psychosomatischer Störungen, umgegangen wird. Insgesamt sind hier alle Erkenntnisse der psychologischen Biografieforschung von Relevanz, sofern sie im Zusammenhang mit den Bedingungen, Verlaufsprozessen und Wirkungen in interkulturellen Austauschbeziehungen stehen. In diesem Zusammenhang sind von besonderer Bedeutung „Handlungstheorien in der Entwicklungspsychologie" (Glück, 2007, S. 38–48).

Handlungstheorien in der Entwicklungspsychologie befassen sich mit der Zielauswahl, Zielverfolgung und Zieländerung im Verlauf biografischer Entwicklungen. Kulturelle und biologische Faktoren eröffnen, ermöglichen und begrenzen altersspezifisch bestimmte Handlungs-, Erlebnis- und Entwicklungsoptionen. Die folgenden drei Entwicklungsmodelle werden hier vorrangig in der Entwicklungspsychologie diskutiert.

1. Das Assimilations-, Akkommodations- und Immunisierungs-(AAI-)Modell von Brandtstädter (1998): Der Umgang mit Diskrepanzen zwischen Ideal- und Realselbst kann auf drei verschiedenen Wegen erfolgreich verlaufen:
   (a) Die assimilative Bewältigung zeichnet sich aus durch aktive Veränderungen des eigenen Handelns und der Situation.
   (b) Die akkommodative Bewältigung beinhaltet Anpassung der Ziele, Bezugssysteme, Bewertungsmaßstäbe und Sichtweisen an die Situation.
   (c) Die Immunisierung beinhaltet eine unbewusste Regulierung der Verarbeitung selbstbezogener Informationen durch Abschottung gegen Wahrnehmung und Behandlung von Abweichungen vom Selbstbild.
   Unterschiedliche Lebensphasen begünstigen oder behindern die Arten der Bearbeitung von Diskrepanzen.
2. Das Selektions-, Optimierungs- und Kooperations-(SOK)Modell von Baltes (1997) thematisiert den optimalen Einsatz durch das Lebensalter bedingt beschränkter Ressourcen mithilfe von Selektion, Optimierung und Kompensation.
   Unter Selektion wird die Auswahl von Entwicklungszielen und die Aufstellung von Entwicklungshierarchien verstanden.
   Die Optimierung erfolgt in Form von Investitionen von Ressourcen in die ausgewählten Ziele.
   Die Kompensation verlorener Ressourcen erfolgt durch Aktivierung zusätzlicher Ressourcen oder Veränderung der Ziele.
3. Das Modell der Optimierung in primäre und sekundäre Kontrolle (OPS) nach Heckhausen und Schulz (1995) geht von einem Primat der primären Kontrolle aus, die in Versuchen besteht, die Welt so zu ändern, wie es den Bedürfnissen und Wünschen des Individuums entspricht. Demgegenüber zielt die sekundäre Kontrolle auf innere Prozesse und dient dazu, Verluste in Bezug auf das vorhandene Ausmaß an primärer Kontrolle zu minimieren, dieses Ausmaß aufrechtzuerhalten oder zu erweitern. Die Optimierung besteht darin, eine Wahl von Zielen und eine Kontrolle der Zielverfolgung vorzunehmen, um langfristig die primäre Kontrolle zu maximieren.

„Handlungstheoretische Modelle beschreiben Entwicklung als zielgesteuerten Prozess. Entwicklungsverläufe sind aber häufig auch durch andere Faktoren determiniert. So ergeben sich etwa wichtige ‚Wendepunkte' in Biografien durch ungeplante Ereignisse. Außerdem sind nicht alle Menschen gleichermaßen durch bewusste Ziele geleitet. Es gibt große individuelle Unterschiede hinsichtlich psychologischer Konstrukte wie Selbsteffizienz oder internalen Kontrollenüberzeugungen, die auch die Bereitschaft zur intensiven Zielverfolgung beeinflussen. Handlungstheoretische Ansätze machen auch keine Aussage darüber, wie weniger zielorientierte Menschen ihre Entwicklung steuern. Generell lässt sich das Postulat von Zielen als Handlungsregulatoren menschlicher Entwicklung am besten im Leistungsbereich (etwa im Beruf) vertreten, wo Ziele eindeutig definierbar und durch ‚harte Arbeit' meistens erreichbar sind; im Persönlichkeits-, Emotions- und Identitätsbereich ist weder die Definition von Zielen und Ressourcen so klar, noch sind Gewinne und Verluste so eindeutig definierbar" (Glück, 2007, S. 46).

■ **Erkenntnisse der Differenziellen Psychologie**
Die Differenzielle Psychologie befasst sich mit den intraindividuellen und interindividuellen Unterschieden im Verhalten und Erleben von Individuen. Sie beschreibt die Unterschiede, untersucht deren Entstehungsbedingungen und das Ausmaß ihrer Beeinflussung durch Training, Lernen, Umwelt und Substanzen. Vergleiche zwischen Individuen und individuellen Ausprägungen bezüglich spezifischer Personenmerkmale konzentrieren sich in der Differenziellen Psychologie vornehmlich auf Wahrnehmungs-, Gedächtnis- und Intelligenzleistungen sowie auf Motivmerkmale. Den kulturellen und sozialen Einbettungen von Merkmalsausprägungen und Merkmalsmustern kommt durch Einflussfaktoren wie Kulturzugehörigkeit, Subkulturzugehörigkeit, Gruppenzugehörigkeit, soziale Schichtzugehörigkeit und Sozialisationspraktiken eine immer größer werdende Bedeutung zu.

4.3 Fallbeispiele

Fallbeispiel: das deutsch-chinesische Verhandlungsproblem
Der Manager eines deutschen Unternehmens ist innerhalb kurzer Zeit zum vierten Mal zu Joint-Venture-Vertragsverhandlungen nach China gereist. Die bisherigen Gespräche fanden in einer außerordentlich angenehmen Atmosphäre statt. Die Chinesen waren sehr interessiert an dem, was der deutsche Manager vorschlug.

Doch so richtig vorwärts ging bei diesen Verhandlungen nichts.

Inzwischen bekam der deutsche Firmenrepräsentant erhebliche Schwierigkeiten im eigenen Stammhaus. Die Zeit drängte, der Geschäftsführung des Unternehmens schienen die Verhandlungen nicht effektiv genug zu laufen, und man äußerte Missfallen über die „wenig glückliche" Verhandlungsführung des Beauftragten.

Bei ihm stauten sich Frust und Verärgerung auf. Als auch in einer weiteren Verhandlungsrunde keine Einigung zustande zu kommen schien, glaubte der Manager die Taktik seiner chinesischen Verhandlungspartner endlich durchschaut zu haben.

Die wollten ihn doch nur hinhalten, um möglichst viele Informationen aus ihm herauszupressen, mit denen sie dann sein Unternehmen gegen die Konkurrenz ausspielen konnten.

4

Er war wütend und verärgert über seine Verhandlungspartner. Hinzu kamen die Belastungen der zermürbenden Verhandlungswoche. Zu guter Letzt zeigte er eine Reaktion, die man hierzulande mit dem Ausdruck „denen mal ordentlich Bescheid sagen" und „kräftig auf den Tisch hauen" beschreiben würde. Unvermittelt schrie der Manager seine chinesischen Verhandlungspartner an, er sei nicht mehr bereit, sich weiter hinhalten zu lassen, das „um den heißen Brei Herumreden" müsse endlich aufhören, er wolle Klarheit und Verbindlichkeit, und überhaupt, seine Geduld sei nun am Ende.

Für chinesische Verhältnisse wurden diese Beschwerden in einer schockierenden Direktheit und Lautstärke vorgetragen. Die chinesischen Verhandlungspartner wurden blass und schwiegen. Die Verhandlungen kamen nicht zum Abschluss.

Nach seiner Rückkehr in die Heimat erfuhr der Manager von seinem Vorgesetzten, dass dies seine letzte Chinareise gewesen sei. Die Chinesen hätten zwar brieflich weiterhin Interesse an dem geplanten Joint Venture geäußert, ohne aber auf die von ihm geführten Verhandlungen auch nur mit einem Wort einzugehen. Man müsse wohl mehr oder weniger wieder von vorne anfangen, und dies mit einem anderen Firmenvertreter.

Fallbeispiel: der Kommunikationsversuch in der Mensa
Ein US-amerikanischer Student sitzt mittags in der Mensa der Universität Regensburg allein an einem Tisch, als vier deutsche Studenten sich wortlos dazusetzen und schweigend mit dem Essen beginnen. Der US-amerikanische Student versucht nun, ein Gespräch zu beginnen, über das Wetter und das nahende Semesterende, aber keiner der deutschen Studenten fühlt sich angesprochen und schließlich stehen alle vier auf und gehen grußlos davon. Der US-amerikanische Student fühlt sich wie vor den Kopf gestoßen und fragt sich, was er denn nun falsch gemacht hat.

Zwischen diesen beiden Beispielen liegen zwar Welten, aber in beiden geht es um soziales Handeln. Es geht um kompetentes Handeln in sozialen Situationen, die geprägt sind durch kulturspezifische Determinanten, die die Wahrnehmung, das Denken, das Urteilen, die Motive, die Emotionen und den Handlungsverlauf der beteiligten Personen bestimmen.

Wer verstehen will, was in diesen Situationen passiert, wie kulturspezifische Orientierungssysteme das soziale Handeln beeinflussen, was die beteiligten Personen empfinden, denken und planen, was sie antreibt oder zurückhält, wer also eine Feinanalyse vornehmen will, um diese kulturell bedingt kritischen Interaktionssituationen als Material für interkulturelle Trainings einzusetzen, der bedarf fachspezifischen Wissens über Handeln in kulturellen Überschneidungssituationen. Hier liefert die Psychologie brauchbares, reichhaltiges und wissenschaftlich gesichertes Erkenntnismaterial.

Aus diesem Grund ist speziell die Sozialpsychologie als psychologische Teildisziplin mit ihren wissenschaftlichen Erkenntnissen über die sozialen Bedingungsfaktoren, Verlaufsaspekte und Wirkungsweisen interkulturellen Handelns vorrangig von Nutzen.

Wenn man sich auf das Gegenstandsfeld interkulturelle Kompetenz im Kontext interkultureller Austauschprozesse konzentriert und dabei die Fallbeispiele 1. und 2 in diesem Kapitel und die weiteren im Buch aufgeführten kulturell bedingt kritischen Beispiele problematisch verlaufender kultureller Überschneidungssituationen im Auge hat, kann man sich fragen, welche zentralen psychologisch relevanten Prozesse zur Erstellung von Feinanalysen der Ursachen kulturell bedingt kritischer Interaktionssituationen zu beachten sind. Vor Jahrzehnten hat bereits der weltweit bekannte Sozialpsychologe Kurt Lewin die Erkenntnis formuliert: „Nichts ist so praktisch wie eine gute Theorie!" Das klingt zunächst einmal widersprüchlich, denn Theorien gelten als etwas Abstraktes, sind meist schwer verständlich formuliert und weit entfernt von dem, was Praxis ausmacht. Theorien und deren Formulierung folgen anderen Regeln als die, die in der Praxis gelten, so meint man. Die hier aufgeführten und näher erläuterten sozialpsychologischen Theorien sind über Jahrzehnte durch systematische Beobachtungen von Menschen in unterschiedlichen sozialen Kontexten unter Laborbedingungen und im alltäglichen sowie im Berufs- und Arbeitsleben gewonnen worden. Daran waren Forscher aus unterschiedlichen Ländern beteiligt, die alle einen Beitrag zur Entwicklung zunächst einmal von Hypothesen und dann von Theorien geleistet haben. Die Informationen, die mithilfe von Forschungsmethoden gesammelt wurden, werden dazu genutzt, um Vorhersagen über das zwischenmenschliche Verhalten des untersuchten Gegenstandsbereichs unter kontrollierten Bedingungen in Hypothesen zu fassen, um daraus schließlich eine Theorie zu formulieren, deren Aussagen dann wiederum in entsprechenden Untersuchungen auf ihre Stimmigkeit hin geprüft werden. Bei der Entwicklung und Formulierung der hier präsentierten Theorien ist nicht nach kulturspezifischen Unterschieden geforscht worden. Die Sozialpsychologen gingen davon aus, dass im Prinzip die aus den Theorien abgeleiteten Vorhersagen über die Art und Weise sozialen Verhaltens für alle Menschen gelten, unabhängig davon, in welcher Kultur sie aufgewachsen sind. Wenn man diese Allgemeingültigkeit der sozialpsychologischen Theorien akzeptiert, sind sie gut geeignet, um Aufschluss darüber zu geben, was in kulturell bedingt kritischen Interaktionssituationen an psychologisch relevanten sozialen Prozessen wie und mit welchen Resultaten abläuft und welche Wirkung dabei zu erwarten ist. So können die kulturell bedingt kritischen Interaktionssituationen (Fallbeispiele), die in den verschiedenen Kapiteln dieses Sachbuches zu finden sind, in Verbindung mit den aufgelisteten zentralen Aufgaben und Tätigkeitsfeldern gebracht werden. Im Kontext interkulturellen Managements dienen sie dazu, die sozialpsychologischen Theorien zur Gewinnung einer Feinanalyse der Ursachen und Wirkungen kulturell bedingt kritischer Interaktionssituationen heranzuziehen. Das bringt einen Mehrwert an Struktur, Transparenz und Einsichtsfähigkeit in die komplizierte Gemengelage und schärft zugleich die Wirksamkeit interkultureller Handlungskompetenz.

4

> **Fazit**
>
> Wer gerade eine kulturell bedingt kritische Interaktionssituation erlebt hat, irritiert und ratlos ist, dem werden die geschilderten 17 Theorien menschlichen Verhaltens recht abstrakt erscheinen und wenig zur Problemlösung des erlebten Ereignisses und zum Verständnis des fremdkulturellen Verhaltens des Partners beitragen. Wer sich aber mit den irritierenden Verhaltensweisen des fremden kulturellen Partners nicht einfach abfinden will und nicht darauf hofft, dass sich alle Probleme auflösen, sollte auf vorgestellte Theorien rückgreifen. Um Einsicht und Verständnis zu erlangen, sollte von erlebten Fallbeispielen oder den anderen in diesem Buch geschilderten Fallbeispielen ausgehend, jede Theorie daraufhin geprüft werden, ob und wie sie zum Fallverlauf passt. Auch zur Klärung der Fallursachen und Lösung der kritischen Interaktionssituation zum Wohle aller beteiligten Personen tragen diese bei. Diese Mühe lohnt sich auch, wenn man bestrebt ist, ein gewisses Maß an interkultureller Handlungskompetenz zu erwerben. Solche Analysen sozialpsychologischer Theorien zur Klärung der Ursachen und Entstehungsbedingungen kulturell bedingt kritischer Interaktionssituationen können auch gut in einer Gruppe diskutiert und erprobt werden.

Literatur

Baltes, P. B. (1997). On the incomplete architecture of human ontology: Selection, optimization and compensation as foundation of developmental theory. *American Psychologist, 52,* 366–380.

Bengel, J., et al. (Hrsg.) (fortlaufend). *Handbuch der Psychologie.* Göttingen: Hogrefe.

Birbaumer, N., et al. (Hrsg) (fortlaufend). *Enzyklopädie der Psychologie.* Göttingen: Hogrefe.

Boesch, E. E. (1980). *Kultur und Handlung. Eine Einführung in die Kulturpsychologie.* Huber.

Brandtstädter, J. (1998). Action theory in developmental psychology. In R. M. Lerner (Hrsg.), *Handbook of child psychology (Vol. 1: Theoretical models of human development)* (5. Aufl., S. 807–863). Wiley.

Chakkarath, P. (2007). Kulturpsychologie und indigene Psychologie. In J. Straub, A. Weidemann, & D. Weidemann (Hrsg.), *Handbuch interkulturelle Kommunikation und Kompetenz. Grundbegriffe – Theorien – Anwendungsfelder* (S. 237–248). J. B. Metzler.

Frey, D., & Irle, M. (Hrsg.) (2002). *Theorien der Sozialpsychologie. Band I: Kognitive Theorien* (2. Aufl., 1993); *Band II: Gruppen-, Interaktions- und Lerntheorien* (2. Aufl., 2002); *Band III: Motivations-, Selbst- und Informationsverarbeitungstheorien* (2. Aufl., 2009). Bern: Huber.

Frey, D., & Jonas, E. (2009). Theorie der kognizierten Kontrolle. In D. Frey & M. Irle (Hrsg.) Theorien der Sozialpsychologie. Band III: Motivations-, Selbst- und Informationsverarbeitungstheorien (S. 13–50) (2., vollst. überarb. u. erw. Aufl., Nachdruck). Hans Huber.

Glück, J. (2007). Handlungstheorien in der Entwicklungspsychologie. In M. Hasselhorn & W. Schneider (Hrsg.), *Handbuch der Entwicklungspsychologie* (S. 38–48). Hogrefe.

Heckhausen, J., & Schulz, R. (1995). A life – Span theory of control. *Psychological Review, 102,* 284–304.

Piaget, J. (1983). *Meine Theorie der geistigen Entwicklung.* Fischer.

Straub, J., & Thomas, A. (2003). Positionen, Ziele und Entwicklungslinien der kulturvergleichenden Psychologie. In A. Thomas (Hrsg.), *Kulturvergleichende Psychologie* (2. Aufl., S. 29–80). Hogrefe.

Thomas, A. (Hrsg.). (2003). *Kulturvergleichende Psychologie* (2. Aufl.). Hogrefe.

Thomas, A., Kinast, E.-M., & Schroll-Machl, S. (Hrsg.). (2005). *Handbuch interkulturelle Kommunikation und Kooperation, Bd. 1: Grundlagen und Praxisfelder* (2. Aufl.). Vandenhoeck & Ruprecht.

Thomas, A., Kammhuber, S., & Schroll-Machl, S. (Hrsg.). (2007). *Handbuch interkulturelle Kommunikation und Kooperation, Bd. 2: Länder, Kulturen und interkulturelle Berufstätigkeit* (2. Aufl.). Vandenhoeck & Ruprecht.

Trommsdorff, G., & Kornadt, H.-J. (Hrsg.) (2007). *Kulturvergleichende Psychologie. 3 Bde. Enzyklopädie der Psychologie.* Hogrefe.

Watzlawick, P., Beavin, J. K., & Jackson, D. D. (1969). *Menschliche Kommunikation: Formen, Strömungen, Paradoxien*. Huber.

Wundt, W. (1910). *Völkerpsychologie. Eine Untersuchung der Entwicklungsgesetze von Sprache, Mythos und Sitte* (Bd. 10). Engelmann.

Wundt, W. (1911). Sprache. In *Völkerpsychologie* (Bd. 1). Kröner.

Vertrauensbildung und Vertrauensmanagement in multikulturellen Kontexten

Inhaltsverzeichnis

5.1 Einleitung

Im Allgemeinen ist Vertrauen für das soziale Zusammenleben von unverzichtbarer Bedeutung und genauso wichtig wie Energie für den reibungslosen Ablauf natürlicher Prozesse.

Entwicklungspsychologen sprechen von einem Urvertrauen, das ein Neugeborenes nach seinem ersten Schrei in diese neue Welt hinein aktiviert, um überleben zu können. Es lernt aus der Gewohnheit gleichsam implizit, dass da jemand ist, meist die Mutter, die dafür sorgt, dass es Nahrung bekommt und schlafen kann, wenn es der Befriedigung dieser Basisbedürfnisse bedarf. Kinderpsychologen konnten in Langzeitstudien die hohe und nachhaltige Bedeutung einer gesicherten Bindung zwischen Mutter oder Pflegeperson und Kind für den Aufbau von Vertrauen und eine gelungene Persönlichkeitsentwicklung belegen.

Vertrauen existiert zwischen zwei Personen, die füreinander bedeutsam sind, es gibt Vertrauen in Gruppen, in soziale Gemeinschaften, z. B. die Hausgemeinschaften, Organisationen oder Kollegen am Arbeitsplatz, in eine Partei, in den Nachbarn, in die Mitglieder des Sportvereins oder in die Gesellschaft, in der man lebt, und in ihre Strukturen und Entwicklungen.

Nun geht es aber hier nicht um Vertrauen im Allgemeinen, sondern um Vertrauensbildung und Vertrauensmanagement im Kontext interkultureller Begegnungen.

Im Zusammenhang mit einem mehrjährigen Forschungsprojekt wurden ca. 800 deutsche Fach- und Führungskräfte, die in 40 Ländern weltweit im Auslandseinsatz waren, zu ihren Erfahrungen über den Umgang mit ihren ausländischen Partnern befragt. Sie wurden gebeten, Auskunft zu geben über das, was sie im Umgang mit ihren Kontaktpersonen im Zielland und ihren ausländischen Partnern am Arbeitsplatz an kulturspezifisch geprägten Problemen bei der Arbeit und im Privatleben erfahren hatten und was sie unternommen hatten, um damit fertig zu werden. Das so erhobene Material beinhaltet 1200 kulturell bedingt kritische Interaktionssituationen (Thomas et al., 2001–2013).

Nahezu in jedem Interview kam auch das Thema „Vertrauensbildung" als ein wichtiges Fundament zum gegenseitigen Verstehen und zur produktiven Zusammenarbeit zur Sprache. Ebenso wurde aber auch der vermeintliche Vertrauensmissbrauch und Vertrauensverlust angesprochen. Alle befragten Personen betonten die hohe Bedeutung von Vertrauensvorschuss und Investitionen in die Stabilisierung von Vertrauen sowie die negativen Folgen einer schleichenden Entwicklung von Misstrauen. Immer wieder hieß es in den Interviews „Ohne ein Mindestmaß an gegenseitigem Vertrauen läuft hier gar nichts!" Wenn dann nachgefragt wurde, was man denn unter Vertrauen konkret zu verstehen habe, folgten meist keine konkreten Angaben. Daraus kann man schließen, dass jeder offensichtlich weiß, was Vertrauen ist und wie es sich anfühlt, wenn Vertrauen verloren geht, aber die Konkretisierung der dabei zu beobachtenden Prozesse fällt schwer.

Viele Wissenschaftsdisziplinen haben sich mit Vertrauen beschäftigt, Theorien dazu entwickelt und sich mit den Konsequenzen von Vertrauensaufbau und Vertrauensverlust befasst, in der Psychologie, insbesondere in den Teildisziplinen Sozial-, Entwicklungs-, Persönlichkeits- und- Organisationspsychologie. Vertrauen ist zweifellos ein wichtiger Faktor in allen zwischenmenschlichen Beziehungen, sowohl in interpersonalen, intergruppalen und interorganisationalen als auch in internationalen Beziehungen. Insofern ist die Psychologie auch daraufhin zu befragen, welchen Beitrag sie zur Vertrauensthematik konkret leistet. Hierbei können gängige Definitionen von Vertrauen aus der Fachliteratur nützlich sein.

5.2 Hauptteil

5.2.1 Vertrauensdefinitionen

Es gibt keine einheitliche Definition von Vertrauen, wohl aber eine Reihe wichtiger unterschiedlicher perspektivischer Betrachtungen, die alle für sich und zusammengenommen ihre Berechtigung haben. Hier eine Auswahl: Vertrauen resultiert aus bisheriger Erfahrung und der Hoffnung auf das Gute im Menschen (Schottländer, 1957).

Vertrauen reduziert die Komplexität menschlichen Handelns, erweitert zugleich die Möglichkeiten des Erlebens und Handelns und gibt Sicherheit (Luhmann, 1973).

Vertrauen hängt von frühkindlichen Erfahrungen, vor allem von der Qualität der Mutter-Kind-Beziehung ab. Unnötige Versagungen, Drohungen und persönliche Unzuverlässigkeit verhindern die Vertrauensentwicklung. (Erikson, 1963).

Vertrauen basiert auf der Erwartung einer Person oder einer Gruppe, sich auf ein mündlich oder schriftlich gegebenes – positives oder negatives – Versprechen einer anderen Person bzw. Gruppe verlassen zu können (Rotter, 1967, 1971).

Zwischenmenschliches Vertrauen bewirkt, dass man sich in einer riskanten Situation auf Informationen einer anderen Person über schwer abschätzbare Tatbestände und deren Konsequenzen verlässt (Bierhoff, 1984).

Vertrauen ist der Glaube, dass der andere für einen irgendwann das tut, was man für ihn getan hat (Jackson, 1980).

Vertrauensvolles Handeln weist Verhaltensweisen auf, die (a) die eigene Verwundbarkeit steigern, (b) gegenüber einer Person erfolgen, die nicht der persönlichen Kontrolle unterliegt, und (c) in einer Situation gewählt werden, in der der Schaden, den man möglicherweise erleidet, größer ist als der Nutzen, den man aus dem Verhalten ziehen kann (Deutsch, 1962).

Vertrauen zwischen zwei Menschen lässt sich an verbalen und motorischen Indikatoren feststellen, wie z. B. häufige Hier-und-jetzt-Äußerungen, selbstexplorative Äußerungen, Wunsch nach und Verstärkung von selbstexplorativen Äußerungen, Bitte um bzw. Erteilen von Feedback, Bitte um Hilfe bei einem Problem, spontane unaufgeforderte Beteiligung und wechselseitiges Verstärken (Krumboltz & Potter, 1980).

Vertrauen zeigt sich in der Bereitschaft, über Themen zu sprechen, die potenziell Abwertung und Zurückweisung hervorrufen können, für den Klienten also ein Risiko darstellen (Johnson & Matross, 1977).

Vertrauen entwickelt sich in Partnerbeziehungen in drei Stufen: Vorhersagbarkeit, Zuverlässigkeit und Zuversicht (= Treue; Rempel et al., 1985).

Vertrauen bezieht sich auf zukünftige Handlungen anderer, die der eigenen Kontrolle entzogen sind und daher Ungewissheit und Risiko bergen (Schlenker et al., 1973).

5.2.2 Vertrauensmanagement

Der Begriff Management bezeichnet im Kern: Führung, Leitung, Planung, Organisation, Kontrolle, zielgerichtete Beurteilung von Sachaufgaben und Projekten und das Treffen von Entscheidungen. Alles dies ist notwendig, da Zielverwirklichungsprozesse nicht so ohne Weiteres in Gang kommen und sich gleichsam von alleine entwickeln, sondern nur durch gezieltes Management gestartet, da „in Gang kommen" werden können, sich zielgerichtet entwickeln und zum gewünschten Ergebnis führen. Das trifft auch für Vertrauen zu, denn Vertrauen ergibt sich nicht von alleine, sondern muss sich entwickeln, muss stabilisiert werden und bedarf permanenter Interventionen.

Für wirtschaftliches Handeln mit Bezug zu Vertrauen fördernden Intentionen finden sich bei Praktikern immer wieder folgende Erfahrungen und Empfehlungen:
1. „Vertrauen ist immer eine Investition in Unsicherheit."
2. „Das wichtigste Mittel, um Vertrauen zu gewinnen, ist eine jederzeit nachvollziehbare, klare und offene Kommunikation mit den Mitmenschen."
3. „Mitarbeiter stellen ihren Unternehmen und ihrem Chef die Vertrauensfrage. Meist unbewusst, aber nachdrücklich. Regiert untereinander Misstrauen, hat das fatale Folgen – menschlich und volkswirtschaftlich gesehen."
4. „Misstrauen erzeugt Misstrauen. Wenn Mitarbeiter einer Firma ihr das Vertrauen entziehen, dann haben sie viele Möglichkeiten, zum Ruin der Firma beizutragen – und sei es, dass sie Dienst nach Vorschrift machen."
5. „Fehlendes Vertrauen lähmt die Kommunikation. Die Mitarbeiter verspüren wenig Neigung, mit schlechten Nachrichten zum Boss zu kommen. Beispielsweise wenn ein Angestellter absieht, dass er einen Termin nicht einhalten kann oder er sein Budget überschreitet und das verschweigt: Probleme, die der Vorgesetzte erfahren müsste, weil sonst die Produktion gefährdet ist."
6. „Vertrauen und Glaubwürdigkeit stehen – so banal das zunächst klingen mag – ganz oben auf der Liste der Führungsqualitäten."
7. „Nicht zufällig sind diese Begriffe auch diejenigen, die von Mitarbeitern als wichtigste Gründe für Zufriedenheit am Arbeitsplatz angegeben werden."

5.2.2.1 Aufbau von Vertrauen und Vermeidung von Misstrauen

Vertrauen ist eine Beziehungsqualität zwischen Vertrauensgeber und Vertrauensobjekt – Personen, Systemen, Organisationen und Institutionen. Vertrauen ist eine mit positiven Zukunftserwartungen verbundene Vorleistung für den Vertrauensgeber. Dies impliziert persönliche Verletzbarkeit und das Eingehen individueller oder kollektiver Risiken mit womöglich negativen Konsequenzen.
1. „Vertrauen ist gut, Kontrolle ist besser!", meint Lenin. Aber jemand, der vertraut, hat deutlich mehr Handlungsmöglichkeiten als jemand, der kontrolliert. Im arbeits- und organisationspsychologischen Kontext wird Vertrauen sowohl als Voraussetzung als auch als Resultat gelungener Kooperation betrachtet.
2. Vertrauen basiert auf der Erwartung einer Person oder einer Gruppe, sich auf ein mündlich oder schriftlich gegebenes – positives oder negatives – Versprechen einer anderen Person bzw. Gruppe verlassen zu können. (Rotter, 1967/71).

3. Vertrauen bezieht sich auf zukünftige Handlungen anderer, die der eigenen Kontrolle entzogen sind und daher Ungewissheit und Risiko bergen. (Schlenker et al., 1973).

4. Vertrauen reduziert die Komplexität menschlichen Handelns, erweitert zugleich die Möglichkeiten des Erlebens und Handelns und gibt Sicherheit (Luhmann, 1973).

5. Menschliches Vertrauen bewirkt, dass man sich in einer riskanten Situation auf Informationen einer anderen Person über schwer abschätzbare Tatbestände und deren Konsequenzen verlässt. (Bierhoff, 1984).

Das Vertrauen in andere Personen hat Konsequenzen in zweifacher Weise. Es verstärkt einerseits die Beziehungen in quantitativer Hinsicht (Wunsch nach häufigen Kontakten) und in qualitativer Hinsicht (Vertiefung der Kontakte, Freundschaft, integratives Verhalten). Andererseits wird eine Sensitivität für Vertrauensbrüche und ihre Konsequenzen sowie für den Aufbau entsprechender Bewertungs- und Prüfmethoden zur Absicherung entwickelt.

5.2.2.2 Was bedeutet Vertrauen im Zusammenhang mit wirtschaftlichem Management?

Aus der Managementpraxis konnte eine Reihe von Aussagen zum Thema „Vertrauen" gesammelt werden, die schon einen ersten Einblick in die Komplexität dieses Arbeitsfeldes liefern (Karls, 2005, S. 57):

1. „Vertrauen ist immer eine Investition in Unsicherheit."

2. „Das wichtigste Mittel, um Vertrauen zu gewinnen, ist eine jederzeit nachvollziehbare, klare und offene Kommunikation mit den Mitmenschen."

3. „Fehlendes Vertrauen lähmt die Kommunikation. Die Mitarbeiter verspüren wenig Neigung, mit schlechten Nachrichten zum Boss zugehen. Beispielsweise wenn ein Angestellter absieht, dass er einen Termin nicht einhalten kann oder sein Budget überschreitet und das verschweigt: Probleme, die der Vorgesetzte erfahren müsste, weil sonst die Produktion gefährdet ist."

4. „Vertrauen und Glaubwürdigkeit stehen ganz oben auf der Liste der Führungsqualitäten und sind zentrale Elemente sozialer Kompetenz. Diese Begriffe werden von Mitarbeitern als wichtigste Gründe für Zufriedenheit am Arbeitsplatz angegeben."

5.2.2.3 Vertrauensentwicklung in interkulturellen Kontexten?

Obwohl seit Jahren über viele Determinanten interkulturellen Handelns geforscht wird und der Bedarf an wissenschaftlich gesicherten Erkenntnissen über förderliche Bedingungen für erfolgreiches internationales Management steigt, fehlen bislang Forschungen zur Vertrauensthematik im interkulturellen Kontext. Die bisher erschienenen Bände des Handbook of Intercultural Training (Landis & Brislin 1983; Landis, 1996, 2004) behandeln an keiner Stelle das Thema Vertrauen. Aufgrund bisher vorliegender Erfahrungen lassen sich jedoch zum Thema der Kulturspezifität von Vertrauen folgende Hypothesen formulieren, die aber noch einer wissenschaftlichen Absicherung und Ausdifferenzierung bedürfen:

5

1. Vertrauen erweckt und schafft derjenige, der dem eigenen/kulturspezifischen Orientierungssystem (Kulturstandards, Werte, Normen, Verhaltensregeln) entsprechend handelt.
2. Fremden wird eher misstraut als Einheimischen. Fremde müssen sich das Vertrauen erst verdienen und erarbeiten.
3. Verbale und nonverbale Zeichen und Symbole des Vertrauens, des Vertrauensaufbaus, der Vertrauensstärkung und der Vertrauensfestigung sind kulturspezifisch ausgeprägt.
4. Es ist zu erwarten, dass vertrauensrelevante Verhaltensmerkmale in individualistisch orientierten Kulturen anders ausgeprägt sind als in kollektivistischen und wieder anders als in stark Unsicherheit vermeidenden Kulturen (Hofstede, 1980).

Wenn es um die Entwicklung von Vertrauen zwischen Personen, Gruppen, Organisationen und Nationen geht, die kulturell unterschiedliche Biografien und geschichtliche Entwicklungen erfahren und durchlaufen haben, ergeben sich spezifische Anforderungen an das Vertrauensmanagement (Thomas, 2005; Thomas, 2013):

1. Im eigenen Land und gegenüber Landsleuten erweckt derjenige Vertrauen, der kontinuierlich dem eigenen/kulturspezifischen Orientierungssystem (Kulturstandards, Werte, Normen, Verhaltensregeln) entsprechend handelt. Er erzeugt kein erwartungswidriges Verhalten, präsentiert das Übliche, zeigt normales Verhalten und wird mit Wohlwollen und sozialer Zuwendung belohnt.
2. Kulturfremde Personen erzeugen erwartungswidriges Verhalten, bedürfen der besonderen Aufmerksamkeit, Rücksichtnahme und der Achtung und wirken in Bezug auf ihre Verhaltensweisen unberechenbar. Fremden misstraut man eher als Einheimischen. Fremde müssen sich das Vertrauen erst „verdienen" und „erarbeiten", indem sie sich den vorherrschenden Normen und Regeln unterwerfen, sie anwenden und internalisieren.
3. Vertrauen ist zwar eine universell verbreitete Grundkonstante im menschlichen Zusammenleben, aber verbale und nonverbale Zeichen und Symbole des Vertrauens, des Vertrauensaufbaus, der Vertrauensverstärkung und der Vertrauensfestigung sind kulturspezifisch ausgeprägt.
4. Es ist zu erwarten, dass in kollektiven Kulturen andere Regeln des Vertrauensaufbaus beachtet und andere Leistungen zur Vertrauensstärkung erbracht werden müssen sowie Vertrauenssicherung und Vertrauensfestigung andere Arten von Investitionen erfordern als in individualistischen Kulturen.
5. Menschen aus Kulturen mit einem hohen Maß an Unsicherheitsvermeidung (Hofstede, 1980) werden von einem fremden Partner ein höheres Maß an Investitionen in den Vertrauensaufbau erwarten als Personen aus Kulturen mit einem geringen Grad an Unsicherheitsvermeidung.
6. Die große Bedeutung, die Personen im Auslandseinsatz und in allen Arten der Zusammenarbeit mit Partnern unterschiedlicher kultureller Herkunft, dem Thema Vertrauensaufbau in der Partnerkooperation beimessen, resultiert daraus, dass gerade unter fremdkulturellen Handlungsbedingungen die Unsicherheit bezüglich des richtigen, d. h. kulturadäquaten, Verhaltens wächst. Vorherrschend ist ein hoher Grad an Orientierungsunklarheit, Intransparenz und Verunsicherung. Bewältigen lässt sich das nur durch die Betonung von Vertrauen fördernden Handlungen wie Risikominimierung, Reduzierung von Komplexität, Herstellung von Informationsklarheit und Handlungssicherheit.

7. Spezifisches und generalisiertes Vertrauen ist nicht nur das Resultat rational geplanten Handelns mit einem hohen Maß an bewusstseinspflichtigen Komponenten, sondern meist die Folge vieler, mehr vorbewusst und gefühlsmäßig durch-
lebter und gelebter kommunikativer und interaktive Akte in der Begegnung mit
einzelnen Personen oder Gruppen. Viele Teilhandlungen (Beobachtungen, Vermutungen, Probehandlungen, Risikoabschätzung, Vermutungen über Auftretens-
wahrscheinlichkeiten, motivationale Gestimmtheiten, Gefühle der Sicherheit und
der Unsicherheit etc.) sind eben nicht bewusstseinspflichtig. Sie werden zwar
emotional erfahren, entziehen sich aber der rationalen Erfassung und präzisen
Kommunikation. Sie sind somit als Teilaspekte eines rational geplanten Hand-
lungsgeschehens nur schwer oder überhaupt nicht zu analysieren.
8. Interkulturelle Begegnung und Kooperation sind besonders im Anfangsstadium
mit einem hohen Maß an Intransparenz, Verunsicherung, Orientierungsverlust,
subjektivem Kontrollverlust etc. belastet, weil erwartungswidrige Verhaltensreaktionen beim Partner und im sozialen Umfeld generell beobachtet werden.
Zielhandlungen, gewohnte Abläufe, selbstverständliche und bislang keiner Beachtung mehr bedürfende Routineabläufe werden gestört, unterbrochen, be-
hindert etc. Sie erfordern eine gesonderte Steuerung, Kontrolle, wiederholte Aufmerksamkeit, bewusste Planung und erneute Initiierung. Diese Zusatzleistungen
sind zu erbringen, wenn überhaupt etwas vorangehen soll, ohne dass für den
Handelnden einsichtige und akzeptable Gründe dafür zur Verfügung stehen. In
dieser schwierigen und unüberschaubaren, spannungsgeladenen Situation soll zugleich ein erfolgreicher Vertrauensaufbau zum fremdkulturellen Partner, zu dessen sozialem Umfeld und zum eigenen Lebensumfeld geleistet werden.

5.2.2.4 Phasen der Vertrauensentwicklung und des Vertrauensverlustes

▪ **Praxisnahe Empfehlungen zum Thema „Vertrauensaufbau"**

Im Zusammenhang mit Vertrauensmanagement im Kontext interkultureller Begegnungen und Zusammenarbeit spielt das Gelingen des Aufbaus von Vertrauen eine
zentrale Rolle. Um Vertrauensaufbau effektiv zu gestalten, ist das von Petermann
(1996) entwickelte Dreiphasenmodell des Vertrauensaufbaus nützlich:

▪ **Dreiphasenmodell des Vertrauensaufbaus**
1. Phase: Herstellen einer verständnisvollen Kommunikation:
   – Dem Partner Aufmerksamkeit entgegenbringen
   – Gezieltes Zuwenden (Verstehen durch Einfühlungsvermögen)

2. Phase: Abbau bedrohlicher Handlungen:
   – Eigenes Handeln durch eindeutige und für den Partner berechenbare Hand-
     lungsvollzüge durchschaubar machen
   – Durch Rückmeldungen (Feedback) dem Partner Orientierung über die Wir-
     kungen seines Verhaltens geben

3. Phase: gezielter Aufbau von Vertrauen:
   – Durch anspruchsvolle Aufgaben dem Partner Kompetenz übertragen
   – Erfolge bei der Bewältigung von Anforderungen fördern das Selbstvertrauen
     (wie Selbstwirksamkeit) als Voraussetzung für Vertrauen

5.2.2.5 Vertrauensaufbau in Paarbeziehungen

1. Phase:
    - Dem Partner Aufmerksamkeit entgegenbringen
    - Ein gezieltes Zuwenden auf der Basis von Einfühlungsvermögen

2. Phase:
    - Das eigene Handeln durch eindeutige und für den Partner berechenbare Handlungsvollzüge durchschaubar machen

3. Phase:
    - Durch Rückmeldung (Feedback) dem Partner eine Orientierung über sein Verhalten geben

4. Phase:
    - Durch anspruchsvolle Aufgaben dem Partner Kompetenz übertragen

5. Phase
    - Wachsende Erfolge bei der Bewältigung von Anforderungen fördern das Selbstvertrauen (die Selbstwirksamkeit) als Voraussetzung für Vertrauen

Weitere Ergebnisse aus Forschungsarbeiten zu förderlicher Bedingungen zum Aufbau von Vertrauen zwischen Mitarbeitern in Organisationen:
1. Erfüllung von Versprechungen
2. Loyalität
3. Ehrlichkeit
4. Offenheit
5. Diskreter Umgang mit Geheimnissen
6. Ansprechbarkeit für Ideen und Meinungen
7. Kooperatives Verhalten statt Wettbewerb
8. Dauerhafte Beziehungen
9. Reichhaltige, anregende, wichtige Beziehungen
10. Hohe soziale Identität
11. Respektvolles und anerkennendes Vorgesetztenverhalten
12. Respektvolles und wertschätzendes Gruppenklima, Betriebsklima
13. Wertschätzen interpersonaler Beziehung
14. Entscheidungs-, Handlungs- und Begründungstransparenz

5.2.2.6 Praxisnahe Empfehlungen zum Erkennen drohenden Vertrauensverlustes

Generell lässt sich feststellen, dass der Vertrauensaufbau in der Regel einen sehr langen, oft sehr beschwerlichen Weg zurücklegt mit einem hohen Maß an immateriellen und oft auch materiellen Investitionen, dass der Vertrauensverlust aber sehr schnell und noch nachhaltiger erfolgt. Der Persönlichkeitspsychologe Petermann (1996) hat aufgrund seiner langjährigen Forschungen über Vertrauensaufbau und Vertrauensverlust in Paarbeziehungen jeweils ein dreiphasiges Modell entwickelt, das für die hier zur Diskussion stehende Vertrauensthematik relevant sein kann.

- **Dreiphasenmodell des Vertrauensverlustes (Petermann (1996))**
1. Phase: Zerstören einer vertrauensvollen Kommunikation
   - Zu starke Selbstdarstellung und unzureichende Beachtung der Lage und Bedürfnisse des Partners
   - Bevormunden des Partners und zu starkes Einschränken von Entscheidungsfreiräumen

2. Phase: Wahl bedrohlicher Handlungen
   - Schwer vorhersehbares, willkürliches Verhalten dem Partner gegenüber oder auch zu viele oder zu wenige Ratschläge und Hinweise
   - Keine oder nur einseitige Rückmeldung führt zu Desorientierung oder Bedrohung

3. Phase: gezielter Vertrauensbruch
   - Zynismus und Abwertung der Kompetenz des Partners
   - Wachsende Hilflosigkeit und Passivität, die einen Zerfall des Selbstvertrauens zur Folge haben

- **Dreiphasenmodell der Ankündigung von Vertrauensverlust**

Um Vertrauen nachhaltig zu stärken, ist es nützlich, die Anzeichen zu kennen, die einen Vertrauensverlust ankündigen. Auch hierzu hat Petermann ein Dreiphasenmodell entwickelt:
1. Phase: Zerstören einer vertrauensvollen Kommunikation:
   - Zu starke Selbstdarstellung und unzureichende Beachtung der Lage und der Bedürfnisse des Partners
   - Bevormundung des Partners und zu starkes Einschränken von Entscheidungsfreiräumen

2. Phase: Einsatz bedrohlicher Handlungen:
   - Schwer vorhersehbares, willkürliches Verhalten dem Partner gegenüber oder auch zu viele oder zu wenige Ratschläge und Hinweise
   - Keine oder nur einseitige Rückmeldung führt zur Desorientierung oder Bedrohung

3. Phase: gezielter Vertrauensbruch:
   - Zynismus und Abwertung der Kompetenzen des Partners
   - Wachsende Hilflosigkeit und Passivität, die einen Zerfall des Selbstvertrauens zur Folge hat

Resümee: Die hier dargestellten Entwicklungsphasen zum Vertrauensaufbau, zum Vertrauensverlust und zur Verhinderung von Vertrauensverlust (Petermann) sind Resultate von Forschungsarbeiten an deutschen Probanden. Davon lassen sich sicher einige Kernelemente auf die Art und Weise des Vertrauensaufbaus und des Vertrauensverlustes bei Menschen anderer kultureller Herkunft übertragen. Im Detail ist aber damit zu rechnen, dass in anderen Kulturen auch jeweils spezifische Verhaltensweisen ausschlaggebend dafür sind, wie Vertrauen aufgebaut werden kann und wie es wirkt, ebenso wie Vertrauen verloren gehen kann mit allen damit zusammenhängenden negativen Folgen. Genau damit haben aber Personen zu tun, die – beruflich oder privat freiwillig oder gezwungen – erfolgreich mit ausländischen Partnern zusammenarbeiten müssen. Die folgenden Fallbeispiele zeigen, welche Probleme damit verbunden sind und welche Lösungsmöglichkeiten sich anbieten.

5.3 Fallbeispiele

5

Vertrauensentwicklung und Vertrauensmanagement in Auslandseinsätzen
Fallbeispiel: deutsch-indonesische Zusammenarbeit. Der um Vertrauen bemühte deutsche Chef
1. **Kritische Interaktionssituation**

Herr Siebert ist Chef der Zweigniederlassung eines deutschen Unternehmens in Jakarta (Indonesien) mit 100 gut qualifizierten indonesischen Mitarbeitern.
Herr Siebert berichtet:

» „Für mich war von Anfang an klar, dass ich alles daransetzen muss, das Vertrauen meiner indonesischen Mitarbeiter zu gewinnen. Schon in Deutschland hatte ich die Erfahrung gemacht, dass ohne gegenseitiges Vertrauen so gut wie gar nichts läuft, denn bei der anspruchsvollen Arbeit kann man nicht alles zu jeder Zeit kontrollieren. Man muss sich darauf verlassen können, dass jeder Mitarbeiter eigenverantwortlich auf Qualität achtet und sofort Meldung macht, wenn irgendwo ein Fehler auftritt.
So habe ich mich nach Kräften bemüht, meinen Mitarbeitern höflich, wohlwollend, sachbezogen und fachlich kompetent gegenüberzutreten. Ich habe die zu erreichenden Ziele, die von meinem Unternehmen und von mir als Vertreter des Unternehmens erwarteten Leistungen und Qualitätsmaßstäbe klar und nachvollziehbar dargestellt und im Einzelnen begründet. Immer wieder habe ich in Einzel- und Gruppengesprächen betont, wie wichtig die Selbstständigkeit und Eigenverantwortlichkeit jedes einzelnen Mitarbeiters an seinem Arbeitsplatz ist, und dass alle und jeder an seinem Platz zum Wohle des Unternehmens beizutragen hat. Die einzelnen Arbeitsaufgaben und Funktionen sowie die damit verbundenen Rollen, Handlungsspielräume und Entscheidungsgrenzen habe ich aufgezeigt und dies nicht nur abstrakt, sondern auch an Beispielen, besonders wenn es zu Störungen im Betriebsablauf gekommen war.
Aus meiner Sicht habe ich mich nach Kräften bemüht, in den vielen Gesprächen immer sachlich, rational und logisch zu argumentieren und ein hohes Maß an Klarheit und Transparenz in der Argumentation zu erreichen. Die Mitarbeiter haben mir immer aufmerksam zugehört, widersprochen hat mir keiner, und es gab auch keine kontroversen Diskussionen. Ich gewann den Eindruck, dass sich ein recht vertrauensvolles Miteinander am Arbeitsplatz eingestellt hatte und mein Vertrauensmanagement erfolgreich war.
Nun arbeite ich seit acht Monaten wieder hier in der Zweigniederlassung und gewinne immer mehr den Eindruck, dass mein Bemühen, eine vertrauensvolle Atmosphäre herzustellen, doch nicht so recht funktioniert wie ich das erwartet habe, ob-

wohl die Belegschaft dieselbe ist wie zu Beginn. Meine Anweisungen werden zwar widerspruchslos entgegengenommen, aber nicht oder nur teilweise befolgt. Bei auftretenden Materialfehlern, Bearbeitungsfehlern, Reparaturnotwendigkeiten etc. werde ich viel zu spät und manchmal überhaupt nicht informiert. Ich bin deshalb gezwungen, mehr als geplant im Werk nach dem Rechten zu sehen, also Stichprobenkontrollen vorzunehmen, um größere Schäden zu verhindern. Wirklich verlassen kann ich mich nur auf sehr wenige meiner Mitarbeiter. Meist sind es solche, die bereits Erfahrungen im Ausland gemacht haben. Immer wieder muss ich aber mit bösen Überraschungen rechnen. Auch die Fluktuationsrate und der Krankenstand haben zugenommen.

Irgendetwas stimmt hier nicht, aber ich weiß nicht, was. Ich weiß auch nicht, was ich jetzt machen soll. Bei vorsichtigen Versuchen, mit einzelnen, besonders aufgeschlossenen und qualifizierten Mitarbeitern über das Thema gegenseitigen Vertrauens in Gespräch zu kommen, stoße ich regelmäßig auf Verwunderung, Schweigen und Beschönigungen. Das fühlt sich immer an, als rede ich gegen eine Wand."

2. Erläuterungen und Begründungen

Herr Siebert hat womöglich ein Training zum Vertrauensmanagement in Deutschland absolviert und dort die Erfahrung gemacht, dass Vertrauen förderndes Verhalten für erfolgreiches Führen nützlich ist. Für ihn gehört der Aufbau von Vertrauen zu seinen generellen Einstellungen in Bezug auf Führungsqualität. Jedenfalls ist er eine erstaunlich reflektierte, aber auch zielstrebige Führungskraft, die viel von dem, was Petermann als Vertrauen fördernde Verhaltensweise in seinem Dreiphasenmodell darstellt, praktiziert: Aufmerksamkeit zuwenden, eigenes Verhalten durchschaubar machen sowie Rückmeldung geben, und, was Butler aufgrund seiner Forschungen als Bedingung für den Vertrauensaufbau formuliert: Offenheit; Ehrlichkeit; kooperatives Verhalten; respektvolles Verhalten und Transparenz.

Unter Berücksichtigung der ihm zur Verfügung stehenden Handlungsmöglichkeiten und Einsichten in das konkrete Feld Vertrauen fördernder Verhaltensweisen hat er alles richtig gemacht.

Aber in Indonesien bringen alle seine Bemühungen, eine das Vertrauen fördernde Atmosphäre zu schaffen, nicht den gewünschten Erfolg. Hat er etwas falsch gemacht, fehlt etwas oder sind in Indonesien andere vertrauensrelevante Merkmale zu beachten, die Herr Siebert aber nicht kennt?

Eine genauere Analyse seines Selbstberichts zeigt, dass Herr Siebert sehr sachorientiert vorgegangen ist. Er hat vieles erklärt, begründet, als wichtig herausgestellt, transparent gemacht. Weiterhin hat er Leistungs- und Qualitätsmaßstäbe nicht nur benannt, sondern auch näher erläutert und begründet, und er hat versucht, das Wirgefühl zu verstärken. Alles schön und gut, aber seine indonesischen Mitarbeiter und ihre Bedürfnisse, Erwartungen und Ansichten kommen in seinem Bericht überhaupt nicht vor. Er zeigt an keiner Stelle, dass er sich bemüht hat herauszufinden, was seine Mitarbeiter wünschen, empfinden und von ihm und seinen Bemühungen um Vertrauensbildung halten. Ein Dialog hat gar nicht stattgefunden, stattdessen hat er als kompetenter Fachmann, als Chef, als Vertreter des „Westens" oder „Deutschlands als Industrienation" und als „Vertreter seines international tätigen Unternehmens" gesprochen und als solcher klargemacht, was erwartet wird und was zu tun ist. Für Widersprüche und das Äußern anderer Ansichten war da kein Raum.

Erst als Herr Siebert mit seinen Bemühungen um Vertrauen am Ende ist und nicht mehr weiter weiß und sich dann vorsichtig an einige seiner indonesischen Mitarbeiter wendet, die er für aufgeschlossen und qualifiziert hält, um mit ihnen über Vertrauensbildung ins Gespräch zu kommen, macht er die Erfahrung, dass sie schweigen und mit Verwunderung und Ablehnung reagieren. Das hätte ihm zu denken geben müssen. Irgendwie, so kann man schlussfolgern, hat Herr Siebert bei all seinen Bemühungen es nicht geschafft, seine Mitarbeiter „mitzunehmen." Das hat womöglich damit zu tun, dass in Indonesien andere Kulturstandards und bei indonesischen Mitarbeitern andere Vertrauen fördernde und Misstrauen verhindernde Handlungsweisen wirksam werden als in Deutschland. Diese kennt Herr Siebert aber offensichtlich noch nicht.

3. **Definition von Kulturstandards**
   1. Kulturstandards sind Arten des Wahrnehmens, Denkens, Wertens und Handelns, die von der Mehrzahl der Mitglieder einer bestimmten Kultur für sich und andere als normal, typisch und verbindlich angesehen werden.
   2. Eigenes und fremdes Verhalten wird aufgrund dieser zentralen Kulturstandards beurteilt und reguliert.
   3. Zentrale Kulturstandards regulieren weite Bereiche des Denkens, Wertens und Handelns, wohingegen periphere Kulturstandards nur für bestimmte Situationen bzw. Personengruppen Regelfunktion besitzen.
   4. Die individuelle und gruppenspezifische Art und Weise des Umgangs mit zentralen Kulturstandards zur Verhaltensregulation kann innerhalb eines gewissen Toleranzbereiches variieren.
   5. Verhaltensweisen, die sich außerhalb der bereichsspezifischen Grenzen bewegen, werden von der sozialen Umwelt abgelehnt und sanktioniert.

Zentrale Kulturstandards wandeln sich unter veränderten Lebensbedingungen nur sehr langsam. Periphere Kulturstandards unterliegen einem schnelleren Wandel.

In dem Buch „Beruflich in Indonesien. Trainingsprogramm für Manager, Fach- und Führungskräfte," von Martin und Thomas sowie dessen 13.

4. **Kulturstandards aus deutscher Sicht zur Begründung des Verhaltens von Herrn Siebert**

Im Verhalten von Herrn Siebert sowohl im Arbeitsalltag als auch bei seinen Bemühungen, mit Vertrauensmanagement ein gutes Betriebs- und Arbeitsklima herzustellen, orientiert er sich an dem, was er aus seinen Erfahrungen (in Deutschland) kennt und für richtig hält, und das entspricht den deutschen Kulturstandards „Sachorientierung", „regelorientierte, internalisierte Kontrolle" verbunden mit „Trennung von Persönlichkeits- und Lebensbereichen".

Die „sachlichen" Darstellungen der Deutschen können verletzend sein, besonders dann, wenn Deutsche bei auftretenden Problemen gnadenlos die Schwachstellen analysieren. Die weichen Faktoren, die „menschliche Empfindlichkeiten" betreffen, bleiben oft unberücksichtigt, und beigefügte Kränkungen werden nicht bemerkt. Wenn Deutsche für ihre Ziele und Ideen werben, geschieht das oft sehr faktenorientiert. Das sachlich Sinnvolle, Richtige und Notwendige hat den Ausschlag zu geben.

Eng verbunden mit dem Hang zur Sachorientierung steht die Vorliebe für „regelorientierte, internalisierte Kontrolle". Das bedeutet, dass alle den im jeweiligen Kontext vorhandenen Regeln, Systemen und Strukturen Folge zu leisten haben, und dass das Verhalten an den abstrakten und allgemein gültigen Vereinbarungen, Übereinkünften und Vertragsbestandteilen zu orientieren ist. Deutsche nehmen eine strikte Trennung der verschiedenen Bereiche ihres Lebens vor. Dabei ist die Unterscheidung folgender Sphären wesentlich: „beruflich – privat; rational – emotional; Rolle – Person; formell – informell" (S. 143).

5. **Kulturstandards aus indonesischer Sicht zur Begründung des Verhaltens der indonesischen Mitarbeiter**

Auf der Basis der Forschungen von Martin & Thomas (2002) lassen sich die Wirkungen der folgenden drei Kulturstandards, nämlich „Harmoniestreben", „Gruppenorientierung" und „Gesicht" belegen. Entsprechend dem Kulturstandard „Harmoniestreben" gilt für Indonesier, dass Harmonie in allen zwischenmenschlichen Beziehungen einen hohen Stellenwert hat. Es wird alles getan, um Harmonie herzustellen, zu verstärken und zu erhalten. In allem, was man tut und sagt, gilt es die Position des Gegenübers zu berücksichtigen. In einem Gespräch versucht man, dem anderen alle Möglichkeiten offen zu halten. Das heißt, ihn nicht zu einer Stellungnahme zu zwingen. Auf Fragen werden keine direkten Antworten gegeben. Man soll auch keine Antworten geben, die den Gesprächspartner enttäuschen könnten, dafür nimmt man selbst eine Lüge in Kauf.

Herr Siebert hat nicht deutlich genug gezeigt, dass ihm das Wohl der Mitarbeiter wirklich wichtig ist. Für seine indonesischen Mitarbeiter waren seine Erläuterungen zur Vertrauensthematik im Bereich kalte, rationale, objektive Anweisungen und zeigten zu wenig die Qualität einer warmherzigen, von gegenseitiger Wertschätzung und von Zuneigung getragenen Absicht.

Der Kulturstandard „Gruppenorientierung" verstärkte noch diesen Eindruck. Arbeitgeber und Arbeitnehmer gehen nicht nur ein Vertrags- oder Geschäftsverhältnis ein, sondern, und zwar in erster Linie, ein gegenseitiges, persönliches Verpflichtungsverhältnis. Bei privaten Sorgen und Problemen ist es üblich, den Vorgesetzten um Rat zu fragen, und es gehört zu seinen Pflichten, dem Mitarbeiter zu helfen. Die Werte und Normen javanischer Moral werden in Bezug auf Personen erlernt, und man empfindet etwa Verantwortung und Pflichtgefühl nicht der Firma gegenüber, wohl aber gegenüber dem Vorgesetzten persönlich. Für abstrakte soziale Einheiten wie etwa Unternehmen und Firmennamen mit ihren Traditionen fehlen diesen Personen dann schlicht die emotionalen Grundlagen und Bezüge sowie die entsprechenden Verhaltensregeln.

Dieses so wichtige persönliche Beziehungsverhältnis zum Vorgesetzten ist zwischen Herrn Siebert und seinen Mitarbeitern gar nicht erst entstanden, weil dazu mehr an persönlicher, positiver Rückmeldung, wertschätzenden Aktionen und Reaktionen von Herrn Siebert hätten ausgehen müssen.

Der Kulturstandard „Gesicht " hat in Indonesien eine ähnlich große Bedeutung wie der Kulturstandard „Sachorientierung" in Deutschland. „Das eigene Gesicht wah-

5

ren" und dem Gegenüber Gesicht gegeben bedeutet in erster Linie, sich seiner eigenen Position und der seines Gegenübers entsprechend nach den Regeln des Respekts und der Etikette zu verhalten, sodass Peinlichkeiten und Konflikte jeder Art vermieden werden.

6. **Lösungsstrategie unter Berücksichtigung der kulturellen Unterschiede**

Die indonesischen Mitarbeiter erwarten, dass Herr Siebert sich so einfühlsam, empathisch und wertschätzend ihnen gegenüber verhält, dass sie erkennen, dass er ihnen Gesicht gibt, zur Harmonie im Zusammenleben und in der Zusammenarbeit beiträgt und für sie da ist, falls sie etwas benötigen. Sie haben aber die Erfahrung gemacht, dass sie an ihn als Person und als Mensch überhaupt nicht herankommen, sondern ihn nur als Wahrnehmer und Vollzieher der Chefrolle erleben können und erleben dürfen. Als Person war er für sie nicht zugänglich.

Hätte Herr Siebert versucht, eventuell mit Unterstützung eines mit der indonesischen Kultur vertrauten Beraters, über die Art und Weise des Umgangs mit seinen Mitarbeitern diese Vertrauen fördernden Merkmale in seinem Verhalten zu repräsentieren, wären die Erfolgschancen deutlich höher gewesen.

Zurückhaltendes Auftreten, viel positives Feedback geben selbst zu Leistungen, die er aus seiner deutschen Erfahrung als Selbstverständlichkeit und „nicht als der Rede wert" betrachten würde. Deutliches Hervorheben der aktiven Teilhabe seiner Mitarbeiter an konkreten Erfolgen im Vollzug alltäglicher Arbeitsprozesse. Genau das hätte ihn weniger als einen in allen Bereichen überlegenen Chefs erscheinen lassen.

Bemerkungen zur eigenen Person, zu eigenen Befindlichkeiten, eigenen Besorgnissen und positiven Überraschungen, Erwartungen und Hoffnungen bezüglich der Entwicklung seiner Mitarbeiter in fachlicher und persönlicher Hinsicht hätten bei den Mitarbeitern Sympathien geweckt. Alle die von ihm so kühl, rational, objektiv, den zu klärenden Sachverhalten angemessen und überzeugend begründeten, Vertrauen erweckenden Ziele und Handlungen hätten in einem interpersonalen Gefüge, in einem Gesprächs- und Interaktionsklima stattfinden müssen, in dem jeder auf seine Weise hätte Vertrauen entwickeln können.

Man kann nun argumentieren, dass jeder, der in einer so fremden Kultur wie Indonesien beruflich tätig ist und Vertrauensmanagement betreiben will, mit erheblich mehr Schwierigkeiten zu rechnen hat als jemand, der im europäischen Ausland arbeitet. In den europäischen Ländern mit ihren gemeinsamen kulturellen christlich-antiken, müsste es leichter sein, eine vertrauensvolle Zusammenarbeit zu erreichen. Auch der Aufklärung geschuldete Wurzeln und ein über Jahrhunderte andauernder wechselseitiger Austausch, nicht nur von Gütern, sondern auch von Ideen, Meinungen, Werten, Normen, Welt- und Menschenbildern (europäische Wertegemeinschaft), müssten hierzu beitragen. Das aber ist ein Trugschluss.

Jede Kultur hat ihre eigenen Vertrauen fördernden Verhaltensweisen und Merkmale entwickelt, und diese muss man kennen, wenn man im interkulturellen Kontext Vertrauensmanagement wirksam betreiben will.

Zum Schluss stellt sich die Frage, ob das, was in diesem Beispiel an Problemen bei der Vertrauensbildung aufgetreten ist, nicht hauptsächlich dadurch verursacht wurde, dass beide Kulturen einander doch sehr fremd sind, die Länder weit auseinanderliegen und in ihrer geschichtlichen Entwicklung zur Zeit vor der Internationalisierung und

Globalisierung der Wirtschaft nicht viel miteinander zu tun hatten. Man kannte sich eben nicht gut genug. Um dieses Argument etwas zu entkräften, wird im zweiten Fallbeispiel geschildert, mit welchen vertrauensrelevanten Problemen tschechische und deutsche Fach- und Führungskräfte zu tun haben können und welche Kulturstandards dabei wirksam werden.

Fallbeispiel: Probleme im Vertrauensmanagement. Die deutsch-tschechische Zusammenarbeit

1. Kritische Interaktionssituation

Herr Siegert ist Ingenieur, seit Jahren in einem großen deutschen Maschinenbauunternehmen als Abteilungsleiter tätig und hat Erfahrungen mit Auslandseinsätzen. Der Chef des Unternehmens hat ihm angeboten, in Tschechien ein auswärtige zur Herstellung von Fräsmaschinen aufzubauen. Und dann die Leitung zu übernehmen. Herr Siegert betrachtet das Angebot als eine hohe Anerkennung für die von ihm bisher erbrachten Leistungen für sein Unternehmen und sagt zu.

Herr Siegert verfügt von seiner Persönlichkeit her eine gewisse Prädisposition zum Aufbau von Vertrauen, da der in seiner bisherigen Lebensgeschichte immer wieder erfahren hat, dass Vertrauen in andere Personen erwidert wird und zu positiven Resultaten führt. Er hat ein hohes Maß an generalisiertem Vertrauen einerseits und spezifischem Vertrauen im Umgang mit Menschen, eventuell auch schon tschechischen Mitarbeitern und Kollegen andererseits, aufgebaut und verinnerlicht. So wird er bei den Kontakten mit seinen tschechischen Partnern alles daransetzen, auch in dieser neuen Situation so viel wie möglich an Vertrauen aufzubauen.

Herr Siegert wird Vertrauensarbeit betreiben, obwohl er nicht sicher sein kann, dass dies von seinen tschechischen Partnern auch erwidert wird und ob sich das Ganze lohnt. Er tut es, weil er aus Erfahrung weiß, überzeugt ist und erwartet, dass sich so Komplexität reduzieren, Risiko minimieren, Verhaltensvielfalt erreichen und eine produktive Kooperation herstellen lässt.

Als deutsche Führungskraft wird er den tschechischen Mitarbeitern und Kollegen höflich, fachlich kompetent, sachbezogen und wohlwollend gegenübertreten, er wird ihre Ziele, Leistungserwartungen, Qualitätsmaßstäbe und so weiter klar und nachvollziehbar darstellen und begründen. Er wird betonen, was das Unternehmen und was er in Vertretungsfunktion erwartet und was dafür gezahlt wird (Kosten-, Nutzen- und Gewinnbilanzierung). Herr Siegert als deutsche Führungskraft wird die Selbstständigkeit und Eigenverantwortlichkeit der Mitarbeiter sowie die Bereitschaft aller, zum Wohle des Unternehmens beizutragen, betonen. Er wird nicht versäumen, auf die Aufgaben und Funktionen, die mit einzelnen Rollen verbunden sind, einzugehen und damit auf die Handlungsgrenzen der Rollenträger zu verweisen. Alles dies ist geprägt von Klarheit, Transparenz, Logik, Sachlichkeit und Rationalität.

Nun erwartet er, dass eine vertrauensvolle Zusammenarbeit beginnt, da er sich entsprechend seinen Erfahrungen als Führungskraft regelkonform verhalten hat, denn er hat Ziele und Wege klar und überzeugend vorgetragen, und es hat zudem von den

5

tschechischen Mitarbeitern auch niemand widersprochen. So weit so gut, ja noch besser als gut, denn wo findet man schon eine so qualifizierte Führungskraft mit interkultureller Kompetenz?

Umso enttäuschter ist Herr Siegert, als er nach einigen Wochen feststellen muss, dass seine Vertrauensinvestitionen nicht erwidert werden, seine Partner ihm nur wenig oder gar kein Vertrauen entgegenbringen, sondern die Zusammenarbeit eher von Misstrauen geprägt ist. Nichts läuft so, wie er es erwartet hatte. Die Mitarbeiter und Kollegen kommunizieren nicht mit ihm, zeigen wenig Arbeitsmotivation, machen eher „Dienst nach Vorschrift", zeigen keine Kreativität, treffen keine eigenen Entscheidungen, sondern warten ab, bis Anweisungen von oben kommen, und die Fluktuationsrate ist ungewöhnlich hoch.

Die deutsche Führungskraft, Herr Siegert, geht nach dieser Enttäuschung aber nicht einfach zur Tagesordnung über, sondern macht sich Gedanken, warum die tschechischen Mitarbeiter nicht bereit sind, seine Mühen und Anstrengungen mit einem entsprechenden vertrauensvollen Verhältnis zu „belohnen". Er wird im günstigsten Fall zu der Überzeugung gelangen, dass seine Mitarbeiter noch viel zu lernen haben, dass sie mehr Eigenverantwortlichkeit, mehr Verlässlichkeit, mehr Engagement und Verhaltenskonsistenz lernen und entwickeln müssen, falls er ihnen überhaupt Lernbereitschaft und Lernfähigkeit im Hinblick auf die Entwicklung einer vertrauensvollen Zusammenarbeit zuerkennt.

Der Arbeits- und Organisationspsychologe Walter Neubauer hatte bereits 1997 als Resultat aus einer Vielzahl an internationalen Forschungsergebnissen vier Attribute der Vertrauenswürdigkeit eines Vorgesetzten beschrieben (Neubauer, 1997):

1. „Kompetenz: Fähigkeiten, Erfahrungen und Eigenschaften, die eine Person befähigen, die an sie gestellten Erwartungen und Aufgaben zu erfüllen, so z. B. Fachkompetenz, Führungskompetenz, Kommunikationskompetenz- Sprachkompetenz und Teamkompetenz.
2. Wohlwollen: Diese motivationale Komponente zeigt sich in dem Maß, in dem eine Person überzeugt ist oder erfahren hat, dass derjenige, dem sie vertraut, es gut mit ihr meint, sie unterstützt und ihr hilft.
3. Konsistenz: Eine Person, der Vertrauen entgegengebracht werden soll, muss in ihrem Verhalten ein hohes Maß an Verlässlichkeit zeigen, damit ihr Verhalten vorhersehbar ist.
4. Offenheit und Ehrlichkeit: Die vertrauenswürdige Person muss die Bereitschaft zeigen, Ideen und Informationen ohne Vorbehalte weiterzugeben und zu kommunizieren."

Herr Siegert hat in Bezug auf alle diese vier Attribute der Vertrauenswürdigkeit eines Vorgesetzten Leistungen erbracht. Dies reichte aber offensichtlich nicht aus, denn die tschechischen Mitarbeiter haben sich nicht erwartungsgemäß verhalten.

Die Ergebnisse eigener Forschungen im Rahmen eines deutsch-tschechischen Forschungsprojekts zum Thema: „Erfolgreiche Personalführung in der deutsch-tschechischen Wirtschaftskooperation" (Bürger & Thomas, 2007) lassen erkennen, dass die tschechischen Mitarbeiter offensichtlich unterschiedliche Vorstellungen von den einzelnen Leistungsmerkmalen in Bezug auf Vertrauen hatten und für sie andere Attribute als für den deutschen Vorgesetzten für vertrauenswürdiges Verhalten relevant waren.

So zeigen die Forschungsergebnisse folgendes Bild:

Fachkompetenz: Von den deutschen Fach- und Führungskräften wird fachliche Kompetenz überhaupt nicht (mehr) als Voraussetzung für vertrauensbildendes Verhalten genannt, weil dies im Kontext der Vorgesetzten-Mitarbeiter-Interaktion vermutlich als selbstverständlich angesehen wird. Für die tschechischen Befragungsteilnehmer ist allerdings die fachliche Kompetenz ihrer Vorgesetzten und Kollegen von erheblicher Bedeutung, was vermutlich darauf zurückzuführen ist, dass in der Vergangenheit nicht selten Erfahrungen mit Vorgesetzten gemacht wurden, denen die fachliche Kompetenz in der Position, die sie besetzten, fehlte.

2. Offenheit und Ehrlichkeit: Für die befragten deutschen Fach- und Führungskräfte spielt die offene Kommunikation sowohl über positive wie über negative Arbeitsergebnisse, die Diskussion und die Rückmeldung über Leistungsbefunde auch gegenüber Vorgesetzten sowie die Aufrichtigkeit und Ehrlichkeit in der Kommunikation zwischen Vorgesetztem und Mitarbeitern zum Aufbau von Vertrauenswürdigkeit eine zentrale Rolle. Dabei wird oft von Ereignissen berichtet, in denen sie von ihren tschechischen Mitarbeitern keine genauen Informationen bekamen oder diese zu spät übermittelt wurden. Es heißt dann: „Wenn ich mich bemühe, mehr Transparenz und mehr Informationen darüber zu bekommen, was tatsächlich im Unternehmen passiert, und ich mir dann immer wieder 178 Entschuldigungen anhören muss, warum die erforderlichen Informationen nicht gegeben wurden, dann werde ich natürlich misstrauisch", so die typische Aussage eines deutschen Vorgesetzten.

Für die tschechischen Fach- und Führungskräfte ist eine offene Kommunikation in Bezug auf arbeitsbezogene Probleme ebenfalls ein Zeichen für Vertrauenswürdigkeit, aber zugleich auch eine schwer zu bewältigende Herausforderung, insbesondere wenn es darum geht, Störungen und Fehlentwicklungen offen anzusprechen. Personenbezogenes Fehlverhalten wird nicht offen, sondern mehr indirekt kommuniziert, und genau diese verdeckte, indirekte Art des Ansprechens von Fehlern und Fehlentwicklungen und die Akzeptanz der damit verbundenen persönlichen Rücksichtnahme auf die Befindlichkeit des Partners wird als vertrauensrelevantes Attribut angesehen. Für sie ist die Akzeptanz Konflikte vermeidender Verhaltensreaktionen selbst dann, wenn damit eine den Arbeitsablauf beeinträchtigende Wirkung erzielt wird, eine zentrale Voraussetzung zur Vertrauensentwicklung.

3. Konsistenz/Zuverlässigkeit: Für deutsche Fach- und Führungskräfte ist ein tschechischer Mitarbeiter dann zuverlässig, wenn er die Aufgaben korrekt und pünktlich erfüllt, und dies auf einem hohen Niveau. Absprachen müssen eingehalten werden, und wenn dies nicht möglich ist, müssen so früh wie möglich Veränderungen vorgenommen werden. Über unvorhergesehene Probleme hat er sofort zu berichten, denn das zeigt, dass er Verantwortungsbewusstsein für die von ihm übernommenen Vorgänge wahrnimmt.

Korrektheit und Pünktlichkeit bei der Erfüllung eines Arbeitsauftrags spielen auch aus tschechischer Sicht bei der Entwicklung eines vertrauensvollen Verhältnisses eine Rolle, doch besteht diesbezüglich ein höheres Maß an Toleranz gegenüber Veränderungen sowohl in Bezug auf die Arbeitsqualität als auch auf die Einhaltung von

5

Zeitvorgaben. Falls Eigenverantwortlichkeit und Sorgfalt bei der Erfüllung eines Arbeitsauftrags zu wünschen übrig lassen, wird von dem Vorgesetzten erwartet, dass er Entschuldigungen des Mitarbeiters akzeptiert, denn dies ist zugleich ein Zeichen für ein vertrauensvolles persönliches Beziehungsverhältnis. Sofortige und stark zum Ausdruck gebrachte Kritik, Zurechtweisungen oder sogar ausführliche Fehlerdiskussionen werden als Zeichen dafür angesehen, dass kein gutes Vertrauensverhältnis besteht. Einem Mitarbeiter können eben mal Fehler unterlaufen. Vom Vorgesetzten wird demgegenüber ein hohes Maß an Zuverlässigkeit und Eigenverantwortlichkeit für die Erfüllung der Arbeitsaufgaben besonders im Bereich der Personalführung erwartet.

4. Wohlwollen und Loyalität: Bei allen befragten Personen, Deutschen wie Tschechen, ist ein vertrauensvolles Verhältnis von gegenseitigem Wohlwollen geprägt, das sich darin ausdrückt, dass die Partner es gut miteinander meinen, sich gegenseitig unterstützen und helfen. Dies trifft auch für wechselseitige Loyalität zu. Dabei ist zu beachten, dass für deutsche Fach- und Führungskräfte die Loyalität sowohl auf das Unternehmen als auch auf die Kollegen im Kontext der Arbeitstätigkeit und des Privatlebens bezogen ist, wohingegen für tschechische Fach- und Führungskräfte die Loyalität im Zusammenhang mit Vertrauenswürdigkeit nur im Kontext der Zusammenarbeit mit Kollegen zum Ausdruck kommt, nicht aber für das Unternehmen als Ganzes.

Die Untersuchungsergebnisse haben gezeigt, dass auf der kognitiven und motivationalen Ebene für Deutsche und Tschechen durchaus vergleichbare Attribute der impliziten Vertrauenstheorie von zentraler Bedeutung sind, dass aber zugleich bemerkenswerte Unterschiede auf der Verhaltensebene bestehen, und zwar in Abhängigkeit von unterschiedlichen deutsch-tschechischen Kulturstandards und den Arbeits- und Lebensbereichen, in denen Vertrauen von Bedeutung sind. Zwar zeigt sich, dass Deutsche und Tschechen bereit sind, Vertrauensmanagement zu betreiben, das heißt, mit einem gewissen Vertrauensvorschuss auf den jeweiligen Partner zuzugehen in der Erwartung, dass dieser das Vertrauensangebot aufgreift und bestätigt. Anderseits werden aber auch erhebliche Barrieren für den Vertrauensaufbau benannt:

Von tschechischen Mitarbeitern wird Folgendes thematisiert: Deutsche Mitarbeiter, Vorgesetzte und Firmenchefs bringen ihnen kein Vertrauen in dem Maße entgegen, wie sie dies erwarten. Sie bemühen sich zu wenig darum, Kenntnisse über die kulturellen und historischen Entwicklungen und die aktuelle gesellschaftliche und politische Lage in der Tschechischen Republik zu erwerben. Sie behandeln ihre tschechischen Mitarbeiter so, als hätten diese von nichts eine Ahnung.

Weiterhin wird oft ein zu stark ausgeprägtes asymmetrisches Machtgefälle zwischen Deutschen und Tschechen thematisiert, und das selbst dann, wenn Deutsche und Tschechen gleichrangige Positionen im Unternehmen einnehmen. Bemängelt wird, dass deutsche Mitarbeiter und Vorgesetzte zu oft ihre Überlegenheit zur Schau stellen und auf sie herabschauen, weshalb manche tschechischen Partner glauben, dass Deutsche überhaupt keine vertrauensvollen Beziehungen herstellen wollen.

Deutsche Fach- und Führungskräfte, die über längere Zeit in der Tschechischen Republik leben und arbeiten, aber auch Deutsche, die nur mehrere Wochen im Jahr in Tschechien tätig sind, berichten über Schwierigkeiten, die Vorurteile und negativen Gefühle der Tschechen gegenüber Deutschen abzubauen. Aus diesen Gründen, so berichten sie, müssen sie mehr in den Aufbau persönlicher und freundschaftlicher Beziehungen zu ihren tschechischen Kollegen und Mitarbeiter investieren, indem sie häufiger und längere informelle Treffen und persönliche Gespräche realisieren. Hinzu kommt der Versuch, mehr Offenheit und Transparenz in Bezug auf die Unternehmensziele und die Erwartungen gegenüber den tschechischen Mitarbeitern in den Tochterunternehmen herzustellen, um Misstrauen auf tschechischer Seite abzubauen.

Von tschechischen Mitarbeitern wird mehr offener Dialog über Verantwortlichkeiten, kritische Situationen, Terminvereinbarungen und über Fehlverhalten erwartet.

Darüber hinaus empfehlen erfolgreiche tschechische Fach- und Führungskräfte ihren tschechischen Kollegen zur Entwicklung eines vertrauensvollen Verhältnisses mit Deutschen:

- Niemals Versprechungen abzugeben, von denen sie von vornherein wissen, dass sie diese nicht halten können.
- Mit Deutschen immer rechtzeitig über unangenehme und problematische Aspekte im Arbeitsbereich diskutieren, da Deutsche das Umgehen, Verschweigen, nur indirektes Ansprechen und das Vermeiden von konflikthaften Diskussionen sehr schnell als ein Zeichen mangelnden Vertrauens interpretieren und misstrauisch werden (für weitere Informationen zur tschechisch-deutschen Zusammenarbeit siehe auch: Schroll-Machl & *Nový*, 2008).

Schlussfolgerungen zum Erreichen eines erfolgreichen Vertrauensaufbaus:

Obwohl ein hohes Maß an Vertrauen zwischen Partnern die unabdingbare Voraussetzung für eine gedeihliche, das heißt erfolgreiche und zufriedenstellende Zusammenarbeit zwischen Menschen darstellt, muss im Zusammenleben und in der Zusammenarbeit zwischen Menschen aus verschiedenen europäischen Nationen aufgrund der unterschiedlichen kulturellen Prägungen besonders auf der Verhaltensebene mit erheblichen Divergenzen in Bezug auf vertrauensrelevante Attribute gerechnet werden.

Die Kooperationspartner müssen auf diese Unterschiede vorbereitet sein, damit sie sich auf das Partnerverhalten entsprechend einstellen, eine kulturadäquate Bewertung vornehmen und entsprechend reagieren können.

Auch für das Thema Vertrauen zwischen den Kooperationspartnern in Europa gilt, die eigenen Wege zum Vertrauensaufbau, zur Vertrauensvertiefung und Vertrauensfestigung zu kennen, zu respektieren und sie einer wertschätzenden Analyse und Interpretation zu unterziehen. Nur so können Missverständnisse vermieden und neue, für beide Seiten akzeptable und für das Gemeinwohl produktive Wege der „Vertrauensentwicklung" gefunden werden.

Die Bedingungen zur Entwicklung dieser eigenen Wege des Vertrauensaufbaus in Europa zu erkunden, die Entwicklungsprozesse zu analysieren und Methoden zur Verbesserung des Vertrauensmanagements zwischen den europäischen Partnern mit Blick auf den europäischen Einigungsprozess („Einheit in Vielfalt") zu kreieren und zu erproben, ist eine dringende Aufgabe der Wissenschaft (siehe z.B. Thomas et al., 2009; Schubert, 2006).

5

Fallbeispiel: erfolgreiches Vertrauensmanagement. Deutsch-tschechische Zusammenarbeit

Situationsschilderung

Eine deutsche Firma im bayerisch-tschechischen Grenzland hat in Pilsen ein Werk errichtet, in dem Kabel für die Automobilindustrie hergestellt werden. Die Produktion wurde dort exakt genauso aufgebaut wie in Deutschland. Dazu kamen viele Deutsche in die Tschechische Republik, die tagtäglich den Tschechen gezeigt haben, wie jeder einzelne Arbeitsschritt zu vollziehen ist. An jedem Arbeitsplatz gab es einen deutschen „Partner", der seinen tschechischen Kollegen anlernte und der vom jeweiligen tschechischen Mitarbeiter selbst ausgewählt wurde. Auch als die „Partner" zurück in Deutschland waren, konnten die Tschechen bei jeder Frage oder jedem Problem diesem Partner um Rat bitten. Entweder klärte sich die Sache am Telefon, oder der Deutsche fuhr für einen oder mehrere Tage dorthin und half vor Ort. Die Tschechen fragten ihre deutschen Kollegen nicht nur, wenn sie etwas nicht verstanden, sondern auch, wenn sie nicht einsahen, warum etwas so sein sollte. Die Deutschen erklärten das dann im Detail.

Die Zusammenarbeit zwischen dem deutschen und dem tschechischen Werk ist inzwischen sehr erfolgreich. Das tschechische Werk hat sogar eine bessere Qualität in der Produktion erreicht als das deutsche Werk und wird von den Kunden hochgeschätzt, was auch in beiden Werken so kommuniziert wird.

Anwendungstipps

Durch den Aufwand, den die Deutschen betrieben, wurde nicht nur die inhaltliche Botschaft vermittelt, was mit welchen Verfahren erreicht werden soll, sondern es wurde den Tschechen eine hohe Wertschätzung vermittelt: Seht her, wir zeigen euch das mal. Wir wollen, dass ihr das wirklich gelernt habt und dass ihr richtig gut werdet. Wir kommen dazu gerne zu euch und bleiben auch bei euch. Zudem dürft ihr uns jederzeit unterbrechen, wenn ihr Fragen habt. Unsere Aufgabe ist es in erster Linie, euch zu unterstützen.

Es war das Interesse, die Aufmerksamkeit, das Zuhören, das den tschechischen Angestellten zuteilwurde, ob sie nun Ingenieure oder angelernte Arbeitskräfte waren. Sie sahen nicht nur die Technik und die Produktionsprozesse, sondern sich selbst (als Person!) im Mittelpunkt der Bemühungen der Deutschen. Zudem erhielten die Tschechen das auch ihnen zustehende Feedback: „Ihr habt wirklich ein „goldenes Händchen". Eure Qualität ist sehr gut! Das freut und baut auf!"

Vertrauensaufbau, Vertrauensvertiefung und Vertrauenssicherung sowie die Vermeidung von Vertrauensverlust sind zentrale Aufgaben von Vertrauensmanagement in interkulturellen Kontexten. Dies gilt nicht nur für die Zusammenarbeit von Menschen im Bereich der Wirtschaft, wie in den hier geschilderten Fallbeispielen, sondern für alle Aufgaben, bei denen interkulturelle Handlungskompetenz gefragt ist. Da aber interkulturelle Handlungskompetenz sich nicht von alleine oder so eben mal nebenbei, im Umgang mit Menschen anderer kultureller Herkunft, ergibt, sondern gezielt erarbeitet werden muss, trifft dies auch für ein wirksames Vertrauensmanagement zu. Wie die berichteten Forschungsergebnisse zeigen, ist es zunächst wichtig, sich zu erkundigen, was in der Kultur des fremdkulturellen Partners vertrauensförderliche Merkmale und Verhaltensweisen sind und in welchen Vertrauensmerkmalen das zum Ausdruck kommt. Dann ist zu vergleichen, was davon mit den eigenen gewohnten und häufig praktizierten eigenkulturellen vertrauensfördernden Merkmalen und Verhaltensweisen kompatibel ist und was unter den neuen, gegebenen Bedingungen zusätzlich neu einzuüben ist. Wenn, wie beispielsweise in den deutsch-tschechischen Fallbeispielen, in der Art und Weise, wie die von den tschechischen Mitarbeitern erbrachten Leistungen von den deutschen Kollegen kommentiert werden, sich ganz unbeabsichtigt ein starkes asymmetrisches Machtgefälle zuungunsten der tschechischen Kollegen einschleicht und offensichtlich wird, dann muss dieser Mangel durch eine andere Art von Ansage behoben werden, damit das gute Vertrauensverhältnis nicht dauerhaft Schaden nimmt. Nicht jede aus deutscher Sicht gut gemeinte Bemerkung, Kommentierung und Bewertung kommt beim fremdkulturellen Partner so an, wie sie vom Sprecher gemeint ist. Dafür sensibel, selbstkritisch und nachdenklich zu sein und die gewohnten, eingeübten und nahezu automatisch ablaufenden Verhaltensweisen entsprechend zu ändern, ist ein Qualitätsmerkmal interkultureller Handlungskompetenz.

Fazit

Vertrauensmanagement im interkulturellen Kontext ist dann effektiv, wenn Folgendes erkannt und befolgt wird:

Erkennen und Akzeptieren, dass Vertrauen für das Gelingen jeglicher Art zwischenmenschlicher Zusammenarbeit von zentraler Bedeutung ist. „Vertrauen ist alles, und ab und zu kann zusätzlich etwas Kontrolle durchaus sinnvoll sein".

Erkennen, dass Vertrauen förderndes Verhalten kulturspezifisch determiniert ist und weitgehend automatisch, ohne spezifische kognitive Kontrolle abläuft.

Vertrauensmanagement bedeutet, sich der eigenen, von Kindheit an gelernten und erfolgreich verinnerlichten, Vertrauen fördernden Verhaltensmerkmale bewusst zu werden, und ihre Wirkungen auf Menschen anderer Kulturen zu kennen. Dazu hilft ein Vergleich der Wirkungen von deutschen Kulturstandards mit denen der Zielkultur.

Die in der Welt des kulturfremden Partners üblichen Vertrauen fördernden Verhaltensweisen und Regeln sind zu erforschen, zu reflektieren, einzuüben und zu verinnerlichen. Dazu sind Übungen in Form von Rollenspielen unter Anleitung eines versierten Vertreters der Zielkultur nützlich, da nur so die Feinheiten der bisher unbekannten Vertrauen fördernden Verhaltensweisen beachtet und in das eigene routinemäßig ablaufende Verhaltensinventar integriert werden können.

Literatur

Bierhoff, H. W. (1984). Sozialpsychologie. Ein Lehrbuch. Kohlhammer.

Bürger, J., & Thomas, A. (2007). *Erfolgreiche Personalführung in der deutsch-tschechischen Wirtschaftskooperation.* FOROST-Arbeitspapier, Nr. 40.

5

Deutsch, M. (1962). Cooperation and trust: Some theoretical notes. In M. R. Jones (Ed.), Nebraska Symposiums on Motivation. University of Nebraska Press.

Erikson, E. (1963). Childhood and Society. W. W. Norton & Co.

Hofstede, G. (1980). Culture's Consequences – International Differences in Work Related Values. Newbury Park.

Jackson, D. D. (1980). Familienregeln: Das eheliche Quid pro Quo. In P. Watzlawick & J. M. Weakland (Hrsg)., Interaktion. Bern: Huber.

Johnson, D. W., & Matross, R. P. (1977). Methoden der Einstellungsänderung. In: Kanfer, F.H. & Goldstein, A.P. (Hrsg). Möglichkeiten der Verhaltensänderung. München, 56–102.

Karls, U. (2005). Vertrauen ist gut, Kontrolle ist oft schlechter. In F.A.Z., Nr. 42, S. 57.

Krumboltz, J. D., & Potter, B. (1980). Verhaltenstherapeutische Techniken für die Entwicklung von Vertrauen, Kohäsion und Zielorientierung in Gruppen. In K. Grawe (Hrsg.). Verhaltenstherapie in Gruppen. München: Urban & Schwarzenberg.

Landis, D., & Brislin, R. W. (1983). Handbook of intercultural training. Pergamon.

Landis, D. (1996). Handbook of intercultural training. Thousand Oaks (2. Aufl.).

Landis, D. (2004). Handbook of intercultural training. Thousand Oaks (3. Aufl.).

Luhmann, N. (1973). Vertrauen - ein Mechanismus der Reduktion sozialer Komplexität (2. Aufl.). Enke.

Maier, J. (Hrsg.). (2005). *Die Rolle von Vertrauen in Unternehmensplanung und Regionalentwicklung – ein interdisziplinärer Diskurs*. FOROST-Arbeitspapier, Nr. 27.

Martin, M., & Thomas A. (2002). Beruflich in Indonesien. Trainingsprogramm für Manager, Fach- und Führungskräfte. Vandenhoeck & Ruprecht.

Neubauer, W. (1997). Interpersonales Vertrauen als Management-Aufgabe in Organisationen. In M. Schweer (Hrsg.), *Interpersonales Vertrauen* (S. 105–129) Springer.

Petermann, F. (1996). *Psychologie des Vertrauens* (3. Aufl.). Hogrefe.

Rempel, J. K. et al. (1985). Trust in close relationships. In Journal of Personality and Social Psychology. 49. 95–112.

Rotter, J. B. (1967). A new scale for the measurement of interpersonal trust. Journal of Personality, 35, 651–665.

Rotter, J. B. (1971). Generalized expectancies for interpersonal trust. American Psychologist, 26. 443–452.

Schlenker, B. R., Helm, B., & Tedeschi, J. T. (1973). The effects of personality and situational variables on behavioral trust. Journal of Personality and Social Psychology, 25(3). 419–427.

Schroll-Machl, S., & Nový, I. (2008). *Perfekt geplant und genial improvisiert? Kulturunterschiede in der deutsch-tschechischen Zusammenarbeit.* (4. überarb. Aufl.) Hampp.

Schottländer, R. (1957). Theorie des Vertrauens. de Gruyter.

Schubert, H. (Hrsg.). (2006). ‚*Europäisierung' – Begriff, Idee und Verwendung im interdisziplinären Diskurs.* FOROST-Arbeitspapier, Nr. 38.

Thomas, A. (2005). Vertrauen im interkulturellen Kontext aus Sicht der Psychologie. In J. Maier (Hrsg.), Die Rolle von Vertrauen in Unternehmensplanung und Regionalentwicklung - ein interdisziplinärer Diskurs (S. 19–48). FOROST-Arbeitspapier, Nr. 27.

Thomas, A. (2013). Vertrauen im interkulturellen Kontext aus Sicht der Psychologie. In A. Thomas (Hrsg.), *Leben und arbeiten in internationalen Kontexten. Schriftensammlung zur interkulturellen Kompetenz* (S. 282–317). Lit.

Thomas, A., Utler, A., de Ponte, U., & Schmid, S. (2009). *Realität und Innovation in der europäischen Begegnung*. Vandenhoeck & Ruprecht.

Integration und interkulturelle Kompetenz

Inhaltsverzeichnis

6.1   Einleitung

Deutschland hat, zum einen bedingt durch seine geografische Lage im Zentrum Europas und im Schnittpunkt der kontinentalen West-Ost und Nord-Süd-Handelsstraßen sowie zum anderen bedingt durch seine politisch-historischen Entwicklungsprozesse, immer schon mit Einreisenden, Bleibenden, Durchreisenden und Ausreisenden zu tun gehabt – und das bis in die Gegenwart. Mit der Integration von Flüchtlingen und Migranten hat die deutsche Bevölkerung Erfahrung. Die Integration von vielen Millionen Flüchtlingen nach dem Zweiten Weltkrieg aus den östlichen und südöstlichen ehemaligen Reichsgebieten war nicht einfach, ist aber weitgehend geglückt. Die Integration angeworbener Gastarbeiter, meist aus europäischen Ländern, ist teilweise gelungen, teilweise aber auch nicht, denn manche wollten oder konnten sich nicht integrieren, und manche wollen sich immer noch nicht oder können sich nicht integrieren. Demgegenüber ist beispielsweise die Integration iranischer Flüchtlinge nach dem Regimewechsel im Iran nahezu reibungslos und ohne viel Aufsehen zu erzeugen gelungen.

Vielleicht ist sogar die Integration von Menschen, die wegen Flucht und Vertreibung und aus ökonomischen Gründen ihre Heimat verließen und ihre Zukunft in Deutschland suchten, häufiger erfolgreich, als es den Anschein hat. Denn gelungene Integration vollzieht sich meist unauffällig, hinterlässt keine spektakulären Ergebnisse, fällt nicht besonders auf, wird nur selten publik gemacht und weniger häufig öffentlich diskutiert als misslungene Integration.

Gerade misslungene Integration wird zudem oft als Ursachenerklärung von Kriminalität, Schul- und Bildungsversagen sowie der Entstehung von Parallelgesellschaften herangezogen und dann laut und deutlich thematisiert. Diese Vielzahl und Vielfalt an Integrationsleistungen, die im Verlauf der vergangenen Jahrzehnte in unserer Gesellschaft stattgefunden haben, musste ohne „explizite" und öffentlich thematisierte interkulturelle Kompetenz seitens der einheimischen deutschen Bevölkerung auskommen, denn interkulturelle Kompetenz und ihre Bedeutung zur Bewältigung der mit Globalisierung und Internationalisierung unserer Gesellschaft entstandenen Herausforderungen ist ein relativ neues Thema. Dabei hat es Formen „impliziter", also nicht sogenannter und als solcher erkannter, interkultureller Kompetenz im beruflichen und privaten Alltag immer schon gegeben. In den kommunalen Einrichtungen, in den Behörden und Schulen, in den beruflichen Ausbildungseinrichtungen, den Sozialdiensten und den Wohlfahrtsverbänden gab es immer Fach- und Führungskräfte, die sich in der beruflichen Arbeit mit Flüchtlingen und Migranten eine praxisnahe interkulturelle Kompetenz aufgebaut haben, um eine erfolgreiche Integration zu fördern. Sie haben diese Erfahrungskompetenz aber nie als eine spezifische Schlüsselqualifikation von interkultureller Handlungskompetenz wahrgenommen und als solche bezeichnet. Die mit der Flüchtlingswelle aus Kriegs- und Krisengebieten arabischer, afrikanischer sowie vorderasiatischer Länder auf Deutschland und seine Bevölkerung zukommenden Herausforderungen sind mit den bisherigen Erfahrungen im Umgang mit Migranten, Gastarbeitern und Flüchtlingen, wenn überhaupt, nur noch schwer zu bewältigen. Jetzt wird von den entsprechenden Zielgruppen, also den deutschen Fach- und Führungskräften, die mit Integration befasst sind, ein hohes und ein spezifisches Maß an interkultureller Handlungskompetenz verlangt, wenn sie eine nachhaltige Integration bewirken wollen und bewirken sollen.

6.2 Hauptteil

6.2.1 Definition interkultureller Kompetenz

Es gibt je nach Autoren einschlägiger Publikationen und fachspezifischer Herkunft der Autoren unterschiedliche Definitionen interkultureller Kompetenz. Der Lebensbereich, oder besser das Handlungsfeld, auf das sich interkulturelle Handlungskompetenz richtet, ist die Begegnung, Interaktion, Kommunikation und Kooperation von Menschen unterschiedlicher kultureller Herkunft. Zwischen ihnen bildet sich eine kulturelle Überschneidungssituation aus, die so gestaltet und bewertet werden muss, dass sie für beide Partner erträglich ist, zufriedenstellend verläuft und erfolgreich gemeistert wird. Die dabei zu erbringenden Leistungen sind nicht mit dem allgemeinen Begriff „Verhalten" passend abgedeckt, denn es sind Handlungsprozesse, die hier wirksam werden. Unter Handeln versteht man in der Psychologie zielgerichtetes, internationales, weitgehend bewusst gesteuertes, kontrolliertes und bewertetes Verhalten. Deshalb ist die hier thematisierte Schlüsselkompetenz zutreffender mit interkultureller Handlungskompetenz zu bezeichnen und somit folgendermaßen zu definieren:

Die Definition interkulturelle Handlungskompetenz enthält die zentralen Merkmale und handlungsrelevanten Bestimmungen dieser Qualifikation. Nach der Bearbeitung der vielen sehr unterschiedlichen Fallbeispiele kulturell bedingt kritischer Interaktionssituationen ist es hilfreich und nützlich, die Bestimmungsmerkmale interkultureller Handlungskompetenz mit den in den Fallbeispielen zur Wirkung gekommenen Verlaufsprozessen zu vergleichen, um zu verstehen, wie und auf welchen Wegen interkulturelle Handlungskompetenz zum Verständnis und zur Auflösung der durch kulturelle Unterschiede entstandenen Irritationen beiträgt.

1. „Interkulturelle Kompetenz ist die notwendige Voraussetzung für eine angemessene, erfolgreiche und für alle Seiten zufriedenstellende Kommunikation, Begegnung und Kooperation zwischen Menschen aus unterschiedlichen Kulturen.
2. Interkulturelle Kompetenz ist das Resultat eines Lern- und Entwicklungsprozesses.
3. Die Entwicklung interkultureller Kompetenz setzt die Bereitschaft zur Auseinandersetzung mit fremden kulturellen Orientierungssystemen voraus, basierend auf einer Grundhaltung kultureller Wertschätzung.
4. Interkulturelle Kompetenz zeigt sich in der Fähigkeit, die kulturelle Bedingtheit der Wahrnehmung, des Urteilens, des Empfindens und des Handelns bei sich selbst und bei anderen Personen zu erfassen, zu respektieren, zu würdigen und produktiv zu nutzen.
5. Ein hoher Grad an interkultureller Kompetenz ist dann erreicht, wenn
   (1) differenzierte Kenntnisse und ein vertieftes Verständnis des eigenen und fremder kultureller Orientierungssysteme vorliegen,
   (2) aus dem Vergleich der kulturellen Orientierungssysteme kulturadäquate Reaktions-, Handlungsweisen und Interaktionen generiert werden können,
   (3) aus dem Zusammentreffen kulturell divergenter Orientierungssysteme synergetische Formen interkulturellen Handelns entwickelt werden können,
   (4) in kulturellen Überschneidungssituationen alternative Handlungspotenziale, Attributionsmuster und Erklärungskonstrukte für erwartungswidrige Reaktionen des fremden Partners verstehbar sind,

(5) die kulturspezifisch erworbene interkulturelle Kompetenz mithilfe eines generalisierten interkulturellen Prozess- und Problemlöseverständnisses und Handlungswissens auf andere kulturelle Überschneidungssituationen transferiert werden kann,

(6) in kulturellen Überschneidungssituationen mit einem hohen Maß an Handlungskreativität, Handlungsflexibilität, Handlungssicherheit und Handlungsstabilität agiert werden kann.

Dabei sind Persönlichkeitsmerkmale und situative Kontextbedingungen so ineinander verschränkt, dass zwischen Menschen aus unterschiedlichen Kulturen eine von Verständnis und gegenseitiger Wertschätzung getragene Kommunikation und Kooperation möglich wird." (Thomas, 2011b).

6.2.2 Integrationsspezifische interkulturelle Handlungskompetenz

6.2.2.1 Die Akkulturationsthematik

Wenn man anerkennt, dass eine erfolgreiche, auf Integrationsförderung gerichtete interkulturelle Handlungskompetenz mit dieser Definition durchaus zutreffend beschrieben ist, könnte es sinnvoll sein, auf dieser Basis nach spezifischen Kompetenzmerkmalen für die Flüchtlings- und Migrantenarbeit zu suchen und diese zu definieren.

In der sozialwissenschaftlichen Literatur zur Migrationsthematik findet man immer wieder ein Plädoyer dafür, dass die Integrationsleistungen nicht von den Flüchtlingen und Migranten alleine zu erbringen sind, sondern auch die aufnehmende Gesellschaft einen entsprechenden Beitrag zu leisten hat. In der realen Praxis sind die für eine nachhaltige Integration zu erbringenden Leistungen seitens der Flüchtlinge und Migranten jedoch als weitaus höher und gravierender einzuschätzen als das, was Mitglieder der aufnehmenden Gesellschaft zu leisten haben und überhaupt zu leisten bereit sind. Forschungen dazu finden sich unter dem Stichwort Akkulturation. Unter Akkulturation bezeichnet man alle Phänomene, die aus dem direkten Kontakt von Individuen oder Gruppen unterschiedlicher kultureller Herkunft resultieren, und den daraus folgenden Veränderungen der ursprünglichen kulturellen Muster. Die resultierenden Veränderungen sind zu beobachten auf der Ebene von Einstellungen, Werten, der Art des Verhaltens und der Wahrnehmung und Bewertung der kulturellen Identität. Zu unterscheiden sind unterschiedliche Akkulturationsstrategien, wie sie in den folgenden Schemata abgebildet sind.

Der kanadische Psychologen Berry (1997), der vielfältige, empirische Forschungen zu Formen der Akkulturation durchgeführt hat, kommt zu folgendem, von der Wissenschaft weitgehend anerkannten Ergebnissen:

Akkulturationsanforderungen entstehen und werden erst handlungsrelevant durch die Konfrontation mit Fremdartigem, konkret mit erwartungswidrigen Verhaltensreaktionen, durch Ereignisabfolgen und Geschehensabläufe in der Begegnung, bedingt durch die Zusammenarbeit mit fremdkulturell geprägten Partnern. Das Akkulturationsmodell von Berry zeigt vier unterschiedliche Formen der Reaktion auf Fremdheitserfahrungen, abhängig davon, wie das Verhältnis in Bezug auf den Erhalt der eigenen kulturellen Identität und der Beziehungen zu den Partnern aus der Gastkultur beschaffen ist.

Arten der Akkulturation im Kulturkontakt aus der Sicht eines Migranten in Deutschland

		Erhalt der eigenen kulturellen Identität	
		ja	**nein**
Herstellen positiver interkultureller Beziehungen	**ja**	Integration	Assimilation
	nein	Separation	Marginalität

Integration:	Beibehaltung der kulturellen Identität und Herstellung positiver Beziehungen zur dominanten kulturellen Gruppe (z. B. „Die Beziehungen, die ich zu anderen Migranten aufgebaut habe, sind wertvoll, während die Beziehungen zu Deutschen auch ihren Wert haben.")
Assimilation:	Verlust der kulturellen Identität zugunsten positiver Beziehungen zu Mitgliedern der dominanten kulturellen Gruppe (z. B. „Die meisten meiner Freunde sind Deutsche, weil ich mich sehr wohl bei ihnen fühle. Bei anderen Migranten fühle ich mich nicht mehr so wohl.")
Separation:	Bewahrung der eigenen kulturellen Identität bei gleichzeitiger Isolierung von der dominanten kulturellen Gruppe (z. B. „Die meisten meiner Freunde sind Migranten, weil sie zuverlässig sind und ich mich wohl bei ihnen fühle. Bei Deutschen fühle ich mich nicht so wohl.")
Marginalität:	Verlust der eigenen kulturellen Identität und kein Zugang zur dominanten kulturellen Gruppe (z. B. „Heutzutage ist es schwer, jemanden zu finden, zu dem man eine wirkliche Beziehung aufbauen kann und mit dem man seine inneren Gefühle und Gedanken teilen kann.")

Arten der Akkulturation aus Sicht der aufnehmenden Gesellschaft (Berry, 2001)

		Migranten sollen ihre kulturelle Identität behalten	
		Ja	**Nein**
Migranten sollen die Identität der Aufnahmegesellschaft annehmen	**Ja**	Integration	Assimilation
	Nein	Segregation	Exklusion/Individualisierung

Integration: Integrationsbemühungen der Einwanderer werden gefordert, sind erwünscht und werden unterstützt.

(z. B., „Die Syrer sollen durchaus ihre Tradition, ihre Religion und ihre Wertvorstellungen beibehalten und in ihren Familien und Vereinen pflegen. Sie sollen aber die deutsche Sprache erlernen und beherrschen, die Werte, Normen, Gesetze und Regeln der deutschen Kultur beachten und auch aktiv und produktiv am wirtschaftlichen und gesellschaftspolitischen Leben in unserer Gesellschaft teilnehmen.").

Assimilation: Einwanderer sollen und müssen so schnell wie möglich ihre herkömmlichen Traditionen, Verhaltensgewohnheiten und ihre kulturelle Identität ablegen und die Werte, Normen und Regeln der Gastkultur annehmen.

(z. B. „Syrer sollen nicht mit Syrern zusammen in Stadtvierteln und Wohnblocks leben, sondern unter Deutschen wohnen und mit ihnen ihre Freizeit verbringen, damit sie sich schnell an die hiesigen Gepflogenheiten gewöhnen und Deutsche werden").

Segregation: Die Einwanderer leben in der Aufnahmegesellschaft getrennt in eigenen gettoartigen Wohngebieten unter sich und haben allenfalls berufs- und arbeitsbedingte Kontakte zu Mitgliedern der Aufnahmegesellschaft.

(z. B. „Obwohl ich am Arbeitsplatz mit den Syrern ganz gut zurechtkomme, sollen sie aber sonst unter sich bleiben, denn mit unseren Werten, Normen, Sitten und Gebräuchen können sie sowieso nichts anfangen.").

Exklusion/Individualisierung: Einwanderer sind unerwünscht, aber unvermeidbar. Sie werden als Außenseiter betrachtet und behandelt, wobei unter günstigen Bedingungen dem einen oder anderen Zugang zur Aufnahmegesellschaft gewährt wird.

(z. B. „Grundsätzlich haben Syrer hier nichts zu suchen, sie sind eine Belastung für die Gesellschaft und eine Bedrohung für die Sozialsysteme. Aber der Syrer und seine Frau von nebenan, die sind ganz nett, sind fleißig und haben sich sogar ohne fremde Hilfe ein Haus gebaut. Aber eigentlich sind das auch schon gar keine Syrer mehr, sondern bereits Deutsche, auch wenn sie noch die Moschee besuchen.").

Die Akkulturationsstrategien aus Sicht eines Migranten in Deutschland und aus Sicht der deutschen, aufnehmenden Gesellschaft erzwingen recht unterschiedliche Anstrengungen seitens der Migranten und der Mitglieder der Aufnahmegesellschaft. Die Wirkungen der Akkulturationsstrategien haben ebenfalls unterschiedliche Lebensentwürfe zur Folge. Für einen dauerhaften Verbleib in der Aufnahmegesellschaft ist sicherlich die Integrationsstrategie die passende, weil sie auf Dauer weniger Stress verursacht und ein Mehr an äußerer und innerer Sicherheit und Zufriedenheit bietet. Entwicklungspsychologische Forschungen im Kontext der Kulturvergleichenden Psychologie zeigen, dass je nach Alter der Migranten zum Zeitpunkt der Ankunft im Gastland unterschiedliche Akkulturationsverläufe zu beobachten sind. Für eine gelungene Integration gibt es günstige und ungünstigere Lebensphasen. So haben ältere Migranten aufgrund ihrer verinnerlichten und damit verfestigten Alltagsroutinen, Werthaltungen, Handlungsmuster und Identitäten erheblich größere Schwierigkeiten, mit der neuen Situation und ihrer Folgen, geprägt von den kritischen Lebensereignissen „Flucht", „Migration" und Integration in neue, unbekannte und unvertraute Lebensräume, fertigzuwerden.

6.2.3 Entwicklungspsychologisches Akkulturationsmodell

Die vielfältigen Einflussfaktoren, die aus entwicklungspsychologischer Sicht die Integrationsprozesse von jugendlichen Migranten der zweiten Generation bestimmen, zeigt das folgende, von Schönpflug (1999) entwickelte Modell.

„Das Modell ist ein Mediationsmodell, in dem die Hintergrundvariablen Familie, Peernetzwerke, Schule, Biografie, Geschlecht, Alter und Migrationsregion sich – vermittelt durch die beiden Mediatoren dispositionelle (z. B. Intelligenz oder Persönlichkeit) und adaptive persönliche Ressourcen (z. B. Bewältigungsstrategien oder soziale Orientierungen) – auf Entwicklung einerseits und Akkulturation andererseits auswirken. Soziale und kognitive Entwicklung stehen in positiver Beziehung zueinander. (…) Die Bildungschancen der Migrantenkinder sind damit denen der Kinder der Aufnahmegesellschaft nicht vergleichbar, da sie im Elternhaus nicht die gleichen Fertigkeiten und Wissensbestände vermittelt bekommen und keine entsprechende Förderung bei der Bewältigung der Bildungsanforderungen erfahren können. Die Bildungsstatistik für ausländische Jugendliche in Deutschland, verglichen mit deutschen Jugendlichen, weist eine deutliche Benachteiligung der ausländischen Jugendlichen auf. Die Diskriminierung ausländischer Jugendlicher in den Bildungsinstitutionen und auf dem Arbeitsmarkt ist die wahrscheinliche Folge (Faist, 1994). Andere Autoren vermuten, dass es kulturspezifische Werte und Verhaltensweisen von Migranten sind, auf die der hier im Vergleich zu deutschen Kindern geringere Schulerfolg von Migrantenkindern zurückgeführt werden kann: In türkischen Familien zum Beispiel steht eine traditionelle Haltung zum Wissen (z. B. Überlieferung und Autorität des Lehrers sind wichtig) den modernen Lehrprogrammen entgegen. Weiterhin vermittelt und fordert das Bildungssystem der westlichen Aufnahmegesellschaften individualistische Orientierungen, dem wiederum die Familienorientierung, insbesondere der türkischen, griechischen und italienischen Migranten, entgegenstehen." (Schönpflug, 2003, S. 529–530). Zu berücksichtigen sind zudem die schichtspezifisch unterschiedlichen Bildungs- und Entwicklungsmilieus der Migrantenfamilien, in denen die Kinder und Jugendlichen vor dem Zeitpunkt der Migration aufwuchsen und in dem sie nach der Migration in ihren Familien verharren. Nicht zu unterschätzen sind zudem Einflussfaktoren auf die Entwicklung der Kinder und Jugendlichen aus Migrantenfamilien, die in traditionell religiös geprägten Welt- und Menschenbildern verankert sind.

Welche Schlussfolgerungen zur Frage nach integrationsfördernden Wirkungen interkulturellen Handelns lassen sich aus diesen Erkenntnissen ziehen? Für eine gelungene Integration sind eine Fülle unterschiedlicher Lernleistungen zu erbringen. Alle Forschungen über Lernbereitschaft, Lernfähigkeit und Lernerfolge zeigen, dass dabei lebensalterspezifische Lernphasen zu beachten sind, verbunden mit unterschiedlichen kulturspezifischen Ausprägungen und Herausforderungen.

6.2.4 Die Integrationsthematik

Wenn man anerkennt, dass Integration die wirksamste Akkulturationsstrategie ist, die Flüchtlinge und Migranten praktizieren können, um ein zufriedenstellendes und selbstbestimmtes Leben im Gastland zu führen, stellt sich die Frage, wie diese Integrationsbemühungen unterstützt werden können. Politik und Medien können dazu beitragen, dass die Mehrheit der Mitglieder der Aufnahmegesellschaft eine positive, weltoffene, wertschätzende Einstellung gegenüber kulturellen Diversitäten entwickelt. Dadurch können Ängste vor nicht mehr kontrollierbaren negativ bewerteten gesellschaftlichen Entwicklungen, verursacht durch Ansprüche, die Flüchtlinge und Migranten an die Aufnahmegesellschaft stellen, abgebaut werden. Von Bedeutung sind darüber hinaus die durch persönliche Kontakte zwischen den Migranten und einzelnen Personen der Aufnahmegesellschaft gemachten Erfahrungen

(z. B. Nachbarschaftsbeziehungen, Zufallsbekanntschaften, Vereinsbeziehungen). Die Einstellungen, Erfahrungen und Kompetenzen hauptberuflicher und ehrenamtlicher Helfer in der Flüchtlingsbegleitung sowie von Entscheidungsträgern in Beratungs- und Verwaltungsstellen spielen eine entscheidende Rolle: Können sie doch zu einer Ausbildung von Motivatoren beitragen und die individuellen Anstrengungen erhöhen, die zur erfolgreichen Bewältigung der vielfältigen Anforderungen auf dem Weg zur gelungenen Integration in die Aufnahmegesellschaft und zum Abbau von Integrationsbarrieren wichtig sind.

Entwicklungspsychologisch betrachtet, gibt es im individuellen Lebenslauf sensible Lernphasen, die, wenn sie zum Lernen genutzt werden, auf eine hohe Lernbereitschaft und Lernfähigkeit bei den Lernenden stoßen, mit dem Ergebnis, dass optimale Lernleistungen erbracht werden. Die lebensbiografischen Besonderheiten des Lernens sind bei der Förderung von Integrationsleistungen besonders wichtig und dementsprechend zu berücksichtigen. Die entwicklungspsychologische Forschung hat für den Verlauf der lebenslangen Sozialisation für Kinder und Jugendliche typische, zu bewältigende Entwicklungsaufgaben formuliert (Havighurst, 1972; Schwarz, 2007):

- Akzeptanz gegenüber dem eigenen Körper
- Körperliche Entwicklung
- Kognitive Entwicklung
- Erwerb der jeweiligen geschlechtsspezifischen Rolle
- Identitätsbildung (Wer bin ich?)
- Entwicklung eines tragfähigen Selbstkonzepts
- Zukunftsorientierung (Beruf, Partnerschaft, Ehe- und Familienleben)
- Aufbau eines Wertesystems
- Aufbau von Peerbeziehungen
- Entwicklung sozial verantwortlichen Verhaltens und Handelns

Diese Entwicklungsaufgaben sind besonders bei der Integrationsarbeit mit Kindern und Jugendlichen im Alter von 10–20 Jahren zu berücksichtigen. Weiterhin gilt für alle Formen von Integration und Lernen die Regel zu beachten: die Zielpersonen dort abzuholen, wo sie stehen. Also die Befindlichkeitslage der Flüchtlinge und Migranten zu beachten. Generell kann man davon ausgehen, dass niemand ohne Not und Zwang seine Heimat verlässt, alles aufgibt und sich in eine höchst ungewisse zukünftige Lebenslage begibt. Bei den gegenwärtig in Deutschland lebenden Flüchtlingen und Migranten gibt es sicher sehr unterschiedliche Befindlichkeitslagen. Die einen flüchten, um ihr Leben und das ihrer Familie zu retten und um in einem sicheren Land unterzukommen und so lange ausharren zu können, bis eine Rückkehr in ihre Heimat möglich wird. So haben z. B. syrische Flüchtlinge oft alles zurückgelassen, sie haben einen gefahrvollen und beschwerlichen Fluchtweg hinter sich, erlebten das Chaos in den Flüchtlingsunterkünften in verschiedenen EU-Ländern und stehen nun in Deutschland. Sie können keinen einzigen Buchstaben entziffern, da sie die Schriftzeichen nicht kennen. Dabei ergeht es ihnen wie einem Deutschen in China und Japan, wenn er die dort üblichen Schriftzeichen nicht kennt. Sie sind seit ihrer Flucht immer auf Hilfe angewiesen, und die sogenannten Fluchthelfer und Schlepper haben ihnen ihr restliches erspartes Geld bereits abgenommen.

Andere Migranten sind nicht lebensbedrohlich gefährdet, sie sehen aber in ihrer Heimat trotz eigener Anstrengungen und qualifizierter Ausbildung keine Entwicklungschancen beruflicher und persönlicher Art, und so hoffen sie, im Gastland bessere Arbeitsbedingungen und ein besseres Leben vorzufinden.

Die lebensbedrohten Flüchtlinge und Migranten sind bis zu ihrer Ankunft in Deutschland nur gedemütigt worden, durch das Terrorregime im Heimatland, die Schlepper, die Verhältnisse in europäischen Auffanglagern, an den Grenzen und in Deutschland, in dem sie lange ohne Arbeitserlaubnis und in Unsicherheit über ihre Zukunft in Lagern leben. Sie sind in allen Belangen auf Hilfe angewiesen. Sie wissen meist nicht, wie es weitergeht. Sie müssen untätig herumsitzen und warten, bis ihr Fall bearbeitet ist. Sie können selbst nichts tun, um ihre Lage zu verbessern. Ihre Persönlichkeitswerte sind zerstört, ihr Selbstbewusstsein, ihr Selbstwertgefühl sind gebrochen. Unter diesen Bedingungen stellt sich die Frage, mit welcher Art von interkultureller Handlungskompetenz lässt sich bei dieser Ausgangslage eine die erforderliche Integration fördernde Wirkung überhaupt erzielen?

6.2.5 Die Kompetenzthematik

Wer auch immer in welchen Funktionen und Positionen und mit welchem Auftrag für sich in Anspruch nimmt, Flüchtlinge und Migranten bei ihren Integrationsbemühungen unterstützen zu wollen und zu können, muss über Fähigkeiten und Fertigkeiten verfügen, die diesem Anspruch gerecht werden. Hierzu gehört das, was in der Definition zu interkulturellen Handlungskompetenz bereits formuliert wurde. Es muss eine Grundhaltung kultureller Wertschätzung in Bezug auf die kulturspezifischen Werte, Normen, Verhaltensgewohnheiten, Sitten und Gebräuche der Flüchtlinge und Migranten aufgebaut und verinnerlicht werden. Hinzukommen muss ein Bewusstsein für die eigenkulturellen Orientierungen in Bezug auf die eigene Wahrnehmung, das eigene Denken und Urteilen, die eigenen Emotionen und Motivationen sowie das eigene Handeln. Wenn diese Lern- und Entwicklungsprozesse erfolgreich verlaufen sind, zeigt sich die interkulturelle Kompetenz darin, dass ein entsprechendes Feingefühl in Bezug auf die Wahrnehmung und Beurteilung von Verhaltensweisen bei Flüchtlingen und Migranten, die mit den eigenen Erwartungen und Überzeugungen nicht übereinstimmen, vorhanden ist und sich im Umgang mit ihnen auswirkt. Zusammen mit dem Bewusstsein der Besonderheiten und der Handlungswirksamkeit eigenkultureller Orientierungssysteme gelingt es dann zu verstehen, dass Missverständnisse, Irritationen und kulturell bedingte Ambiguitäten zwischen Flüchtlingen und Migranten einerseits und deutschen Fachkräften andererseits immer aus der Inkompatibilität der kulturspezifischen Orientierungssysteme aller am Interaktionsprozess beteiligten Personen resultieren. Für eine wirksame Unterstützung der Integrationsbemühungen seitens der Flüchtlinge und Migranten durch deutsche Fachkräfte müssen diese noch eine systematische Beratungs- und Unterstützungskompetenz entwickeln. Dies bedeutet, die Besonderheiten des einzelnen Klienten analysieren, erfassen und bewerten zu können. Diese Besonderheiten umfassen einmal personenbezogene Aspekte des Klienten, wie Fähigkeiten, Fertigkeiten, emotionale Befindlichkeiten, Lernbereitschaft und Lernfähigkeit, aber auch die biografische Entwicklung. Hinzu kommen situationsbezogene Faktoren wie die Flucht- und Migrationserfahrungen sowie die alters- und geschlechtsspezifischen Anforderungen und die soziale Rolle im Lebensumfeld. Dies mündet in der Kompetenz, eine systemische Unterstützungs- und Beratungsleistung für Flüchtlinge und Migranten erbringen zu können (Thomas, 2014; Abt, 2008).

Bei allen lebensbiografischen, situationsspezifischen und kulturellen Unterschieden zwischen den einzelnen zu beratenden und zu unterstützenden Flüchtlingen und Migranten sind aus psychologischer Sicht die folgenden Aspekte zu beachten und die entsprechenden Leistungen zu erbringen:

1. Entgegenbringen von Wertschätzung: kulturbedingte Unterschiede nicht nur als Belastung, sondern auch als Bereicherung beurteilen.
2. Aufbau von Empathie: Fähigkeit zum kognitiven Verstehen und affektivem Nachempfinden der vermuteten Emotionen eines anderen Menschen; Mitgefühl, Miterleben und prosoziales Verhalten zeigen.
3. Aufbau von Vertrauen: Vertrauen ist die Voraussetzung und das Resultat von Formen gelingender Kooperation. Erforderlich ist die Beachtung kulturspezifischer Erscheinungsformen von Verhaltensweisen, Erwartungen und Einstellungen bezüglich vertrauensbildender Signale und Handlungen.
4. Verbalisieren von Anerkennung: Das Erreichen guter Ergebnisse und Leistungen, auch wenn die Resultate noch nicht vollständig und optimal sind, muss so oft wie möglich ausdrücklich lobend erwähnt werden.
5. Herstellen von Kontinuität, und Verlässlichkeit: In das Alltagsleben der Flüchtlinge und Migranten muss ein hohes Maß an Stetigkeit, Struktur und Rhythmus gebracht werden. So entsteht ein Gefühl, sich auf etwas verlassen zu können, und dass Zukünftiges zuverlässig antizipiert und beeinflusst werden kann.
6. Gewährleistung von Sicherheit: So weit wie möglich ein Gefühl von Sicherheit und Geborgenheit vermitteln, z. B. dadurch, dass notwendige Veränderungen begründet und in übergeordnete Regeln und Strukturen eingebunden werden.
7. Verbalisieren von Zuversicht: Immer wieder muss betont werden, dass sich alles zum Guten entwickeln kann und wird und was getan werden muss, um das Erwünschte auch zu erreichen.
8. Entwickeln von Selbstwertstärkung (Du kannst das schaffen!): Stärkung des Gefühls und der Überzeugung, selbst etwas leisten und bewirken zu können. Aufbau von Vertrauen in die eigene Leistungsfähigkeit, das Leben zu meistern und Probleme, Schwierigkeiten und Barrieren erfolgreich lösen und abbauen zu können.
9. Setzen anspruchsvoller, aber erreichbarer Ziele: Ziele sollten klar und spezifisch sein. Die Zielerreichung sollte Anstrengung erfordern, evtl. eine leichte Überforderung. Ziele müssen akzeptiert werden, und Rückmeldungen über den Grad der Zielerreichung sollten kontinuierlich und zeitnah erfolgen.
10. Vermitteln langfristiger Orientierungen in Bezug auf Ziele und Belohnungen: Beschreibung, Erläuterung und Begründung in Bezug auf langfristig erreichbare Ziele, Handlungs- und Lebensweisen und die dazu erforderlichen Aufwendungen und Anstrengungen. Verstärkung entsprechender Bemühungen durch belohnendes Feedback und Ermunterungen.
11. Ermöglichung von Partizipation: Alle sich bietende Chancen nutzen und alle denkbaren Möglichkeiten schaffen, Flüchtlinge und Migranten an den alltäglichen Ablaufprogrammen, an ihrer Organisation, an Entscheidungen, an der Durchführung und Verbesserung selbst aktiv zu beteiligen. Die Einbindung der

Flüchtlinge und Migranten in die Planung, Realisierung und Verbesserung aller Vorgänge, die sie betreffenden, erhöht die Akzeptanz von Entscheidungen und Ablaufprozessen, steigert ihr Selbstwertgefühl und ihre Bereitschaft zur Verantwortungsübernahme.

12. Verstärken von Verbindlichkeit: Zusagen, Versprechungen, Vereinbarungen, Absprachen etc. müssen von beiden Seiten aus eingehalten werden, damit in das Alltagsleben von Flüchtlingen und Migranten wieder eine verlässliche, antizipierbare und nachhaltig vertrauenshaltige Orientierung und Ordnung hineinkommt. Eine Atmosphäre, in der Verbindlichkeit herrscht, erhöht die Motivation und stärkt die Leistungsanstrengungen zu einer erfolgreichen Integration.

13. Kulturspezifische Herausforderungen: Bei all den hier genannten Aspekten, die der Integrationsförderung dienlich sein können, werden kulturspezifische Einflussfaktoren wirksam, die zum einen als Störfaktoren, zum anderen aber auch als Förderpotenziale wirksam werden können. Diese kulturspezifischen Einflussfaktoren müssen erkannt und in ihren positiven wie negativen Wirkungen beachtet werden.

6.2.6 Konzepte kulturspezifischer Unterschiede und der Umgang mit ihnen

Bei allen hier genannten, von Fachkräften in der Flüchtlings- und Migrantenarbeit zu beachtenden Aspekten und Leistungen, sind als systemische Komponenten kulturspezifische Unterschiede zu beachten. Die Forschungen von Hofstede (1980) zur Bedeutung von Kulturdimensionen, die Forschungen von Thomas (2011a) zum Kulturstandardkonzept einschließlich der auf dieser Basis entwickelten Trainingsmaterialien für deutsche Manager, Fach- und Führungskräfte zur Arbeit mit Partnern in 40 Kulturen/Nationen (Thomas et al. 2001–2015) und die Arbeiten von Schroll-Machl (2013, 2016) zu deutschen Kulturstandards, liefern Informationen zum Verständnis für die Handlungswirksamkeit kulturspezifischer Einflussfaktoren.

Kulturelle Unterschiede in Bezug auf die Wahrnehmung, das Denken und Urteilen, die Emotionen, die Motive und Motivationen sowie das Verhalten und Handeln spielen in der Arbeit mit Flüchtlingen und Migranten eine zentrale Rolle, weil sie oft die Ursachen sind für nicht erwartete, irritierende und belastende Missverständnisse und Konflikte. Solche irritierenden und nicht nachvollziehbaren Verhaltensweisen auch von Flüchtlingen und Migranten müssen nicht immer kulturspezifisch verursacht sein. Sie können das Resultat individueller Eigenarten sein oder situations- und kontextspezifische Ursachen haben. Wenn ein und dieselbe Verhaltensreaktion unter vergleichbaren Kontextbedingungen, z. B. wenn Kritik geäußert wird oder wenn es um das Einhalten von Regeln geht, immer wieder bei unterschiedlichen Personen mit identischem kulturellem Hintergrund beobachtet wird, ist die Wahrscheinlichkeit groß, dass das gezeigte Verhalten aus einem kulturspezifischen Orientierungssystem heraus gesteuert wird. So wird ein Flüchtling aus Afghanistan oder Pakistan, der als Heranwachsender einen jüngeren Bruder bei sich hat, diesen so bevormunden, als sei er nun der allein verantwortliche Erziehungsberechtigte. Denn das entspricht der stark ausgeprägten patriarchalischen Machthierarchie und damit legitimierter Dominanz in der Herkunftskultur.

Die in den folgenden Kulturdefinitionen thematisierten, das Verhalten und Handeln beeinträchtigenden Faktoren und Prozesse sind hilfreich, um auftretende Differenzen und erwartungswidrige Reaktionen in der Zusammenarbeit deutscher Fach- und Führungskräfte mit Flüchtlingen und Migranten rechtzeitig zu erkennen, den Integrationsprozess schädigende Einflüsse zu minimieren und die angestrebten Ziele der Integrationsarbeit zu optimieren.

6.2.7 Kulturdefinitionen

Die folgenden Definitionen von Kultur geben einen Einblick in das, was kulturell bedingte Ursachen bewirken und wie man die Wirkungen verstehen kann.

1. „Kultur ist ein Handlungsfeld, dessen Inhalte vom von Menschen geschaffenen und genutzten Objekten bis zu Institutionen und Ideen oder ‚Mythen‘ reichen. Als Handlungsfeld bietet die Kultur Handlungsmöglichkeiten, stellt aber auch Handlungsbedingungen: sie bietet Ziele an, die mit bestimmten Mitteln erreichbar sind, setzt zugleich aber auch Grenzen des möglichen oder ‚richtigen‘ Handelns (Boesch, 1980, S. 17).

2. „Kultur ist ein universelles Phänomen. Alle Menschen haben zu allen Zeiten und in allen Gegenden der Welt „Kultur“ entwickelt. Alle Menschen leben in einer spezifischen Kultur und entwickeln sie weiter. Kultur manifestiert sich immer in einem für eine Nation, Gesellschaft, Organisation oder Gruppe typischen Bedeutungs-/Orientierungssystem. Dieses Orientierungssystem wird aus spezifischen Symbolen (z. B. Sprache, Gestik, Mimik usw.) gebildet und in der jeweiligen Gesellschaft, Gruppe usw. tradiert. Das Orientierungssystem definiert für alle Mitglieder ihre Zugehörigkeit zur Gesellschaft und ermöglicht ihnen ihre ganz eigene Umweltbewältigung. Das kulturspezifische Orientierungssystem beeinflusst das Wahrnehmen, Denken, Urteilen, Werten, die Emotionen und Motivation sowie das Handeln aller Mitglieder der Gesellschaft“ (Thomas, 2003).

Für die Arbeit mit Flüchtlingen und Migranten ist es wichtig, zu wissen, welche kulturtypischen Bedeutungs- und Orientierungssysteme für die deutschen Fachkräfte und welche für die Klienten aus sehr unterschiedlichen Ländern und Kulturen handlungsleitend sind. Nicht jede Fachkraft kann sich aber auf alle Herkunftskulturen der Flüchtlinge und Migranten vorbereiten, mit denen sie interagiert und kooperieren muss. Eine Hilfe wäre es aber, wenn sie eine Orientierung bekäme, auf was sie zu achten hat, um kulturell bedingte Divergenzen, Abweichungen und Unterschiede vom gewohnten Eigenem zu erkennen, sie zu verstehen und damit produktiv umgehen zu können.

6.3 Fallbeispiele

Das Konzept der Kulturdimensionen

Der niederländische Psychologen Geert Hofstede (1980) hat vor Jahrzehnten im Auftrag eines global operierenden Konzerns eine umfangreiche Studie über arbeitsbezogene Wertvorstellungen durchgeführt und aufgrund der Auswertung des gewonnenen Materials 5 Kulturdimensionen definiert, die nach seiner Auffassung für das Handeln der Menschen weltweit, in den einzelnen Ländern mit unterschiedlicher Ausprägung, bedeutsam sind:

1. Individualismus......................gegenüber..................Kollektivismus
Unabhängigkeit, Selbstständigkeit,   soziale Abhängigkeit, Einbindung,
Eigenverantwortlichkeit,   Netzwerke, Loyalität, Verantwortung
Selbstverwirklichung
(Nordamerika, Europa, Deutschland   (Asien, Afrika, Lateinamerika, arabischer
Australien)   Raum, Osteuropa)

2. Feminität..............................gegenüber................... Maskulinität
soziale Geschlechtergleichheit,   Trennung der Geschlechterrollen,
soziale Beziehungen, das Behüten,   patriarchalische Verhaltensformen
und Bewahren, prosoziales Verhalten,   Macht, Kampf, Leistung, Besitz
Empathie

3. Machtdistanz niedrig.................. .gegenüber.................. Machtdistanz hoch
flache Hierarchien, soziale und   Ungleichheit zwischen Personen,
rechtliche Gleichstellung,   starke hierarchische Strukturen,
Dezentralisierung   Zentralisierung von Macht,
                                                  Privilegien und Statussymbole

4. Unsicherheitsvermeidung schwach... gegenüber......Unsicherheitsvermeidung stark
Unsicherheiten sind unvermeidbar, normal,   Angst vor Unsicherheiten,
zu bewältigen, Flexibilität, Wohlbefinden   Veränderungen sind gefährlich,
                                                  starke Regelorientierung, starres
                                                  Festhalten an überkommenen
                                                  Regeln

5. Zeitorientierung langfristig..............gegenüber...... Zeitorientierung kurzfristig
Sparsamkeit beim Umgang mit Ressourcen   sozialer Druck mithalten zu
Langfristigkeit von Zielen und Belohnungen   können, Konkurrenzkampf,
                                                  schnelle Ergebnisse

Die Ausprägungsgrade der 5 Kulturdimensionen in verschiedenen Ländern wurden quantifiziert und daraus länderspezifische Profile entwickelt mit dem Ziel, das Maß an kultureller Diversität bei der Zusammenarbeit zwischen Menschen aus den einzelnen Ländern/Kulturen festzustellen zu können.

Die größte Aufmerksamkeit in der Forschung und der Trainingspraxis fand dabei die Dimension Individualismus gegenüber Kollektivismus.

So sind Selbstverwirklichung, individualistische Anstrengungsbereitschaft und Leistungsfähigkeit sowie Eigenverantwortlichkeit in Nordeuropa, in Nordamerika, Nord- und Mitteleuropa und Australien zentrale Erziehungsziele, auf die in der familiären und schulischen Erziehung und in der beruflichen Ausbildung großen Wert gelegt wird. In asiatischen Ländern z. B. gilt demgegenüber die Erlangung der Meisterschaft nur über den Weg des perfekten Nachahmens dessen, was ein anerkannter Meister seines Faches, als absolute und unwidersprochener Autorität, vormacht, als

6

Erziehungsziel. Die Resultate so unterschiedlicher Sozialisationsprozesse schlagen sich in vielfältiger Weise im Denken und Handeln der Mitglieder der jeweiligen Kulturen nieder.

Das Kulturstandardkonzept

Der deutsche Psychologe Alexander Thomas (2011) entwickelte, auf der Basis hunderter Interviews mit deutschen Fach- und Führungskräften über ihre kulturspezifischen Erfahrungen mit Partnern in 40 Ländern der Welt, das Kulturstandardkonzept. Kulturstandards werden dabei als hypothetische Konstrukte beschrieben, die die kulturspezifische Art der Wahrnehmung, des Denkens, des Wertens, des Empfindens und des Handelns bestimmen, die von der Mehrzahl der Mitglieder einer bestimmten Kultur für sich persönlich und andere Personen als normal, typisch, selbstverständlich und verbindlich angesehen werden. Kulturstandards wirken gleichsam als Maßstab und als Gradmesser für richtiges und kulturell akzeptiertes Verhalten und Handeln (Thomas, 2011a). So konnten beispielsweise für die Zusammenarbeit mit Partnern in den arabischen Golfstaaten (Reimer-Conrads & Thomas, 2009) folgende Kulturstandards ermittelt werden:

1. Gruppenorientierung
2. Personenorientierung
3. Polychrones Zeitverständnis
4. Gastfreundschaft
5. Ehre und Würde
6. Hierarchieorientierung

Für Inder wurden beispielsweise folgende Kulturstandards ermittelt (Mitterer et al., 2013):

1. Starke hierarchische Strukturen
2. Rollenkonformität
3. Personalismus
4. Familienorientierung
5. Paternalismus
6. Konfliktvermeidung
7. Emotionalität
8. Polychronie
9. Fatalismus

Von der deutschen interkulturellen Trainerin Sylvia Schroll-Machl (2013) wurden auf der Basis vielfältiger interkultureller Vorbereitungs- und Orientierungstrainings mit deutschen und ausländischen Klienten die folgenden, für deutsche Fach -und Führungskräfte zutreffenden Kulturstandards ermittelt:

1. Sachorientierung
2. Wertschätzung von Strukturen und Regeln

3. Regelorientierte, internalisierte Kontrolle
4. Zeitplanung
5. Trennung von Persönlichkeits- und Lebensbereichen
6. „Schwacher Kontext" als Kommunikationsstil
7. Individualismus

Unter dem Titel „Beruflich in Babylon. Das interkulturelle Einmaleins weltweit" (2016) wurden von Sylvia Schroll-Machl für die islamische Welt folgende Kulturstandards ermittelt:
1. Politik ohne Zeitnutzung/Gegenwartsorientierung
2. „Business is personal"
3. Starker Kontextbezug zur Kommunikation
4. Hierarchie als Organisationsprinzip
5. Geschlechtertrennung
6. Dominanz der Religion

Für Italiener wurden folgende Kulturstandards ermittelt (Neuendecker et al. (2007):
1. Familienorientierung
2. Beziehungsorientierung
3. Flexibler Umgang mit Regeln
4. Hierarchieorientierung
5. Identitätsbewusstsein („bella figura")
6. Emotionalität

Im Zusammenhang mit der Entwicklung des Kulturstandardkonzepts (Thomas, 2011a) wurden deutsche Manager, Fach- und Führungskräfte im Auslandseinsatz über ihre Erfahrungen mit kulturspezifisch kritischen Interaktionssituationen im Umgang mit ihren Partnern in 40 Ländern weltweit befragt (Thomas et al., 2001–2015). Das gewonnene Material dient der Entwicklung kulturspezifischer Orientierungs- und Qualifizierungstrainings zum Aufbau interkultureller Handlungskompetenz. Die Trainingsmethodik entspricht dabei dem Culture-Awareness- bzw. Culture-Assimilator-Trainingsverfahren (Kinast, 2005; Landis & Bhagat, 1996; Landis et al., 2004). Dabei werden kulturell bedingt kritische Interaktionssituationen präsentiert und in Bezug auf die ihnen zugrunde liegenden konfligierenden Kulturstandards hin analysiert.

Die Abbildung Konfligierende Kulturstandards gibt einen Überblick über die Kulturstandards, die aus Sicht deutscher Manager, Fach- und Führungskräfte in ihren beruflichen Tätigkeiten und ihrem Lebensalltag im Ausland immer wieder zu Missverständnissen und Irritationen geführt haben. Die Kulturstandards auf der rechten Seite dominieren die Verhaltensregeln in Deutschland. Die Kulturstandards auf der linken Seite sind besonders stark in den genannten Ländern ausgeprägt.

Konfligierende Kulturstandards

Weltweite Kulturen	Nordamerika, Europa, Deutschland
Personorientierung alle Länder	Sachorientierung
Regelrelativierung alle Länder	Regelorientierung
Externale Regelkontrolle alle Länder	Internalisierte Regelkontrolle
Polychrone Aufgabenerledigung Frank., SP	Monochrone Aufgabenerledigung
Starke Kontextorientierung Indo., Jap.,Chin.	Schwache Kontextorientierung
Kollektivismus Russ., China., Indien	Individualismus
Trennung von Persönlichkeits- und Lebensbereichen	Verschmelzung von Persönlich- keits-und Lebensbereichen
Hierarchieorientierung Rus., Japan, ar.Golf, China,,Indien, Thail.	Funktions-/Statusorientierung
Distanzminimierung USA, Kana., GB., Irl., Isr.	Distanzdifferenzierung
Ehre und Würde Arab. Golf, TR	Personbezogener Respekt
Regelrelativierung SP., TR., Russ., China, Malay.	Internalisierte Norm-und Regelkontrolle
Emotionalität Rationalität It., Pl., Rum., Bul., Bras., Ind.	
Gegenwartsorientierung Chile, Mex., Bras.	Vergangenheits-und Zukunfts- Orientierung
Traditionalismus Russ.,Indien, Indo.., China	Modernismus
Amok/ Aggression Indon., Vietn.	Internalisierte Aggressionskontrolle
Bella Figura /Buena Presecia (Sich persönlich in Szene setzen). Ital., Argent.	Situationsangepasstes, standardisiertes Erscheinungsbild
Schwankende Selbst-/ Nationale Unsicherheit Slov., Rum., Tsch., Ukraine, Ungarn, Kanada	Selbstsicherheit
Religiöse Orientierung NL, Kenia, Südafr., Chile	Sekulare Orientierung

Der Umgang mit kritischen Interaktionssituationen

Die Orientierung an Kulturstandards als hypothetische Konstrukte erleichtern zwar den Zugang zum Verständnis für die Ursachen kritischer Interaktionssituationen im Umgang mit Flüchtlingen und Migranten, und doch sind es nur Vereinfachungen und recht grobe Klassifikationshilfen. Ihre Anwendung zwingt dazu, sich genauer mit der einzelnen konkreten und immer einmaligen Interaktionssituation und den daran beteiligten Personen auseinanderzusetzen. Das bedeutet konkret, das Geschehen genau zu beobachten (Selbst- und Fremdbeobachtung) und zum Verständnis kritischer Interaktionssituationen und ihrer Bewältigung eine Situationsanalyse entsprechend dem folgenden Arbeitskonzept in Form von Selbstkommandos zu organisieren.

1. Stopp den automatischen Bewertungsprozess!

   In der Zusammenarbeit mit Flüchtlingen und Migranten erleben deutsche Fachkräfte viel häufiger, als wenn sie mit Deutschen zusammenarbeiten, eine Diskrepanz zwischen ihren eigenen Erwartungen und denen des fremdkulturellen Partners sowie dem, was er an Verhaltensweisen konkret zeigt. Es entstehen emotional belastende kognitive Dissonanzen, die man so schnell wie möglich loswerden möchte. Ein probates und gut erprobtes Mittel besteht darin, nach einleuchtenden Erklärungen für das diskrepante Verhalten zu suchen und dabei auf das zurückzugreifen, was man als Ursachen für diskrepantes Verhalten schon kennt und was einem vertraut ist: Der anderskulturelle Partner versteht mich nicht, er will mich nicht verstehen, er besitzt nicht die Qualifikation, mich zu verstehen, er macht einfach, was er will.

   Solche Prozesse der Ursachenzuschreibungen (Kausalattribution) stellen sich sofort ein, verlaufen völlig automatisch und sind auch nicht bewusstseinspflichtig. Auf diese Weise konstruiert man eine befriedigende Erklärung für das beobachtete Verhalten und glaubt, das Verhalten des Partners verstanden zu haben. Tatsächlich aber führen diese Attributionen in der Regel nicht zu einem zutreffenden Verständnis der kritischen Interaktionssituation und seiner Ursachen. Der automatische Bewertungsprozess mit seinen konstruierten Ursachenzuschreibungen blockiert vielmehr eine effektive und zufriedenstellende Problemlösung und verstellt den Blick für die Wirksamkeit kulturspezifischer Determinanten.

2. Präzisiere, was dich irritiert und was den Partner irritieren könnte!

   Irritationen entstehen aus den Diskrepanzen zwischen den eigenen Erwartungen in Bezug auf das Partnerverhalten und dem in der Interaktion beobachteten Verhalten. Analysiere die Verhaltenselemente, die für die eigenen Irritationen verantwortlich sind und die Verhaltenselemente, die vermutlich beim Partner zu Irritationen geführt haben. Welche Ursachen sind hierfür verantwortlich?

3. Reflektiere und präzisiere deine eigenen Erwartungen!

   Präzisiere die eigenen Erwartungen! Prüfe, inwieweit der Partner überhaupt in der Lage sein könnte, die eigenen Erwartungen zu erfüllen: Was verlange ich von ihm? Entstehen dadurch womöglich Überforderungen? Welche sind das? Lassen sich die eigenen Erwartungen so modifizieren, dass sie vom Partner erfüllbar sind?

4. Analysiere die individuellen und situativen Bedingungen!

   Kritische Interaktionssituationen werden bestimmt von individuellen und situativen Bedingungen. Individuelle Bedingungen sind beispielsweise Alter, Geschlecht, Ziele, Position, Status und Rollen in sozialen Gefügen, Bildungsstand und berufliche Qualifikationen. Situative Bedingungen sind beispielsweise Raum, Zeit, soziale Atmosphäre, Handlungsspielräume, soziale Unterstützung und Widerstände.

5. Antizipiere die Wirkungen deines eigenen Verhaltens!

   Welche Wirkungen des eigenen Verhaltens erwartest du aufgrund deiner bisherigen Erfahrungen? Welche Wirkungen beobachtest du beim Partner? Wie sind die Diskrepanzen zwischen dem, was du beobachtest und dem, was der Partner wahrzunehmen scheint, zu erklären?

6. Reflektiere die möglichen Erwartungen des Partners!

   Welche Möglichkeiten bieten sich an, die Erwartungen des Partners zu erkennen? Beispielsweise: Befragung des Partners, Befragung von Personen, die den Partner gut kennen, Beobachtung des Partnerverhaltens in unterschiedlichen sozialen Kontexten.

7. Erkenne die Wirksamkeit deiner eigenen Kulturstandards in der Interaktionssituation!

   Welche eigenen Kulturstandards könnten in der konkreten kritischen Interaktionssituation wirksam geworden sein? Wie können sie das Partnerverhalten beeinflusst und die entstandenen Irritationen verursacht haben?

8. Nutze das Wissen um die Wirksamkeit der fremden Kulturstandards zur Konfliktlösung und zur Herstellung beiderseitiger Zufriedenheit!

   Prüfe, welche Kulturstandards aufseiten des Partners wirksam gewesen sein könnten. Welche Inkompatibilitäten lassen sich zwischen den auf beiden Seiten entstandenen Wirkungen feststellen? Welche Möglichkeiten der Annäherung, der Förderung von kompatiblen Verhaltensreaktionen, der Konfliktentschärfung, der Wiedergewinnung von Orientierungsklarheit und der Entwicklung beiderseitiger Zufriedenheit bieten sich?

   Ermöglichen die aufgrund unterschiedlicher Kulturstandards entstandenen Verhaltensausprägungen die Entwicklung kultureller Synergien?

Fazit

1. Ob es um den Einsatz von Fach- und Führungskräften in der Wirtschaft, in der Entwicklungszusammenarbeit, in der Verwaltung oder in den Sicherheitsdiensten im Ausland geht oder um die Zusammenarbeit mit Flüchtlingen und Migranten im Inland, in allen diesen Fällen führen kulturell bedingt kritische Interaktionssituationen zu Missverständnissen, Irritationen und Konflikten, die nur mithilfe interkultureller Handlungskompetenz einigermaßen zufriedenstellend und zielführend zu lösen sind.

2. Eine eher allgemeine Sensibilisierung für die Handlungswirksamkeit kultureller Unterschiede und eine entsprechende allgemeine interkulturelle Handlungskompetenz sind schon recht wirksam, kognitive und emotionale Belastungen, die durch Inkompatibilitäten zwischen erwarteten und tatsächlich beobachteten Verhaltensreaktionen und Handlungsweisen bedingt sind, zu reduzieren. Ein den situ-

ativen Bedingungen, in denen die Interaktionen stattfinden, und den gesetzten Zielen angemessenes und zufriedenstellendes interaktives Verhalten erfordert aber in jedem Fall eine dem Handlungsfeld angemessene spezifische interkulturelle Handlungskompetenz.

3. Flüchtlinge und Migranten bringen kulturspezifisch andere Voraussetzungen und Erwartungen in die Interaktionssituation ein als beispielsweise Entwicklungsexperten oder wirtschaftlich tätige Fach- und Führungskräfte. Auch die Zielsetzungen, Erwartungen und fachlichen Qualifikationen der deutschen Kontaktpartner an ihre eigene Arbeit und an die von Flüchtlingen und Migranten zu erwartenden Leistungen (Integrationsleistungen) sind kulturspezifisch und fachspezifisch geprägt.

4. Während interkulturelle Herausforderungen für eine Fach- und Führungskraft im Auslandseinsatz auf das spezifische Aufgabenfeld und den jeweiligen Arbeitsbereich konzentriert und damit eingegrenzt sind, haben die in der Arbeit mit Flüchtlingen und Migranten tätigen Fachkräfte sehr viel individuellere, lebensthematisch, biografisch und existenziell komplexere Problemlagen zu bewältigen. Zudem haben sie es in ihrer Arbeit mit Flüchtlingen und Migranten in der Regel mit Personen sehr unterschiedlicher kultureller Prägung zu tun. Der Erwerb einer allgemeinen oder auf eine spezifische Kultur hin ausgerichtete interkulturelle Handlungskompetenz reicht für diese Arbeit nicht aus.

5. Zum erfolgreichen Umgang mit Flüchtlingen und Migranten, die erfahrungsgemäß alle eine sehr unterschiedliche kulturelle Sozialisation erfahren haben, wird von den deutschen Fachkräften eine interkulturelle Integrationskompetenz erforderlich sein. Diese Kompetenz beinhaltet die Fähigkeit des Lernens von „Kultur kennenlernen". Es geht dabei also nicht allein darum, Ausprägungen von Kulturdimensionen (Hofstede) oder Kulturstandards (Thomas/Schroll-Machl) und ihre Wirkungen in unterschiedlichen Kulturen zu kennen und beim Auftreten und zur Bewältigung kulturell bedingt kritischer Interaktionssituationen zu analysieren, um sie zur Handlungssteuerung zum Einsatz zu bringen. Interkulturelle Integrationskompetenz erfordert Kenntnisse und Fertigkeiten, aus dem alltäglichen Umgang mit Flüchtlingen und Migranten und den dabei auftretenden kritischen Interaktionssituationen die kulturspezifischen Orientierungssysteme der beteiligten Personen zu entdecken, zu erkunden, zu analysieren und in Bezug auf die eigenen Handlungsintentionen zu bewerten. Dazu sind differenzierte Kenntnisse der oben aufgeführten Kulturdimensionen und Kulturstandards in Verbindung mit der Einübung der genannten Selbstkommandos sicher von Nutzen.

6. Das Lernen von „Kultur kennenlernen" ist immer ein sehr individueller Prozess, und er wird nie abgeschlossen sein. Einrichtungen, die Fachkräfte für die Arbeit mit Flüchtlingen und Migranten ausbilden, sollten vorrangig diese Kompetenz schulen.

Literatur

Abt, H. (2008). Interkultureller Dialog mit Migranten in sozialen und öffentlichen Einrichtungen. In A. Thomas (Hrsg.), *Psychologie des interkulturellen Dialogs* (S. 228–247). Vandenhoeck & Ruprecht.

Berry, J. M. (1997). Migration, acculturation and adaptation. *Applied Psychology. An International Review, 46*, 5–34.

Berry, J. M. (2001). A psychology of immigration. *Journal of Social Issues, 57*, 615–631.

Boesch, E. E. (1980). *Kultur und Handlung. Eine Einführung in die Kulturpsychologie.* Huber.

Faist, T. (1994). Ein- und Ausgliederung von Migranten: Türken in Deutschland und mexikanische Amerikaner in den USA in den achtziger Jahren. *Soziale Welt, 44,* 275–299.

Havighurst, R. (1972). Developmental tasks and education (3. Aufl.) David McKay.

Hofstede, G. (1980). *Culture's consequences: International differences in work-related values.* Sage.

Kinast, E.-U. (2005). Interkulturelles Training. In A. Thomas, E.-U. Kinast, & S. Schroll-Machl (Hrsg.), *Handbuch interkulturelle Kommunikation und Kooperation* (Grundlagen und Praxisfelder, 2. Aufl., Bd. 1, S. 181–203). Vandenhoeck & Ruprecht.

Landis, D., & Bhagat, R. S. (1996). *Handbook of intercultural training* (2. Aufl.). Sage.

Landis, D., Bennett, J. M., & Bennett, M. J. (2004). *Handbook of intercultural training* (3. Aufl.). Sage.

Mitterer, K., Mimler, R., & Thomas, A. (2013). *Beruflich in Indien. Trainingsprogramm für Manager, Fach- und Führungskräfte* (2. Aufl.). Vandenhoeck & Ruprecht.

Neuendecker, E., Siegel, A., & Thomas, A. (2007). *Beruflich in Italien, Trainingsprogramm für Manager, Fach- und Führungskräfte.* Vandenhoeck & Ruprecht.

Reimer-Conrads, T., & Thomas, A. (2009). *Beruflich in den arabischen Golfstaaten. Trainingsprogramm für Manager, Fach- und Führungskräfte.* Vandenhoeck & Ruprecht.

Schönpflug, U. (1999). Akkulturation und Entwicklung: Die Rolle dispositioneller persönlicher Ressourcen für die Ausbildung ethnischer Identität türkischer Jugendlicher in Deutschland. In I. Gogolin & B. Nauck (Hrsg.), *Migration, gesellschaftliche Differenzierung und Bildung* (S. 129–155). Leske & Buderich.

Schönpflug, U. (2003). Migration aus kulturvergleichender psychologischer Perspektive. In A. Thomas (Hrsg.), *Kulturvergleichende Psychologie* (2. Aufl., S. 515–541). Hogrefe.

Schroll-Machl, S. (2013). *Die Deutschen – Wir Deutsche. Fremdwahrnehmung und Selbstsicht im Berufsleben* (4. Aufl.). Vandenhoeck & Ruprecht.

Schroll-Machl, S. (2016). *Beruflich in Babylon. Das interkulturelle Einmaleins weltweit.* Vandenhoeck & Ruprecht.

Schwarz, B. (2007). Jugend im Kulturvergleich. In G. Trommsdorff & H.-J. Kornadt (Hrsg.), *Enzyklopädie der Psychologie, Kulturvergleichende Psychologie* (Erleben und Handeln im kulturellen Kontext, Bd. 2, S. 599–641). Hogrefe.

Thomas, A. (2003). Psychologie interkulturellen Lernens und Handelns. In A. Thomas (Hrsg.), *Kulturvergleichende Psychologie* (2. Aufl., S. 433–485). Hogrefe.

Thomas, A. (2011a). Das Kulturstandardkonzept. In W. Dreyer & U. Hößler (Hrsg.), *Perspektiven interkultureller Kompetenz* (S. 97–124). Vandenhoeck & Ruprecht.

Thomas, A. (2011b). *Interkulturelle Handlungskompetenz. Versiert, angemessen und erfolgreich im internationalen Geschäft.* Gabler/Springer.

Thomas, A. (2014). *Wie Fremdes vertraut werden kann. Mit internationalen Geschäftspartnern zusammenarbeiten.* Springer.

Thomas, A., et al. (2001–2015). *Buchreihe: „Führungskompetenz im Ausland". Trainingsmaterial für deutsche Manager, Fach- und Führungskräfte: „Beruflich in …" für 40 Kulturen/Länder weltweit.* Vandenhoeck & Ruprecht.

Identität im Kontext interkultureller Kommunikation und interkulturellen Handelns

Inhaltsverzeichnis

7.1 Einleitung

Wenn man sich mit der Frage beschäftigt, wie Menschen unterschiedlicher kultureller Herkunft und Prägung effektiv und zufriedenstellend interagieren, kommunizieren und kooperieren können und als Antwort auf die Entwicklung interkultureller
Handlungskompetenz verweist, kommt man nicht umhin, sich mit dem Phänomen
der Identität zu befassen. Jeder Mensch stellt sich lebenslang und zu bestimmten Zeiten, zum Beispiel während seiner Schulzeit und als Heranwachsender besonders intensiv, im Sinne einer Selbstdefinition die Frage: „Wer bin ich?" Die Antwort darauf,
also die Bestimmung der persönlichen Identität, beschreibt die Art und Weise, wie
Menschen sich in ihrer biografischen Entwicklung in ständiger Auseinandersetzung
mit ihrer sozialen Umwelt wahrnehmen und verstehen. Identität zielt also auf das
ab, was eine Person als einzigartig, unverwechselbar und abgrenzbar von anderen
unterscheidet. Zum Beispiel sind Name, Alter, Geschlecht, Ausbildung, regionale
Herkunft, religiöses Bekenntnis, Familienstand, Beruf, Wohnort etc. Kennzeichen
der Person. Identität kennzeichnet aus psychologischer Sicht die erlebte, stabile und
dauerhafte innere Einheit von Körper und Geist, physischen und psychischen Faktoren und Prozesse der Person.

Die Vorstellung vom eigenen Selbst wird bestimmt: 1. aus der Summe der voran-
gegangenen Identifikationen im Kontext von Familie, Peers, also Gleichaltrigen und
Vorbildern, 2. aus den angeborenen und erworbenen Talenten und Dispositionen
und 3. aus den Möglichkeiten, die einer Person in einer bestimmten Gesellschaft zu
einer bestimmten Zeit offenstehen.

Identität repräsentiert gleichsam den „Markenkern der Persönlichkeit", der sich
im Verlauf der jeweils individuellen biografischen Entwicklung herausgebildet und
verfestigt hat und verinnerlicht wurde.

In der Psychologie wird der Begriff Identität in den Teildisziplinen Entwicklungspsychologie, Sozialpsychologie und Differenzielle/Persönlichkeitspsychologie behandelt. Er ist auch in der Soziologie und der Philosophie von Bedeutung. Die
Entwicklungspsychologie hat sich dabei hauptsächlich mit der Ausbildung des individuellen Selbstkonzepts im Laufe der Persönlichkeitsentwicklung befasst. Die Ergebnisse der Identitätsforschung zeigen, dass Identität als Produkt der Interaktion
zwischen Psyche, Körper und sozialem Kontext zu verstehen ist. Ein optimales Gefühl der Identität geht mit einem Gefühl psychosozialen Wohlbefindens einher und
äußert sich unter anderem darin, dass eine Person sich im eigenen Körper zu Hause
fühlt, klare Repräsentationen über die Zukunft hat und Vertrauen haben kann, dass
sie dafür die Anerkennung von signifikanten Anderen erhalten wird. (Alsaker &
Kroger, 2007). Nicht zu unterschätzen sind die Herausforderungen der Identitätsarbeit: die Notwendigkeit, Kontinuität und Veränderungen der eigenen Person aus-
zubalancieren; die Aufgabe, andersartig, aber auch gleich wie andere sein zu sollen;
das Bedürfnis, sich in der Auseinandersetzung mit der Welt als handlungsmächtig zu
erleben.

In der kulturpsychologischen und der kulturvergleichenden psychologischen Forschung spielte der Begriff Identität allerdings keine wichtige Rolle.

Diese einführenden Hinweise machen schon deutlich, dass die vom Handelnden für sich selbst und die vom fremdkulturellen Partner ausgebildete Identität im
Kontext der Begegnung von Menschen unterschiedlicher kultureller Herkunft in der

interkulturellen Kommunikation und Kooperation eine die Wahrnehmung, das Denken, Urteilen, Empfinden und Handeln bestimmende Rolle spielt.

Zu beachten ist weiterhin, dass die Identitätsforschung ihre empirisch erhobenen Ergebnisse vorwiegend auf der Grundlage von Beobachtungen und Befragungen von Probanden aus nordamerikanischen und europäischen Mittel- und Oberschichten gewonnen hat. Nur relativ wenige unterschiedliche kulturvergleichende Studien liegen bisher vor. Die Wahrscheinlichkeit ist sehr hoch, dass die Identitätsentwicklung bei deutschen Jungen und Mädchen, bei denen die „Selbstverwirklichung des Individuums" als oberstes Ziel moderner Erziehung, Bildung und Ausbildung angesehen wird, sich bedeutsam von der Identitätsentwicklung von Jungen und Mädchen in Indien unterscheidet. Die in eine bestimmte Kaste mit spezifischen Verhaltensregeln, Normen und Geboten hineingeboren werden und den daraus folgenden familiären Traditionen und gesellschaftlichen Anforderungen gerecht zu werden und zu folgen haben.

Mit welchen Einflüssen auf die zwischenmenschlichen Beziehungen in kulturellen Überschneidungssituationen zu rechnen ist, wird im Folgenden erläutert.

7.2 Hauptteil

7.2.1 Erscheinungsformen und Wirkungen von Identität

In der psychologisch orientierten Forschung zur Identität wird unterschieden zwischen Ich-Identität oder personaler Identität und sozialer Identität.

Die Ich-Identität gibt Antworten auf die Fragen:
- Wer bin ich?
- Wer bin ich nicht?
- Was will ich werden?
- Wer will ich nicht werden?
- Was kann ich werden?
- Was kann ich nicht werden?
- Wie kann ich etwas werden?

Die soziale Identität gibt Antworten auf die Fragen:
- Zu welcher Familie, Gruppe, gehöre ich?
- Welche Position nehme ich in der Familie und Zugehörigkeitsgruppe ein?
- Zu welchen Gruppen möchte ich gehören?
- Zu welchen Gruppen kann ich gehören?
- Welcher gesellschaftlichen Schicht gehöre ich an?
- Welcher gesellschaftlichen Schicht möchte ich angehören?
- Welche Position nehme ich in der gesellschaftlichen Schicht ein?

In der individuellen biografischen Entwicklung findet die Identitätsentwicklung in der Adoleszenzphase statt, also etwa zwischen dem 9. und 18. Lebensjahr. In diesem Zeitraum entwickeln die Jugendlichen ihre individuellen Antworten auf die mit der Ich-Identität und sozialen Identität verbundenen Fragen und entwickeln entsprechende Identitätskonzepte, verbunden mit dem Erleben von Kontinuität und Verantwortung. Die Entwicklungspsychologen beschreiben das Gefühl der Identität als ein Gefühl der Einmaligkeit und Kontinuität über die Zeit hinweg (Erikson, 1982).

Identität verweist als Selbstdefinition auf die eigenen Ziele, Werte und Überzeugungen, denen eine Person sich verpflichtet fühlt.

Die optimale Identität äußert sich dadurch, dass eine Person sich im eigenen Körper zu Hause fühlt, klare Vorstellungen über die eigene Zukunft hat und mit der Anerkennung durch signifikante Andere rechnen kann.

Bei der Entwicklung einer optimalen Identität in der Adoleszenzphase durchlaufen die Jugendlichen zum Teil dramatische Identitätskrisen, die sie einerseits durch Exploration, also Erforschen und Ausprobieren, und andererseits durch Verinnerlichung und Übernahme von Verpflichtungen bewältigen.

Die entwicklungspsychologischen Forschungen haben die im Folgenden näher beschriebenen vier Typen individueller Identitätsverarbeitungsstile herausgearbeitet. Diese stehen in engem Zusammenhang mit den bindungstheoretischen Forschungen zum Eltern-Kind-Bindungsverhalten (Großmann und Grossmann).

7

7.2.2 Identitätsentwicklung und Identitätserarbeitungsstrategien

Die Adoleszenzphase ist zwar der Abschnitt im individuellen Lebenslauf, in dem die Identitätsentwicklung im Mittelpunkt steht und in kurzfristig wechselnden und teilweise dramatisch verlaufenden Prozessen stattfindet. Identitätsentwicklung findet aber im gesamten Lebenslauf statt und ist dann immer verbunden mit Exploration, also Erforschen und Ausprobieren einerseits und andererseits im Verlauf der Entwicklung mit Verinnerlichung und Verpflichtung (Erikson, 1982).

Klassische Identitätsentwicklungsprozesse sind:

Das Leben in der Herkunftsfamilie: Stellung als Einzelkind oder in der Geschwisterreihe, Geschlecht der Geschwister, Beziehung zu Vater und Mutter und zu den Verwandten.

Das Leben in der Schule: Ansehen und Anerkennung durch die Lehrer, Stellung in der Fachnotenreihe, Stellung in der Beliebtheitsrangordnung in der Klasse, Übernahme bestimmter sozialer Aufgaben (Klassensprecher) und informeller Funktionen (Klassenclown).

Das Durchleben der Berufsausbildung (Studium, Lehrzeit): Stellung in der Ranghierarchie von Lernfähigkeit, Lernbereitschaft, Flexibilität, Kreativität, fachlichem Leistungsstand, Durchsetzungsvermögen, Karriere, Ausdauer, Verarbeitung von Zurücksetzung und Versagen.

Das Berufsleben: Stellung auf der Leistungsskala, in der Vertrauensskala, in der Ansehensskala, im Hierarchiegefüge, in Bezug auf Karriere, Entlohnung, Belohnung.

Das Leben in der eigenen Familie: Stellung in den Beziehungen zum Partner, zu den eigenen Kindern, zu den Schwiegereltern, zur Verwandtschaft.

Wer sich mit den folgenden Identitätsmerkmalen identifiziert, muss sich auch fragen lassen, was sie für ihn persönlich bedeuten. Mit der Identifikation mit einem der Merkmale ist ein Vergleich mit anderen Identitätsmerkmalen und eine Abgrenzung gegenüber Personen verbunden, die andere Identitätsmerkmale für sich reklamieren, z. B. „Ich bin ein Deutscher und kein Franzose" oder „Ich bin ein Maschinenbauer und kein Elektrotechniker". Vergleiche und Abgrenzungen zu anderen Personen bewirken eine Stabilisierung personaler und sozialer Identitätsmerkmale.

Zur Illustration hier einige Identitätsbezeichnungen zur personalen Identität:

Beispielhafte Identitätsbezeichnungen zur personalen Identität	
Ich bin ein Mann	Ich bin eine Frau
Ich bin der Älteste unter den Geschwistern	Ich bin Familienvater
Ich bin Sozialist	Ich bin Konservativer
Ich bin Gewerkschaftler	Ich bin Unternehmer
Ich bin Tennisspieler	Ich bin Bergsteiger
Ich bin Bayer	Ich bin Berliner
Ich bin Regensburger	Ich bin Berliner
Ich bin Maschinenbauer	Ich bin Kaufmann
Ich bin Verwaltungsbeamter	Ich bin Angestellter
Ich bin Teamleiter	Ich bin Arbeiter
Ich bin Einheimischer	Ich bin ein Flüchtling
Ich bin ein guter Unterhalter	Ich bin ein Kämpfer

Die bereits angedeutete Unterscheidung zwischen Ich-Identität und sozialer Identität sind in der Praxis nicht als zwei voneinander getrennte Identitäten aufzufassen, sondern als zwei Pole auf einer Verbindungslinie. Nach der wissenschaftlich gut fundierten Theorie der sozialen Identität (Tajfel & Turner, 1986) sind soziale Vergleiche zwischen Gruppen, die für die Bewertung der sozialen Identität des Individuums von Bedeutung sind, davon bestimmt, eine deutliche Unterscheidung zwischen Eigengruppe und Fremdgruppe vorzunehmen, und zwar in der Hinsicht, dass die Fremdgruppe abgewertet und die Eigengruppe besonders hoch bewertet wird. Über den Prozess der sozialen Kategorisierung teilen Individuen ihre sozialen Welten auf der Grundlage von Merkmals- und Wertdimensionen in soziale Kategorien oder Gruppen ein. So unterscheiden sie zwischen Kategorien, denen sie selbst angehören, und solchen, denen sie nicht angehören. Diese Kategorisierung dient zur Orientierung in der sozialen Realität und bestimmt den eigenen Platz darin. Aus der Zugehörigkeit zu einer bestimmten sozialen Gruppe und aus der Art der Beziehungen dieser zu anderen Gruppen bestimmt sich die soziale Identität eines Individuums. Informationen über die Charakteristika dieser sozialen Identität gewinnt das Individuum über Ergebnisse vom sozialen Vergleichen zwischen der eigenen Gruppe und anderer Gruppen. Anschauliche Beispiele bietet die Bestimmung der eigenen sportlichen Leistungen innerhalb der eigenen Sportgruppe und durch Leistungsvergleiche mit vergleichbaren anderen Sportgruppen. Diese können auf unterschiedlichen Vergleichsdimensionen stattfinden. Jedes In-

7

dividuum ist bestrebt, eine positive soziale Identität zu besitzen. Positiv wird die soziale Identität, wenn soziale Vergleiche zwischen Eigengruppe und Fremdgruppe positive Ergebnisse zugunsten der Eigengruppe ergeben. Es entwickelt sich so ein Bedürfnis nach positiver sozialer Identität, das mit dem Wunsch einhergeht, positiv bewertete Unterschiede zwischen Eigengruppe und Fremdgruppe herzustellen, aufrechtzuerhalten oder zu vergrößern. Dieser Wunsch wird dann wirksam, wenn Individuen sich im Sinne ihrer Gruppenmitgliedschaft definieren und bewerten, d. h. sich mit ihrer Eigengruppe spezifisch identifizieren. Die Beziehungen zwischen sozialen Gruppen in natürlichen sozialen Kontexten sind durch die wahrgenommenen Statusbeziehungen der Gruppen zueinander bestimmt. Individuen können ihre Gruppe im Status gleicher, unterlegener oder überlegener Statusposition sehen. Diese Verhältnisse implizieren negative oder positive Vergleichsergebnisse zur Fremdgruppe und dementsprechend zufriedenstellende oder nicht zufriedenstellende Informationen für die Bewertung der eigenen sozialen Identität. Für den Fall nicht zufriedenstellender Vergleichsinformationen wird erwartet, dass Gruppenmitglieder Strategien anwenden, mit dem Ziel, die Bewertung der eigenen sozialen Identität wieder positiv werden zu lassen (Mummendey & Otten, 2002).

„Identität beschreibt also die Art und Weise, wie Menschen sich selbst aus ihrer biografischen Entwicklung heraus in der ständigen Auseinandersetzung mit ihrer sozialen Umwelt wahrnehmen und verstehen. Wichtige Bestimmungsstücke, die in die Konstitution der eigenen Identität eingehen, sind z. B. Ethnizität, Nationalität und Gruppenzugehörigkeit, Beruf und sozialer Status, aber auch persönliche Eigenschaften und Kompetenzen. Die Identitätskonstitution verlangt die Abgleichung einer reflexiven Betrachtung des eigenen Selbst mit den Rückmeldungen aus dem sozialen Umfeld. Um eine bestimmte Identität für sich beanspruchen zu können, muss der Mensch sie in sozialen Interaktionen aushandeln. Weitere wichtige Herausforderungen für die Identitätsarbeit bestehen in der Notwendigkeit eines Ausbalancierens von Kontinuität und Veränderungen der eigenen Person, sowohl einzigartig als auch gleich wie andere zu sein zu wollen, und in dem Bedürfnis, sich in der Auseinandersetzung mit der Welt als handlungswirksam zu erleben. Dies bedeutet auch, dass Identität unter wechselnden Lebensbedingungen immer wieder neu angepasst werden muss. Identitätskonstitution ist eine lebenslange Aufgabe, was in der Folge durchaus mit schweren Identitätskrisen einhergehen kann: durch die Verluste kognitiver und sozialer Kompetenzen und die Einschränkung von psychischen und alltagspraktischen Anpassungsleistungen, körperliche Einbußen und die erzwungene Aufgabe von Rollen und Aktivitäten können Selbstwerteinbußen und Sinnverlust zur Folge haben. Auch die Rückmeldungen des sozialen Umfeldes können belastend und kränkend werden, wenn zwischen der Selbstwahrnehmung und den Verweisen der Angehörigen auf Einschränkungen und Defizite Diskrepanzen entstehen, die zu Konflikten und einer tiefgreifenden Verunsicherung der Identität führen." (Lucius-Hoene, 2017, S. 769).

Wie bereits erwähnt, vollzieht sich die Identitätsentwicklung entwicklungsbiografisch in der Adoleszenzphase, in der ein Suchen und Finden nach den eigenen Werten, Überzeugungen, Zielen und Orientierungen stattfindet. Dieses Suchen und Finden vollzieht sich im Verlauf unterschiedlicher Identitätsverarbeitungsstrategien.

7.2.3 Identitätsverarbeitungsstrategien (nach Marcia, 1980)

1. **Übernommene Identität:** Diese Identität gilt als eine einfache und nur wenig eigenständig entwickelte Stufe unter den verschiedenen Formen des Identitätsstatus. Sie beruht darauf, dass die Jugendlichen zwar identitätsrelevante Werte entwickelt haben, diese aber nicht explodieren, weil sie diese durch Identifikation mit und von anderen, z. B. Eltern, Vorbildern, Stars, Vorgesetzten, einflussreichen Gleichaltrigen, übernommen haben. Eine aktive Auseinandersetzung zwischen den eigenen Interessen und Werten und den Normen, Sitten und Gebräuchen ihrer eigenen Kulturtradition und dem, was der kollektiv geteilte Mainstream nahelegt oder fordert, findet nicht statt. Sie befürworten Autorität und Gehorsam, halten weniger Stress aus und sind weniger offen für Neues und Andersartiges. Ihr Selbstwert ist leicht verletzbar, und sie neigen zur kritiklosen Autoritätsgläubigkeit und -hörigkeit, zu Vorurteilen und sozialer Ausgrenzung.

2. **Diffuse Identität:** Jugendliche im diffusen Identitätsstatus sind auf der Suche. Sie haben sich bezüglich ihrer Werte und Normen in vielen Bereichen noch nicht festgelegt. Sie können sich nicht entscheiden, wofür sie stehen, wirken eher desorientiert, sind mit ihren Eltern und ihren sozialen Beziehungen unzufrieden, ziehen sich von sozialen Kontakten und Kontexten zurück und entwickeln aggressive Gefühle gegen andere Personen. Sie zeigen mehr Hoffnungslosigkeit, sind unentschlossen und desinteressiert. Nach den Ergebnissen der Bindungsforschung (Grossmann & Grossmann) sind sie dem „unsicher-distanzierten Bindungstyp" zuzurechnen.

3. **Kritische Identität:** Jugendliche mit dieser Identitätsverarbeitungsstrategie zeigen eine vergleichsweise niedrige Ausprägung in den Bereichen Verpflichtung und Entschiedenheit gegenüber identitätsrelevanten Werten. Sie sind sehr engagiert, aber ambivalent in ihren sozialen Beziehungen, die meist nur von kurzer Dauer sind. Sie sind zudem wenig autoritätsorientiert und offen für Experimente, zeigen dabei aber oft eine hohe Ängstlichkeit, sich festzulegen. Insgesamt haben sie einen unsicheren und wenig gefestigten Status gegenüber Werten und Normen. Studierende und Auszubildende befinden sich im Vergleich mit berufstätigen Gleichaltrigen häufig im Status kritischer Identität.

4. **Erarbeitete Identität:** Jugendliche, die eine erarbeitete Identität aufweisen, haben sich normalerweise nach einer Periode des Suchens und Findens gewissen Werten verpflichtet, d. h. sie haben hohe Ausprägungen in den Dimensionen Verpflichtung gegenüber identitätsrelevanten Werten und Normen, mit denen sie sich im Verlauf längerer Explorationsphasen identifizieren. Dieser Zustand zeichnet sich aus durch einen festen Standpunkt, Zielstrebigkeit, Ruhe, Bestimmtheit sowie Freundlichkeit. Dass Jugendliche mit einer erarbeiteten Identität häufig dem Status des „sicher gebundenen Bindungstyps" zuzurechnen sind, ist inzwischen wissenschaftlich gut belegt. Jugendliche dieses Bindungstyps explodieren mehr, probieren viel aus, da sie in den Eltern eine sichere Basis haben, zu der sie immer zurückgehen können, um ihre Erfahrungen zu diskutieren. Jugendliche mit erarbeiteter Identität sind stressresistenter, sie weisen große Ausdauer auf, haben ein realistisches Anspruchsniveau und geringere Autoritarismus- und Verletzbarkeitswerte als Jugendliche anderer Identitätsverarbeitungsstrategien.

   Diese Erkenntnisse zeigen, wie wichtig das Elternhaus und das soziale Umfeld zur Entwicklung einer gefestigten sozialen Identität sind.

Bei der Würdigung unterschiedlicher Identitätsverarbeitungsstrategien bei Jugendlichen sind allerdings die seit einigen Jahrzehnten zu beobachtenden gesamtgesellschaftlichen Entwicklungen zu berücksichtigen.

Die Identitätsentwicklung und -findung ist schwieriger geworden in pluralen Gesellschaften und im Zuge der Internationalisierung und Globalisierung aller Bereiche unserer Gesellschaft:

- Institutionalisierte Methoden zur Identitätsfindung fehlen
- Ambivalente elterliche Erziehungsmaximen erschweren die Identitätsfindung
- Wertepluralismus
- Informations- und Reizüberflutung
- Betonung der Selbstverwirklichung als alleiniges Erziehungsziel
- Auflösung von Traditionen
- Ständiger Wechsel von Moden bei Kleidung, Musik, Theater, Tanz, Ernährung, Freizeitgestaltung etc.
- Dominanz des kurzfristig wechselnden Mainstreams

7

Gesicherte, gefestigte, verinnerlichte, also erarbeitete personale und soziale Identität gibt dem Handelnden Orientierungsklarheit, Authentizität, liefert ihm Maßstäbe zur Beurteilung und Bewertung von Verhaltensweisen und festigt Vertrauen und Sicherheit in Bezug auf das eigene Entscheiden, Empfinden und Handeln, auch unter den Bedingungen pluraler Gesellschaften.

7.2.4 Kulturspezifität der Identitätsforschung

Wie bereits erwähnt, sind Forschungen zur Ausprägung und Entwicklung von Identität vornehmlich in Europa und Nordamerika durchgeführt und publiziert worden. Die zugrunde liegenden empirisch-experimentellen Untersuchungen werden in der Regel an Versuchspersonen durchgeführt, die den mittleren und gehobenen und in Nordamerika weißen Gesellschaftsschichten angehören.

In den vergangenen Jahrhunderten haben sich die gesellschaftlichen Verhältnisse in den westlichen Industrienationen immer mehr in Richtung von Kleinfamilien (Vater, Mutter und maximal 2 Kinder) und der Förderung der einzelnen Persönlichkeit, also der Entwicklung der Ich-Identität, entwickelt. Selbstverwirklichung ist zum alles dominierende Erziehungsziel geworden. Die autonome, für sich und das soziale Leben selbstverantwortliche, stabile, individuelle Persönlichkeit, die dafür sorgt, dass sie ihre angeborenen Fähigkeiten und Fertigkeiten, ihre Talente, ihre Ziele und ihren Willen optimal entwickeln und zur Entfaltung bringen kann, ist das erstrebenswerte Ziel formeller (schulischer) und informeller Erziehung. Deshalb ist es nicht verwunderlich, dass in den Forschungen zur Identität zwischen Ich-/Personalidentität und sozialer Identität unterschieden wird und dabei der Ich-Identität eine ausschlaggebende Bedeutung für die Entwicklung der autonomen, eigenverantwortlichen Persönlichkeit zugemessen wird. Dazu passt auch die hohe Bedeutung, die der erarbeiteten Identität im Vergleich zur übernommenen Identität zuerkannt wird.

Da bei den publizierten Forschungsarbeiten, ihren Ergebnissen und den entsprechenden Schlussfolgerungen, insbesondere zur lebensbiografischen Entwicklung von Identität, in der Regel nicht auf die Kulturspezifität des erhobenen Datenmaterials verwiesen wird, entsteht der falsche Eindruck, diese Befunde seien von universeller Gültigkeit, was erwiesenermaßen nicht stimmt.

Wie komplex die Datenerhebung und Datenauswertung zur Entwicklung von Identität werden kann, wenn man die kulturspezifischen Besonderheiten mit berücksichtigt, zeigt der Artikel des Entwicklungspsychologen und kulturvergleichenden Psychologen Rolf Oerter zum Thema „Menschenbilder im Kulturvergleich" (Oerter, 2007); Enzyklopädie der kulturvergleichenden Psychologie, (Trommsdorf & Kornadt, 2007, S. 513–520) in der dreibändigen Enzyklopädie der kulturvergleichenden Psychologie. Auf der Basis von persönlichkeits-, sozial- und handlungstheoretischen Konzepten und empirischen Befunden aus verschiedenen Ländern/Kulturen beschreibt er die folgenden fünf idealtypischen, universell gültigen Entwicklungsstufen von Identität:

1. Der Mensch als Akteur, der durch seine Handlungen und äußeren Merkmale beschrieben wird.
2. Der Mensch als Träger von Eigenschaften, Fertigkeiten und Fähigkeiten, Alltagsverpflichtungen, Sozialbeziehungen.
3a. Die autonome Identität: Autonomie, Selbstständigkeit, Selbstverantwortlichkeit sind zentrale Anliegen, die je nach dem kulturspezifischen Orientierungssystem, in dem das Individuum sozialisiert wurde, im Dienste der Familie, Gemeinde und Gesellschaft oder ausschließlich der Entwicklung und Stärkung der Selbstverwirklichung steht.
3b. Die mutuelle Identität: Diese Identität definiert sich aus Beziehungen zu anderen Personen, Lebensstilen und Überzeugungen, die in die eigenen integriert werden.
4. Die gesellschaftlich-kulturelle Identität: Das Individuum empfindet sich als ein Element in einer größeren Gesellschaft/Kultur. Eigenes zielorientiertes Handeln ist nur erfolgreich im Kontext gemeinsamen kollektiven Handelns.

Zusammenfassend lässt sich feststellen, dass die Identitätsentwicklung im Jugendalter wohl ein weitgehend universell verbreiteter Prozess ist. Bei Jugendlichen aus Kulturen mit stark ausgeprägter interdependenter Selbstorientierung, oft als kollektivistisch orientierte Kulturen bezeichnet, werden die Ziele und Inhalte der Identitätsbildung auf die Einbettung und den Erhalt der sozialen Bindungen in Familie, Freundesgruppe, Teams und soziale Netzwerke hin ausgerichtet. Menschen mit interdependenter Selbstorientierung finden sich hauptsächlich in Asien, Afrika und südamerikanischen Ländern. Jugendliche aus kollektivistischen Kulturen bemühen sich sehr stark, eine Balance herzustellen zwischen den unabdingbaren Verpflichtungen gegenüber der Gemeinschaft und ihren individuellen Bedürfnissen.

Bei independenten Kulturen, also individualistisch orientierten Kulturen, haben demgegenüber individuelle Bedürfnisse und deren Befriedigung Vorrang. Die Durchsetzung eigener Wünsche und alles, was die Individualität und Autonomie fördert, stehen zur Optimierung an. Selbstverwirklichung um jeden Preis ist das Ziel. Menschen mit independenter Selbstorientierung finden sich hauptsächlich in Nordamerika und Zentraleuropa (Markus & Kitayama, 1991; Portes et al., 2000).

Entsprechend sind in kollektivistisch orientierten Ländern vorwiegend „übernommene Identität" als Identitätsverarbeitungsstrategie verbreitet und in individualistisch orientierten Ländern eher eine „erarbeitete Identität". Die Identitätsverarbeitungsstrategien „diffuse Identität" und „kritische Identität" finden sich bei

Jugendlichen, die in einer interdependenten Kultur sozialisiert wurden, dann aber im Laufe ihrer biografischen Entwicklung in jungen Jahren gezwungen werden, sich an die Werte, Normen und Gepflogenheiten in einer independenten Kultur anzupassen.

7.2.4.1 Personale und soziale Identität im Kontext interkultureller Kommunikation, Begegnung und Kooperation

Wenn zwei Menschen, die aus unterschiedlichen Kulturen stammen, füreinander bedeutsam werden, miteinander kommunizieren oder gar kooperieren, dann können beide Personen davon ausgehen, dass der jeweilige Partner über andere Identitätsmerkmale im Bereich von Werten, Normen, Sitten, Gebräuchen, Einstellungen, Verhaltensautomatismen und handlungsrelevanten Bewertungsmaßstäben verfügt als er selbst. Zwar hat jeder Mensch seine eigenen personalen und sozialen Identitäten entwickelt und mehr oder weniger verfestigt. Die Identitäten und Ähnlichkeiten stimmen bei Personen, die beide eine identische kulturspezifische Sozialisation durchlaufen haben, in hohem Maße überein. Auftretende Abweichungen liegen noch im Bereich allgemein akzeptierter Toleranz. Das ist bei Personen, die aus unterschiedlichen Kulturen stammen, und in denen sie kulturspezifisch sozialisiert wurden und dementsprechend unterschiedliche Enkulturationsverläufe durchlebt haben, nicht der Fall. Sie erleben in der interpersonalen Begegnung und Kooperation sehr häufig ihren Erwartungen zuwiderlaufende Reaktionen des Partners. Sie werden von diesen überrascht, können sich auf Anhieb die Ursache, Verlaufsprozesse und ihre Wirkungen nicht erklären, sind irritiert, wissen nicht, wie sie darauf reagieren sollen, befürchten Orientierungsverlust, ziehen sich zurück und reagieren aggressiv und ablehnend – oder sie werden neugierig, explorieren, begegnen den Neuerungen mit Wertschätzung und setzen sich aktiv mit ihnen auseinander.

Genau unter diesen Bedingungen werden nun personale und soziale Identität im Kontext interkultureller Begegnung, Kommunikation und Kooperation handlungsrelevant. Zur Veranschaulichung dienen die Fallbeispiele 1. „Pünktlichkeit …" und Fallbeispiel 2. „Ordnung am Arbeitsplatz …".

1. Sozial-kommunikative Kompetenz: Aufbau und Einsatz von Kontaktfreudigkeit, Fähigkeit, zu variablen Konfliktlösungen zu kommen, um diese wirksam vertreten zu können.
2. Neugier und Offenheit für Neues und Andersartiges.
3. Selbstsicherheits-/Selbstwirksamkeitsbewusstsein: Wichtig ist, von seinen eingebrachten Ideen und Vorschlägen selbst überzeugt zu sein und sie in der Zusammenarbeit mit anderen zur Wirkung zu bringen.
4. Empathie: Einfühlungsvermögen in die Befindlichkeitslage des Partners, Erkunden seiner Wünsche, Hoffnungen und Erwartungen.
5. Verhaltensflexibilität: Anwenden verschiedener Arten der Kommunikation und des Handelns. Variabler Umgang mit Problemstellungen und Widerständen gegenüber den Bedürfnissen anderer Personen und situativer Bedingungen.
6. Ambiguitätstoleranz, Vieldeutigkeiten und Unsicherheiten zur Kenntnis nehmen, ertragen und damit produktiv umgehen zu können.
7. Ethnische Toleranz und Wertschätzung gegen über fremdkulturellen Sitten und Gebräuchen, zunächst unverständlich erscheinenden Handlungsweisen und Reaktionen der Partner.
8. Fähigkeit zum Perspektivenwechsel: Die Fähigkeit, die eigene Sichtweise nicht als die allein richtige zu betrachten, sondern andere Sichtweisen und Perspektiven zu akzeptieren und darauf hin zu prüfen, wie zielführend sie sind.

9. Physische und psychische Belastbarkeit: Die Erfahrung ungewohnter, irritierender, fremder und aus eigener Sicht vermeintlich als falsch zu bewertender Handlungsweisen fremdkultureller Partner führt nicht selten zu Verärgerung und zum Orientierungsverlust, verbunden mit psychischen und physischen Belastungen, deren Ursachen häufig nicht erkannt und unzulänglich verarbeitet werden. Die Stärkung der eigenen Selbstwirksamkeit, Gelassenheit und Zuversicht sind wirksame Voraussetzungen zur Wiedergewinnung von Klarheit und Orientierung.

7.2.4.2 Selbstkommandos

Für den konkreten Umgang mit fremdkulturellen Partnern sind schnell aktivierbare Handlungsaufforderungen, „Selbstkommandos", sehr nützlich. Es ist sinnvoll, im Rahmen von interkulturellen Trainings mit videografisch unterstützten Rollenspielen solche Selbstkommandos und deren Einsatz zu trainieren.

1. Stoppe den automatischen Bewertungsprozess!
2. Präzisiere, was dich interessiert und was den Partner interessieren könnte!
3. Reflektiere und präzisiere deine eigenen Erwartungen!
4. Analysiere die individuellen und situativen Bedingungen!
5. Antizipiere die Wirkungen deines eigenen Verhaltens!
6. Reflektiere die möglichen Erwartungen des Partners!
7. Erkenne die eigenen Kulturstandards und reflektiere ihre Wirkungen!
8. Nutze das Wissen um die fremden Kulturstandards zur Konfliktlösung und zur Förderung beiderseitiger Zufriedenheit!

Die Wirksamkeit von Selbstkommandos besteht darin, den Handelnden vor Fehlbeurteilungen zu bewahren, indem er sich vor der Urteilsbildung und der Handlungsplanung dazu zwingt, erst einmal nach möglichen Ursachen für die durch erwartungswidriges Verhalten entstandenen Irritationen zu suchen. Dieses analytische Reflektieren über eigene und fremde Absichten, Ziele und handlungswirksame Orientierungsmuster führt zum Bewusstmachen eigener und fremder Identitäten:

1. Beim Versuch, erwartungswidriges Partnerverhalten zu verstehen.
   Aus einer gesicherten und gefestigten eigenen personalen Identität und sozialen Identität heraus, verbunden mit Empathie und der Bereitschaft zur Exploration entwickelt sich ein Verständnis für und den Aufbau von interkultureller Handlungskompetenz.
2. Beim Versuch, eine Vorstellung davon zu gewinnen wie das Selbstbild, das Fremdbild und das vermutete Fremdbild aussehen und welche Wirkungen diese drei Bilder im Kommunikationsprozess entfalten (Thomas, 2014).
   Selbstbild, Fremdbild und vermutetes Fremdbild sind stark geprägt von der eigenen personalen und sozialen Identität. Eine klare Vorstellung von diesen drei Bildern zu bekommen, die im zwischenmenschlichen Handeln zwar wirksam werden, aber nicht bewusstseinspflichtig sind, erfordert ein hohes Maß an Selbstreflexion und Empathie.
3. Im Zusammenhang mit der Entwicklung interkultureller Handlungskompetenz.
   Die Definition der einzelnen Merkmale interkultureller Handlungskompetenz zeigen die hohe Affinität zur personalen und sozialen Identität. Dies ergibt sich aus den folgenden Merkmalen interkultureller Handlungskompetenz.

7.2.4.3 Merkmale interkultureller Handlungskompetenz

1. Erfolgreiche und für alle Seiten zufriedenstellende Kommunikation, Begegnung und Kooperation zwischen Menschen aus unterschiedlichen Kulturen.
2. Interkulturelle Kompetenz ist das Resultat eines Lern- und Entwicklungsprozesses.
3. Die Entwicklung interkultureller Kompetenz setzt die Bereitschaft zur Auseinandersetzung mit fremden kulturellen Orientierungssystemen voraus, basierend auf einer Grundhaltung kultureller Wertschätzung.
4. Interkulturelle Kompetenz zeigt sich in der Fähigkeit, die kulturelle Bedingtheit der Wahrnehmung, des Urteilens, des Empfindens und des Handelns bei sich selbst und bei anderen Personen zu erfassen, zu respektieren, zu würdigen und produktiv zu nutzen.
5. Ein hoher Grad an interkultureller Kompetenz ist dann erreicht, wenn:
   (1) differenzierte Kenntnisse und ein vertieftes Verständnis des eigenen und fremder kultureller Orientierungssysteme vorliegen,
   (2) aus dem Vergleich der kulturellen Orientierungssysteme kuluradäquate Reaktions-, Handlungs- und Interaktionsweisen generiert werden können,
   (3) aus dem Zusammentreffen kulturell divergenter Orientierungssysteme synergetische Formen interkulturellen Handelns entwickelt werden können,
   (4) in interkulturellen Überschneidungssituationen alternative Handlungspotenziale, Attributionsmuster und Erklärungskonstrukte für erwartungswidrige Reaktionen des fremden Partners kognizierbar sind,
   (5) wenn die kulturspezifisch erworbene interkulturelle Kompetenz mithilfe eines generalisierten interkulturellen Prozess- und Problemlöseverständnisses und Handlungswissens auf andere kulturelle Überschneidungssituationen transferiert werden kann,
   (6) und in kulturellen Überschneidungssituationen mit einem hohen Maß an Handlungskreativität, Handlungsflexibilität, Handlungssicherheit und Handlungsstabilität agiert werden kann.

Dabei sind Persönlichkeitsmerkmale und situative Kontextbedingungen so ineinander verschränkt, dass zwischen Menschen aus unterschiedlichen Kulturen eine von Verständnis und gegenseitiger Wertschätzung getragene Kommunikation und Kooperation möglich wird.

7.2.4.4 Kulturstandards

Unter Kulturstandards werden hypothetische Konstrukte verstanden, die kulturspezifischen Arten der Wahrnehmung, des Denkens, des Wertens, des Empfindens und Handelns determinieren, die von der Mehrzahl der Mitglieder einer bestimmten Kultur für sich persönlich und für andere Personen als normal, typisch, selbstverständlich und verbindlich angesehen werden.

Kulturstandards wirken wie ein Maßstab, ein Gradmesser und ein Bezugssystem für richtiges und kulturell akzeptiertes Handeln.

Ein Kulturstandard erfüllt einerseits die Funktion einer Norm, stellt also einen Idealwert dar, und enthält andererseits einen Toleranzbereich, innerhalb dessen Abweichungen vom Normwert noch akzeptiert werden. So kann der individuelle und gruppenspezifische Umgang mit einem Kulturstandard zur Handlungssteuerung innerhalb eines gewissen Toleranzbereichs variieren, z. B. Verbindlichkeit von Vereinbarungen. Verhaltensweisen, die Grenzen des Toleranzbereichs überschreiten, werden von der sozialen Umwelt abgelehnt und sanktioniert.

Den geltenden Kulturstandards gemäßes Verhalten wird im Verlauf des individuellen Sozialisationsprozesses in einer Kultur (Enkulturation) gelernt.

Die Wirkungen von Kulturstandards sind im Alltagsleben nicht mehr bewusstseinspflichtig, da die Regel- und Steuerungsprozesse automatisch ablaufen.

In der Interaktion und Kooperation mit Menschen anderer Kulturen ist es wichtig, dass die beteiligten Personen sich ihrer eigenen Kulturstandards und der ihrer Partner bewusst sind und sie ihre Entscheidungen und Verhaltensweisen dementsprechend planen und steuern. Weitere Informationen zu Entwicklung und Wirkungen von Kulturstandards finden sich im letzten Kapitel dieses Buches.

Als Beispiel werden im Folgenden deutsche Kulturstandards benannt, wie sie anhand wissenschaftlicher Studien aus Sicht in Deutschland tätiger ausländischer Fach- und Führungskräfte gewonnen wurden (Schroll-Machl).

Deutsche Kulturstandards aus Sicht ausländischer Partner:
1. Sachorientierung
2. Individualismus
3. Schwacher Kontext in der Kommunikation
4. Wertschätzung von Strukturen und Regeln
5. Regelorientierte internalisierte Kontrolle
6. Direktheit/Wahrhaftigkeit
7. Interpersonale Distanzdifferenzierung
8. Hierarchie- und Autoritätsorientierung
9. Zeitplanung
10. Trennung von Persönlichkeits- und Lebensbereichen

Aus den bisherigen Darlegungen spezifischer Aspekte der personalen und sozialen Identität lassen sich folgende Schlussfolgerungen ziehen:
1. Die Ausbildung einer gesicherten personalen und sozialen Identität ist ein zentrales Element der dauerhaft gefestigten, verlässlichen und verantwortungsbewussten Persönlichkeit.
2. Zur produktiven Bewältigung kulturell bedingt kritischer Ereignisse in einer multikulturellen Gesellschaft ist die Entwicklung der personalen Identität in Form einer erarbeiteten Identität optimal.
3. Erarbeitete Identität gibt Sicherheit im Umgang mit fremdartigen und unerwarteten Verhaltensweisen. Sie reduziert die Angst vor Orientierungsverlust und fördert Offenheit und Neugier für Neues und Andersartiges, verstärkt Ambiguitätstoleranz und unterstützt und erleichtert die Entwicklung interkultureller Handlungskompetenz.
4. Erarbeitete Identität verstärkt alle personalen Faktoren, die wissenschaftlich erwiesen interkulturelles Handeln fördern.

7.2.4.5 Kulturelle und multikulturelle Identität

Die mit zunehmender Internationalisierung und Globalisierung aller gesellschaftlichen Lebensbereiche verbundenen Herausforderungen im Zusammenleben von Menschen unterschiedlicher kultureller Herkunft, im Alltag und im Beruf, haben dazu geführt, dass sich im Rahmen der Psychologie die Teildisziplinen Sozialpsychologie, Kulturpsychologie, Kulturvergleichende Psychologie und interkulturelle Psychologie mit den Bedingungen, Ausprägungen und Wirkungen kultureller und multikultureller Identität befasst haben. Dazu wurde bereits 1992 Folgendes thematisiert:

„Kulturelle Identität kann definiert werden als das Gesamt der Merkmale eines Menschen, in denen die grundlegenden Erfahrungen des eigenen Selbst eingebunden sind in das Orientierungssystem der Bezugsgruppe, mit der sich die Person kulturell verbunden weiß. Kulturelle Identität erfüllt also eine wichtige Orientierungsfunktion in einem interkulturellen Handlungsgefüge. Kulturelle Identität wird, vornehmlich in der Auseinandersetzung mit fremdkulturellen Personen und Situationen zum Thema."

Nach der Theorie der sozialen Identität nach (Tajfel, 1982) sind an der Ausbildung der sozialen Identität drei psychische Komponenten beteiligt, deren Grundaussagen auch dem Verständnis von kultureller Identität dienen können:

Die kognitive Komponente. Sie betrifft das Wissen um die Mitgliedschaft und die Merkmale der eigenen kulturellen Gruppe.

Die emotionale Komponente. Sie umfasst die mehr oder weniger ausgeprägten, positiven oder negativen Gefühle, die mit dem Wissen um die spezifische Kulturzugehörigkeit verbunden sind.

Die evaluative Komponente. Sie enthält die mehr oder weniger positive und negative Bewertung der Kulturzugehörigkeit selbst und der damit verbundenen Folgen für die Stabilität der eigenen personalen und sozialen, respektive kulturellen Identität oder die Angst um ihren Verlust.

Die kulturelle Identität wird erst bewusst und erlebbar, wenn einerseits ein sozialer Konsens innerhalb der eigenen Kultur (intrakultureller Konsens) besteht, und auch von außen, also von den Mitgliedern anderer Kulturen, eine Übereinstimmung entwickelt wird hinsichtlich der Kulturzugehörigkeit (interkultureller Konsens). Die drei psychischen Komponenten werden dann aktiviert, wenn eine Kategorie, also eine Unterscheidung in Eigen- und Fremdgruppe, den Individuen von außen aufgezwungen wird (z. B. Migranten in einer anderen Kultur) oder dem Individuum zweckmäßig erscheint (z. B. bei der Kommunikation mit einem Ausländer (Thomas, 1992, S. 306–333).

Beispiele dafür sind zunehmende Schwierigkeiten in einer globalisierten, multikulturellen Welt, eine kollektiv geteilte Definition von Identität als etwas Verbindendes und Gemeinsames zu formulieren:

1. Im Zusammenhang mit der Leitkulturdebatte werden immer wieder die Schwierigkeiten der Deutschen mit der Definition ihrer nationalstaatlichen Identität in Europa und darüber hinaus oder die eigenständige Identität der einzelnen Bundesländer im Kontext der Bundesrepublik Deutschland thematisiert. Sehr treffend formuliert in dem Satz: „Hinter der Leitkultur geht es um die deutsche Identität, die nach dem Kulturbruch des 20. Jahrhunderts untergegangen war und sich trotz aller Vergangenheitsbewältigung noch nicht wieder gebildet hat" (Der Spiegel, 2018, Nr. 19, S. 13).

2. Auch gesellschaftlich bedeutsame Gruppen, Vereinigungen und Verbände wie beispielsweise Religionsgemeinschaften werden mit der Frage nach ihrer Identität im Kontext einer zunehmend multikulturell und multireligiös, aber auch areligiösen Gesellschaft konfrontiert. Die Identität der katholischen und der protestanti-

schen Kirchen, aber auch der muslimischen Gemeinschaften in unserer Gesellschaft, steht zur Diskussion.

3. „Gängige Demokratie-Indizes führen Spanien auf respektablen Plätzen, nahe bei Großbritannien, gelegentlich vor den Vereinigten Staaten. Es ist eine Demokratie mit Makeln, aber welche Demokratie hätte sie nicht? Es ist eine Demokratie, die es versäumt hat, das komplexe Identitätsempfinden einzelner spanischer Regionen in einem tragfähigen föderalen System zu spiegeln." (FAZ, 2017, S. 11 Unter der Überschrift „Franco ist passé").

4. Heimat, Sicherheit und Stabilität des Gewohnten und Vertrauten, des Althergebrachten, von Abstammung und Brauchtum, haben wieder Konjunktur, und nationale und regionale Belange gewinnen politisch mehr und mehr an Bedeutung.

5. In einer Studie mit dem Titel: „Langzeitwirkungen der Teilnahme an kurzzeitigen internationalen Jugendbegegnungs- und Jugendaustauschprogrammen auf die Persönlichkeitsentwicklung." wurden Jugendliche 2002 nach ihren Erfahrungen während einer maximal vierwöchigen Jugendbegegnung oder einem Jugendaustausch befragt, der 10 Jahre vorher, also 1992, stattgefunden hatte. Nur 28 % gaben an, dass sie das Thema „kulturelle Identität", also das Bewusstwerden der eigenen kulturellen Prägung, der Auseinandersetzung mit dem eigenen Deutschsein und dessen Vor- und Nachteile bewusst beschäftigt hat. Nur 40 % gaben an, dass sie sich überhaupt mit Themen wie Selbsterkenntnis/Selbstbild, Selbstreflexion und einer Auseinandersetzung mit dem eigenen Selbstbild befasst hatten und damit, dass sie sich selbst besser einzuschätzen gelernt hatten.

Viele einheimische Bürger beschleicht das Gefühl, dass sich die vertrauten Selbstverständlichkeiten, die übernommenen und erfolgreich praktizierten Ordnungsstrukturen, in Auflösung befinden. Alles wird vielfältiger, komplexer, diffuser und unverbindlicher. Die Gemeinsamkeiten, Werte und Normen, an denen sich Identitäten festmachen konnten, verlieren an Bedeutung, und Ersatz ist nicht in Sicht. Alles wird immer wieder von irgendjemandem infrage gestellt, ohne dass ersichtlich wird, welche Alternativen mit welcher Berechtigung zukünftig gelten sollen. Wer an seinen herkömmlichen Identitäten festhält, gerät schnell in den Verdacht, rückständig, unflexibel und aus der modernen Zeit gefallen zu sein.

Aus den Forschungen zur „Theorie der sozialen Identität" (Tajfel, 1982) ist bekannt, dass die Unterscheidung in Eigengruppe versus Fremdgruppe automatisch, gleichsam wie selbstverständlich, zu Favorisierungstendenzen der Eigengruppe und zu Diskriminierungstendenzen der Fremdgruppe führen. Die dabei ablaufenden psychischen Prozesse und Wirkungen sind mit positiven bzw. negativen Kausalattributionen, also Ursachenzuschreibungen, verbunden und zudem nicht bewusstseinspflichtig, was unterschwellig Fehlurteile begünstigt.

Die Vermeidung von Fehlurteilen im Zusammenhang mit interkultureller Kommunikation und Kooperation und der Beurteilung der personalen und sozialen/kulturellen Identität fremdkultureller Partner gelingt nur im Verlauf interkulturellen Lernens, z. B. vermittelt durch interkulturelle Trainings (Thomas et al., 2001–2015; Thomas, 2013), der Beachtung von Selbstkommandos (◗ Abb. 11.1) beim Handeln in kulturellen Überschneidungssituationen und des Aufbaus interkultureller Handlungskompetenz (Thomas, 2017).

Mit der Erkenntnis, dass multikulturelle Gesellschaften auch im historischen Kontext betrachtet keine Ausnahmen, sondern die Regel darstellen und multikulturelle Gesellschaften in der Moderne immer mehr an Bedeutung gewinnen, kam unter Forschern der Psychologie und Soziologie die Idee auf, dass sich damit wohl zwangsweise auch die personale und soziale/kulturelle Identität verändert. Begriffe wie: „Third Cultural Identity", „World Identity" und „Multicultural Identity" wurden mit Blick auf die Entwicklung eines neuen Persönlichkeitstyps diskutiert (Useem & Useem, 1955).

„Adler (1977) beschreibt die multikulturelle Persönlichkeit als jemanden, der sich praktisch ständig zwischen und in mehreren Kulturen freiwillig oder gezwungenermaßen, meist berufsbedingt, hin- und herbewegt. Die multikulturelle Persönlichkeit ist geprägt durch eine hohe soziale und kulturelle Anpassungsfähigkeit sowie einen flexiblen Umgang mit interpersonalen Beziehungen. (Sie) ist in der Lage, sich kulturüblichen Verhaltensregeln anzupassen, ohne dabei in einen persönlichen Konflikt zu geraten. Sie misst sozusagen mit verschiedenen Maßstäben, ist nicht in einen starren Bezugsrahmen eingebunden und besitzt die hoch entwickelte Fähigkeit, kulturadäquate Bezugssysteme zur Regulation ihres eigenen und des fremden Verhaltens zu aktivieren. Nach Adler ist sie in der Lage, sowohl die kulturspezifischen Elemente als auch die den Kulturen zugrunde liegenden Gemeinsamkeiten zu erkennen. Sie entwickelt einen Blick für übergeordnete, einheitliche, für alle bzw. viele Kulturen bedeutsame Orientierungsmaßstäbe und ist dabei noch in der Lage, die kulturspezifischen Besonderheiten zu würdigen." (Thomas, 1992, S. 328).

„Wenn man aber unter Kultur ein universelles, aber für eine bestimmte Gruppe, Organisation oder Nation spezifisches Orientierungssystem versteht, das es den Mitgliedern erlaubt, ihre Wahrnehmung, ihr Denken, Werten und Handeln danach auszurichten, und wenn man andererseits berücksichtigt, wie bedeutsam eine klare und eindeutige Orientierung für ein handlungsfähiges Individuum ist, dann kann man bezweifeln, ob eine überkulturelle bzw. multikulturelle Persönlichkeit (in der geforderten Art und Weise) existieren kann und lebensfähig ist. Auch die bisherigen Forschungen zur multikulturellen Identität und multikulturellen Persönlichkeit haben kein klares Bild von den charakteristischen Merkmalen einer solchen Persönlichkeit geliefert. Insbesondere besteht Unklarheit hinsichtlich der von einer solchen Persönlichkeit vertretenen Werte, Normen und der für die Eigen- und Fremdbeurteilung wichtigen Bezugsmaßstäbe. (…) Es ist auch zu fragen, ob eine multikulturelle Persönlichkeit, die sich keiner spezifischen Kultur verpflichtet fühlt, aber von sich überzeugt ist, in allen Kulturen beheimatet zu sein, tatsächlich einen produktiven Beitrag im Gefüge existenter kultureller Vielfalt leisten kann. So erscheint es interessanter und vielversprechender, anstatt ein diffuses Konzept der multikulturellen Persönlichkeit zu verfolgen, ein Modell der reflektierten eigenkulturellen Identität in Verbindung mit interkultureller Handlungskompetenz zu entwickeln." (Thomas, 1992, S. 329–330).

Zur Illustration dessen, was hier an Qualitätsanforderungen bezüglich interkultureller Handlungskompetenz verlangt wird, soll das 3. Fallbeispiel dienen.

7.3 Fallbeispiele

1. Fallbeispiel: Pünktlichkeit in der deutsch-französischen Zusammenarbeit

Ein Deutscher sagt und handelt entsprechend: „Bei Verabredungen bin ich immer pünktlich. Ich will als vertrauenswürdig, zuverlässig, ordentlich und höflich erscheinen. Wenn ich einmal unverschuldet unpünktlich bin, dann melde ich mich vorher, nenne den Grund für meine Unpünktlichkeit und entschuldige mich."

Ein Franzose sagt und handelt entsprechend: „Es ist immer gut, zu Verabredungen pünktlich zu sein. Aber es kann immer etwas Unerwartetes dazwischenkommen. Deshalb ist es wichtig, dass man überhaupt ankommt."

Wenn nun der Deutsche und der Franzose sich in Paris zur Verabredung eines Forschungsprojekts treffen und dabei der Franzose 30 min später eintrifft als vereinbart, und das ohne Entschuldigung und Begründung, wird der Deutsche sich überlegen, ob es überhaupt lohnend ist, mit dem Franzosen, einem so unpünktlichen und unzuverlässigen Menschen, eine Forschungskooperation einzugehen. Der Franzose wird sein Verhalten überhaupt nicht als Fehlverhalten beurteilen, sondern als ganz normal ansehen und auch nicht verstehen, wieso er durch dieses für ihn völlig normale Verhalten aus Sicht des Deutschen als unzuverlässig angesehen wird. Wenn sich die beiden Partner zudem noch zum ersten Mal begegnen und noch keine wechselseitigen persönlichen Erfahrungen vorliegen, noch kein Vertrauen aufgebaut ist und die wechselseitige Kommunikation erst noch in Gang kommen muss, also typische Merkmale einer ersten Begegnungssituation vorliegen und die Gesamtsituation zudem noch durch einseitig oder sogar wechselseitig defizitäre Fremdsprachenkenntnisse erschwert wird, kann die Diskussion über ein gemeinsames Kooperationsprojekte sehr schnell zu Ende sein. Der Deutsche bricht den Kontakt ab und der Franzose versteht nicht, warum. In diesem Fall bedarf es eines zusätzlichen Aufwandes, um die banale Ursache für das entstandene Missverständnis aufzuklären. Dazu ist aber einiges an interkultureller Handlungskompetenz erforderlich.

2. Fallbeispiel: Ordnung am Arbeitsplatz in der deutsch-polnischen Zusammenarbeit

Ein deutscher Kfz-Meister wird von seinem Unternehmen in die polnische Niederlassung geschickt, um dort den Lehrlingen im letzten Lehrjahr die neuesten technischen Details der aktuellen Fahrzeuge beizubringen. Er bemerkt, dass die Lehrlinge nach getaner Tagesarbeit ihren Arbeitsplatz verlassen, sich umdrehen und nach Hause gehen. Sie räumen weder die gebrauchten Werkzeuge in die dafür vorgesehenen Kästen ein noch reinigen sie ihren Arbeitsplatz. Er ist erstaunt darüber, denn in Deutschland wird den Lehrlingen bereits in den ersten Tagen ihrer Lehrzeit beigebracht, dass alle Werkzeuge nach Beendigung der täglichen Arbeit immer in die bereitstehenden Kästen

7

einzuordnen sind und der Arbeitsplatz blitzblank zu hinterlassen ist. Zur Rede gestellt, meinen die polnischen Lehrlinge, das Einordnen des Werkzeugs sei doch nur unnötige Zeitverschwendung, denn bereits nach 14 Stunden würden sie die Werkzeuge doch wieder in die Hand nehmen, und Abfall gäbe es auch wieder, und den könne man dann eben am Ende der Woche zusammenfegen.

Auf den ersten Blick erscheinen die in der Kooperation zwischen dem deutschen Kfz-Meister und den polnischen Lehrlingen auftretenden Unstimmigkeiten, basierend auf inkompatiblen personalen Identitäten in Bezug auf Ordnung am Arbeitsplatz, recht banal. Im Arbeitsalltag wird das Verhalten der polnischen Lehrlinge vom deutschen Meister aber als Zeichen eines Mangels an Ordnungssinn und als Schlamperei interpretiert. Wer so seinen Arbeitsplatz hinterlässt, ist auch nicht in der Lage, sorgfältig und präzise zu arbeiten und in einem Betrieb, in dem „Null-Fehler-Toleranz" als Leistungsziel vorgegeben ist, mitzuhalten. Das als unordentlich empfundene Verhalten am Arbeitsplatz wird nicht als kulturspezifisch verursacht interpretiert, sondern personal attribuiert, also der Mentalität des einzelnen polnischen Lehrlings zugeschrieben. Die Lehrlinge müssen nun entsprechend den Ordnungsrichtlinien „Deutsche Wertarbeit am Arbeitsplatz", repräsentiert durch die persönlichen und berufsspezifischen Identitäten des deutschen Kfz- Meisters, geschult werden.

▪ **Personale und soziale Identität im Kontext interkultureller Kommunikation und Handlungskompetenz**

Beim Gewahrwerden erwartungswidrigen Partnerverhaltens in der interpersonalen Begegnung sind ein gewisses Maß an Sensibilität für kulturell bedingte Besonderheiten im Partnerverhalten sowie bestimmte Persönlichkeitseigenschaften, z. B. Aufgeschlossenheit für Neues und Andersartiges und bisher fremdes Verhalten sowie die Bereitschaft, fehlerhafte Attributionen zu vermeiden, wichtige Voraussetzungen. Diese Eigenschaften und Erfolgsfaktoren können schon im Verlauf der lebensbiografischen Entwicklung aufgebaut worden sein und werden dann im Fall einer fremdkulturellen Begegnung aktiviert, oder sie werden im Rahmen interkultureller Trainings vermittelt, verstärkt und handlungswirksam erprobt.

Fallbeispiel: „Die Unterschlagung"
1. Die kritische Interaktionssituation

Herr Müller ist in Nigeria Leiter eines Beratungsbüros für die Abwicklung von Projekten im Rahmen der deutschen Entwicklungshilfe. Er arbeitet seit einigen Jahren eng mit einem nigerianischen Partner zusammen, der in Deutschland Betriebswirtschaft studiert hat und nun auf nigerianischer Seite für die Projektrealisierung verantwortlich ist. Zwischen Herrn Müller und seinem Partner besteht ein vertrauensvolles Arbeitsverhältnis. Er schätzt den einheimischen Kollegen wegen seiner Fachkenntnisse und seines Arbeitseinsatzes. Zudem kann er sich problemlos in Deutsch mit ihm verständigen. Auch interkulturell gibt es keine Reibungen, da sein nigerianischer Partner ja die Mentalität der Deutschen und die deutsche Kultur recht gut kennt.

Nun erfährt Herr Müller, dass die Innenrevision in der deutschen Zentrale festgestellt hat, dass sein nigerianischer Partner vor zwei Jahren damit begonnen hat, Geld aus den Budgetmitteln abzuzweigen und wohl für private Zwecke unterschlagen hat. Herr Müller kann das überhaupt nicht glauben, denn immer wieder hat er bei jeder sich bietenden Gelegenheit, wenn es um Korruption und Misswirtschaft ging, erklärt, so etwas könne bei seinem Projekt nicht vorkommen, da er ein enges Vertrauensverhältnis zu seinem nigerianischen Partner pflege, der ja zudem in Deutschland studiert habe. Herr Müller hat zwar vor einiger Zeit erfahren, dass die Tochter seines Partners in den USA studiert, und er hat sich gewundert, dass sich dieser die dafür aufzuwendenden Kosten von seinem Gehalt leisten kann, dann aber vermutet, dass die Tochter von irgendwoher ein Stipendium bezieht.

Nun teilt die deutsche Zentrale Herrn Müller mit, dass er die Beziehung zu seinem nigerianischen Partner sofort zu beenden habe, da dieser wegen Unterschlagung entlassen werde. Zudem müsse man sich nun um einen anderen qualifizierten einheimischen Partner umsehen, und deshalb wird er gebeten, bei der Suche nach einem Nachfolger zu helfen.

Herr Müller ist wie vor den Kopf gestoßen und fragt sich, warum ihn sein Partner so hintergangen hat und sein Vertrauen missbrauchte.

2. Erläuterungen und Begründungen

Zunächst hat Herr Müller vermutet, dass es sich hierbei um einen Irrtum handelt, musste sich dann aber überzeugen lassen, dass sein Partner tatsächlich die Unterschlagungen begangen hat. Ihm fallen auch eine Reihe möglicher Erklärungen ein:

- Das Vertrauen stiftende Verhalten seines nigerianischen Partners war womöglich nur vorgetäuscht. Er hatte von Anfang an den Betrug beabsichtigt und wollte Herrn Müller nur in Sicherheit wiegen.
- Sein nigerianischer Partner hat womöglich so viele Schulden angehäuft, dass er erpresst wurde und keinen anderen Ausweg mehr wusste, als das Geld zu unterschlagen, um damit sein Leben zu retten.
- Womöglich war für ihn die Versuchung zu groß, unbemerkt von der deutschen Zentrale an Geld heranzukommen, nachdem er den Reichtum in Deutschland erlebt und ihn mit seinem vergleichsweise bescheidenen Lohn und den erbärmlichen Lebensverhältnissen in seinem Lande verglichen hatte.

Alle diese und noch mehr Gründe waren Herrn Müller eingefallen, aber kein Grund befriedigte ihn so recht.

Schließlich zog er einen guten Freund, Herrn Bonk, ins Vertrauen, den er als christlichen Missionar kennengelernt hatte und der schon seit 30 Jahren in Nigeria tätig ist. Von ihm erfuhr er, dass er bei allen seinen Überlegungen und Erklärungsversuchen immer nur seinen Partner und sein persönliches Verhältnis zu ihm im Auge gehabt hatte. Nie hätte er das soziale Umfeld, in das sein Partner eingebettet ist, in Betracht gezogen. Herr Bonk vermutete nun, dass die gesamten Großfamilien, mit jeweils einer großen Anzahl an Personen, zunächst einmal Geld zusammengelegt hatten, um seinen Partner in Deutschland studieren zu lassen, nachdem dieser sich in der Schule als für ein solches Studium geeignet erwiesen hatte. Nun hatte er eine gute Stelle im Rahmen der Entwicklungszusammenarbeit und Zugang zu Finanzmitteln. Deshalb erwartete

7

die Familie, und er war seiner Familie gegenüber auch entsprechend verpflichtet, dass er für sie sorgte. Die aus dieser sozialen Verpflichtung erwachsenen Ansprüche überstiegen allmählich seine finanziellen Einkommensverhältnisse, bis er nicht mehr anders konnte, als nach Zusatzmitteln Ausschau zu halten. Vielleicht, so meint Herr Bonk, hätte er noch vorgehabt, zukünftig die unterschlagenen Mittel wieder zurückzugeben. Auch das Studium seiner Tochter in den USA ist wohl eine Reaktion auf diese unabweisbare Verpflichtung gegenüber seiner Familie und seinem primären sozialen Umfeld.

Für den nigerianischen Partner von Herrn Müller hat sich ein zunächst einmal ein für ihn nicht lösbarer Konflikt ergeben: Einerseits ist er seiner Familie gegenüber verpflichtet und andererseits seinem Arbeitgeber gegenüber. Obwohl er sicher weiß, dass er seinen Arbeitgeber betrügt und damit auch Herrn Müller hintergeht, und vielleicht sogar ahnt, dass die Unterschlagung irgendwann auffällt, entscheidet er den Konflikt zugunsten seiner Familie. Die Loyalität seiner Familie gegenüber geht über alles!

Herr Bonk hält die von der deutschen Zentrale angeordnete Entlassung zudem für falsch, denn ein neuer Partner gerät womöglich bald in eine ähnliche Konfliktlage.
3. Lösungsstrategie

Zunächst einmal hat Herr Müller durchaus sinnvoll gehandelt, indem er sich nicht einfach mit dem Bescheid der Zentrale in Deutschland zufriedengegeben hat und der Entlassung zustimmte, sondern erst einmal nach Gründen suchte. Auch wenn es zunächst mehrere, durchaus einleuchtende Gründe für das Partnerverhalten gab, und ihm seine Überlegungen nicht so recht Klarheit verschafften, lässt er nicht locker. Er fragt eine ihm vertraute Person, die über die Mentalität und Kultur der Nigerianer gut Bescheid weiß, um Rat. Dabei wird ihm klar, welche existenzielle Bedeutung das familiäre und soziale Umfeld für Nigerianer hat. Nicht das einzelne Individuum entscheidet und handelt autonom und verantwortlich für das, was es tut, sondern es ist in allem und immer erst einmal Mitglied, Repräsentant und Verantwortlicher für seine meist sehr umfangreiche Familie, seine Sippe, seinen Clan und seinen Stamm. Für deren Wohlergehen, Schutz, Sicherheit, Fortentwicklung und Ehre hat jeder, der dazugehört, vorrangig zu sorgen.

Herr Müller vollzieht nun einen Perspektivenwechsel, denn aus dieser neuen Perspektive heraus betrachtet versteht Herr Müller das Verhalten seines Partners besser, nämlich als Versuch, mithilfe des, wenn auch unrechtmäßig abgezweigten, Geldes den Verantwortungskonflikt zugunsten seiner Familie zu lösen.

Herr Müller muss nun überlegen, wie er sicherstellt, dass diese Erklärung im vorliegenden Fall tatsächlich zutrifft und welche Handlungs- und Problemlösungsalternativen es außer der vorgesehenen Entlassung gibt. Denkbar wären: Rückzahlung in Raten, Lohnkürzungen, Darlehen zu niedrigen Zinsen, Rückzahlplan, etc. Dabei geht es nicht allein darum, dem nigerianischen Partner eine Brücke zu bauen, um ihn aus der misslichen Lage zu befreien. Es geht auch darum, ihm Einsicht darüber zu geben, wie sein Verhalten auf Herrn Müller gewirkt hat, wie die deutsche Zentrale auf die Unterschlagung reagierte und warum. Zudem sollte er ausloten, ob nach dieser Krisenbewältigung wieder ein vertrauensvolles Arbeitsverhältnis hergestellt werden kann.

Alle Lösungswege, außerhalb der Entlassung, sollten nach Möglichkeit nicht einseitig als Diktat mit einem strafenden Unterton seitens Herrn Müller oder der deutschen Zentrale erfolgen, sondern im Dialog gemeinsam entwickelt und Schritt für Schritt verwirklicht werden. So bliebe Herrn Müller der qualifizierte nigerianische Partner erhalten, die mit der Einstellung eines neuen Nachfolgers immer verbundenen Risiken würden vermieden, und eventuell könnte eine durch diese gemeinsam getragene Krisenbewältigung eine noch weiter gefestigte, dauerhafte vertrauensvolle Zusammenarbeit erreicht werden.

4. Die Wirksamkeit von Kulturstandards

Der Kulturstandard „kollektive Orientierung", der in diesem Fallbeispiel wirksam wird, hat enge Bezüge zu den in allen Kulturen weltweit gültigen und das Alltags- und Berufsleben bestimmende Kulturstandards: „Beziehungsorientierung", „Personorientierung", „Familienorientierung", „Gruppenorientierung", „Soziale Harmonie" und dem „Guanxi" in China. Alle diese Kulturstandards steuern Denk-, Urteils- und Verhaltensweisen, die mit der hier diskutierten kollektiven Orientierung in enger Verbindung stehen, also in konkreten interpersonalen Interaktionssituationen der Kollektivverpflichtung dienen und sie verstärken.

Es ist zu beobachten, dass in allen Kulturen weltweit, die von Ackerbau, Viehzucht und Nomadentum bestimmt sind oder die eine entsprechende historische Entwicklung durchlaufen haben oder unter besonders harten Naturbedingungen überleben müssen (z. B. Wüsten, Schnee und Eis, Hochgebirge), stark ausgeprägte kollektive Orientierungen gegenüber den Familienmitgliedern, einschließlich der Ahnen, dem Clan, dem Stamm, den Glaubensgemeinschaften, regional-geografischen Zugehörigkeits- und Herkunftsgruppen aufweisen und diese stark ausgeprägt sind. Das trifft auch für soziale Gemeinschaften zu, die längere Zeit unter rigider Zwangsherrschaft, Besatzungsmächten, Okkupation und Terror, verbunden mit Willkürherrschaft und Mangelwirtschaft oder als Minderheitengruppen unter gewalttätigen Mehrheitsgruppen zu überleben versucht haben. Unter diesen Bedingungen ist ein Überleben und der Erhalt eines Minimums an Lebensstandard nur möglich, wenn ausnahmslos alle zusammenhalten und ihre Potenziale und Ressourcen zum Wohle aller bündeln. Selbst dann, wenn solche Bedrohungslagen gemildert sind oder wie in vielen ehemaligen Kolonialländern, Schwellenländern und in der industriellen Entwicklung begriffenen Ländern schon zum Teil einem höheren Lebensstandard gewichen sind, bleibt die Tradition der kollektiven Orientierung und die entsprechend ausgebildete personale und soziale Identität noch lange erhalten, wie die Beispiele China, Singapur, Indien, Brasilien, Mexiko, Russland, aber auch die osteuropäischen und südosteuropäischen Staaten zeigen.

Herr Müller ist demgegenüber in einer Kultur sozialisiert worden, in der über Jahrhunderte hinweg Entwicklungen stattgefunden haben, Lebensstile und Lebensgewohnheiten gepflegt wurden und nicht zuletzt auch im Zuge technischer und wirtschaftlicher Entwicklungsprozesse kollektiv geteilte Einstellungen und Lebensweisen im Hinblick auf die Betonung independenter, personaler Ich-Identität verfestigt haben. Herr Müller ist gut beraten, sich der Selbstkommandos zur effektiven Gestaltung interkultureller Begegnungsprozesse zu vergewissern, um einerseits ein Gespür dafür zu bekommen, wie stark und zweifellos einseitig seine eigene independente personale Ich-Identität ausgeprägt ist und wie sehr diese kontrastiert mit der bei seinem nigerianischen Partner vorherrschenden interdependenten kollektiven, sozialen Identität. Dazu muss er ein hohes Maß an Reflexionsfähigkeit und Empathie aktivieren, um das Verhalten seines nigerianischen Partners und dessen Entscheidungs-, Urteils- und Verhaltensstrukturen sowie seine Empfindungen, Einstellungen und Zielvorstellungen verstehen zu können.

Anwendungstipps

Die Wirksamkeit interkulturellen Handelns in der praktischen beruflichen Arbeit in Zusammenarbeit mit ausländischen Partnern hängt davon ab, wie gut man den ausländischen Partner mit seinen Wünschen, Hoffnungen und Bedürfnissen kennt.

Kulturdimensionen, Kulturstandards und personale und soziale Identität

7

Die internationalen Forschungen zur kulturvergleichenden Psychologie und zur interkulturellen Psychologie haben sich ausgiebig mit der Bedeutung von Kollektivismus im Unterschied zu Individualismus auf das Verhalten und Erleben der Menschen in unterschiedlichen Kulturen weltweit beschäftigt.

Der niederländische Psychologe Geert Hofstede (2001) hat in den 90er-Jahren eine Fragebogenstudie zur Arbeitszufriedenheit aller Mitarbeiter in den Filialen eines weltweit operierenden Informationstechnologieunternehmens durchgeführt und dabei fünf Kulturdimensionen identifiziert:

1. Individualismus versus Kollektivismus; 2. Machtdistanz hoch versus niedrig; 3. Maskulinität versus Femininität; 4. Unsicherheitsvermeidung hoch versus niedrig; 5. Zeitorientierung langfristig versus kurzfristig (konfuzianische Dynamik). Mithilfe seiner Forschungsdaten quantifizierte er die Ausprägungen der Bedeutsamkeit dieser Kulturdimensionen für einzelne Länder weltweit und erstellte entsprechende Länderprofile. Diese Studie fand weltweit große Aufmerksamkeit, aber von den fünf Dimensionen wurde in der internationalen Forschung fast ausschließlich die Dimension Individualismus versus Kollektivismus weiterverfolgt und häufig als unabhängige Variable für kulturvergleichende Untersuchungen eingesetzt. Diese Entwicklung allein zeigt die hohe Bedeutung, die Forscher und Praktiker dieser Dimension zumessen.

Hofstede beschreibt diese beiden zentralen Kulturdimension folgendermaßen: „Individualismus beschreibt Gesellschaften, in denen die Bindungen zwischen den Individuen locker sind: man erwartet von jedem, dass er für sich selbst und seine unmittelbare Familie sorgt. Sein Gegenstück, der Kollektivismus, beschreibt Gesellschaften, in denen der Mensch von Geburt an in starke, geschlossene Wir-Gruppen integriert ist, die ihn ein Leben lang schützen und dafür bedingungslose Loyalität verlangen" (Hofstede, 2001, S. 66).

Der deutsche Psychologe Thomas (2001–2015) hat zusammen mit Mitarbeitern im Rahmen seiner Forschungen zu Kulturstandards unter anderem deutsche Manager, Fach- und Führungskräfte während ihrer Auslandseinsätze vor Ort in 40 Ländern weltweit im Rahmen persönlich geführter Interviews über ihre Erfahrungen im Umgang mit den einheimischen Partnern befragt, dieses Material ausgewertet und als Grundlage entsprechender Trainingsprogramme zur Vorbereitung auf Auslandseinsätze genutzt.

Diesen Forschungen zur Wirksamkeit von Kulturstandards (Thomas, 2011b) liegt folgende Definition zugrunde:

» „Unter Kulturstandards werden hypothetische Konstrukte verstanden, die kulturspezifische Formen der Wahrnehmung, des Denkens, des Wertens, des Empfindens und Handelns determinieren, die von der Mehrzahl der Mitglieder einer bestimmten Kultur für sich persönlich und für andere Personen als normal, typisch, selbstverständlich und verbindlich angesehen werden. Eigenes und fremdes Verhalten wird auf der Grundlage von Kulturstandards beurteilt und reguliert. Kulturstandards wirken wie ein Maßstab, ein Gradmesser, ein Bezugssystem für richtiges und kulturell akzeptiertes Handeln. Kulturstandards erfüllen einerseits die Funktion einer Norm, stellen also einen Idealwert dar und enthalten andererseits einen Toleranzbereich, innerhalb dessen Abweichungen vom Normwert noch akzeptiert werden. So kann der individuelle und gruppenspezifische Umgang mit Kulturstandards zur Handlungssteuerung innerhalb eines gewissen Toleranzbereichs variieren, z. B. Verbindlichkeit von Vereinbarungen. Verhaltensweisen, die die Grenzen des Toleranzbereichs überschreiten, werden von der sozialen Umwelt abgelehnt und sanktioniert."

Mithilfe von persönlichen Interviews mit ausländischen Managern, Fach- und Führungskräften über ihre Erfahrungen mit deutschen Partnern in Deutschland konnten 7 Kulturstandards identifiziert werden (Schroll-Machl, 2016): 1. Sachorientierung; 2. Wertschätzung von Strukturen und Regeln; 3. Regelorientierte, internalisierte Kontrolle; 4. Zeitplanung; 5. Trennung von Persönlichkeits- und Lebensbereichen; 6. „schwacher Kontext" als Kommunikationsstil; 7. Individualismus (Schroll-Machl, 2016).

„Individualismus" wird dabei folgendermaßen definiert:

» „Die primäre Identität ist die persönliche Identität des Individuums, das, was eine Person im Unterschied zu anderen Personen auszeichnet und charakterisiert. Als Leitmotive können formuliert werden: Ich bin ich. Ich habe meine eigenen Ziele und Pläne, meine eigene Geschichte und meine Erfahrungen. Ich unterscheide mich daher auch von allen anderen Menschen. Ich entscheide über mein Leben weitestgehend selbst. Ich verfolge meine eigenen Ziele und Interessen, aber ich habe auch die Konsequenzen bei Fehlentscheidungen zu tragen. Ich habe das zu tun, was ich tun will und für richtig halte. Der Dreh- und Angelpunkt meines eigenen Lebens bin ich. Ich habe mit meinem Leben zufrieden zu sein, einer anderen Person steht darüber kein Urteil zu. Das Recht, ja die Pflicht des einzelnen Menschen, sein Leben selbst zu verantworten, hat einen hohen Stellenwert. Das geht so weit, dass ein Mindestmaß an Abgrenzung und Eigenständigkeit eines

7

Individuums gegenüber seiner Gruppe als Voraussetzung für „psychische Gesundheit" gesehen wird.

Individualismus heißt nicht Egoismus! Denn die eigenen Interessen sind sehr wohl mit den jeweils umgebenden Menschen (z. B. Partner, Kinder, Freunde, Gesellschaft) abzuwägen. Die Grenze zwischen Egoismus und Individualismus läuft dort, wo eine Person einen anderen (Individuen, Gruppen, Gesellschaft) durch sein Verhalten schädigt. Diese Grenze ist in Deutschland vor allem durch Gesetze, Regelungen, Verträge, Vereinbarungen etc. markiert, sie einzuhalten ist deshalb auch gleichbedeutend mit Fairness und Rücksichtnahme. Es hat also jeder seine Interessen und Rechte wie auch die berechtigten Interessen und Rechte des anderen im Auge zu behalten." (Schroll-Machl, 2016, S. 204–205).

Diesem von der persönlichen Identität des einzelnen Individuums bestimmten sozialen und gesellschaftlich wirksamen Beziehungssystem steht das weltweit verbreitete kollektive soziale Beziehungssystem gegenüber, dessen charakteristischen Merkmale sich beispielhaft in dem chinesischen „Guanxi-System" und dem in arabischen Kulturen dominierenden System der „Gruppen- und Genderorientierung" finden und wirksam werden:

Guanxi-System:

» „Nach Auffassung der Chinesen stehen politische und soziale Ereignisse im Staat und in der Gesellschaft in enger Beziehung zu den kosmischen Abläufen des Himmels und der Natur. Man stellt sich ein umfassendes Beziehungsnetz von sich gegenseitig beeinflussenden Wirkkräften vor, die eine soziale und kosmische Harmonie bewirken. Diesen Vorstellungen liegt das Konzept von Yin und Yang zugrunde. Durch gegenseitige Bereicherung und Ergänzungen sowie durch die produktiven Beziehungen der verschiedenen Kräfte in der Gesellschaft, beispielsweise der Beamten und des Kaisers, wird dieses harmonische System geschützt. (…) Jeder Chinese befindet sich heute in einer ganzen Reihe von Beziehungsnetzen, die verschiedene Grundlagen haben und unterschiedliche Loyalitäten enthalten. Das primäre Beziehungsnetz ist die eigene Familie. Diese kann erweitert werden durch die gemeinsame Herkunft, wobei der gemeinsame Dialekt, der Besuch derselben Schule oder auch der gemeinsame Familienname den Zusammenhang bestimmen. Mit der Einführung des maoistischen-kommunistischen Gesellschaftssystems sind dem traditionellen Guanxi-System noch weitere Kategorien hinzugefügt worden, wie der zeitgleiche Parteieintritt, der Besuch derselben Parteischule oder die „von Brüderschaft" im Befreiungskampf. Auf diesen sehr zentralen Bestimmungskategorien beruhen die Beziehungen der verschiedenen Personen, und sie verpflichten sich zur gegenseitigen Loyalität. Durch langjährige Freundschaften und natürlich auch durch Geschäftsbeziehungen können neue Guanxi aufgebaut werden, wobei sich diese Beziehungen oft auf der Basis der genannten Kategorien entwickeln und festigen." (Thomas et al. 2015, S. 117–118).

Gruppen- und Genderorientierungssystem:

» „Der Kulturstandard „Gruppen- und Genderorientierung" beschreibt das Grundmuster der Gesellschaft, aufbauend auf der Organisation des Zusammenlebens von Frauen und Männern, der Familie und ihrer Clans. Dieser Kultur-standard wird durch Sozialstrukturen geprägt, die nach wie vor weitgehend auf der muslimischen Gesellschaftsordnung beruhen. Das Leben in der Familie sowie eine Trennung der Lebensbereiche der Männer und Frauen sind dabei kennzeichnend für die islamische Gemeinschaft. In den Golfstaaten wird die Familienzugehörigkeit zusätzlich noch durch beduinische Vergangenheit untermauert Vergangenheit untermauert, auf die sich alle Golf-Araber mit Stolz berufen, obwohl nur 10 % direkte Nachfahren der Beduinen sind. Der Einzelne fand in der Familie und im erweiterten Bereich des Clans die soziale Sicherheit, die ihm das Überleben in der Wüste ermöglichte. Dafür musste er sich und seine Interessen der Gemeinschaft unterordnen. Dieser Zusammenhalt unterlag strengen Regeln, und zwar an Gruppenwerten ausgerichtet, die von der Familie, den entfernten Verwandten oder auch von anderen Gruppenmitgliedern vermittelt und kontrolliert wurden. Dass in den Stämmen jeder jeden kannte und bis zu einem gewissen Grad auch verwandtschaftlich mit jedem verbunden war, bewirkte eine sehr ausgeprägte soziale Kontrolle, der Anonymität und Individualität widersprechen." (Reimer-Conrads & Thomas, 2009, S. 32–33).

Fazit

Die Frage, ob sich im Verlauf des Lebens und Arbeitens in und zwischen mehreren Kulturen eine multikulturelle Persönlichkeit ausbildet, ist wissenschaftlich noch nicht eindeutig zu beantworten. So thematisieren Soziologen die subjektive Bedeutsamkeit von selbst konstruierten Identitätsgegenständen. Diese bilden sich in bestimmten Lebensbereichen wie Ausbildung, Beruf, Beziehungen und Partnerschaft aus und betreffen beispielsweise politische Überzeugungen, Einstellungen zu Heimat, zur regionalen Identität usw., die vom gesellschaftlichen Umfeld, also den kulturellen Orientierungssystemen, mitbestimmt werden. Das würde bedeuten, dass eine Fachkraft, die aus einer individualistisch geprägten Kultur stammt, z. B. Deutschland, aber häufig in kollektivistisch geprägten Kulturen lebt und arbeitet, z. B. China, arabische Länder, Brasilien, gelernt hat, den jeweiligen kulturellen Orientierungssystemen gemäß zu kommunizieren und sich entsprechend angemessen zu verhalten, indem sie die selbst konstruierten Identitätsgegenstände den vorherrschenden gesellschaftlichen Definitionsräumen entsprechend ausgestaltet und nutzt. So bekommt auch die Definition von Kultur, wie sie von Boesch (1980) formuliert wurde, ihre Bedeutung: „Als Handlungsfeld bietet demnach Kultur Handlungsmöglichkeiten, stellt aber auch Bedingungen; sie bietet Ziele an, die mit bestimmten Mitteln erreichbar sind, setzt aber auch Grenzen für das mögliche bzw. „richtige" Handeln."

Unter normalen Lebensbedingungen wächst ein Mensch zunächst in einer spezifischen Kultur auf, in der für die verschiedenen Lebensbereiche kollektiv geteilte kulturspezifische Orientierungssysteme verbindlich und wirksam sind. Dazu gehört auch die Ausbildung einer personalen und sozialen Identität, die, wie alles andere, im Verlauf der Enkulturation, also des Hineinwachsens in die Gesellschaft und der Sozialisation, also der Übernahme und des verantwortlichen Gebrauchs der kollektiv als verbindlich angesehenen Werte, Normen und sozialen Regelsysteme, entwickelt und mithilfe formalen und informellen Lernens verinnerlicht wurden. Wenn dies im Verlauf einer

7

erarbeiteten Identität (Marcia, 1980) auf dem Hintergrund einer gesicherten Bindung an die nächsten Vertrauenspersonen, meist die Eltern, geschieht, dann werden die so erworbenen und verinnerlichten Identitäten in der Regel selbst dann nicht infrage gestellt, wenn unter den Bedingungen der Wirksamkeit fremdkultureller Orientierungssysteme erwartungswidrige, konträre, ungewohnte und nicht erklärbare Verhaltensweisen beobachtet werden. In diesem Fall ist statt der Aktivierung von Angst und Ablehnung eine Aktivierung von Neugier und Offenheit für Neues und Andersartiges zu erwarten, das mithilfe von erprobendem, explorierendem und entdeckendem Handeln allmählich vertraut gemacht wird. Dazu können dann z. B. auch die Selbstkommandos zur effektiven Gestaltung interkultureller Begegnungsprozesse (s. ◘ Abb. 11.1) dienen. Eine deutsche Fach- und Führungskraft, die vor ihrem Auslandseinsatz ein kulturallgemeines und zielkulturspezifisches interkulturelles Training absolviert hat und dann über mehrere Jahre in einer fremden Kultur tätig war und sich in dieser Kultur womöglich schon zu Hause fühlt, wird ihre personale, soziale und kulturelle Identität nicht verlieren, sondern sofort aktivieren können, wenn dies gefordert ist, z. B. wenn bei der Reintegration in die Heimatkultur der zunächst als Belastung empfundene Zustand der „vertrauten Fremde" zu bewältigen ist.

Literatur

Adler, P. S. (1977). Beyond cultural identity. Reflection on cultural and multicultural man. In R. Brislin (Hrsg.), *Culture learning. Concepts, applications and research* (S. 24–41). University of Hawaii Press.
Alsaker, F., & Kroger, J. (2007). Identitätsentwicklung. In: Hasselhorn, M.; Schneider, W. (Hrsg.) Handbuch der Entwicklungspsychologie. Handbuch der Psychologie: Vol. 7 (S. 371–380). Göttingen: Hogrefe.
Boesch, E. (1980). *Kultur und Handlung. Einführung in die Kulturpsychologie.* Huber.
Der Spiegel. (2018). Der Glaube der Ungläubigen. Nr. 19, S. 13.
Erikson, E. (1982). *Kindheit und Gesellschaft.* Klett-Cotta.
FAZ (2017). Franco ist passé. Nr. 264, S. 11.
Hofstede, G. (2001). *Lokales Denken, globales Handeln. Interkulturelle Zusammenarbeit und globales Management* (2. Aufl.). Deutscher Taschenbuch.
Hofstede, G. (2001). A case for comparing apples with oranges in international differences in values. In Interntional journal of comparative sociology, 41(4), 402–?.
Lucius-Hoene, G. (2017).
Marcia, J. E. (1980). Identity in adolescence. In J. Adelson (Hrsg.), *Handbook of adolescent psychology* (S. 159–187). Wiley.
Markus, H. R., & Kitayama, S. (1991). Culture and the self. Implications of cognition, emotion and motivation. *Psychological Review, 98*, 244–253.
Mummendey, A., & Otten, S. (2002). Theorien intergruppalen Verhaltens. In D. Frey (Hrsg.). Theorien der Sozialpsychologie (2. völlig überarbeitete Auflage). 95–119). Hogrefe Publishing.
Oerter, R. (2007). Menschenbilder im Kulturvergleich. In G. Trommsdorff & H.-J. Kornadt (Hrsg.), *Enzyklopädie der Psychologie, Serie VII, Bd. Theorien und Methoden der Kulturvergleichenden Psychologie.* Hogrefe.
Portes, P. R., Dunham, R., & Del Castillo, K. (2000). Identity formation and status across cultures: Exploring the cultural validity of Eriksonian Theory. In A. L. Communian & U. Geilen (Eds.), International perspectives on human development, 449–460. Berlin: Pabst Science.
Reimer-Conrads, T., & Thomas, A. (2009). Beruflich in den arabischen Golfstaaten. In *Trainingsprogramm für Manager, Fach- und Führungskräfte.* Vandenhoeck & Ruprecht.
Schroll-Machl, S. (2016). Beruflich in Babylon. Das interkulturelle Einmaleins weltweit. Vandenhoeck & Ruprecht.
Schroll-Machl, S. (2016). *Die Deutschen – Wir Deutsche. Fremdwahrnehmung und Selbstsicht im Berufsleben* (5. Aufl.). Vandenhoeck & Ruprecht.

Tajfel, H. (Hrsg.). (1982). *Social identity and intergroup relations*. Cambridge University Press.

Tajfel, H., & Turner, J. C. (1986). The Social Identity Theory of Intergroup Behavior. In: Worchel, S.; Austin, W.G., (Hrsg.). Psychology of Intergroup Relation. 7–24. Hall Publishers.

Thomas, A. (1992). *Grundriss der Sozialpsychologie, Bd. 2 Individuum – Gruppe – Gesellschaft* (S. 326–333). Hogrefe.

Thomas, A. (2011a). *Interkulturelle Handlungskompetenz. Versiert, angemessen und erfolgreich im internationalen Geschäft*. Springer Gabler.

Thomas, A. (2011b). Das Kulturstandardkonzept. In W. Dreyer & U. Hössler (Hrsg.), *Perspektiven interkultureller Kompetenz* (S. 97–124). Vandenhoeck & Ruprecht.

Thomas, A. (2013). *Leben und Arbeiten in internationalen Kontexten. Schriftensammlung zur interkulturellen Kompetenz*. LIT.

Thomas, A. (2017). *Technik und Kultur. Interkulturelle Handlungskompetenz für Techniker und Ingenieure*. Springer Gabler.

Thomas, A., et al. (2001–2015). *Handlungskompetenz im Ausland: Trainingsprogramm für (deutsche) Manager, Fach- und Führungskräfte für 40 Länder zur Vorbereitung auf den Auslandseinsatz in 40 Ländern weltweit*. Vandenhoeck & Ruprecht.

Thomas, A., Schenk, E., & Heisel, W. (2015). *Beruflich in China. Trainingsprogramm für Manager, Fach- und Führungskräfte* (5. Aufl.). Vandenhoeck & Ruprecht.

Thomas, H. (2014). *Wie Fremdes vertraut werden kann. Mit internationalen Geschäftspartnern zusammenarbeiten*. Springer Gabler.

Trommsdorff, G., & Kornadt, H.-J. (Hrsg.). (2007). Kulturvergleichende Psychologie. 3 Bde. Enzyklopädie der Psychologie, Hogrefe.

Useem, J., & Useem, R. H. (1955). *The western-educated man in India – A study of his social roles and influence*. Eigenverlag.

Interreligiöse Sensibilität als Grundlage interkultureller Kompetenz

Inhaltsverzeichnis

© Der/die Autor(en), exklusiv lizenziert durch Springer-Verlag GmbH, DE,
ein Teil von Springer Nature 2022
A. Thomas, *Praxisbuch Interkulturelle Handlungskompetenz*,
https://doi.org/10.1007/978-3-662-63671-8_8

8.1 Einleitung

Mit der bereits weit fortgeschrittenen Internationalisierung und Globalisierung aller Arbeits- und Lebensbereiche in unserer Gesellschaft und dem anhaltenden Trend der Vertiefung dieser Entwicklung sind nicht nur Fach- und Führungskräfte im Auslandseinsatz anderer kultureller Herkunft konfrontiert. Auch in der Zusammenarbeit mit ausländischen Partnern im Heimatland, im ganz normalen Beruf und Alltagsleben, kommt dieser Verhalt immer häufiger vor. Immer geht es darum, dass Menschen unterschiedlicher kultureller Herkunft einander verstehen, verständnisvoll miteinander interagieren, kommunizieren und erfolgreich kooperieren. Dies erfordert nicht nur ein Handeln gemäß den im eigenen Land geltenden kulturspezifischen Werten, Normen, Regeln und Traditionen, sondern auch ein gewisses Maß an Offenheit, Aufnahmebereitschaft und Anpassungsfähigkeit an die Normen, Werte und Regeln der fremdkulturellen Partner. Zusätzlich zur eigenkulturellen sozialen Kompetenz ist eine internationale Kompetenz zu entwickeln, um die zur Erbringung von Leistungen und Lebenszufriedenheit erforderlichen Herausforderungen zu meistern.

Wer interkulturelle Handlungskompetenz erwerben und diese handlungswirksam in der Zusammenarbeit mit fremdkulturellen Partnern zur Wirkung bringen will, muss darauf achten, dass er ein ausreichendes Maß an Sensibilität für seine eigenen religiösen Orientierungen und die handlungswirksamen religiösen Orientierungen seiner fremdkulturellen Partner aufbringt.

Alle Menschen haben zu allen Zeiten daran geglaubt und werden auch in Zukunft noch weiter davon überzeugt sein, dass es überirdische Kräfte gibt, die das individuelle und gesellschaftliche Leben auf der Erde nachhaltig beeinflussen. Sie glauben, dass es jenseits von den physischen und psychischen Erfahrungen und willkürlichen Beeinflussungen von Körper und Geist Kräfte gibt, die aufbauend oder zerstörend auf die eigene individuelle Entwicklung und das Verhalten und Handeln des Einzelnen sowie seine Lebensumwelt einwirken, und dass der Mensch deren Wirken bis zu einem gewissen Grad in positiver wie in negativer Richtung beeinflussen kann. In allen Kulturen weltweit ist dieser Glaube und sind diese Vorstellungen und Überzeugungen von Generation zu Generation weitergegeben worden und bis heute erhalten geblieben, und so gehören sie zu den Selbstverständlichkeiten des Lebens. Dazu gehören Glaubensüberzeugungen nicht nur bezüglich der Beeinflussungen der aktuellen Lebenssituation, sondern auch über das, was nach dem Tode passiert und inwieweit man sich darauf schon zu Lebzeiten vorbereiten kann.

8.2 Hauptteil

Der Glaube an diese überirdischen Kräfte, mit ihren Wirkungen im Alltagsleben und über den Tod hinaus, sind zentraler Bestandteil einer jeden Kultur weltweit. Wenn auch nur noch knapp 60 % der Menschen in unserer Kultur an einen Gott glauben, aber immerhin noch knapp 70 % an Wunder, sind Glaube und Religion doch keine Selbstverständlichkeiten mehr, sondern allenfalls Privatsache jedes einzelnen, die niemanden etwas angeht, für die sich keiner zu interessieren hat und über die man kein Wort gegenüber anderen verliert. In den vergangenen zwei Jahrhunderten hat sich diese Entwicklung in vier Stufen vollzogen:

1. Säkularisierung von Religion und Kirche: Der Glaube ist im Verlauf der neuzeitlichen Entwicklung und besonders der Aufklärung keine unhinterfragbare Selbstverständlichkeit mehr.
2. Pluralisierung von religiösen Überzeugungen: Anerkannt ist eine gleichberechtigte Existenz mehrerer Religionen, Weltanschauungen, Wertesysteme und Lebensentwürfe.
3. Enttraditionalisierung von Religion: Religiosität in der Moderne ist nicht mehr schicksalhaft ererbte Selbstverständlichkeit.
4. Individualisierung von Religion: Jeder Einzelne muss früher oder später selbst eine Entscheidung bezüglich seiner Religiosität treffen.

Fragt man weiter nach der Bedeutung von Religion sowohl in sogenannten modernen Gesellschaften wie auch in traditionell verankerten Gesellschaften, dann lassen sich in Bezug auf ihre Funktionalität folgende markante Merkmale aufzeigen:

1. Religion ermöglicht dem Individuum eine stringente Weltordnung mit einer Aufteilung der Welt einerseits in Profanes und Gegenwärtiges und andererseits in Heiliges und Transzendentes.
2. Religion bietet ein Potenzial zu Deutungen und zur Beantwortung von Sinnfragen wie Leben, Tod, Entstehung, Vergehen, Gerechtigkeit, Ungerechtigkeit, Sichtbarem und Unsichtbarem.
3. Religionen bieten Wert- und Normensysteme an und stellen Entscheidungshilfen für „richtiges" Handeln in konkreten Situationen zur Verfügung (z. B. Gleichnisse im Neuen Testament).
4. Religionen haben eine sozialisierende Funktion, indem sie den Menschen in eine (religiöse) Gemeinschaft einbinden.
5. Religionen leisten einen Beitrag zum Aufbau der persönlichen Identität, indem sie dem Individuum einen Platz in transzendenten Sinnzusammenhängen anbieten und ihm Modelle gelingender Lebensgestaltung verfügbar machen (z. B. Kastensystem).
6. Religionen schaffen die Grundlage zur Distanzierung von den gegebenen Verhältnissen (in Armut geboren) und dafür, eine andere Wirklichkeit als die gegebene zu erhoffen (die Letzten werden die Ersten sein!).
7. Religionen legitimieren Protest gegen die vorhandenen Verhältnisse und motivieren den Einzelnen, sich für eine veränderte Zukunft einzusetzen.

Betrachtet man diese Funktionen unter Berücksichtigung spezifischer natürlicher und kultureller Gegebenheiten im Einzelnen, wird deutlich, von welch zentraler Bedeutung religiöse Überzeugungen für den Menschen sind und wie sehr sie sein Denken, Entscheiden, Empfinden und Handeln in spezifischer Weise prägen.

Zieht man nun die wissenschaftliche Literatur zurate, die sich mit interkultureller Handlungskompetenz, ihrer Bedeutung und ihrer Entwicklung, z. B. durch Lernen und Trainings, befasst, dann stellt man fest, dass „Religion" und „Glaube" nicht einmal im Stichwortverzeichnis einschlägiger Publikationen auftauchen und schon gar nicht als Teilaspekte interkultureller Trainings behandelt werden. Beispielhaft stehen hier das von Landis et al. herausgegebene „Handbook of Intercultural Training" (3 Bände Landis & Brislin, 1983; Landis & Bhagat, 1996; Landis et al., 2004 und der Sammelband von Bergemann & Sourisseaux, 2003).

Andererseits wird aber auch niemand widersprechen, Religionen und Glaubensüberzeugungen mit all ihren Auswirkungen auf das individuelle, soziale und gesellschaftliche Leben als Teil von Kultur anzuerkennen.

8.2.1 Kultur und interreligiöse Kompetenz

Greift man bei der Vielzahl der Kulturdefinitionen nur einige wichtige und viel diskutierte heraus und betrachtet sie unter dem Aspekt der interreligiösen Kompetenz und ihrer grundlegenden Bedeutung zum Verständnis der Verhaltensweisen von Menschen unterschiedlicher kultureller Herkunft, dann wird sofort klar, dass Religion und Glaube in all ihren unterschiedlichen Ausformungen ein Teil der Kultur sind.

8.2.1.1 Kulturdefinitionen

Im Folgenden sind einige der gängigen Kulturdefinitionen aufgeführt. Ob man die sehr weit gefasste Definition der UNESCO von Kultur (Nr. 1) oder die spezifischere Kulturdefinition (Nr. 6), in der unter Kultur ein bedeutungshaltiges und sinnstiftendes Orientierungssystem verstanden wird, favorisiert, in jedem Fall gehören Religion und Glaubensüberzeugungen immer implizit mit dazu.

1. Kultur ist die Gesamtheit der Formen menschlichen Zusammenlebens (UNESCO, 1996).
2. Kultur ist der vom Menschen gemachte Teil der Umwelt (Herskovits, 1973).
3. Kultur ist die kollektive Programmierung des Geistes (Hofstede, 1980).
4. Kultur ist ein Handlungsfeld, „… dessen Inhalte vom von Menschen geschaffenen und genutzten Objekten bis zu Institutionen und Ideen oder ‚Mythen' reicht. Als Handlungsfeld bietet die Kultur Handlungsmöglichkeiten, stellt aber auch Handlungsbedingungen: sie bietet Ziele an, die mit bestimmten Mitteln erreichbar sind, setzt zugleich aber auch Grenzen des möglichen oder ‚richtigen' Handelns (Boesch, 1980, S. 17).
5. „Unter Kultur versteht man sämtliche kollektiv geteilten, impliziten oder expliziten Verhaltensnormen, Verhaltensmuster, Verhaltensäußerungen und Verhaltensresultate, die von den Mitgliedern einer sozialen Gruppe erlernt und mittels Symbolen von Generation zu Generation weitervererbt werden. Diese – nach innerer Konsistenz strebenden – kollektiven Verhaltensmuster und -normen dienen dem inneren und äußeren Zusammenhalt und der Funktionsfähigkeit einer sozialen Gruppe und stellen eine spezifische, generationserprobte Lösung ihrer physischen, ökonomischen und sonstigen Umweltbedingungen dar. Kulturen neigen dazu, sich einer Veränderung in diesen Bedingungen anzupassen" (Keller & Eckensberger, 1998).
6. Kultur ist ein universelles, für eine Gesellschaft, Organisation und Gruppe aber sehr typisches Orientierungssystem. Dieses Orientierungssystem wird aus spezifischen Symbolen gebildet und in der jeweiligen Gesellschaft usw. tradiert. Es beeinflusst das Wahrnehmen, Denken, Werten und Handeln aller ihrer Mitglieder und definiert somit deren Zugehörigkeit zur Gesellschaft. Kultur als Orientierungssystem strukturiert ein für die sich der Gesellschaft zugehörig fühlenden Individuen spezifisches Handlungsfeld und schafft damit die Voraus-

setzungen zur Entwicklung eigenständiger Formen der Umweltbewältigung. (Thomas, 1996, S. 112).

Die Funktion von Kultur als sinnstiftendes und bedeutungshaltiges Orientierungssystem zeigt sich beispielsweise darin, dass in unserer Gesellschaft „unterlassene Hilfeleistung" ein strafbewehrtes Delikt ist. Jeder kennt das Gleichnis aus dem Neuen Testament vom „Barmherzigen Samariter" und seine Bedeutung im Kontext des zentralen Gebots der christlichen Nächstenliebe „Liebe deinen Nächsten wie dich selbst!". Erwartet wird, dass jeder Erwachsene aus dieser Kultur als gereifte Persönlichkeit dieses Gebot so verinnerlicht hat, dass er jedem Menschen in Notfallsituationen hilft, unabhängig von persönlichen und sozialen Bindungen an ihn. Das gilt aber keineswegs universell. Es gibt Kulturen, in denen zwar die Pflicht besteht, jedem Familienangehörigen, Stammesmitglied, den Freunden, also den Zugehörigkeits- und engen Bezugspersonen, denen man verbunden ist, zu helfen, wo es nur geht, nicht aber denjenigen, die nicht dazu gehören, die man nicht kennt und die einem fremd sind. Das gilt z. B. für den Hinduismus, Schintoismus, Daoismus und Konfuzianismus.

Die christliche Religion und die aus dem Christentum abgeleiteten Glaubensüberzeugungen als Teil der Kultur und der Kulturtradition begründen und erfordern die Verinnerlichung kulturspezifischer Einstellungen und entsprechender Verhaltensregeln gegenüber Menschen in Notlagen, die es in anderen Kulturen so nicht gibt – oder zumindest nicht in dieser allgemeinen Verbindlichkeit.

Das Grundgesetz der Bundesrepublik Deutschland und das für die Rechtsprechung verbindliche Bürgerliche Gesetzbuch (BGB) sowie die Rechtspraxis in unserem Land sind fundiert und begründet in christlich-humanistischen Wert- und Normvorstellungen, z. B. in den Zehn Geboten und den Verhaltensregeln der Bergpredigt.

Die Sonntagsruhe beispielsweise geht zurück auf die Schöpfungsgeschichte, aufgezeichnet im Alten Testament. Die Diskussion, ob Geschäfte sonntags geöffnet sein können, welche Geschäfte das sind und wie lange die Öffnungszeiten dauern können, waren und sind bis heute geprägt von zum Teil sehr kontroversen Vorstellungen über die Bedeutung des Sonntags als arbeitsfreier Ruhetag einerseits und den geschäftlichen Interessen von Ladenbesitzern und Kunden andererseits (Thomas et al., 2006).

8.2.1.2 Definition interkultureller Handlungskompetenz

Interkulturelle Handlungskompetenz lässt sich als Schlüsselqualifikation folgendermaßen definieren:

Interkulturelle Handlungskompetenz ist die notwendige Voraussetzung für eine angemessene, erfolgreiche und für alle Seiten zufriedenstellende Kommunikation, Begegnung und Kooperation zwischen Menschen aus unterschiedlichen Kulturen.

Interkulturelle Handlungskompetenz ist das Resultat eines Lern- und Entwicklungsprozesses.

Die Entwicklung interkultureller Handlungskompetenz setzt die Bereitschaft zur Auseinandersetzung mit fremden kulturellen Orientierungssystemen voraus, basierend auf der Grundhaltung kultureller Wertschätzung. Interkulturelle Handlungskompetenz zeigt sich in der Fähigkeit, die kulturellen Bedingtheiten der Wahrnehmung, des Denkens und Urteilens, des Empfindens und des Handelns bei sich selbst und bei anderen Personen zu erfassen, zu respektieren, zu würdigen und produktiv zu nutzen.

Ein hoher Grad an interkultureller Handlungskompetenz ist dann erreicht, wenn differenzierte Kenntnisse und ein vertieftes Verständnis des eigenen und fremden kulturellen Orientierungssystems vorliegen und wenn aus dem Vergleich der kulturellen Orientierungssysteme kulturadäquate Reaktions-, Handlungs- und Interaktionsweisen generiert werden können.

Die Fähigkeit, kulturelle Bedingtheiten der Wahrnehmung, des Denkens und Urteilens, des Empfindens, der Motivation und des Handelns bei Menschen anderer kultureller Herkunft zu erfassen und damit adäquat umzugehen, erfordert nicht nur Wissen und Kenntnisse, sondern auch Kreativität. Es gilt zu erfassen, welche spezifischen kulturellen Bedingtheiten in einem konkreten Fall für das Denken und Handeln des fremdkulturellen Partners wichtig und bedeutsam sind und welche Einstellungen und als selbstverständlich erscheinenden Bewertungsmaßstäbe man in die Beurteilung des Falls mit einbringt.

Wie schwierig das ist, zeigen die Fallbeispiele.

8

8.3 Fallbeispiele

Fallbeispiel: Das Aufforstungsprojekt in Afghanistan

Ein Psychologe, der selbst auf dem Gebiet der Kulturvergleichenden und Interkulturellen Psychologie arbeitet, berichtet:

„Während einer Reise durch Afghanistan, Pakistan und Indien 1976 hatte ich in der afghanischen Hauptstadt Kabul Gelegenheit, mit einem deutschen Landwirt, Herrn Müller, zu sprechen, der seit mehreren Jahren in Afghanistan im Auftrag der Deutschen Gesellschaft für Technische Zusammenarbeit (GTZ) ein Aufforstungsprojekt leitete. Die verkarsteten Berghänge sollten aufgeforstet werden, um die Bodenerosion aufzuhalten, die Niederschlagsmenge in diesen Regionen zu erhöhen und das Regenwasser im Boden so festzuhalten, dass mit der Zeit wieder eine landwirtschaftliche Nutzung möglich wäre. In jeder Hinsicht also ein nützliches Entwicklungsprogramm!

Nach einem kurzen Kontaktgespräch über Einzelaspekte des Projekts meinte Herr Müller plötzlich: „Wissen Sie, Herr Thomas, Aufforsten ist technisch kein Problem. Man gräbt ein kleines Loch, setzt einen Setzling hinein, häufelt Erde an, bewässert die Anpflanzung so lange, bis die Wurzeln greifen, und überlässt die restliche Entwicklung der Natur. Es gibt aber ein Problem, bei deren Lösung Sie mir als Psychologe sicher helfen können: Wie lässt sich verhindern, dass die verarmte Landbevölkerung die kleinen Stämmchen in der Anpflanzung, wenn sie Daumendicke erreicht haben, absägt und im nächsten Basar als Brennholz verkauft?"

Nun stand ich da, irgendwie sprachlos, aber auch herausgefordert.

Ihm den Rat zu geben, die wirtschaftlichen Bedingungen der lokalen Bevölkerung so zu verbessern, dass sie auf den Verkauf von Brennholz nicht mehr angewiesen sind, erschien mir unrealistisch, da doch die Aufforstung schon einige Jahre lief und man gerade mit ihr hoffte, langfristig die ökonomischen Bedingungen verbessern zu können. Ich begann mit dem Versuch, ihm vorzuschlagen, die lokale Bevölkerung über Klima, Klimawandel, Bodenerosion, Niederschläge, Bewaldung und die Folgen aufzuklären, also eine auf naturwissenschaftlichen Erkenntnissen aufbauende Aufklärungskampagne zu starten. Damit hörte ich aber schnell auf, als ich bemerkte, wie Herr Müller nur müde und resigniert lächelte, denn mir wurde bewusst, dass mit einer solchen Aufklärungskampagne bei afghanischen Bauern in dieser Region nicht die gewünschte Wirkung zu erreichen wäre. Ihm vorzuschlagen, Verbote bezüglich des Abholzens auszusprechen, deren Nichteinhaltung dann entsprechend bestraft werden müsste, traute ich mich schon gar nicht.

Ein in jeder Hinsicht sinnvolles Entwicklungsprojekt, das der lokalen Bevölkerung in Jahrzehnten eine landwirtschaftliche Nutzung der ausgetrockneten Böden ermöglichen würde, drohte zu scheitern, weil es mit den aktuellen Bedürfnissen und Handlungsgewohnheiten der dort lebenden Menschen nicht vereinbar war. Das Scheitern war absehbar, und keiner konnte es verhindern!

Jahrelang habe ich dieses Beispiel in Publikationen und bei Vorträgen erwähnt, meine Ratlosigkeit thematisiert und nach Lösungsmöglichkeiten gefragt. Erst nach mehr als 30 Jahren kam mir die Idee, was ich Herrn Müller hätte raten sollen. Mithilfe eines ägyptischen Dozenten für Arabisch an meiner Universität in Regensburg wurde mir allmählich klar, wie es hätte funktionieren können, nämlich so:

Die muslimisch religiösen Autoritäten der Region hätten von Anfang an in das Entwicklungsprogramm mit einbezogen und so zur Mitarbeit gewonnen werden müssen, dass auch sie vom Sinn und Zweck des Aufforstungsprogramms überzeugt gewesen wären. Dann hätten sie in ihren Freitagsgebeten und -predigten in den Moscheen der Region im Alltag und bei Festtagen immer wieder darauf hinweisen können, dass die Natur ein Geschenk Gottes ist, dass frühere Generationen dieses Geschenk missbraucht und nicht ausreichend bewahrt haben und dass nun die Zeit gekommen ist, mit Allahs Hilfe die beschädigte Natur wieder zu heilen. Dazu hätte man auf folgende Koranstellen vorweisen können:

1. Koransure Nr. 6, Vers .20: „Habt ihr denn nicht gesehen, dass Allah euch alles dienstbar gemacht hat, was in dem Himmel und was auf Erden ist, (dass Er) seine Wohltaten reichlich über euch ergossen hatte – in sichtbarer und unsichtbarer Weise?"

2. Koransure Nr. 6, Vers 99. „Und Er ist es, der aus dem Himmel Wasser niedersendet, damit bringen wir alle Arten Pflanzen hervor; mit diesem bringen wir dann Grünes hervor, woraus wir Korn in Reihen sprießen lassen und aus der Dattelpalme, aus ihren Blütendolden, (sprießen) niederhängende Datteltrauben und Gärten mit Beeren und Oliven- und Granatapfel-(Bäume) einander ähnlich und nicht ähnlich. Betrachtet ihre Frucht, wenn sie Früchte tragen, und ihr Reifen. Wahrlich, hierin sind Zeichen für Leute, die glauben."

3. Koransure Nr. 16, Vers 10–11: „Er ist es, der Wasser aus den Wolken nieder sendet; davon habt ihr zu trinken und davon wachsen die Gebüsche, an denen ihr (euer Vieh) weiden lasst. Damit lässt Er für euch Korn sprießen und den Ölbaum und die Dattelpalme und die Trauben und Früchte aller Art. Wahrlich, darin liegt ein Zeichen für nachdenkliche Leute."

Hinzu kommen Aussprüche und Taten des Propheten Mohammed, Hadidh genannt, z. B.: „Wenn wir einen Samen hätten, diesen auch dann pflanzen sollten, wenn es bereits der jüngste Tag ist. Dein Schicksal ist es, diesen Samen zu pflanzen, ob der jüngste Tag nun kommt oder nicht."

Mit allen dem Islam zur Verfügung stehenden Mitteln hätte so die einheimische Bevölkerung dazu gebracht werden können, die Aufforstungsgebiete als Geschenk Gottes zu betrachten, die für zukünftige Generationen zu erhalten und zu pflegen sind. Eine tiefgläubige Bevölkerung wie in Afghanistan wäre so für ein Entwicklungsprozessprojekt gewonnen worden, das sie allmählich als ihr eigenes Zukunftsprojekt, mit dem Segen Gottes (also Allahs) versehen, betrachtet und behandelt hätten.

Eigentlich leuchtet das jedem ein, aber 1976 ist niemand auf die Idee gekommen, Entwicklungsprojekte mit den kulturellen und religiösen Lebenswirklichkeiten und den Traditionen der einheimischen Bevölkerung in Verbindung zu bringen und zu verzahnen. Damals waren noch alle, die Sender und Empfänger von Entwicklungshilfe, fest davon überzeugt, dass die aus dem Westen kommenden technischen und zivilisatorischen Errungenschaften für jeden auf der Welt ein Segen sind. Sie müssen eben nur noch finanziert, bekanntgemacht und eingeführt werden. Alles Weitere ergibt sich dann schon von alleine."

8

Fallbeispiel: die Montagehalle in Thailand

Das bereits in ▶ Kap. 3 gebrachte Fallbeispiel der Fertigungshalle in Thailand, wird hier nochmal aufgegriffen und unter interreligiösen Gesichtspunkten betrachtet.

„Der Manager eines mittelständigen deutschen Unternehmens hat sich entschlossen, einen Produktionsstandort in Thailand zu eröffnen. Durch einen thailändischen Mittelsmann wird dem Unternehmen ein Grundstück 50 km außerhalb Bangkoks an einer sechsspurigen Autobahntrasse, die den Flughafen mit der Innenstadt verbindet, zum Kauf angeboten. Die Firma erwirbt das Grundstück und beabsichtigt, dort eine Produktionshalle von 2000 m² zu errichten. Wegen der besonders schweren Maschinen, die zudem noch vibrationsfrei installiert werden müssen, sind umfangreiche und tiefgehende Erd- und Fundamentarbeiten erforderlich.

Der deutsche Manager, der die Bauarbeiten begleiten und leiten soll, hat an einem interkulturellen Sensibilisierungstraining teilgenommen, in dem ihm die Bedeutung von kulturellen Einflussfaktoren auf das Denken, Empfinden und Handeln der Menschen und insbesondere die Problematik interkultureller Zusammenarbeit vermittelt wurde. Anhand einschlägiger Literatur über die Geschichte, Kultur und Religion (Theravada-Buddhismus) hat er sich auf seinen Auslandseinsatz in Thailand vorbereitet. Er weiß, dass die Thais ein sehr enges Verhältnis zur Natur pflegen und in einer kosmologischen Gesamtschau sich selbst als Teil der Natur empfinden. Für sie ist die Natur nicht einfach nur eine seelenlose Sache, sondern von guten und bösen Geistern, die in Bäumen, Flüssen, Bergen, Hügeln, Wälder, Steinen, im Erdboden usw. wohnen, beseelt, denen man opfern muss, um sie zu besänftigen und ihr Wohlwollen zu erlangen. Zudem darf man sie auf keinen Fall in ihren jeweiligen Zuständen stören. Der deutsche Manager weiß, dass durch den Bau der Fabrikationshalle und durch die umfangreichen Fundamentierungen nach Auffassung der Thais die Wohnungen der

Erdgeister zerstört werden und diese, falls man ihnen keine adäquate Ersatzwohnung anbietet, schädliche Einflüsse auf das Bauvorhaben und das Leben der daran beteiligten Personen ausüben können und werden. Aus diesem Wissen heraus sucht er, bevor der erste Spatenstich erfolgt, den Rat eines in diesen spirituellen Angelegenheiten kundigen Fachmanns, um zu erfahren, wie er vorgehen sollte, um keine bösen Überraschungen auf seiner Baustelle zu erleben.

Als Ergebnis seiner Recherche errichtet er am Rande des Grundstücks in einer dafür geeigneten Ecke unter Schatten spendenden Bäumen ein traditionelles thailändisches Geisterhaus. In ihm werden vom Augenblick der ersten Baumaßnahme an täglich Opfergaben dargebracht in Form von frischem Wasser, Obst und Blumen und alles wird nach traditionellen Regeln so angeordnet, dass es den Erdgeistern möglich ist, dort Platz zu nehmen und sich häuslich einzurichten.

Als er mit den Bauleuten Richtfest nach deutscher Tradition feiert, erfährt er, dass die thailändischen Handwerker und Bauunternehmer, die das Gebäude errichtet haben, überrascht und überglücklich waren, dass der deutsche Manager mit der Errichtung des Geisterhauses so sehr für das Wohlergehen seiner thailändischen Mitarbeiter gesorgt hat, dass sie mit besonderer Freude und Motivation auf dieser Baustelle gearbeitet haben. Die auf der Baustelle tätigen thailändischen Subunternehmer waren selbst überrascht von dem hohen Arbeitseinsatz ihrer Mitarbeiter. Niemand der bisherigen ausländischen Bauherren, so wurde ihm berichtet, habe auch nur einen einzigen Gedanken darauf verschwendet, dieser thailändischen Tradition der Geisterverehrung Folge zu leisten. Selbst vorsichtige Hinweise seitens der Bauunternehmer seien nur auf Unverständnis und Ablehnung stoßen. Man habe immer mit Widerwillen, aber noch viel mehr mit Angst vor den Folgen, die von den aus ihrer Ruhe gebrachten Erdgeistern ausgehen könnten, auf den Baustellen von Ausländern gearbeitet.

Der deutsche Firmenvertreter freut sich über diese positive Reaktion und nimmt sich vor, zukünftig bei allen Auslandseinsätzen nicht nur den materiellen Aspekten, sondern auch den spirituellen Aspekten, die sein Handeln in einer fremden Kultur tangieren könnten, besondere Aufmerksamkeit zu schenken."

Der hier beschriebene Umgang mit dem thailändischen Geisterglaube und seine Wirkungen auf menschliches Handeln, in diesem Fall der Realisierung eines Bauvorhabens, lässt sich aus verschiedenen Blickwinkeln betrachten und bewerten:

Aus Sicht eines Atheisten ist das, was die einheimischen Bauleute auf der Baustelle bewegt, Spinnerei.

Aus Sicht eines strenggläubigen Christen „Götzendienst" oder vormoderner Geisterglaube, also etwas Verwerfliches.

Aus Sicht eines aufgeklärten, modernen, postmodernen, säkularen Menschen ist das alles eine unnötige Ressourcenverschwendung.

Aber aus christlicher Sicht, mit dem zentralen Gebot der Nächstenliebe, ist es durchaus geboten, alles zu unternehmen, um die thailändischen Mitarbeiter abzusichern, ihnen also sichere Arbeitsplätze zur Verfügung zu stellen, was durchaus mehr und anderes sein kann und muss als Sicherheitshelme zu verteilen und die Baugerüste nach den in Deutschland gültigen Sicherheitsnormen abzusichern.

8

Fallbeispiel: die Beinamputation

Aus dem Einsatz der Bundeswehr der Bundesrepublik Deutschland in Somalia mit dem Ziel, den Terrorismus gegen die Zivilbevölkerung zu bekämpfen, wird Folgendes berichtet:

„Es gab ja in Somalia eine Menge Leute, die auf eine Mine getreten waren und dadurch schwere Beinverletzungen erhalten hatten. In einigen Fällen, wo das Bein schon brandig geworden war, hätte man amputieren müssen, um das Leben noch zu retten. Wenn aber der Clan gehört hat, dass wir amputieren wollen, dann sind die gekommen und haben das mit allen Kräften verhindert und den Verletzten mit nach Hause genommen. Deshalb sind dann einige an diesen Beinverletzungen gestorben, die hätten gerettet werden können. Alles, was wir im Lazarett noch machen konnten, war, die Schmerzen der Verletzten so gut wie möglich zu lindern, und irgendwann sind sie dann regelrecht krepiert. So war das auch bei einem zehnjährigen Jungen, der auf eine Mine getreten war und dadurch lebensgefährlich verletzt wurde, der aber bei seinem guten Gesamtzustand eine Amputation des rechten Unterschenkels mit hoher Wahrscheinlichkeit überlebt hätte. Um operieren zu können, benötigten wir aber die Zustimmung des Vaters als Familienoberhaupt, was diese aber verweigerte. Er bestand darauf, dass wir dem Jungen Medikamente geben sollten, aber eine Operation käme auf keinen Fall infrage. Wir haben ihm die kritische Lage seines Kindes eindringlich geschildert und ihm deutlich gemacht, wenn wir ihn nicht sofort operierten, hätte er keine Lebenschancen mehr. Aber der Vater blieb bei seinem Veto und war durch nichts umzustimmen. Der Junge ist dann am nächsten Tag gestorben.

Wir alle, die mit dem Fall beschäftigt waren, konnten dieses Resultat nur schwer verkraften, denn wir sind ausgebildet zum Helfen, und hier hätten wir helfen können. Stattdessen mussten wir zusehen, wie der Junge aufgrund des Amputationsverbotes seines Vaters, aus unserer Sicht unnötigerweise, starb."

„Allein um diese dramatische Situation einigermaßen verarbeiten zu können, wurde in mehreren Diskussionsrunden ausführlich über die Gründe des Vaters, ein Veto zur Operation einzulegen, diskutiert, mit folgenden Ergebnissen:

1. Wahrscheinlich verhindern religiöse Gründe eine Amputation. Nach dem Glauben der Somalis gehen sie davon aus, dass es gottgewollt ist, wenn ein Mensch so sterben muss.

   Religiöse Aspekte können natürlich gerade bei Fragen von Krankheit und Tod eine wichtige Rolle spielen, sodass gerade in solchen Fällen an so etwas gedacht werden sollte. Es gibt in einigen afrikanischen Gesellschaften durchaus die Vorstellung, dass in natürlich ablaufende Krankheitsprozesse nicht eingegriffen werden darf. Allerdings sollte man auch bedenken, dass sich religiöse Verbote und Normen mit der Zeit ändern, wenn mit moderner Medizin und Technik Menschen gerettet werden können.

2. Bedenkt man, dass sich Nomaden ihren Lebensunterhalt durch ständiges Hin- und Herziehen und schwere körperliche Arbeit sichern, so wird deutlich, dass sie auf die Arbeitskraft eines jeden einzelnen Stammesmitglieds dringend angewiesen sind bzw. dass ein weitgehend arbeitsunfähiges Mitglied einerseits zum Nutzen der Gemeinschaft nichts beitragen kann, zum anderen eine große Belastung darstellt und dessen Versorgung für den ganzen Clan zur Existenzbedrohung werden kann, z. B. in Trockenzeiten".

3. Die Somalis glauben, dass sich der „böse Geist", der durch die Mine in das Bein eingedrungen ist, durch eine Amputation auf den gesamten Clan ausbreiten könnte.

   Es stimmt zwar, dass in vielen afrikanischen Gesellschaften verschiedene Formen von Geisterglaube weit verbreitet sind, wobei dies allerdings nicht unbedingt der Inanspruchnahme westlicher Medizin entgegensteht. Gerade in diesem Bereich arbeiten traditionelle Medizinmänner immer häufiger mit westlichen Medizinern zusammen, und im gleichen Maße ist das Vertrauen in solche moderne Methoden gewachsen.

4. Somalis misstrauen allen Fremden und wollen deshalb nicht zulassen, dass ein Ausländer einen so schwerwiegenden operativen Eingriff vornimmt.

   Sicherlich fällt es wohl niemandem leicht, sein Kind fremden Medizinern anzuvertrauen, noch dazu, wenn es sich um einen so schweren Eingriff handelt. In diesem Fall zeigen die Somalis aber ein gewisses Grundvertrauen allein schon dadurch, dass sie ihre Clanmitglieder in Krankenhäuser bringen und sich nicht gegen die Behandlung an sich wehren. Nur gegen den speziellen Fall der Amputation erhebt das Familienoberhaupt Einwände" (Thomas et al., 1998).

Bei diesem Fallbeispiel geht es um Leben oder Tod, wobei auch bei einer Amputation nicht garantiert ist, dass der Junge überlebt. Der Vater entscheidet nicht nur aufgrund seiner Funktion als Familienoberhaupt, sondern er ist auch mit hoher Wahrscheinlichkeit ein gläubiger Moslem, und deshalb gilt für ihn: Allah hat ihm den Sohn geschenkt und Allah hat die Verletzung seines Sohnes geduldet. Deshalb hat er nicht das Recht, daran etwas zu ändern, sondern er muss den Willen Allahs erfüllen und die damit verbundenen Schmerzen ertragen.

Den deutschen Medizinern und dem Pflegepersonal im Bundeswehrkrankenhaus bleibt leider nichts anderes übrig, als den Anordnungen des Vaters Folge zu leisten. Besonders weil sie wissen, dass sie aus fachmedizinischer Sicht gute Chancen gehabt hätten, den Jungen zu retten und ihm ein Weiterleben zu ermöglichen, erzeugt die unausweichliche Situation bei ihnen erhebliche psychische Belastungen. Diese Belastungen lassen sich nur mildern aufgrund der Einsicht, Nachvollziehbarkeit und Akzeptanz der Entscheidung des Vaters.

Interkulturelle Handlungskompetenz zeigt sich in diesem Fall darin, dass die Mediziner sich um Aufklärung und Nachvollziehbarkeit des Votums des Vaters bemühen und seine Entscheidung akzeptieren, obwohl sie diese nicht gutheißen können.

Auf der Grundlage der hier beschriebenen Beispiele für die Bedeutung interreligiöser Kompetenz zur Entwicklung interkultureller Kompetenz und die Bedeutung der Berücksichtigung von Religion und Glaubensüberzeugungen zum Verständnis des Verhaltens fremdkulturell geprägter Partner ist es umso erstaunlicher, dass zwar die religiösen Orientierungen und Bewertungen für individuelles, soziales und politisches Handeln weltweit immer mehr zunehmen, aber andererseits bis heute in den weltweit führenden Handbüchern zur interkulturellen Kommunikation und zum interkulturellen Training die Thematisierung und Berücksichtigung religiöser Aspekte völlig fehlt (Thomas, 2011).

Eine Ausnahme bilden allerdings neuere Forschungen aus dem Bereich der Kulturvergleichenden Psychologie zur kulturspezifischen Relevanz von Religion und Weltanschauungen, aus denen auch die anwendungsorientierte interkulturelle Trainingspraxis Nutzen ziehen könnte (Chakkarath, 2007; Bucher, 2007).

8.3.1   Beispiele für von Religion und Glaubensüberzeugungen beeinflusste Handlungsweisen von Menschen unterschiedlicher kultureller Herkunft

1. In China und anderen asiatischen Kulturen verbreitet

    Die Bedeutung Glück verheißender Zahlenkombinationen: „Für umgerechnet 84.400 € ersteigerte der thailändische Verkehrsminister Suriya Jungrungreangkit bei einer staatlichen Internetauktionen ein Autokennzeichen mit der Nummer „9999", die als Glücksbringer gilt. Gleich danach seien die Nummern „5555" und „8888" bei den Bietern am begehrtesten gewesen, meldet „The Nation" am Dienstag. Beide fanden jeweils für 42.000 € einen neuen Besitzer. Das Geld geht an eine Stiftung für Verkehrssicherheit." (dpa) (FAZ, 13.8.2003, S. 7).

    Astrologen werden vor jeder wichtigen Entscheidung und Handlung nach dem Glück bringenden Tag, der günstigen Stunde und dem passenden Zeitabschnitt um Rat gefragt, damit alles gut ausgeht: „Während des Golfkriegs, als Thailand fürchtete, aufgrund seiner amerikafreundlichen Haltung in die Schusslinie des islamischen Terrorismus zu geraten, berief Premierminister Chatichai eine Pressekonferenz ein und verkündete: „Es besteht kein Grund zur Sorge. Thailand wird verschont bleiben. Dies hat mir mein Astrologe gesagt." Niemand lachte, denn jeder wusste, dass Chatichai das völlig ernst meinte.

    Hausbau nach Feng-Shui-Regeln: Vor der Errichtung von Wohn- und Bürohäusern werden Spezialisten des Feng Shui zurate gezogen, die dafür sorgen, dass beim Zuschnitt der Wohnungen und Büros besonders in Bezug auf die Stellung der Fenster keine Einwirkungsmöglichkeiten für schädliche Geister bestehen. In jedem nach traditioneller chinesischer Bauweise errichteten Haus befindet sich nach der Eingangstür eine Wand. Diese verhindert das Eindringen böser Geister in das Innere des Hauses, denn diese Geister bewegen sich nur geradeaus und nicht um die Ecke.

    Die Heirat von Frauen, die im Jahr des Pferdes geboren sind, ist zu vermeiden: Entsprechend dem chinesischen Mondkalender hat das Tier des Jahres, in dem man geboren wurde, einen enormen Einfluss auf das Schicksal und die Persönlichkeit: Frauen aus dem Jahr des Pferdes sind unzähmbar und deshalb schwierige Ehefrauen. Wo zum Zeichen des Pferdes das des Feuers hinzukommt – was alle 60 Jahre vorkommt – sind die Frauen wild, gefährlich und praktisch nicht zu verheiraten. 1966 war so ein Jahr, weshalb viele schwangere Asiatinnen einen Schwangerschaftsabbruch vornahmen, um keine nicht zu verheiratende Tochter zur Welt zu bringen. In Taiwan nahm die Geburtenrate von Mädchen 1966 um 25 % ab. Jungen die im Jahr des Drachen geboren werden, sind stark, intelligent und vom Glück begünstigt, weshalb im Jahr 1988, einem Drachenjahr mit der doppelten acht, viele Paare versuchten, einen Sohn zur Welt zu bringen, und zwar am liebsten – um das Glück noch zu steigern – am achten Tag des achten Monats.

    In Indien, Pakistan und Afghanistan sind die Windschutzscheiben der Lkws meist fast zur Hälfte mit schutzverheißenden Bildern von Gottheiten aus dem Hinduismus und Symbolen, die vor dem bösen Blick schützen, sowie Fatimahänden und Abbildungen besonders verehrter islamischer Heiliger beklebt.

    Das Tragen von Talisman und schutzverheißenden Amuletten.

    Bei einer Reise durch Osttibet fuhr der tibetische Fahrer mit atemberaubender Geschwindigkeit über schmale Schotterstraßen in Serpentinen über die 5000 m hoch gelegenen Pässe. Dabei spielte er jeden Morgen 3 h lang Gebete tibetischer Mönche ab, bevor er später eine Kassette mit indischer Filmmusik auflegte. Einem so von Gebeten und Gesängen tibetischer Mönche angefüllten Auto kann eben kein Unglück mehr passieren. Hinzu kamen die Bilder des Dalai Lama, des Patmasambhava und anderer Bodhisattvas an der Windschutzscheibe.

2. In afrikanischen Kulturen verbreitet sind

   Medizinmänner, Zauberer und Fetischisten: „Der Glaube an die Kraft der Zauberei ist ein fester Bestandteil afrikanischer Gesellschaften und damit auch des Fußballs. Zwischen Dakar und Nairobi findet kein Fußballspiel ohne den Beistand eines Sangomas, eines Marabous oder eines Fetischisten statt. Jeder Fußballverein in Afrika bedient sich der Zauberkunst:" Modman Mtolo ist ein hauptberuflicher Medizinmann und Zauberer, der sich auf „Muti", wie die Zaubertunke in Südafrika genannt wird, versteht. Er ist überzeugt davon, dass seine Mannschaft sicher gewinnt, wenn sie Folgendes beachtet: „Also: wenn das Muti das Richtige für genau dieses Spiel ist, und vorausgesetzt, das Muti der anderen Mannschaft ist nicht stärker als das eigene, und weiter vorausgesetzt, der eigene Torwart glaubt an das Muti – dann sorgt das Muti dafür, dass die gegnerische Mannschaft den Ball erst gar nicht bis in den Strafraum bringt. Weil der Ball nämlich vor dem Zauber einfach haltmacht." (FAZ, 5.6.2010, S. 11).

3. In Deutschland und europäischen Ländern verbreitet:

   Schutzsymbole im Auto: In Bayern findet man häufig den Rosenkranz am Innenrückspiegel befestigt und Christophorusplaketten am Armaturenbrett oder im Handschuhfach.

   Wenn wichtige Wünsche (Gesundheit, Geschäftserfolg) oder Ereignisse (medizinische Behandlungen) angesprochen werden, deren Ausgang ungewiss ist, wird dies von manchen Menschen mit den Worten „toi, toi, toi" und 3x Klopfen auf Holz begleitet.

   Viele Menschen glauben, dass eine schwarze Katze, die vor einem die Straße überquert, „Unglück" verheißt.

   Manche sind überzeugt, dass der Spruch sich bewahrheitet: „Schäfchen zur Rechten, da gibt's was zu fechten, Schäfchen zur Linken, Freude dir winken!"

   Ein Leistungssportler, der einmal erlebte, dass er völlig überraschend einen Wettkampf gewann, nachdem er genau um 12:00 ein Schnitzel gegessen hatte, wird versucht sein, vor einem Wettkampf immer um 12:00 Uhr Schnitzel zu essen.

   Wer jahrelang unfallfrei Auto gefahren ist, dann ein neues Auto kauft und in kurzer Zeit drei oder viermal hintereinander in einen Unfall verwickelt ist, wird geneigt sein zu sagen: „Das Auto bringt mir nur Unglück. Ich werde es verkaufen!"

   Im Hotel gibt es keine Nummer 13, weil das eine Unglückszahl ist.

   An einem Freitag, der auf den 13. Tag eines Monats fällt, sollte man keine wichtigen Entscheidungen fällen.

   Bekreuzigen nach einem erfolgreichen Torschuss beim Fußballspiel und Küssen der rechten Hand.

   Das Anrufen von Heiligen um Hilfe und Beistand, zum Beispiel den heiligen Antonius beim Verlust eines Gegenstands, ist für manche Menschen eine Selbstverständlichkeit.

Sieht man einen Schornsteinfeger oder findet ein vierblätteriges Kleeblatt, dann geht in Erfüllung, was man sich zu diesem Zeitpunkt wünscht.

Zum Jahreswechsel haben Astrologen Hochkonjunktur.

Bleigießen am Neujahrstag macht zwar Spaß, ist aber für viele Menschen auch mit einem ernsten Hintergrund verbunden. Sie machen sich über ihre Zukunft so ihre Gedanken.

In Polen gibt es 120 Teufelsaustreiber (Exorzisten), die sehr guten Zulauf haben, was dem Episkopat der polnischen Kirche schon Sorge bereitet.

8.3.2 Konsequenzen für interkulturell adäquates Handeln

Die beiden Beispiele aus dem Kontext der Entwicklungszusammenarbeit und des internationalen Managements zeigen sehr deutlich, welche Konsequenzen sich ergeben, wenn religiöse Orientierungen der Menschen einer Kultur ignoriert werden, und welche Wirkungen erzielt werden können, wenn sie Berücksichtigung und Wertschätzung erfahren. Es ist also sinnvoll, die oft fremd und kurios wirkenden religiös bedingten Verhaltensweisen ausländischer Partner interkulturell kompetent zu verarbeiten. Dazu hilft die Beachtung folgender Konsequenzen, die aus der Analyse interreligiöser Handlungskompetenz als Grundlage interkultureller Handlungskompetenz zu ziehen sind:

1. Für 90 % der Menschen auf der Welt sind Glaube und religiöse Orientierungen zentrale Determinanten ihres gesamten Lebens. Sie bestimmen den Lebensalltag sowie das soziale und berufliche Handeln in unterschiedlicher Intensität (säkulare religiöse Orientierung versus fundamentale religiöse Orientierung).

2. Aus Glaube und religiösen Orientierungen lassen sich Deutungsalternativen zum besseren Verständnis kulturell bedingt erwartungswidrigen Verhaltens ausländischer Partner und daraus entstandener kritischer Interaktionssituationen ableiten.

3. Im Kern geht es darum, zu erkunden, was Menschen denken und tun, um schädliche und böse überirdische Einflüsse abzuwehren und gute/glückverheißende Einflüsse auf sich zu lenken.

4. Dem modernen, dem naturwissenschaftlich-materialistischen Weltbild verhafteten westlichen Menschen erscheint vieles, was Menschen anderer Kulturen zu ihrer Sicherheit, zur Risikominimierung und zum Erreichen von Glück und Wohlergehen unternehmen, als Hokuspokus, Aberglaube, Getue, Unsinn, als unnütz, überholt und dumm.

   So fällt eine Achtung und Wertschätzung schwer. Es entsteht schnell eine Überlegenheitsattitüde und vorschnelle Abwertung der Persönlichkeit des ausländischen Partners als Ganzes und seiner Kompetenz, seiner Seriosität und seiner Vertrauenswürdigkeit im Besonderen.

5. Interreligiöse Kompetenz erfordert eine individuelle Antwort auf die schon in Goethes Faust gestellte „Gretchenfrage": „Nun sag, wie hältst du's mit der Religion?" Dabei geht es hier nicht um ein persönliches Glaubensbekenntnis, sondern um die Aktivierung und Reflexion des vorhandenen Wissens und der eigenen Einstellung zur Religion und zu Glaubensüberzeugungen einerseits als Bestandteil der eigenen Persönlichkeit und andererseits als Teil der Herkunftskultur.

Bei dem Bemühen, eine Sensibilität für die Bedeutung religiöser Orientierungen im Rahmen der internationalen Zusammenarbeit als Teil interkultureller Handlungskompetenz aufzubauen, ist zu beachten, dass interreligiöse Kompetenz sich stufenweise entwickelt:

Sensibel werden für religiöse Aspekte des Gegebenen und Toleranz gegenüber unterschiedlichen religiös begründeten Lebens- und Weltdeutungen. Wichtig ist dabei die eigene religiöse Sensibilisierung im Sinne der Beachtung der religiösen Wurzeln der eigenen Kultur und die fremdreligiöse Sensibilisierung im Sinne der Beachtung religiöser Grundlagen in fremden Kulturen.

Respekt und Wertschätzung religiöser Dimensionen, ihrer lebensrelevanten Funktionen und Bedeutungen.

Bemühungen um Wissen und Einsicht zum tieferen Verständnis der eigenen und fremden religiösen Überzeugungen.

Intrinsische Motivation zur interreligiösen Begegnung und zum interreligiösen Dialog (Stögbauer & Müller, 2008).

Fazit

Interkulturelle Kompetenz erfordert einerseits Sensibilität und Verständnis für religiös begründetes Denken, Empfinden und Handeln und andererseits die Fähigkeit, mit religiös begründeten Einstellungs- und Handlungsgewohnheiten sowie Welt- und Menschenbildern kulturadäquat umzugehen. Bei jedem dieser Vorgänge werden die eigenen religiösen Orientierungen selbst dann eine wichtige Rolle spielen, wenn der Handelnde sich ihrer nicht oder nur diffus bewusst ist. Diese eigenen Vorstellungen von dem, was Religion und Glaubensüberzeugungen im Alltagsleben bedeuten, beeinflussen in jedem Fall die Bezugsmaßstäbe, mit denen das religiös begründete Verhalten fremdkultureller Partner eingeordnet und bewertet wird. Deshalb ist es so wichtig, sich ihrer bewusst zu werden. Hinzukommen muss eine grundlegende Wertschätzung für das, was fremdkulturelle Partner an religiösen Überzeugungen artikulieren oder in ihrem Verhalten zu erkennen geben.

Konkret kann das bedeuten, dafür zu sorgen, kulturell zutreffende Antworten auf folgende Fragen zu bekommen:

1. Welche alltäglichen und berufsbedingten Verhaltensweisen und Ereignisse (Arbeitsunfälle, Leistungsversagen, ungewöhnliche Leistungssteigerungen, verpatzte Gelegenheiten, Insolvenzen etc.) werden mit hoher Wahrscheinlichkeit religiös begründet?
2. Welche der 7 in der Einleitung aufgeführten Funktionen religiöser Orientierung werden im konkreten Handlungsvollzug wirksam?
3. Wovon fühlen sich Menschen wann und wie bedroht?
4. Was unternehmen Menschen, um sich vor den unvermeidbaren Folgen der Bedrohungen zu schützen?
5. Was sind für die Menschen die treibenden Kräfte, die zuverlässig Glück und Wohlergehen ermöglichen, die das Fällen von Entscheidungen und das Ergreifen von Initiativen positiv unterstützen? Wie kann man diese Kräfte zum eigenen Vorteil beeinflussen?
6. Woran glauben Menschen, was ihnen Sicherheit und zuverlässigen Schutz vor unangenehmen und schädigenden Überraschungen garantiert?

Literatur

Bergemann, N., & Sourisseaux, A. L. J. (2003). Interkulturelles Management (3. Auflage). Springer.

Boesch, E. (1980). Kultur und Handlung. Einführung in die Kulturpsychologie. Huber.

Bucher, A. (2007). Psychologie der Spiritualität. Handbuch. PVU.

Chakkarath, P. (2007). Kulturpsychologie und indigene Psychologie. In J. Straub, A. Weidemann, & D. Weidemann (Hrsg.), Handbuch interkulturelle Kommunikation und Kompetenz. Grundbegriffe – Theorien – Anwendungsfelder (S. 237–248). J. B. Metzler.

Der Spiegel. (2018). Nr. 19, S. 13, https://magazin.spiegel.de/EpubDelivery/spiegel/pdf/157181442. Der Glaube der Ungläubigen. Nr. 52, S. 111–120.

Frankfurter Allgemeine Zeitung, 13.08.2003, S. 7.

Frankfurter Allgemeine Zeitung, 05.06.2010, S. 11.

Herskovits, M. (1973). *Cultural relativism: Perspectives in cultural pluralism*. Vintage.

Hofstede, G. (1980). *Culture's consequences*. Sage.

Keller, H., & Eckensberger, L. H. (1998). Kultur und Entwicklung. In H. Keller (Hrsg.), *Lehrbuch Entwicklungspsychologie* (S. 57–96). Huber. Kulturvergleichenden Psychologie. S. 615–674. Göttingen: Hogrefe.

Landis, D., & Bhagat, R. S. (Hrsg.). (1996). *Handbook of intercultural training* (2. Aufl.) Sage Publications.

Landis, D., & Brislin, R. W. (Hrsg.). (1983). *Handbook of intercultural training* (Bd. 1–3) Pergamon.

Landis, D., Bennett, J. M., & Bennett, M. J. (Hrsg.). (2004). *Handbook of intercultural training* (3. Aufl.).

Stögbauer, E.-M., & Müller, H.-M. (2008). Interreligiöse Kompetenz im interkulturellen Dialog. In A. Thomas (Hrsg.), *Psychologie des interkulturellen Dialogs* (S. 68–79). Vandenhoeck & Ruprecht.

Thomas, A. (1996). *Psychologie interkulturellen Handelns*. Hogrefe.

Thomas, A., Layes, G., & Kammhuber, S. (1998). General intercultural sensitizer für Soldaten der Bundeswehr. In Untersuchungen des Psychologischen Dienstes der Bundeswehr (Ed.), 9–127. München: Verlag der Wehrwissenschaften.

Thomas, A. (2011). *Interkulturelle Handlungskompetenz. Versichert, angemessen und erfolgreich im internationalen Geschäft* (S. 237–247). Vandenhoeck & Ruprecht.

Thomas, A., Stögbauer, E.-M., & Müller, H.-M. (2006). *Interreligiöse Kompetenz als fundamentaler Aspekt internationaler Handlungskompetenz*. Bautz.

UNESCO (1996). UNESCO-Weltbericht - In kulturelle Vielfalt und interkulturellen Dialog investieren. Kurzfassung.

Wirkungen internationaler Jugendbegegnungen auf die Entwicklung interkultureller Handlungskompetenz

Inhaltsverzeichnis

9.1 Einleitung

Während bis in die jüngste Vergangenheit hinein internationale Jugendbegegnungen und Jugendaustauschmaßnahmen zugetraut wurde, einen Beitrag zur Völkerverständigung in Europa und anderen Ländern zu leisten, besonders zwischen Nationen in Europa, die sich noch vor wenigen Jahrzehnten als „Erbfeinde" betrachtet und bekämpft hatten, stehen heute andere Ziele im Vordergrund. Mit der Internationalisierung und Globalisierung aller Bereiche unserer Gesellschaft wächst die Verantwortung, für die nachwachsende Generation Lernmöglichkeiten zur Entwicklung interkultureller Handlungskompetenz zu schaffen. Also Qualifikationen, die zum Leben und Arbeiten in multikulturellen Gesellschaften benötigt werden.

Internationale Jugendbegegnungsprogramme gibt es schon lange. Sie sind nicht das Resultat der Internationalisierung und Globalisierung weiter Bereiche in unserer Gesellschaft. Die Ziele der internationalen Jugendbegegnungsarbeit und des internationalen Jugendaustauschs, also der Begegnung zwischen deutschen und ausländischen Jugendlichen im Inland und dann mit denselben Partnern in deren Heimatland, bestanden neben der Verbesserung von Fremdsprachenkenntnissen, dem Kennenlernen von Land und Leuten und der Völkerverständigung auch immer schon darin, jungen Menschen interkulturelle Erfahrungen und interkulturelles Lernen zu ermöglichen IJAB.

Immer wieder wurde auch kritisch nachgefragt, ob solche, meist aus Steuergeldern bezuschusste Programme, noch zeitgemäß sind, zumal Kinder und Jugendliche oft schon mit ihren Familien im Rahmen von Auslandsreisen vielfältige Möglichkeiten haben, Menschen fremder Kulturen kennenzulernen. Zudem, so wurde oft argumentiert, erübrigten sich teure Auslandsreisen, wenn man die Chance zu interkulturellen Begegnungen im Inland mit Jugendlichen mit Migrationshintergrund nutzen und pflegen würde. Weiterhin wird den internationalen Jugendbegegnungsprogrammen unterstellt, nichts anderes zu sein als aus öffentlichen Mitteln bezuschusste Vergnügungsreisen ins Ausland, die zwar Spaß machten, deren Lernwert aber womöglich gegen null gehe. Was kann man schon in ein bis zwei Wochen Begegnungszeit lernen, was eine nachhaltige Wirkung bezüglich des Erwerbs von Fremdsprachen und Landeskunde erzielen kann?

Tatsache ist, dass internationale Jugendbegegnungsangebote in den vergangenen Jahrzehnten, besonders was ihre Anzahl und ihre Vielfältigkeit angeht, deutlich zugenommen haben. Bezüglich ihrer pädagogischen Zielsetzungen und didaktischen Qualitäten haben sie eine deutliche Aufwertung erfahren. Zudem gibt es inzwischen eine Reihe wissenschaftlicher Studien, die Auskunft darüber geben, welche Wirkungen von internationalen Jugendbegegnungen in Form von Kurzzeitbegegnungen (2–4 Wochen) oder Langzeitbegegnungen (6–12 Monate) in Bezug auf die Entwicklung spezifischer Fähigkeiten der Teilnehmer und der Förderung ihrer Persönlichkeit insgesamt ausgehen (Zeutschel, 2004; Hammer, 2005; Thomas, 2007).

9.2 Hauptteil

9.2.1 Forschungen zur internationalen Jugendbegegnungsarbeit

9.2.1.1 Fragestellungen

Alle Organisationen, die seit vielen Jahren internationale Jugendbegegnungsprogramme anbieten und deshalb über recht differenzierte Erfahrungen und Erkenntnisse über Teilnehmerinteressen, Merkmale der für solche Programme aufgeschlossenen Jugendlichen und ihrer Eltern, die Vorbereitung, Durchführung und
Nachbereitung der Programme etc. verfügen, stimmen im Einklang mit den Befunden bereits vorliegender wissenschaftlicher Studien in Bezug auf folgende noch
zu klärende Fragestellungen überein:

Welche Langzeitwirkungen haben internationale Jugendbegegnungen nach zehn
Jahren auf die ehemaligen Teilnehmerinnen und Teilnehmer?

Welche Erfahrungs- und Handlungsbereiche werden im Jugendaustausch-
programm angesprochen? Erhoben werden sollte, welche Arten von Erlebnissen und
Erfahrungen im Rahmen des Jugendbegegnungsprogramms von den Teilnehmern
bei unterschiedlichen Programmformaten als bedeutsam erlebt wurden.

Welche Prozesse liegen den Langzeitwirkungen zugrunde? Geprüft werden sollte,
auf welche Art die Langzeitwirkungen zustande kommen, die den Teilnehmern bis
heute in Erinnerung geblieben sind, ob sie besonders erwartungskonträr oder besonders emotional waren.

Welchen Einfluss haben entwicklungspsychologisch relevante Prozesse auf das
Austauscherleben? Da sich die Jugendlichen zur Zeit der Begegnung in einer spezifischen Entwicklungsphase befinden, die von bestimmten Themen geprägt sind,
sollte untersucht werden, inwiefern diese Themen eine Rolle in der Begegnung spiel-
ten.

Wie werden die im Rahmen der internationalen Begegnung gemachten Erfahrungen biografisch verarbeitet? Da der Zeitpunkt der Datenerhebung mindestens
zehn Jahre nach der Teilnahme lag, sollte geklärt werden, welchen Stellenwert die
Begegnung in der Biografie der bei Befragten einnimmt, wie sie in ihre Lebensbiografie integriert und wie sie bewertet wurde.

Bestehen Unterschiede im Hinblick auf verschiedene Programmtypen? Da in die
Untersuchung eine Auswahl von vier typischen Programmformaten aus dem Bereich
Kurzzeitprogramme in Gruppen sowie unterschiedliche Programmtypen einflossen,
sollte ein Vergleich zwischen den Programmtypen vorgenommen werden.

Um diese Frage einigermaßen stichhaltig beantworten können, wurde eine umfangreiche Befragungsstudie mit Jugendlichen durchgeführt, die vor zehn Jahren an
einem internationalen Jugendbegegnungsprogramm teilgenommen hatten.

9.2.1.2 Begegnungsformate

Da es eine Vielzahl von Formaten im Rahmen des internationalen Jugendaustauschs
und der Jugendbegegnungen gibt, musste eine Auswahl getroffen werden, die einen
großen Teil der in Deutschland jährlich stattfindenden Jugendbegegnungsver-
anstaltungen abbildet. Diese Auswahl kam durch eine Analyse des Austauschmarktes
und dessen Chancen zustande. Forscher wie Praktiker waren sich einig, dass mit dieser Auswahl ein breites Feld der Austauschaktivitäten im Kurzzeit-Gruppenbereich

abgedeckt werden konnte. Folgende Programmformate wurden in die Studie einbezogen:

Schüleraustausch mit Unterkunft in Gastfamilien: Dieses Austauschprogramm mit Hin- und Rückbegegnung wird von einer Schule organisiert. Die Schüler sind in Gastfamilien untergebracht, um ihnen neben der Verbesserung der Fremdsprachenkenntnisse auch Einblick in das Familienleben zu ermöglichen. Die Schüler halten sich ca. ein bis vier Wochen im jeweiligen Gastland auf, wobei die Rückbegegnung in demselben oder im darauf folgenden Jahr stattfindet. Zum Zeitpunkt des Austauschs sind die Schüler zwischen 14 und 18 Jahre alt. Die Größe der internationalen Gruppen liegt zwischen 30 und 50 Jugendlichen.

1. Jugendbegegnung auf Gegenseitigkeit am jeweiligen Ort der Partner

    Jugendliche aus verschiedenen Ländern befassen sich gemeinsam im Rahmen einer Austauschmaßnahme, die eine Hin- und Rückbegegnung beinhaltet, mit bestimmten von den Jugendlichen ausgewählten Themen. Neben dem Begegnungsaspekt bildet die Diskussion der Themen den inhaltlichen Schwerpunkt des Programms. Die Dauer des Austauschs liegt zwischen fünf und zehn Tagen. Die Hin- und Rückbegegnung kann im gleichen oder auch im darauf folgenden Jahr stattfinden. Die Teilnehmer sind jeweils in Gastfamilien untergebracht und zum Zeitpunkt des Austauschs zwischen 16 und 20 Jahre alt. Die Gruppengröße liegt bei 15–35 Jugendlichen.

2. Projektorientierte Jugendkulturbegegnung mit Gemeinschaftsunterkunft

    Im Mittelpunkt dieser Jugendbegegnung steht ein gemeinsames kulturelles Projekt, das auf den Zeitraum dieser Begegnung beschränkt ist oder über mehrere Jahre konzipiert sein kann. Die Teilnehmerinnen aus verschiedenen Ländern treffen sich im sogenannten „Drittort". Das Programm dauert 5–15 Tage. Die Gruppengröße liegt zwischen 20 und 80 Teilnehmerinnen. Die in die Befragung einbezogenen Personen waren zwischen 16 und 20 Jahre alt.

3. Multinationales Workcamp

    Jugendliche aus verschiedenen Ländern arbeiten an einem dritten Ort unentgeltlich für 2–4 Wochen an einem gemeinnützigen (sozialen oder ökologischen) Projekt zusammen, wobei die Selbstorganisation der Gruppe einen hohen Stellenwert einnimmt. Die Teilnehmerinnen arbeiten ca. 5 h am Tag, gestalten ihr Freizeitprogramm in Eigeninitiative, sind in einfachen Gemeinschaftsunterkünften untergebracht und verpflegen sich größtenteils selbst. Die Programme sind meist offen ausgeschrieben. An einem Workcamp sind 10–20 Teilnehmerinnen beteiligt. Das Alter der Teilnehmer an den Workcamps lag bei ca. 18–21 Jahren.

9.2.1.3 Forschungsprojektschritte

Literaturanalyse: Es wurde zunächst eine umfassendes Literaturanalyse durchgeführt und ein theoretisches Rahmenmodell entwickelt.

Dokumentenanalyse: Um einen Überblick über die einzelnen Programmformate im Hinblick auf Ziele, Durchführung und Teilnehmerinnen zu bekommen, wurden Programminformationen, Zeitungsartikel, Statistiken, Teilnehmer- und Leiterberichte (falls vorhanden) gesichtet und ausgewertet.

Expertenbefragung: Es wurden 17 Personen, die über eine langjährige Erfahrung in der Konzeption, Durchführung und Betreuung internationaler Jugendbegegnungen verfügten, mittels teilstrukturierter Interviews befragt. Das Ziel der Befragung diente der Informationsgewinnung über die Programmentwicklung sowie die Programm-

und Teilnehmermerkmale. Basierend auf den Ergebnissen der ersten drei Schritte wurden die Befragungsinstrumente für den 4. Schritt entwickelt.

Interviews mit ehemaligen Teilnehmern: Es wurden 93 teilstrukturierte Interviews mit ehemaligen Teilnehmerinnen aus Deutschland und 40 Interviews mit ehemaligen Teilnehmern aus dem Ausland geführt. Die Dauer der Interviews lag zwischen 1–2,5 h. Die Interviews wurden aufgezeichnet, vollständig transkribiert und mittels qualitativer Inhaltsanalyse ausgewertet.

Fragebogenuntersuchung: Basierend auf den Ergebnissen der Interviews wurde ein Fragebogen entwickelt, der von 532 ehemaligen Teilnehmern aus Deutschland ausgefüllt wurde (die Rücklaufquote betrug 66 %).

Während der gesamten Projektzeit fanden in regelmäßigen Abständen projektbegleitende Workshops mit den Kooperationspartnern statt, in denen die Befragungsinstrumente im Hinblick auf die Angemessenheit für die Zielgruppe überprüft und diskutiert sowie die zum jeweiligen Zeitpunkt vorliegenden Ergebnisse kommunikativ diktiert wurden.

9.2.1.4 Forschungsergebnisse

Überraschenderweise konnte als erstes festgestellt werden, dass die Befragten sich sehr genau an die Austauscherfahrungen erinnerten und sie detailliert schildern konnten. Sie gaben über eine Vielzahl von Situationen im Austausch detailliert Auskunft. Sie schilderten ihre damaligen Gefühle, Gedanken und Handlungen, und in vielen Fällen konnten sie diese mit Wirkungen in Verbindung bringen, die noch zum Befragungszeitpunkt andauerten. Außerdem stieß das Forscherteam bei den ehemaligen Teilnehmerinnen auf eine große Akzeptanz der Fragen. Teilweise waren die Befragten sogar hocherfreut, dass sie „endlich mal wieder jemandem davon erzählen konnten … und dass durch das Interview so schöne Erinnerungen wieder wach wurden".

Die Ergebnisse der Interviews und der Fragebogenuntersuchung lassen sich folgendermaßen zusammenfassen:

Soziodemografische Merkmale der Fragebogenstichprobe: Von den 532 befragten ehemaligen deutschen Teilnehmerinnen sind 66 % weiblich, 60 % hatten keine Austausch-Vorerfahrungen, 51 % waren zur Teilnahme angeregt worden, 86,3 % gingen zur damaligen Zeit auf ein Gymnasium, das Durchschnittsalter bei der Teilnahme am Begegnungsprogramm betrug 17 Jahre und die Teilnahme lag bei über 90 % der Befragten mindestens zehn Jahre zurück.

Die Hauptmotive der Teilnahme unterscheiden sich sehr zwischen den Programmen:

Interesse an einem Musik- oder Theaterprojekt, Interesse an gemeinnütziger Tätigkeit, Verbesserung der Fremdsprachenkompetenz.

Gemeinsame Motive zur Teilnahme sind:

Menschen aus anderen Kulturen kennenlernen (56 %)

generell neue Menschen kennenlernen (36 %)

internationale Erfahrungen machen (33 %)

etwas Neues kennenlernen (32 %)

Interesse an einem bestimmten Land (31 %)

ein Land/eine Kultur nicht als typischer Tourist kennenlernen (30 %)

Der Einstieg in internationale Jugendbegegnungen erwies sich als sehr programmspezifisch und unterschiedlich im Grad der nötigen Eigeninitiative auf Seiten der Teilnehmerinnen. Erwartungsgemäß wurde die Mehrzahl der Teilnehmerinnen am Schüleraustausch (48,3 %) von ihren Lehrern angesprochen, und 48,5 % der Teilnehmer an künstlerischen Projekten von Musiklehrern oder Theater-Gruppenleitern zur Teilnahme aufgefordert. Bei den Teilnehmerinnen gaben 35,8 % an, sich selbst aktiv um eine passende Maßnahme gekümmert zu haben. Bei den anderen Maßnahmen gaben dies nur 5,4 % oder 9 % an. Die Teilnehmerinnen der Jugendgruppenbegegnungen gaben im Vergleich zu den anderen Programmformaten am häufigsten an, von der Familie oder von Freunden zur Teilnahme angeregt worden zu sein.

Resümee: Die Untersuchungsergebnisse zeigen, dass internationale Jugendbegegnungen spezifische Erfahrungs- und Handlungsbereiche ansprechen, die stark von den Inhalten der Programme, von den bilaterale Beziehungen zum Gastland, von der deutschen Geschichte und einzelnen, wichtigen Personen geprägt sind. Typische Themen aus entwicklungspsychologischen Phasen sind die Beschäftigung mit der eigenen nationalen Identität (deutlich hier durch die Wahrnehmung von Unterschieden) und Themen wie Alkoholkonsum, der in diesem Alter relevant wird. Die Entwicklungsaufgaben im Jugendalter spiegeln sich in diesen Inhalten von Auslösern wider. In der Befragung wurde ebenfalls deutlich, dass nicht alle Langzeitwirkungen mit spezifischen Auslösern in Verbindung gebracht werden, sondern der Austausch als Gesamterlebnis häufig als ein „Groß-Auslöser" erinnert wird.

9

9.2.1.5 **Langzeitwirkungen internationaler Jugendbegegnungen**

Die Ergebnisse aus den Interviews und die Fragebogendaten zeigen, dass die Teilnehmer nach 10 Jahren relativ genau über Details des Begegnungsprogramms im Gastland berichten und differenziert Auskunft geben konnten, welche Bedeutung für sie die während der internationalen Jugendbegegnung gemachten Erfahrungen mit den Partnern und mit sich selbst, im Vergleich und in der Konfrontation mit den Partnern, im Lebenslauf hatten Thomas et al., (2007).

So bewerteten aus der gegenwärtigen Sicht 85 % der Teilnehmer die Austauscherfahrungen mit den Noten sehr gut und gut.

51 % halten die Austauscherfahrungen für wichtiger als andere Auslandserfahrungen.

56 % halten sie für wichtiger als andere Gruppenerlebnisse.

Immerhin 32 % der interviewten Personen ordnen die internationale Jugendbegegnung unter die „Top 5" der bisherigen Lebensereignisse aus dem Bereich Freizeit, Bildung und Beruf ein.

In Bezug auf die biografische Integration der Erfahrungen während der kurzzeitigen internationalen Jugendbegegnung zeigen sich folgende Befunde:

Für 51 % fügen sich die Ergebnisse wie ein Mosaikstein in die Gesamtbiografie ein (Mosaik-Format).

Für 31 % sind die Austauscherfahrungen Anstoß und Initialzündung für viele aufbauende Ereignisse und Aktivitäten (Domino-Format).

Für 12 % zeigen sich keine besonderen Folgewirkungen, obwohl die Begegnung als wertvolle Erfahrung eingestuft wurde (Nice-to-have-Format).

Für immerhin 7 % stellen die Austauscherfahrungen einen Wendepunkt, also eine Kehrtwende, ein Ausbrechen aus dem Vertrauten und einen Anfangspunkt für ein anderes Leben dar (Wendepunkt-Format).

Aus den Interviews und den Fragebogenergebnissen konnten die folgenden Kategorien im Hinblick auf Langzeitwirkungen generiert werden. Die Prozentangaben beziehen sich auf die Anzahl der Personen, die sich den genannten Kategorien zuordnen lassen.

9.2.1.6 Weiterentwicklung internationaler Jugendbegegnungen

Nach diesen unerwarteten und sehr bemerkenswerten Wirkungen, die selbst bei so kurzzeitigen internationalen Jugendbegegnungsprogrammen auf die Persönlichkeitsentwicklung zu beobachten sind, stellt sich die Frage, welche Konsequenzen daraus gezogen werden können. Hier einige Varianten:

1. Die Programme sind öffentlich ausgeschrieben, sie sind offen für jeden Jugendlichen, der zur angegebenen Altersgruppe gehört und der den finanziellen Eigenbeitrag aufbringen kann. Die Wirkungsanalyse zeigt, dass die von den Organisatoren beabsichtigte Wirkung erreicht oder sogar noch übertroffen wird. Also weiter so! Solche Programme sollten verstärkt gefördert werden!

2. Da über 80 % der an internationalen Jugendbegegnungsprogrammen teilnehmenden Jugendlichen Gymnasien besuchen und somit aus Familien stammen, die an einem Bildungsangebot für ihre Kinder interessiert und bereit sind, in Bildung zu investieren, ist es höchstwahrscheinlich, dass genau diese Jugendlichen zukünftig die Fach- und Führungskräfte in unserer Gesellschaft stellen. Wenn sie also schon früh die sich hier bietenden Chancen nutzen, um Erfahrung mit Menschen aus unterschiedlichen Kulturen zu sammeln und damit die Grundlagen zur Entwicklung interkultureller Handlungskompetenz legen, dann ist das nur zu begrüßen. Damit treffen die Programme genau die Zielgruppen, die in der Lage sind, sie optimal zu nutzen. Die mit diesen Programmen erreichte Wirkung ist genau das, was zur Bewältigung kulturell bedingt schwieriger Verständigungs- und Kooperationsprobleme zwischen Deutschen und nichtdeutschen Partnern in der Zusammenarbeit im In- und Ausland an personalen Grundlagen entwickelt werden muss. Also, weiter so, und dies noch in verstärktem Maße!

3. Es ist gut zu wissen, was selbst Kurzzeitbegegnungsprogramme internationaler Jugendarbeit an Erfahrungs- und Handlungsmöglichkeiten bieten und welche positiven Wirkungen damit verbunden sind. Es ist aber nicht einzusehen, warum davon nur Gymnasiasten profitieren sollen. Allen Jugendlichen aus allen sozialen Schichten unserer Gesellschaft sollten diese Chancen zur interkulturellen Erfahrungsbildung und zu entsprechenden Handlungsmöglichkeiten zugänglich sein, denn interkulturelle Handlungskompetenz wird in der einen oder anderen Form von allen Staatsbürgern in Deutschland verlangt, auch solchen, die keine höhere Schulbildung haben und die nicht in Führungspositionen tätig sind. Nicht einfach weiter so, sondern dafür sorgen, dass die Programmausschreibung, die Anregungen zur Teilnahme, die Programminhalte und der Programmablauf so gestaltet werden, dass ihre Attraktivität für alle Jugendlichen erhöht wird und mögliche Teilnahmebarrieren abgebaut werden.

Aus all dem, was an Erkenntnissen aus der Praxis der internationalen Jugendbegegnungen gewonnen werden kann und was einschlägige wissenschaftliche Studien zur Thematik zu bieten haben, lässt sich folgender Handlungsbedarf ableiten:

Die Forschungsergebnisse zu den Langzeitwirkungen der Teilnahme an kurzzeitigen Austauschprogrammen der internationalen Jugendbegegnung auf die Persönlichkeitsentwicklung haben erheblich zur Qualifizierung dieser Programme beigetragen. Deshalb sind jetzt weitere wissenschaftliche Studien erforderlich, die

Antworten auf die Fragen geben, warum Jugendliche ohne höhere Schulbildung und Jugendliche mit Migrationshintergrund und männliche Jugendliche daran gehindert werden, sich für internationale Jugendbegegnungsprogrammen zu interessieren. Gründe dafür fallen einem zwar sofort ein, aber ob sie zutreffen und welche Wirkmächtigkeit ihnen im Alltagsleben zukommt, ist bislang unbekannt.

Es ist zu erwarten, dass in der vielschichtigen Landschaft der internationalen Jugendbegegnungsarbeit in unserem Lande schon hier und da erfolgreiche Versuche gestartet wurden, Jugendliche aus bildungsfernen Schichten, Jugendliche mit Migrationshintergrund und männliche Jugendliche für die Teilnahme an internationalen Jugendbegegnungen zu motivieren. Solche womöglich „good practice"-Beispiele wären zu sichten und auf ihre Vorbildfunktion hin zu prüfen.

Am ehesten könnten Jugendliche der infrage kommenden Altersgruppe über die Schulen erreicht und motiviert werden, sich für internationale Jugendbegegnungsprogramme zu interessieren und zu informieren. Dazu müssten die Schulen interkulturelles Lernen und die Entwicklung interkultureller Handlungskompetenz als Bildungsziele im Rahmen ihrer Schulkultur verankern.

Schule und Lehrer müssten mit den Trägern und Experten der internationalen Jugendarbeit eng zusammenarbeiten, was gegenwärtig, trotz aller Bemühungen, noch nicht der Fall ist.

Die Eltern und das soziale Umfeld der Jugendlichen, die als potenzielle Teilnehmer in Betracht zu ziehen sind, müssten durch eine zielgruppengerechte Werbung angesprochen werden, verbunden mit persönlicher Ansprache im direkten Kontakt mit den Eltern, mit den Migrantenverbänden und mit Personen, die für die Jugendlichen Vorbildfunktion haben.

Für Jugendliche, die aus Kulturen stammen, in denen nicht so sehr das einzelne Individuum, sondern Zugehörigkeitsgruppen im Vordergrund stehen, sollten Möglichkeiten geschaffen werden, im Rahmen einer schon bestehenden Jugendgruppe geschlossen an einer internationalen Jugendbegegnung teilnehmen zu können. So könnten Ängste und Unsicherheiten abgebaut werden.

Die Programminhalte haben sich noch stärker, als das bisher schon der Fall ist, an den entwicklungsspezifischen, lebensbiografischen und milieuspezifischen Erlebnis- und Handlungsgewohnheiten der Jugendlichen zu orientieren. Genau dazu aber fehlen noch die erforderlichen wissenschaftlichen Studien.

Zur Bewältigung dieser Aufgaben ist es wichtig, dass Forschung und Praxis der internationalen Jugendbegegnungsarbeit eng zusammenarbeiten und dass nicht nur über die vorhandenen Defizite und Bedarfe diskutiert wird, sondern entsprechende problemorientierte Forschungen gefördert und deren Ergebnisse zur Problemlösung genutzt werden.

Die hier berichteten Forschungsergebnisse, also die Befragung von Teilnehmern an kurzzeitigen internationalen Jugendbegegnungsprogrammen, fanden in den Jahren 2002–2005 statt. Zu diesem Zeitpunkt wurden die Teilnehmer befragt, was sie vor zehn Jahren, also in den Jahren 1992–1993, im Rahmen internationaler Jugendbegegnungsprogramme erlebt hatten und welche nachhaltige Wirkung damit für sie verbunden war. Zu diesem Zeitpunkt besaß noch kein Jugendlicher ein Handy. Es bestand also nur die Möglichkeit, per Telefon oder Brief mit den Angehörigen und den Partnern im Zielland in Kontakt zu kommen. Eine permanente Kommunikation zu jeder Zeit mit jedem, der einem wichtig war, gab es zum damaligen Zeitpunkt noch nicht. Das hat sich inzwischen vollständig geändert. Heute hat jeder Jugendliche ein oder Mobiltelefon oder gar mehrere, über die er zu jeder Zeit mit ihm wichtigen Personen in Verbindung treten kann. Das hat zweifellos Auswirkungen auf die Art und Weise, wie die internationalen Begegnungserfahrungen erlebt, verarbeitet und dauerhaft wirksam werden. Bisher ist das noch nicht untersucht worden. Es wäre aber angebracht, für die Weiterentwicklung der internationalen Jugendbegegnungsprogramme zu untersuchen, was durch die permanenten Nutzungsmöglichkeiten der sozialen Medien an Wirkungen erzielt werden oder im Vergleich zu den Ergebnissen der vorliegenden Studie nicht mehr aktiviert werden. Das betrifft nicht nur die Erlebnisse vor Ort, sondern auch die langfristigen Wirkungen auf die Persönlichkeitsentwicklung. Die vorliegende Studie müsste aus diesen Gründen erneut durchgeführt werden.

9.2.1.7 Weitere Forschungsprojekte

Nachdem in der Studie über die Langzeitwirkungen kurzzeitiger internationaler Jugendbegegnungsprojekte festgestellt worden war, dass 80 % der befragten Jugendlichen eine gymnasiale Ausbildung durchlaufen hatten, wurde zunächst vermutet, dass es sie sich dabei um einen Fehler bei der Rekrutierung der zu Befragenden für die Stichprobe handeln musste. In den Diskussionen mit den Organisatoren und Leitern internationaler Jugendbegegnungen, die über jahrzehntelange Erfahrungen mit der Anmeldung und Durchführung solcher Veranstaltungen befasst waren, wurde immer wieder bestätigt, dass es sich hierbei nicht um einen Rekrutierungsfehler handelte, sondern dass dies die Realität abbildete. Als Konsequenz wurde gefordert, in einer erneuten Studie zu prüfen, warum Jugendliche ohne gymnasiale Ausbildung so selten Zugang zu internationalen Begegnungsprogrammen finden (Thomas, 2010). Ein Forschungsprojekt, bestehend aus mehreren Einzelstudien unter dem Titel „Die Zugangsstudie zum internationalen Jugendaustausch" (Becker & Thimmel, 2019a) sollte diese Frage klären. In einer der Untersuchungen wurden 49 Jugendliche, die nicht an internationalen Jugendbegegnungsprogrammen teilgenommen haben und die über deren Existenz Bescheid wussten, über die Gründe der Nichtteilnahme befragt (Abt, 2019). Aus den Befragungsergebnissen konnten neun Gründe für die Nichtteilnahme generiert werden:

Keine Informationen/Angebote/Unterstützung: Es fehlte an konkreten Angeboten, Informationen über unterschiedliche Austauschmaßnahmen und es fehlte die Unterstützung/Beratung. Die Befragten hätten sich die Schule als Informationsquelle gewünscht, erhielten dort aber keine ausreichenden Informationen.

Kosten: Vornehmlich Langzeit-, aber auch kurzzeitige Jugend- und Schülerreisen erschienen den Befragten nicht finanzierbar und die Eltern lehnten sie aus Kostengründen ab.

Schulisches/Berufliches steht im Vordergrund: Viele befürchteten, dass durch die aufgrund des Begegnungsprogramms verpasste Schulzeit und Lehrzeit einen negativen Einfluss auf ihre schulischen Leistungen hätte haben können, und sie befürchteten, keine ausreichende Unterstützung zur Verbesserung ihrer üblichen Leistungen zur Verfügung zu haben.

Sprachkenntnisse: Angst vor der Sprachbarriere und dem völligen Fehlen von Sprachkenntnissen in der Sprache des Gastlandes und vor der damit verbundenen Unfähigkeit, ausreichend kommunizieren zu können, verhinderten die Teilnahme.

Ängstlichkeit: Die Jugendlichen trauen sich eine Teilnahme an einer internationalen Begegnung nicht zu. Je länger die bekannte Maßnahme, desto mehr Bedenken wurden hinsichtlich der Frage, ob man das „durchhält", geäußert. Die Befragten gaben außerdem an, nicht selbstsicher genug gewesen zu sein, sie hatten Bedenken wegen der Trennung von Freunden und Familie, hinsichtlich des Gasfamilienaufenthalts, fremden Menschen und Kulturen gegenüber.

Bindungen: Bindungsthemen und Trennungsängste sind eine große Barriere bei der Teilnahme an internationalen Jugendbegegnungsprogrammen. Die Jugendlichen möchten nicht von der Familie oder Partnerinnen oder Partnern getrennt sein. Sie befürchten Heimweh und nicht in der Lage zu sein, die emotionalen Belastungen durchzustehen.

Fehlendes Zeitfenster: Im Verlauf der eigenen Biografie, Schule und beruflichen Ausbildung hat sich kein Zeitfenster für die Teilnahme an einer internationalen Jugendbegegnungsmaßnahmen ergeben.

Umfeld: Zum Umfeld zählen die Familie, Partner, wichtige Bezugspersonen und berufliche Ausbildung. Aus diesem Umfeld gab es keine direkten Widerstände, aber die Befragten äußerten, dass in ihrem Umfeld davon abgeraten wurde, an einem solchen internationalen Begegnungsprogramm teilzunehmen.

Andere Prioritäten: Es zeigte sich, dass die Teilnahme an internationalen Begegnungsprogrammen einen hohen Wert haben, auch wenn es oftmals nicht zu einer Teilnahme gekommen ist. Andere Aktivitäten, Engagements und die Bindung an die Familie werden aber als wichtiger angesehen.

9

Anwendungstipps

Eine zentrale Erkenntnis aus der vorliegenden Untersuchung (Abt, 2019) zu den Gründen der Nichtteilnahme an internationalen Jugendbegegnungen lautet: „An den Jugendlichen liegt es nicht". Eine große Gruppe an jungen Menschen ist stark an der Teilnahme an internationalen Jugendbegegnungsmaßnahmen interessiert, wird aber bisher von keinen passenden Angeboten erreicht. Das liegt hauptsächlich an strukturellen Hindernissen, wie die vorliegende Studie ergeben hat. Aus den Ergebnissen der Befragung der Nicht-Teilnehmer lassen sich isolierte Handlungsideen ableiten, die aber hinsichtlich ihrer Sinnhaftigkeit, Bedeutsamkeit und Wirkungsprognose mit den Gesamtergebnissen der „Ganzstudie" im Bezug gebracht werden müssen. Alle Maßnahmen, die hier beschrieben werden, lassen sich unter „Beratungsbedarf" subsumieren und stellen damit individualisierte Maßnahmen zum Abbau von Zugangsbarrieren dar, die aber nicht auf struktureller Ebene greifen.

Den schulischen Kontext zu Informationsvermittlung für internationale Jugendbegegnungen nutzen: Hier sollten unabhängig von der Schulart schulische Angebote und Maßnahmen aus der non-formalen Jugendarbeit beworben werden. Informationsveranstaltungen mit ehemaligen Teilnehmern, direkte Ansprache an Schüler, gegebenenfalls Elternarbeit und individuelle Beratung bezüglich der Programmformate sind erforderlich. Es sollte sichergestellt werden, dass alle Jugendlichen über Informationen zu unterschiedlichen Programmformaten verfügen, auch wenn sie selbst nicht aktiv danach z. B. im Internet suchen.

Eine Zusammenarbeit zwischen Schule und non-formaler Bildung ist wünschenswert.

Potenzielle Teilnehmer müssen über unterschiedliche Formate, damit einhergehende unterschiedliche Kosten und Fördermöglichkeiten aufgeklärt werden.

Eine Beratung hinsichtlich der schulischen und beruflichen Implikationen (versäumter Lernstoff, Ausfall im Betrieb) zur Planung der Lernerfordernisse nach der Rückkehr, besonders bei individuellen Aufenthalten bis zu sechs Monaten, ist wünschenswert. Es könnte über ein unterstützendes Angebot (Rückkehrernachhilfe) erreicht werden.

Sorgen bezüglich der erforderlichen Sprachkenntnisse müssen systematisch durch die Aussicht auf den Zugewinn in der Fremdsprachenkompetenz ersetzt werden. Mangelndes Selbstvertrauen, das eine Teilnahme erschwert oder verhindert, kann durch Erfolgsgeschichten signifikanter ehemaliger Teilnehmer bei Informationsveranstaltungen, durch gezielte Ansprache durch Motivatoren, Unterstützer im familiären und schulischen Umfeld und niedrigschwellige Angebote zum Einstieg bearbeitet werden. Ebenfalls ist es denkbar, in den neuen Medien Informationskanäle einzurichten, in denen ehemalige Teilnehmer berichten, wie sie trotz Sprachbarriere und anfänglichen Unsicherheiten immer besser zurechtkommen, sich selbstbewusster fühlen und berufliche Fortschritte machen.

Individuelle Ängste und besondere Erfordernisse sowie schwierige familiäre Situationen müssen in einem geschützten Rahmen angesprochen werden können, um einen Abbau der Zugangsbarrieren zu ermöglichen.

Der Zugewinn für den Lebenslauf sollte von den entsprechenden Lehrern und Ausbildern verdeutlicht werden.

Mobilitätsfenster für alle Schularten müssen geschaffen werden.

Teilnehmer, die sich zwar beworben hatten, aber aus welchen Gründen auch immer abgelehnt wurden, sollten mit der Absage Informationen über weitere Möglichkeiten der Teilnahme an anderen Begegnungsprogrammen erhalten.

Um die Gruppe der Nichtmotivierten stärker zu erreichen und damit zu verkleinern, wäre es sinnvoll, ein besonderes Augenmerk bei der Informationsvermittlung auf männliche Jugendliche mit prekärem Hintergrund zu legen.

Wenn diese Studie wegen der geringen Zahl an den befragten Jugendlichen (N 49) auch nicht als repräsentativ gelten kann, so geben die Resultate dennoch einen anschaulichen Eindruck von den individuellen und strukturellen Einflussfaktoren, die Jugendliche, die durchaus motiviert sind oder zu motivieren wären, daran hindern, an internationalen Jugendbegegnungen teilzunehmen. Diese Studie ist Teil des Forschungsprojekts „Zugangsstudie", die insgesamt zu folgenden Ergebnissen kommt:

Die Zugangsstudie schließt an die bisherigen Forschungen an. „Sie verfolgt unter anderem das Ziel, durch eine interdisziplinäre Gesamtschau auf strukturelle und programmatische Bedingungen der internationalen Jugendarbeit diese forschungsbezogen und konzeptionell weiterzudenken und Impulse für weiterführende Bearbeitungen zu geben. Hierfür entwarf man ein multimethodisches theoretisches und interdisziplinäres Vorgehen. Die Studie bezieht ihre Expertise aus dem Feld der (internationalen) Jugendbildung und liefert damit auch eine Beschreibung der unterschiedlichen Formate und Begriffe, die im Feld der internationalen Jugendarbeit kursieren und bisher selten differenziert bearbeitet wurden. Dabei erweitert sie die durch das Institut für Kooperationsmanagement vertretene Perspektive der Psychologie durch die Milieu- und Jugendforschung des Sinusinstituts und durch eine theoretisch erweiterte Jugendforschung. Auf einer detailorientierten Analyse des Bildes basiert die Entwicklung der Fragebögen von Sinus, sodass das Markt- und Forschungsinstitut sehr genaue Aussagen zu den Formaten und den Teilnehmern treffen kann. (…)

Dieser Ansatz, mit dem individuelle und strukturelle Hindernisse und potenzielle Zugänge erforscht werden konnten, bewirkt allerdings forschungstheoretische und praktische Herausforderungen. So musste man sich im Vorfeld auf den Forschungs- gegenstand, auf Begrifflichkeiten, Fragestellungen und Forschungsmethoden einigen und in der Auswertung die unterschiedlichen Ergebnisse aufeinander beziehen. Der Aufwand hat sich allerdings gelohnt. Es zeigte sich im Ergebnis, dass (erst) mit dem mehrdimensionalen Blick Zusammenhänge zwischen individuellen narrativen und strukturellen Bedingungen sichtbar werden." (Becker & Thimmel, 2019b, S. 24–25).

Die Ergebnisse zeigen, dass Jugendliche milieuübergreifend Interesse an inter- nationalen Begegnungen haben und die Hinderungsgründe so spezifisch individuell und biografisch heterogen sind wie insgesamt die Gestaltung von Lebensweisen und Lebensentwürfen von Menschen vielfältig und vielschichtig sind. Dies bedeutet nicht, die Realität sozialer Ungleichheit in Gesellschaften auszublenden, und selbst- verständlich bleibt es weiterhin wichtig, die Lebenslage von benachteiligten Jugend- lichen ernst zu nehmen und zu bearbeiten. Soziale Ungleichheit ist jedoch keine indi- viduelle Schuld, sondern immer strukturell bedingt. Daher und aufgrund der Ergebnisse der Zugangsstudie plädieren wir für eine Verschiebung der Perspektive vom Individuum zur sozialen Struktur.

Internationale Jugendarbeit erscheint dann nicht als hermetisch-exklusives Areal, sondern vielmehr als ein Raum der Ermöglichung von internationaler Bildung und Begegnung. Für uns bedeutet dies eine Bestärkung von internationaler Jugend- arbeit. Daraus folgt konsequenterweise, im Verständnis einer subjektorientierten Jugendarbeit von autonomen Subjekten auszugehen die in Bezug zur strukturierten Welt gestaltend handeln. Dies ist die Umkehrung der vorherrschenden Perspektive, die davon ausgeht, dass Jugendliche für internationale Jugendarbeit zu interessieren seien. Deutlich wird vielmehr, dass für die in der Mehrheit interessierten Jugend- lichen internationale Bildung durch andere passendere Angebotsformate ermöglicht werden muss. Dieser Perspektivenwechsel ist vermutlich nur durch Jugendpolitik, Jugendarbeit, Jugendbildung und Jugendverbandsarbeit zu leisten. Dies würde auch beinhalten, die Figur der „benachteiligten" Jugendlichen zu dekonstruieren und mit jugendpädagogischer Professionalität Jugendliche und junge Erwachsene in ihrer komplexen Lebensphase dahin zu unterstützen, internationale Erfahrungen machen zu können" (Becker & Thimmel, 2016, S. 39).

9.2.1.8 Entwicklung interkultureller Handlungskompetenz

Wenn die Hypothese, dass die Wirkungen internationaler Jugendbegegnungen auf die Persönlichkeitsentwicklung einen nachhaltigen Einfluss auf die Entwicklung interkultureller Handlungskompetenz haben, Bestand haben soll, dann müssen die vorliegenden Forschungsergebnisse mit den Merkmalen interkultureller Handlungs-kompetenz verglichen werden. Diese für interkulturelle Handlungskompetenz cha-rakteristischen Merkmale sind in der folgenden Definition 5. von interkultureller Handlungskompetenz markiert.

Definition interkultureller Handlungskompetenz

Die aus der vorhandenen Fachliteratur zur interkulturellen Handlungskompetenz ableitbaren Fähigkeiten und Fertigkeiten, interkulturell kompetent zu handeln, sind in den folgenden Definitionen zusammenfassend dargestellt.

1. Interkulturelle Kompetenz ist die notwendige Voraussetzung für eine angemessene, erfolgreiche und für alle Seiten zufriedenstellende Kommunikation, Begegnung und Kooperation zwischen Menschen aus unterschiedlichen Kulturen.
2. Interkulturelle Kompetenz ist das Resultat eines Lern- und Entwicklungs-prozesses.
3. Die Entwicklung interkultureller Kompetenz setzt die Bereitschaft zur Aus-einandersetzung mit fremden kulturellen Orientierungssystemen voraus, basie-rend auf einer Grundhaltung kultureller Wertschätzung.
4. Interkulturelle Kompetenz zeigt sich in der Fähigkeit, die kulturelle Bedingtheit der Wahrnehmung, des Urteilens, des Empfindens und des Handelns bei sich selbst und bei anderen Personen zu erfassen, zu respektieren, zu würdigen und produktiv zu nutzen.
5. Ein hoher Grad an interkultureller Kompetenz ist dann erreicht, wenn
   (1) differenzierte Kenntnisse und ein vertieftes Verständnis des eigenen und fremder kultureller Orientierungssysteme vorliegen,
   (2) aus dem Vergleich der kulturellen Orientierungssysteme kulturadäquate Re-aktions-, Handlungs- und Interaktionsweisen generiert werden können,
   (3) aus dem Zusammentreffen kulturell divergenter Orientierungssysteme syn-ergetische Formen interkulturellen Handelns entwickelt werden können,
   (4) in kulturellen Überschneidungssituationen alternative Handlungspotenziale, Attributionsmuster und Erklärungskonstrukte für erwartungswidrige Re-aktionen des fremden Partners kognizierbar sind,
   (5) die kulturspezifisch erworbene interkulturelle Kompetenz mithilfe eines ge-neralisierten interkulturellen Prozess- und Problemlöseverständnisses und Handlungswissens auf andere kulturelle Überschneidungssituationen trans-feriert werden kann,
   (6) in kulturellen Überschneidungssituationen mit einem hohen Maß an Hand-lungskreativität, Handlungsflexibilität, Handlungssicherheit und Handlungs-stabilität agiert werden kann.

Dabei sind Persönlichkeitsmerkmale und situative Kontextbedingungen so in-einander verschränkt, dass zwischen Menschen aus unterschiedlichen Kulturen eine von Verständnis und gegenseitiger Wertschätzung getragene Kommunikation und Kooperation möglich wird.

Selbstkommandos zur effizienten Gestaltung interkultureller Begegnungsprozesse (SK)

Bei der Konfrontation mit kulturell bedingt kritischen Interaktionssituationen, dem Erkennen, Analysieren und Verarbeiten der damit verbundenen Irritationen sowie der Entwicklung von Handlungsoptionen, die eine erfolgreiche und für beide Kommunikations- und Kooperationspartner zufriedenstellende Lösung erbringen können, haben sich die im Folgenden aufgeführten „Kommandos" bewährt. Es handelt sich dabei um schnell aktivierbare Verhaltensvorschriften und Verhaltensmerkmale, die nach einiger Zeit der Einübung verinnerlicht sind und somit den Interaktionsprozess gleichsam automatisch steuern.

1. Stoppe den automatischen Bewertungsprozess!
2. Präzisiere, was dich interessiert und was den Partner interessieren könnte!
3. Reflektiere und präzisiere deine eigenen Erwartungen!
4. Analysiere die individuellen und situativen Bedingungen!
5. Antizipiere die Wirkungen deines eigenen Verhaltens!
6. Reflektiere die möglichen Erwartungen des Partners!
7. Erkenne die eigenen Kulturstandards und reflektiere ihre Wirkungen!
8. Nutze das Wissen um die fremden Kulturstandards zur Konfliktlösung und zur Förderung beiderseitiger Zufriedenheit!

9

Wissenschaftlich bestätigte individuelle Fähigkeiten zur Förderung interkultureller Handlungskompetenz (WF)

Die folgende Aufstellung enthält die Ergebnisse aus der Studie „Langzeitwirkungen der Teilnahme an internationalen Jugendbegegnungen auf die Persönlichkeitsentwicklung." (Thomas et al., 2007). Ausgewertet wurden dazu die Aussagen aus den Interviews und den Fragebögen der Jugendlichen, die vor zehn Jahren an einem der internationalen Jugendbegegnungs- und Jugendaustauschprogrammen teilgenommen hatten. Die Prozentangaben beziehen sich auf die Anzahl der Jugendlichen, die in den Fragebögen den erfragten Erfahrungen zustimmten.

Selbstbezogene Eigenschaften und Kompetenzen: Wirkungen und Entwicklungen in Bezug Selbstbewusstsein, Selbstständigkeit, Selbstvertrauen, Selbstsicherheit, Selbstwirksamkeit (63 %). Def. /6

Interkulturelles Lernen: „Interkulturelles Lernen schließt folgende Bereiche ein: die Perspektive eines anderen übernehmen können, sich dessen bewusst zu sein, dass es Unterschiede zwischen mir und dem fremdkulturellen Partner gibt und dass es ein vertieftes Wissen über die Eigen- und Fremdkultur zu erwerben gilt (62 %)". Erf /4, Erf.8

Beziehungen zum Gastland/zur Gastregion: Förderung einer positiv emotionalen Beziehung zum Gastland/zur Gastregion und dessen/deren Bewohner, sowie die Zunahme an Interesse am Gastland/an der Gastregion und an anderen Kulturen (60 %)

Fremdsprachenkompetenz: Förderung der Fremdsprachenkompetenz sowie des Interesses an der Sprache und der Bereitschaft, eine fremde Sprache zu sprechen, zu erlernen und die Sprachkenntnisse zu vertiefen (52 %).

Soziale Kompetenz: Soziale Kompetenz bezieht sich auf Gruppensituationen und erfasst vor allem Team- und Konfliktlösungsfähigkeiten. (52 %) Def.1; SK. r Erf.1

Offenheit Flexibilität, Gelassenheit: Veränderungen in diesen Bereichen führt dazu, dass man offener gegenüber neuen Situationen und Menschen ist und in ungewohnten Situationen gelassener und flexibler reagiert. (51 %) (Erf.2 / Def.3 / SK 6)

Selbsterkenntnis/Selbstbild: Selbstreflexion und einer Auseinandersetzung mit seinem Selbstbild findet statt außerdem lernt man sich besser einzuschätzen (40 %). (SK.3 /Def.4/Erf.6)

Multikulturelle Identität: Förderung der kulturellen Identitätsentwicklung durch das Bewusstwerden der eigenen kulturellen Prägung. Auseinandersetzung mit dem eigenen Deutschsein und dessen Vor- und Nachteile (28 %).

Aufbauende Aktivitäten: Weiteres Aufsuchen interkultureller Kontexte (Programme und Kontakte) sowie ehrenamtliches Engagement (28 %).

Einfluss auf die berufliche Entwicklung: Die Austauscherfahrungen haben Wirkungen auf die berufliche Entwicklung und Weiterentwicklung (16 %).

Kontakte: Auch Jahre nach dem Austausch bestehen häufig noch Kontakte (persönlich, telefonisch, schriftlich) zu Personen aus dem Land des Austauschs: Ich bin heute noch mit Personen aus dem Austausch befreundet (28 %); ich habe heute noch Kontakt zu Personen aus dem Austausch (41 %); es entwickelte sich eine Partnerbeziehung mit einer Person aus dem Austausch (15 %).

> **Fazit**
>
> Die für die Entwicklung und den Einsatz interkultureller Handlungskompetenz immer wieder belegten und aufgeführten zentralen Fähigkeiten und Verhaltensmerkmale sind zum überwiegenden Teil deckungsgleich mit dem, was die Teilnehmer an internationalen Jugendbegegnungen als nachhaltige Erfahrungen und langfristige Wirkungen benennen. Die zur Zeit der individuellen und biografischen Entwicklung im Jugendalter während eines auch nur kurzfristigen internationalen Begegnungsprogramms gemachten Erfahrungen sind für die Jugendlichen von nachhaltiger Bedeutung für das Leben und Arbeiten in multikulturellen Gesellschaften. Hier werden entscheidende Grundlagen für die Entwicklung interkultureller Handlungskompetenz gelegt. Zum Beispiel könnte der Höhepunkt für eine deutsch- marokkanische internationale Jugendbegegnung mit Familienunterbringung darin bestehen, dass die Jugendlichen einen traditionellen marokkanischen Basar besuchen, der nicht als exotisches Event wie vieles andere abgehakt wird. Dies liegt daran, weil ein marokkanischer Teppichhändler mit der traditionell üblichen Gestik, Mimik und ausführlichen Gesprächen über die deutsch-marokkanische Freundschaft verbunden mit kleinen Geschenken wie eine Tasse heißen Tees mit Plätzchen vor allem einen etwas zurückhaltend, ruhigen und ängstlich wirkenden deutschen Jugendlichen für seine Ware überzeugt. Der Jugendliche braucht nur für einen kleinen Obolus einen ansehnlichen handgearbeiteten Berberteppich benötigen, um seine Studierstube etwas zu verschönern. Dem folgend wird der Junge vor Glück strahlend, mit einer Teppichrolle im Arm nach Deutschland zurückreist. Alle, die eine solche Begegnung und das gesamte Umfeld erlebt haben, werden dies ihr Leben lang nicht vergessen, und dem Jungen eröffnet dieses Erlebnis vielleicht das Interesse an der Entwicklung einer eigenen interkulturellen Handlungskompetenz.

Literatur

Abt, H. (2019). An den Jugendlichen liegt es nicht. Ergebnisse der Interviewbefragung von jungen Menschen zu Gründen ihrer Nicht-Teilnahme am internationalen Jugendaustausch. In H. Becker & A. Thimmel (Hrsg.). Die Zugangsstudie zum internationalen Jugendaustausch (S. 68–99). Wochenschau.

Becker, H., & Thimmel, A. (Hrsg.). (2019a). *Die Zugangsstudie zum internationalen Jugendaustausch.* Wochenschau.

Becker, H., & Thimmel, A. (2019b). Die „Zugangsstudie" als kritischer Forschungsimpuls für Theorie und Praxis in der Internationalen Jugendarbeit in Deutschland. Zur Relevanz einer strukturellen Inblicknahme Internationaler Jugendbildung. In: *Forum Jugendarbeit international.* 2016–2018 S. 20–41, 39.

Hammer, M. (2005). The educational results study: Assessment of the impact of the AFS study abroad experience. AFS Intercultural Programs.

IJAB-Fachstelle für internationale Jugendarbeit der Bundesrepublik Deutschland e.V (Hrsg.). (2019). *Internationale Jugendarbeit – Zugänge, Barrieren und Motive.* IJAB.

Thomas, A. (2007). Jugendaustausch. In J. Straub, A. Weidemann, & D. Weidemann (Hrsg.), *Handbuch interkulturelle Kommunikation und Kompetenz* (S. 657–667). J. B. Metzler.

Thomas, A. (2010). *Internationaler Jugendaustausch – ein Erfahrungs- und Handlungsfeld für Eliten? Forum Jugendarbeit International 2008–2010* (S. 18–27). IJAB – Fachstelle für Internationale Jugendarbeit der Bundesrepublik Deutschland e.V.

Thomas, A., Chang, C., & Abt, H. (2007). *Erlebnisse, die verändern. Langzeitwirkungen der Teilnahme an internationalen Jugendbegegnungen.* Vandenhoeck & Ruprecht.

Zeutschel, U. (2004). Jugendaustausch – und dann…? Erkenntnisse und Folgerungen aus Wirkungsstudien und Nachbetreuungsangeboten im internationalen Jugendaustausch. Thomas-Morus-Akademie.

9

Interkulturelle Kompetenz im Kontext beruflicher Bildungsweg

Inhaltsverzeichnis

10.1 Einleitung

Die überwiegende Mehrheit der Auszubildenden durchläuft ihre berufliche Grundausbildung und oft auch die Fort- und Weiterbildung in Deutschland. Das gilt auch für Auszubildende mit Migrationshintergrund. Eine internationale und damit interkulturelle Orientierung wird dabei nicht angeregt und auch nicht gefördert, obwohl alle wissen, dass durch Internationalisierung und Globalisierung nahezu aller Bereiche unserer Gesellschaft neue Herausforderungen zu bewältigen haben.

Erst als fertig ausgebildete Fach- und Führungskräfte werden sie womöglich ziemlich plötzlich in berufsbedingte Auslandseinsätze geschickt, bei denen sie zur Bewältigung der anstehenden Aufgaben eine gewisse Ausprägung der Schlüsselqualifikation „interkulturelle Handlungskompetenz" zwar dringend benötigen, aber nicht besitzen. Im günstigsten Fall werden sie dann noch schnell eine kurze, landeskundliche Orientierung oder ein halbtägiges Training in interkultureller Handlungskompetenz erhalten. In der Regel fällt aber auch diese zur Bewältigung der praktischen Anforderungen unzureichende Vorbereitung aus. In den meisten Fällen stehen Fach- und Führungskräfte im Auslandseinsatz plötzlich und unvorbereitet unerwarteten, unerklärbaren und in der Regel auch nicht lösbaren Problemen hilflos gegenüber, resultierend aus dem Zusammenprall unterschiedlicher kulturell bedingter Orientierungen.

Die Vermeidung dieser defizitären interkulturellen Qualifikation kann durch eine frühzeitige, im beruflichen Bildungsprozess platzierte, interkulturelle Öffnung und Erfahrungsbildung erfolgen, indem internationale Begegnungsprogramme angeboten werden. In diesen erhalten auszubildende Jugendliche und junge Erwachsene Möglichkeiten zu interkulturellen Erfahrungen, zum interkulturellen Lernen und zum eigenständigen interkulturellen Handeln.

10.2 Hauptteil

Wenn ein Ausbildungsdefizit festgestellt wird und das Interesse besteht, es zu beheben, dann benötigt man dazu gesicherte Erkenntnisse über die Ursachen der defizitären Situation, der Wirkungen möglicher Interventionsmaßnahmen und der daraus resultierenden Konsequenzen.

10.2.1 Das deutsche berufliche Ausbildungssystem im internationalen Vergleich

Das deutsche berufliche Ausbildungssystem hat eine lange Tradition, sowohl was die handwerkliche Ausbildung (Handwerkskammern) wie auch die industriebezogene Ausbildung (Industrie- und Handelskammern) betrifft. Aus dieser Tradition heraus haben sich einige Gewohnheiten, Werte und Grundprinzipien herausgebildet, die immer noch gültig sind.

Hier ein Beispiel aus meiner eigenen Berufserfahrung:
- Realschulabschluss
- Wunsch, Bauingenieur im Hochbauwesen zu werden

- Vor dem Ingenieurstudium musste eine abgeschlossene Lehre absolviert werden
- Der Arbeitsamtsberater 1957 in Köln meinte: Technischer Zeichner, Maurer oder Betonbauer seien die möglichen Lehrberufe. Aufgrund meiner körperlichen Verfassung sollte ich eine Lehre als Betonbauer ergreifen, denn Beton sei erstens der zukünftige Werkstoff im Hochbau und zweitens würde ich auf diese Weise die schwere Arbeit der Betonbauer von der Pike auf kennenlernen und könnte dann als Bauingenieur besser beurteilen, was ich später den Arbeitern auf den Baustellen vor Ort zumuten würde.

Kurz gesagt hat: Praktische Kenntnisse, das Handwerk von der Pike auf erlernen und kennenlernen sind gute Voraussetzungen für jeden, der später in Führungspositionen tätig sein will.

Das duale Berufsausbildungssystem, das in Deutschland Tradition hat, mit einer aufeinander abgestimmten Ausbildung schulischer und betriebs- und arbeitsplatznaher Ausbildung, ist weltweit ein Exportschlager. Viele im beruflichen Ausbildungsbereich tätige Fach- und Führungskräfte aus allen Ländern Europas und weltweit kommen nach Deutschland, um die Details kennenzulernen und mit dem Ziel, es in ihren Ländern zu implementieren. Das gelingt tatsächlich aber nur in den seltensten Fällen, weil kulturspezifische Barrieren die Implementierung verhindern, so zum Beispiel in Indien:

Die Bevölkerungszahlen in Indien übersteigen bald die der Chinesen. Dies hängt damit zusammen, dass die Chinesen von staatlicher Seite her die Einkindfamilie mit Brachialgewalt, gegen den Willen vieler Eltern, durchgesetzt haben. Familien mit mehr als einem Kind wurden bestraft, zur Abtreibung gezwungen und zu Geldbußen verurteilt.

In Indien wurden zu dieser Zeit seitens der Regierung zwar Familienplanungsprojekte gefördert, diese haben aber nie die Masse der armen indischen Landbevölkerung erreicht. Sehr viele Eltern in Indien hoffen nach wie vor, dass sie mit einer hohen Anzahl an Kindern im Alter abgesichert sind.

Ein duales Ausbildungssystem, wie es in Deutschland entwickelt wurde, konnte in Indien deshalb nicht zum Zuge kommen, weil alle, die eine Schule besucht hatten und nun lesen und schreiben konnten, einen sogenannten White-Collar-Job, also einen Schreibtischjob, anstreben und jeder Art von Blue-Collar-Job, also eine Arbeit, bei der man sich schmutzig machen kann, ablehnen und zu vermeiden suchen. Die Berufsausbildung in Indien ist massiv theorielastig und praxisfern. Das wird in Indien zwar schon seit Jahrzehnten öffentlich beklagt, doch an dieser Tatsache ändert sich nichts. Die kulturellen Gewohnheiten und Traditionen sind so verfestigt, dass keine Regierung in dem demokratischen Staatswesen Indien daran bisher etwas ändern konnte.

Jeder, der ein Handwerk ausübt, wird schon von vorneherein abgewertet. Ein noch so einfacher und schlecht bezahlter Schreibtischjob ist aus Imagegründen immer noch besser als eine durchaus gut bezahlte handwerkliche Tätigkeit.

Es gibt also eindeutige kulturelle Barrieren, die ein duales berufliches Ausbildungssystem blockieren, behindern und unmöglich machen.

In einer immer weiter internationalisierten und globalisierten Welt wird es immer wichtiger, eine Fähigkeit zu entwickeln, mit Menschen unterschiedlicher kultureller Herkunft zurechtzukommen sowie produktiv und für alle Seiten zufriedenstellend kooperieren zu können. Das gelingt nur, wenn man eine Sensibilität und Kompetenz entwickelt, Menschen unterschiedlicher kultureller Herkunft in Bezug auf ihre Werte, Normen und Verhaltensgewohnheiten zu verstehen und ernst zu nehmen.

10.2.2 Internationalisierung der Arbeitswelt

Die berufliche Ausbildung in Deutschland verfolgt vier Ziele:
1. Vermittlung beruflichen Wissens und berufsspezifischer Kenntnisse, die den Lernenden befähigen, berufliche Ziele und Anforderungen zu verstehen und im beruflichen Alltag optimale berufliche Leistungen zu erbringen.
2. Vermittlung, Entwicklung und Verstärkung von Fähigkeiten, die aus kulturspezifisch deutscher Sicht von jeder Arbeits-, Fach- und Führungskraft zu verlangen sind: Ordnung, Pünktlichkeit, Präzision, Sauberkeit, Zuverlässigkeit, Eigenständigkeit, Offenheit und Ehrlichkeit, Fleiß und Ausdauer (also die sog. deutschen Tugenden).
3. Entwicklung und Aufbau berufsspezifischer Fähigkeiten und Fertigkeiten, die es erlauben, den beruflichen Anforderungen unter wechselnden Kontextbedingungen auf hohem Niveau gerecht zu werden.
4. Entwicklung und Aufbau sogenannter Soft Skills, also fachübergreifender Schlüsselqualifikationen wie Organisationsfähigkeit, soziale Fähigkeiten, Konfliktfähigkeit, Teamfähigkeit usw.

Wer im Verlauf seiner Berufsausbildung diese Ziele erreicht und die damit verbundenen Werte, Normen und Verhaltensgewohnheiten verinnerlicht hat, wird diese spezifische Berufskultur als Selbstverständlichkeit leben und auch bei denen als gegeben voraussetzen, mit denen er zusammenarbeitet, gleich welcher nationaler/kultureller Herkunft seine Kooperationspartner auch sind.

Für einen Inder sind Berufskulturen mit ihren Möglichkeiten und Barrieren kastenspezifisch festgelegt. Die angeborene Kastenzugehörigkeit bestimmt nach wie vor, welcher Beruf ausgeübt werden kann und welcher nicht, welche Leistungen zu erbringen sind und welche Verhaltensweisen erlaubt sind und welche nicht. Auch diese berufsspezifischen kulturellen Orientierungen sind verinnerlicht und für einen Inder selbstverständlich. Sie passen aber überhaupt nicht zu dem, was ein deutscher von einem indischen Partner erwartet. Es kommt dann an allen Ecken und Enden zu Missverständnissen und Desorientierungen.

Im Zuge der Internationalisierung und Globalisierung aller Bereiche des gesellschaftlichen Lebens, des privaten wie des beruflichen, wird eine Schlüsselqualifikation immer bedeutsamer, nämlich „interkulturelle Handlungskompetenz".

10.2.3 Was versteht man unter interkultureller Handlungskompetenz und wie wirkt sie?

1. „Interkulturelle Handlungskompetenz ist die notwendige Voraussetzung für eine angemessene, erfolgreiche und für alle Seiten zufriedenstellende Kommunikation, Begegnung und Kooperation zwischen Menschen aus unterschiedlichen Kulturen.
2. Interkulturelle Handlungskompetenz ist das Resultat eines Lern- und Entwicklungsprozesses.
3. Die Entwicklung interkultureller Handlungskompetenz setzt die Bereitschaft zur Auseinandersetzung mit fremden kulturellen Orientierungssystemen voraus, basierend auf einer Grundhaltung kultureller Wertschätzung.

4. Interkulturelle Handlungskompetenz zeigt sich in der Fähigkeit, die kulturelle Bedingtheit der Wahrnehmung, des Urteilens, des Empfindens und des Handelns bei sich selbst und bei anderen Personen zu erfassen, zu respektieren, zu würdigen und produktiv zu nutzen."

Da die Internationalisierung und Globalisierung im beruflichen Bereich immer weiter fortschreitet, immer häufiger Menschen aus unterschiedlichen Kulturen als Kunden, Lieferanten, Produzenten, Dienstleister, Vorgesetzte, Kollegen und Mitarbeiter auftauchen und als Kommunikations- und Kooperationspartner ernst genommen werden müssen, wird die Förderung interkultureller Handlungskompetenz bereits im Kontext der beruflichen Ausbildung als zentrale Schlüsselqualifikation immer bedeutsamer.

Die Entwicklung interkultureller Handlungskompetenz ist eine Herausforderung für alle Menschen in einem weltwirtschaftlich so bedeutsamen Land wie Deutschland – bevölkerungsreichstes Land der Europäischen Union, im Zentrum Europas gelegen und international stark vernetzt. Besonders dringlich wird, auch im Zusammenhang mit der Migrations- und Flüchtlingsthematik, die Entwicklung interkultureller Handlungskompetenz für Personen, die in verantwortlichen Positionen im Bereich von Schule, Bildung, Beratung, Pflege und Versorgung, Sicherheitsdiensten sowie kommunaler Behörden tätig sind.

Hier einige Fallbeispiele aus der Flüchtlingsbetreuung, in denen kulturelle Einflussfaktoren Konflikte erzeugen und die Wirksamkeit interkultureller Handlungskompetenz zur Lösung dieser kulturell bedingten Konfliktsituationen deutlich werden kann.

Wie schon in der Definition deutlich geworden ist, entsteht interkulturelle Handlungskompetenz nicht so einfach von alleine, wenn man nur häufig genug mit Personen unterschiedlicher kultureller Herkunft zu tun hat.

Interkulturelle Handlungskompetenz ist das Resultat eines Lern- und Entwicklungsprozesses. Diese Lern- und Entwicklungsprozesse sind wissenschaftlich recht gut untersucht. Dabei hat sich herausgestellt, dass spezifische Persönlichkeitsmerkmale die Wahrscheinlichkeit zum Aufbau und zum erfolgreichen Einsatz interkultureller Handlungskompetenz deutlich erhöhen:

1. Sozial-kommunikative Merkmale:
   - Offenheit und Neugier
   - Kontaktfreudigkeit
   - Konfliktlösefähigkeit
   - Einfühlungsvermögen (Empathie)

2. Persönlichkeits- und Verhaltensmerkmale:
   - Perspektivenwechsel
   - Ambiguitätstoleranz
   - Verhaltensflexibilität
   - Selbstsicherheit
   - Ethnische Toleranz
   - Belastbarkeit (psychisch und physisch)
   - Intrinsische Arbeit-/Auftragsmotivation

Auf diesen Grundlagen aufbauend kann der Erwerb interkultureller Handlungskompetenz auf recht unterschiedliche Weise erfolgen.

10.2.4   Wege des Erwerbs interkultureller Handlungskompetenz

10.2.4.1   Individuelle Begegnungen

Begegnungen und Zusammenarbeit mit Menschen anderer Kulturen unter folgende Bedingungen:
- Wertschätzung des Fremden
- Aufnahmebereitschaft und Neugier auf Fremdes
- Bereitschaft zur Reflexion des eigenen und des fremden kulturellen Orientierungssystems
- Fähigkeit und Bereitschaft, von Fremden zu lernen

10.2.4.2   Professionelle Begegnungs- und Austauschprogramme

- Organisierter interkultureller Austausch mit dem Ziel, interkulturelles Lernen zu fördern (Schüler-, Praktikanten-, Studenten-, Jugendaustausch)
- Interkulturelle Zusammenarbeit mit für beide Partner erstrebenswerten Zielen und kompensatorischen Zielhandlungen (Studentandems, international zusammengesetzte Projektgruppen, internationale Workshops, Berufspraktikum)

10.2.4.3   Professionelle Trainingsprogramme zur Entwicklung interkultureller Handlungskompetenz

10

- Interkulturelles Vorbereitungstraining (kulturallgemein/kulturspezifisch)
- Handlungsfeld- und aufgabenspezifisches Vorbereitungstraining
- Interkulturelles Begleittraining/Supervision
- Interkulturelles Reintegrationstraining/Supervision

10.2.4.4   Lebensbiografisch bedingte Entwicklungen

- Gemischtkulturelle Familien
- Gemischtkulturelle vorschulische und schulische Erziehung
- Gemischtkultureller Freundeskreis/gemischtkulturelle Peers
- Gemischtkulturelle Nachbarschaft
- Gemischtkulturelle soziale Netzwerke

10.2.4.5   Konsequenzen für die Eröffnung beruflicher Bildungswege in Thesen

1. These: Je früher in der Lebensbiografie eine Begegnung und ein Austausch mit kulturell unterschiedlich geprägten Personen erfolgen, umso effektiver wirken interkulturelle Trainings. Deshalb ist es wichtig, schon frühzeitig in den pädagogisch gesteuerten beruflichen Bildungs- und Ausbildungsprozessen Möglichkeiten interkultureller Erfahrungsbildung und interkulturellen Erlebens, interkulturellen Lernens und eigenständigen interkulturellen Handelns zu schaffen.

Begründung: Im Zusammenhang mit interkulturellen Begegnungs- und Austauschprogrammen kann interkulturelle Handlungskompetenz entwickelt und gefördert werden und das schon in einer frühen Phase der biografischen Entwicklung, wie etwa zu Zeiten der schulischen Ausbildung und der berufsspezifischen Lehrzeit: Dies zeigt sich deutlich und nachvollziehbar in den Ergebnissen eines Forschungsprojekts mit dem Titel „Langzeitwirkungen der Teilnahme an internationalen Jugendbegegnungen auf die Persönlichkeitsentwicklung" (Thomas et al., 2007).

Es wurden dabei Fachexperten befragt, die über jahrzehntelange Erfahrungen in der Organisation und Durchführung internationaler Jugendbegegnungen von bis zu maximal vier Wochen Dauer verfügten. Gegenstand der Befragung waren die, von ihnen beobachteten Wirkungen der im Ausland gewonnenen Erfahrungen auf die Persönlichkeitsentwicklung der jugendlichen Teilnehmer, bei denen es sich meist um Schüler handelte. Keiner der befragten Jugendlichen in einer beruflichen Ausbildung war. Ehemalige Teilnehmer, die vor zehn Jahren war hingegen an öffentlich ausgeschriebenen Jugendbegegnungsprogrammen teilgenommen hatten, wurden interviewt über ihre Erfahrungen und die nachhaltige Wirkung der Erfahrungen im Ausland und im Umgang mit denen ausländischen Partnern und Gastfamilien. Zudem wurde noch eine Fragebogenbefragung mit ehemaligen Teilnehmern an internationalen Begegnungs- und Austauschprogrammen durchgeführt.

Diese Programme wurden öffentlich angekündigt und ausgeschrieben, meist über Schulen und Jugendorganisationen. Diese Studie erbrachte drei bemerkenswerte Erkenntnisse:

1. Erstaunlich ist der Befund, dass 80 % der befragten ehemaligen Teilnehmer eine gymnasiale Ausbildung durchlaufen hatten und keiner während des Begegnungsprogramms im Ausland in einer beruflichen Ausbildung war. Experten mit Erfahrungen in der Organisation und Durchführung internationaler Jugendbegegnungs- und Austauschprogramme bestätigen aufgrund ihrer Erfahrungen dieses Ergebnis.
2. Die befragten Jugendlichen konnten sich noch zehn Jahre nach der Teilnahme an ihrem internationalen Begegnungs- und Austauschprogramm problemlos und sehr präzise an das Verlaufsprogramm erinnern.
3. Die befragten Jugendlichen waren zudem in der Lage, die für sie besonders bedeutsamen interkulturellen Erfahrungen im Umgang mit ihren ausländischen Partnern und deren Wirkung auf ihre weitere Persönlichkeitsentwicklung darzustellen.

Die folgende Liste der Befragungsergebnisse zeigt, welche konkreten Kategorien in Bezug auf die Langzeitwirkungen genannt wurden. Die Prozentzahlen beziehen sich auf die Anzahl der Personen, die sich den genannten Kategorien zuordnen ließen:

1. Selbstbezogene Eigenschaften und Kompetenzen: Wirkungen und Entwicklungen in Bezug auf die Bereiche Selbstbewusstsein, Selbstständigkeit, Selbstvertrauen, Selbstsicherheit, Selbstwirksamkeit (63 %).
2. Interkulturelles Lernen: Interkulturelles Lernen schließt folgende Bereiche ein: die Perspektive eines anderen übernehmen zu können, sich dessen bewusst zu sein, dass es Unterschiede zwischen uns und dem ausländischen Partner gibt, und ein vertieftes Wissen über die Eigen- und Fremdkultur zu haben (62 %).
3. Beziehungen zum Gastland/Gastregion: Förderung einer positiv-emotionalen Beziehung im Gastland/zur Gastregion und dessen/deren Bewohnern sowie die Zunahme an Interesse am Gastland/Gastregion und an anderen Kulturen (60 %).

4. Fremdsprachenkompetenz: Förderung der Fremdsprachenkompetenz sowie des Interesses und der Bereitschaft, eine Fremdsprache zu sprechen, zu erlernen und zu vertiefen (52 %).
5. Soziale Kompetenz: Soziale Kompetenz bezieht sich auf Gruppensituationen und erfasst vor allem Team- und Konfliktlösungsfähigkeiten (52 %).
6. Offenheit, Flexibilität, Gelassenheit: Veränderung in diesen Bereichen führt dazu, dass man offener gegenüber neuen Situationen und Menschen ist und in ungewohnten Situationen gelassener und flexibler reagiert (51 %).
7. Bewusstwerden der eigenen kulturellen Prägung. Auseinandersetzung mit dem eigenen Deutschsein und dessen Vor- und Nachteilen (28 %).
8. Aufbauende Aktivitäten: weiteres Aufsuchen interkultureller Kontexte (Programme und Kontakte) sowie ehrenamtliches Engagement (28 %).
9. Einfluss auf die berufliche Entwicklung: Die Austauscherfahrungen haben Wirkungen auf die berufliche Entwicklung und Weiterentwicklung (16 %).
10. Kontakte: Auch Jahre nach dem Austausch bestehen häufig noch Kontakte (persönlich, telefonisch, schriftlich) zu Personen aus dem Land des Austauschs: „Ich bin heute noch mit Personen aus dem Austausch befreundet (28 %); ich habe heute noch Kontakt zu Personen aus dem Austausch (41 %); es entwickelte sich eine Paarbeziehung mit einer Person aus dem Austausch (15 %)".

Diese Ergebnisse belegen eindeutig, welch hohe Bedeutung internationale Jugendbegegnungs- und Jugendaustauschprogramme für die Entwicklung der individuellen Persönlichkeit und die Entwicklung interkultureller Handlungskompetenz haben.

2. These: Interkulturelle Begegnungen und Austausch mit kulturell fremden Personen im Rahmen beruflicher Bildungsprozesse, unter der Voraussetzung einer wertschätzenden Einstellung gegenüber fremden Personen, erleichtert und fördert die Leistungseffizienz und Zufriedenheit in der internationalen Zusammenarbeit. Dies kann schon im „heimischen" Betrieb gefördert werden, indem kulturelle Diversität der Belegschaft als Ressource erkannt, thematisiert und gefördert wird.

3. These: Nur ein für kulturell bedingte Besonderheiten in Bezug auf Unternehmenskulturen, Personal und Sozialwesen, Vertrieb und Technik offener Betrieb kann langfristig seine internationalen Kunden zufriedenstellen, seine mehrkulturelle Belegschaft gleichberechtigt fördern und fordern, attraktives Personal akquirieren und den Erfordernissen des internationalen Marktes gewachsen bleiben.

4. These: Nur ein kulturell offener Betrieb kann seine Fach- und Führungskräfte auf die erforderlichen Auslandseinsätze ausreichend vorbereiten und während des Einsatzes so begleiten und fördern, dass die fachlichen Ressourcen und überfachlichen Kompetenzen dieser Fachkräfte unter fremdkulturellen Bedingungen optimal zum Einsatz kommen können.

Begründung: Die folgenden wissenschaftlich bestätigten Fähigkeiten und Erfolgsfaktoren zur Förderung interkultureller Handlungskompetenz für den internationalen Einsatz und die erfolgreiche Zusammenarbeit mit fremdkulturell geprägten Partnern haben sich entweder im Verlauf der individuellen lebensbiografischen Entwicklung herausgebildet oder können durch die Teilnahme an internationalen Begegnungsprogrammen aktiviert und verstärkt werden.

Unterschiedliche wissenschaftliche Studien zur Entwicklung interkultureller Handlungskompetenz haben gezeigt, dass die im Folgenden aufgeführten Fähigkeiten eine hervorragende Voraussetzung dafür sind, konkrete kulturell bedingt kritische Interaktionssituationen kompetent zu meistern:

1. Sozial-kommunikative Kompetenz, speziell: Kontaktfreudigkeit, Fähigkeit zu variablen Konfliktlösungen
2. Neugier und Offenheit für Neues und Andersartiges
3. Selbstsicherheit/Selbstwirksamkeitsbewusstsein
4. Empathie: Einfühlungsvermögen in die Befindlichkeitslage des Partners, seine Hoffnungen und Wünsche, seine Flexibilität im Umgang mit Problemstellungen und Widerständen
5. Verhaltensflexibilität
6. Ambiguitätstoleranz: Vieldeutigkeiten und Unsicherheiten zur Kenntnis nehmen und ertragen können
7. Ethnische Toleranz und Wertschätzung
8. Fähigkeit zum Perspektivenwechsel
9. Physische und psychische Belastbarkeit

5. These: Interkulturelle Handlungskompetenz wird in jeder Begegnung von Menschen unterschiedlicher kultureller Herkunft, beim Auftreten irritierender und konflikthafter Interaktionssituationen nötig sein, wenn die Begegnung erfolgreich und für alle beteiligten Personen zufriedenstellend verlaufen soll.

10.3 Fallbeispiele

Fallbeispiel: die Frau aus dem Kosovo

Frau Müller war einige Zeit als Betreuerin einer Flüchtlingsunterkunft tätig. Die Arbeit war aufreibend, weil sie immer wieder zusätzlich persönliches Engagement erforderte, verbunden mit unbezahlten Überstunden. Andererseits erlebte sie täglich die Not ihrer Klienten und sie war froh, ihnen helfen zu können, wodurch sie sich auch persönlich bereichert fühlte.

Als Frau Müller aus familiären und gesundheitlichen Gründen die Arbeit beenden musste und sich verabschiedete, ergab sich folgende für sie sehr unangenehme Situation.

Eine Frau aus dem Kosovo steckte ihr wortlos einen 20-Euro-Schein zu. Frau Müller lehnte das Geld mit den Worten ab, dass sie dies auf keinen Fall annehmen könne. Die Frau aus dem Kosovo war zunächst erstaunt, dann verärgert und schließlich völlig außer sich und reagierte mit der Bemerkung, sie würde den Geldschein hier und jetzt zerreißen, wenn sie ihn nicht zurücknähme. Ähnliche Szenen dieser Art, so heißt es, kämen in solchen Einrichtungen häufiger vor.

Fallbeispiel: Der Arztbesuch

Ein tansanischer Patient in Deutschland erzählt:

„Interessant ist es auch, wie es bei deutschen Ärzten oder Behörden zugeht – ziemlich ähnlich finde ich. Mein erster Arztbesuch verlief sehr eigentümlich: Der Arzt gab mir zur Begrüßung die Hand, nachdem ich zwei Minuten meine Beschwerden geschildert hatte, fing er an, mir viele Fragen zu stellen, sich Notizen zu machen und eine Reihe von Untersuchungen an mir vorzunehmen. Dann wurde ich noch in drei verschiedene Räume geschickt, dort kurz von drei verschiedenen Personen mit unterschiedlichen Geräten untersucht. Am Schluss landete ich wieder beim Arzt, der mir in knappen Worten erklärte, dass sie nichts Organisches gefunden hätten, was meinen Blutdruck erklärt. Vielleicht wäre es psychisch bedingt, Stress – ich solle mich mehr schonen, Sport treiben und wenn es dann nicht besser würde, noch einmal kommen. Ich betone, dass die Kopfschmerzen aber sehr unangenehm wären und ob er mir nicht ein Medikament verschreiben könnte? Nein, zunächst würden wir es noch ohne Medikamente versuchen. Nach drei Minuten Gespräch war ich wieder draußen. Was mich daran überraschte? Alles!

Der Arzt stellt mir eine Fülle von Fragen und scheint irgendwie nicht recht zu wissen, was mir fehlt, denn immer wieder sagt er, dass man das nicht so genau sagen könne. Kein Wort des Trostes, Zuspruchs, nichts. Meine Klagen scheinen ihn eher zu irritieren. Dann schickt er mich weg, ohne eine Behandlung, obwohl ich Schmerzen habe – sagt mir, dass ich vielleicht nicht ganz richtig im Kopf sei, wenn es da schmerzt. Zunächst dachte ich, ich sei an einen Stümper geraten, beim zweiten Arzt dachte ich an Rassismus, dass ein Schwarzer einfach nicht in den Genuss des deutschen Gesundheitssystems kommt. Jetzt habe ich einen ägyptischen Arzt gefunden, der behandelt mich wie einen Menschen, hört mir zu, macht mir Mut, wenn ich krank ich bin, sagt nicht Dinge wie „das haben viele Menschen ihr Leben lang und man kann daran nichts ändern". Die Deutschen können vielleicht diese Behandlung aushalten, mich macht das krank".

10

Erläuterungen: die beiden Fallbeispiele aus dem beruflichen Arbeitsalltag zeigen, welche hohe Sensibilität erforderlich ist, um die unterschiedlichen Formen der Wahrnehmung, des Denkens, des Empfindens, des Entscheidens und des Handelns bei sich selbst und dem fremdkulturellen Interaktionspartner wahrzunehmen und so zu bewerten, dass eine produktive und verständnisvolle Zusammenarbeit möglich wird.

Entwicklung interkultureller Handlungskompetenz

Viel kann schon an interkultureller Kompetenz wirksam werden, wenn in der Begegnung mit Fremden, beim Auftreten irritierender, konflikthafter Interaktionssituationen folgende Regeln befolgt werden:

1. Stoppe den automatischen Bewertungsprozess!
    In der Zusammenarbeit mit Flüchtlingen und Migranten erleben deutsche Fachkräfte viel häufiger, als wenn sie mit Deutschen zusammenarbeiten eine Diskrepanz zwischen ihren eigenen Erwartungen und denen des anderskulturellen

Partners sowie dem, was er an Verhaltensweisen konkret zeigt. Es entstehen emotional belastende kognitive Dissonanzen, die man so schnell wie möglich loswerden möchte. Ein probates und gut erprobtes Mittel besteht darin, nach einleuchtenden Erklärungen für das diskrepante Verhalten zu suchen und dabei auf das zurückzugreifen, was man als Ursachen für diskrepantes Verhalten schon kennt und was einem vertraut ist: Der anderskulturelle Partner versteht mich nicht, er will mich nicht verstehen, er besitzt nicht die Qualifikation, mich zu verstehen, er macht einfach, was er will.

Solche Prozesse der Ursachenzuschreibung (Kausalattribution) verlaufen völlig automatisch und sind auch nicht bewusstseinspflichtig. Auf diese Weise konstruiert man eine befriedigende Erklärung für das beobachtete Verhalten und glaubt, das Verhalten des Partners verstanden zu haben. Tatsächlich aber führen diese Attributionen nicht zu einem zutreffenden Verständnis der kritischen Interaktionssituation und seiner Ursachen. Der automatische Bewertungsprozess blockiert vielmehr eine effektive und zufriedenstellende Problemlösung und verstellt den Blick für die Wirksamkeit kulturspezifischer Determinanten.

2. Präzisiere, was dich irritiert und was den Partner irritieren könnte!

Irritationen entstehen aus den Diskrepanzen zwischen den eigenen Erwartungen in Bezug auf das Partnerverhalten und dem in der Interaktion beobachteten Verhalten. Analysiere die Verhaltenselemente, die für die eigenen Irritationen verantwortlich sind und die Verhaltenselemente, die vermutlich beim Partner zu Irritationen geführt haben. Welche Ursachen sind hierfür verantwortlich?

3. Reflektiere und präzisiere deine eigenen Erwartungen!

Präzisiere die eigenen Erwartungen! Prüfe, inwieweit der Partner überhaupt in der Lage sein könnte, die eigenen Erwartungen zu erfüllen: Was verlange ich von ihm? Entstehen dadurch womöglich Überforderungen? Welche sind das? Lassen sich die eigenen Erwartungen so modifizieren, dass sie vom Partner erfüllbar sind?

4. Analysiere die individuellen und situativen Bedingungen!

Kritische Interaktionssituationen werden bestimmt von individuellen und situativen Bedingungen. Individuelle Bedingungen sind beispielsweise Alter, Geschlecht, Ziele, Position, Status und Rollen in sozialen Gefügen, Bildungsstand und berufliche Qualifikationen. Situative Bedingungen sind beispielsweise Raum, Zeit, soziale Atmosphäre, Handlungsspielräume, soziale Unterstützung und Widerstände.

5. Antizipiere die Wirkungen deines eigenen Verhaltens!

Welche Wirkungen des eigenen Verhaltens erwartest du aufgrund deiner bisherigen Erfahrungen? Welche Wirkungen beobachtest du beim Partner? Welche Diskrepanzen gibt es zwischen dem, was du beobachtest, und dem, was der Partner versucht, zu erklären?

6. Reflektiere die möglichen Erwartungen des Partners!

Welche Möglichkeiten bieten sich an, um die Erwartungen des Partners zu erkennen? Solche Möglichkeiten sind beispielsweise: Befragung des Partners; Befragung von Personen, die den Partner gut kennen; Beobachtung des Partnerverhaltens in unterschiedlichen sozialen Kontexten.

7. Erkenne die Wirksamkeit deiner eigenen Kulturstandards in der Interaktionssituation!

Welche eigenen Kulturstandards könnten in der kritischen Interaktionssituation wirksam geworden sein? Wie können sie das Partnerverhalten beeinflusst und die entstandenen Irritationen verursacht haben?

8. Nutze das Wissen um die Wirksamkeit der fremden Kulturstandards zur Konfliktlösung und zur Herstellung beiderseitiger Zufriedenheit!

Prüfe, welche Kulturstandards aufseiten des Partners wirksam gewesen sein
könnten. Welche Inkompatibilitäten lassen sich zwischen den auf beiden Seiten
entstandenen Wirkungen feststellen? Welche Möglichkeiten der Annäherung, der
Förderung von kompatiblen Verhaltensreaktionen, der Konfliktentschärfung,
der Wiedergewinnung von Orientierungsklarheit, der Entwicklung von beiderseitiger Zufriedenheit bieten sich?

Ermöglichen die aufgrund unterschiedlicher Kulturstandards entstandenen
Verhaltensausprägungen die Entwicklung kultureller Synergien?

**■ Nachweis nachhaltiger Wirkungen internationaler Jugendarbeit in Bezug auf
Offenheit und Mobilität sowie Persönlichkeitsentwicklung im Kontext von Beruf
und Bildung**

Dieser, im Titel geforderte, Nachweis wurde durch die Ergebnisse einer Online-
befragung von 321 Jugendlichen und jungen Erwachsenen in der Berufsausbildung
und Berufsvorbereitung erbracht, die während dieser Zeit im Rahmen von
4–12-monatigen Begegnungsprogrammen und Aufenthalten im Ausland, meist mit
Unterbringung in Gastfamilien, erstmalig Erfahrungen mit Menschen unterschiedlicher kultureller Herkunft gemacht hatten (Abt, 2015). Wegen der begrenzten Zahl
an befragten Personen können die Ergebnisse dieser Studie zwar nicht als repräsentativ angesehen werden. Sie geben aber doch einen interessanten Einblick in die Vielfalt an neuen Erfahrungen und nachhaltigen Wirkungen, die diese Auslandsaufenthalte für sie erbracht haben. Die Prozentangaben beziehen sich auf die Anzahl
der Personen, die den gemachten Aussagen zustimmten.

1. Fremdsprache: Weniger Hemmungen zu versuchen, sich in einer Fremdsprache
zu verständigen (91 %) und mehr Interesse, eine Fremdsprache zu erlernen
(87 %)
2. Mobilität: Man kann sich vorstellen, den Wohnort in Deutschland zu wechseln
(69 %), der Freundeskreis hat sich erweitert (74 %), MAN IST international ver-
netzter (67 %)
3. Schulbesuch und Ausbildung: Interesse an internationalen branchen- und fachspezifischen Inhalten (81 %), Interesse, im Rahmen eines internationalen Arbeitsfeldes tätig zu werden (71 %), Vorteile bei Bewerbungen (79 %), Interesse zu
weiterführender Ausbildung, auch im internationalen Kontext (47 %)
4. Berufsspezifische Motivation und Empowerment: Sicherer im berufsspezifischen
Auftreten (80 %), höheres Zutrauen bezüglich der beruflichen Entwicklung

(78 %), Selbstvertrauen in die berufliche Leistungsfähigkeit (77 %), höhere Ansprüche an sich selbst stellen (70 %)

5. Berufsrelevantes Wissen: Auslandseinsatz an andere empfohlen (97 %), berufsrelevantes Wissen im Ausland erworben (58 %), Kümmern um ausländische Praktikanten/Kunden und Personen (54 %)

6. Umgang mit Kunden/Kollegen/anderen Person: Kontaktbarrieren mit anderskulturellen Kunden/Kollegen/anderen Personen abgebaut (89 %), mehr Verständnis für Kunden/Kollegen/anderen Personen im Ausland (85 %), sich auf die Kommunikation mit Kunden/Kollegen und anderen Personen aus dem Ausland besser einstellen können (83 %), positiver Einfluss im Umgang mit Kunden/Kollegen/anderen Personen aus dem Ausland spürbar (77 %), Spaß an Kontakten mit anderskulturellen Kunden/Kollegen/anderen Personen (78 %)

7. Offenheit gegenüber Personen aus anderen Kulturen: Interesse an Menschen aus anderen Kulturen erhöht (91 %), unvoreingenommener gegenüber Menschen aus anderen Kulturen (83 %), Kontakt zu anderskulturellen Personen im Umfeld gesucht (75 %), offener gegenüber Migranten (70 %)

8. Selbstbezogene Eigenschaften und Kompetenzen: sich alleine zurechtfinden können (92 %), Selbstständigkeit gefördert (92 %), Eigenverantwortung gefördert (91 %), unbekannte Situationen erfolgreich bewältigt 89 %), zu unbekannten Personen Kontakt aufbauen können (85 %), gelernt, dass ich Dinge schaffen kann, wenn ich es will (84 %), Dinge meistern zu können, von denen ich vorher nie wusste, wie sie gelingen könnten (78 %)

9. Bedeutung der Auslandserfahrungen: Wie wichtig ist die Auslandserfahrung für Sie persönlich? (99 %), wie wichtig ist die Auslandserfahrung im Vergleich zu anderen Gruppenerlebnissen (91 %), wie wichtig ist die Auslandserfahrung im Vergleich zu anderen Gruppenerlebnissen (79 %), wie wichtig sind Ihnen die Auslandserfahrungen im Vergleich zu Begegnungen mit Ausländern in Deutschland wichtiger/bedeutsamer? (74 %)

10. Wörtliche Aussagen von Teilnehmern der Befragung:
    a. Nach der Ausbildung bin ich in einen Betrieb gegangen, wo die erstaunt waren, dass ich so was gemacht habe. Ich dachte, das könnte man dann weitermachen, und dann war erst mal nichts davon. Und jetzt versuche ich, in einen Betrieb zu kommen, wo die solche Projekte mitmachen, da versuche ich momentan in einen zu kommen, in einen Betrieb, der offen ist für Auslandspraktika.
    b. Ja, diese Erfahrung in Wales hat mein Interesse für weitere internationale Erfahrungen geweckt. Ja, sehr. Es gab eine andere Expedition, nicht in Wales, gerade der Balkan hat mich sehr geprägt, für den Beruf auch, es ist immer was anderes, mit anderen Gruppen, mit anderen Ländern, mit anderen Kulturen zu arbeiten.
    c. Ich habe Theaterpädagogik studiert, auch im Ausland, und das ist beeinflusst worden durch die Expedition, weil diese Expeditionen haben mein Theaterbild sehr geprägt und dadurch auch die Theaterarbeit, wie ich Theater sehe und wie ich Theater mache. Je mehr Vielfalt, Kulturen, Ansichten, desto besser.

d. Für mich selber, die Sprache ist nach wie vor ein guter Punkt für mich, auch beruflich, weil ich mich entschlossen hatte, getrieben von diesem Jahr, meinen Berufsweg in internationalen Bereichen zu suchen, ich habe dann sehr international gearbeitet von Deutschland aus, aber immer in internationalen Unternehmen.

e. Ja, also wie gesagt, ich habe mich umentschieden, was die Studienrichtung angeht. Ich bin dann von Kommunikationswissenschaften auf International Business gekommen, das war sicherlich ein großer Einfluss a) vom Programm und b) von einem anderen Teilnehmer, weil wir dann gemeinsam dieses Studium begonnen haben.

f. Die Teilnahme hat konkrete Chancen eröffnet, dass Arbeitgeber mich anders wahrgenommen haben. Ich wäre ohne diese Teilnahmen nie beim Auswärtigen Amt reingekommen. Ich war da freie Mitarbeiterin. Ich habe da niemand mit ostdeutschem Hintergrund gesehen.

g. Was mir sehr wichtig war, in England habe ich alle möglichen Arten zu Schweißen gelernt, in den Grundzügen, nicht so, als würde man die Ausbildung zum Schweißer machen, dadurch habe ich die Möglichkeit gehabt, alles zu probieren, und hab' jetzt eine gewisse Kenntnis, wie lange es dauert oder wie gut etwas hält und wie aufwendig das Ganze ist, was ein normaler technischer Zeichner in der Ausbildung nicht lernt.

h. Selbstbewusster auf Arbeit, selbstbewusstes Auftreten gegenüber den Azubis jetzt, auch gegenüber der Geschäftsleitung. Das ist Erfahrung, und das macht nicht jeder, im Ausland zu arbeiten. Zudem hatte es einen positiven Einfluss auf meine Weiterentwicklung innerhalb der Firma, dieser Diagnosetechniker, was ich zurzeit mache.

i. Ich war relativ schüchtern, hab die Ausbildung zum technischen Zeichner gemacht, und üblich wäre, dass man als Konstrukteur arbeitet. Dass man den ganzen Tag vor dem Computer verbringt. Und durch diese Auslandsaufenthalte hat sich für mich mit der Zeit gefestigt, dass ich mit Leuten zu tun haben möchte, internationaler Kultur und habe im Betrieb den Wunsch geäußert, in den Vertrieb zu wechseln, um diese Kontakte zu haben.

Fazit

Ein Vergleich der mit dieser Studie gewonnenen Forschungsergebnisse bezüglich Offenheit gegenüber neuen Herausforderungen und Andersartigem, Mobilität in Bezug auf Veränderungen im privaten wie im beruflichen Bereich und die Entwicklung, Ausbildung und Verstärkung von Eigenschaften und Persönlichkeitsmerkmalen, die zur Entwicklung interkultureller Handlungskompetenz beitragen, sind nahezu deckungsgleich mit den Ergebnissen der Studie „Langzeitwirkungen der Teilnahme an internationalen Jugendbegegnungs- und Jugendaustauschprogrammen auf die Persönlichkeitsentwicklung". Diese Ergebnisse stimmen außerdem überein mit dem, was zur Entwicklung interkultureller Handlungskompetenz und dessen Einsatz erforderlich ist. Weiterhin hat sich gezeigt, dass gerade in der Zeit der beruflichen Aus- und Weiterbildung Erfahrungen im Umgang und in der Kommunikation und Kooperation mit Personen fremdkultureller Herkunft für den Erwerb beruflicher Qualifikationen und die Bewältigung beruflicher Leistungsanforderungen in einen internationalisierten, globalisierten Berufswelt von zentraler Bedeutung sind. Deshalb wäre es notwendig, internationale Begegnungs- und Austauschformate/Programme gezielt für Jugendliche in der Berufsausbildung, in den beruflichen Umschulungsmaßnahmen und entsprechenden Qualifizierungsprogrammen zu entwickeln. Dies dient dazu, ihre Wirkungen in Hinblick auf den Aufbau interkultureller Kompetenz zu erproben und verpflichtend einzusetzen. Nicht nur den Jugendlichen mit gymnasialer Ausbildung, sondern allen Jugendlichen in der Ausbildung sollte die Teilnahme an internationalen Begegnungs- und Austauschprogrammen ermöglicht werden.

Literatur

Abt, H. (2015). *Wirkungen internationaler Jugendarbeit in Bezug auf Offenheit und Mobilität im Kontext beruflicher Bildungswerdegänge.* Institut für Kooperationsmanagement (IKO).

Thomas, A., Chang, C., & Abt, H. (2007). *Erlebnisse, die verändern. Langzeitwirkungen der Teilnahme an internationalen Jugendbegegnungen.* Vandenhoeck & Ruprecht.

.

Kulturstandards als Orientierungsmerkmale beim Einsatz interkultureller Handlungskompetenz

Inhaltsverzeichnis

© Der/die Autor(en), exklusiv lizenziert durch Springer-Verlag GmbH, DE,
ein Teil von Springer Nature 2022
A. Thomas, *Praxisbuch Interkulturelle Handlungskompetenz*,
https://doi.org/10.1007/978-3-662-63671-8_11

11.1 **Einleitung**

Wenn Menschen unterschiedlicher kultureller Herkunft zufällig, freiwillig oder ge-zwungenermaßen einander begegnen, wenn sie verbal oder nonverbal miteinander kommunizieren, einander verstehen, etwas voneinander lernen wollen, nach Unter-stützung suchen, vielleicht sogar gemeinsam etwas auf den Weg bringen wollen und allmählich für einander interessant und bedeutsam werden, also miteinander ko-operieren, dann werden die Handelnden Erwartungen bezüglich des Kommunikationsverlaufs und der zu erwartenden Ergebnisse entwickeln. Sie akti-vieren dazu das, was die im Verlauf ihrer lebensbiografischen (Sozialisation) und kulturspezifischen Entwicklung kennengelernt, erfahren, erprobt und an Erkennt-nissen über Ziele, Verlauf und Ergebnisse solcher zwischenmenschlichen Be-gegnungen gelernt haben. Diese Erfahrungen und die daraus ab zu leitenden Er-wartungen sind kulturspezifisch geprägt. Diese kulturspezifischen Charakteristika der Prägung sind den Handelnden so selbstverständlich, dass sie im Interaktions-geschehen nicht mehr bewusstseinspflichtig werden. Ein gutes Beispiel ist das Be-grüßungsverhalten in ersten Begegnungssituationen, siehe 3. Fallbeispiel: deutsch-amerikanische Begegnung (S. 209). Unter diesen Bedingungen ist es unver-meidbar, dass über kurz oder lang die in den Partner gesetzten Erwartungen von diesem nicht in der erwarteten Art und Weise erfüllt werden. Hier beginnt die Er-fahrung, dass kulturell bedingt kritische Interaktionssituationen und der Einsatz interkultureller Handlungskompetenz, verbunden mit der Wirkung von Kultur-standards, zum Verständnis und zur Lösung kulturell bedingt kritischer Problem-situationen beitragen.

Wenn man davon spricht, dass Menschen Kultur entwickelt haben und ihre Kultur weiterentwickeln, dann ist damit gemeint, dass sie ein gemeinsames, für alle verbind-liches System von bedeutungshaltigen Zeichen entwickeln, das es ihnen erlaubt, die Welt und sich selbst in einer bestimmten Art und Weise wahrzunehmen, zu inter-pretieren und zu behandeln, und zwar in der Art, wie es die eigene soziale Gemeinschaft akzeptiert und versteht. Sozialisation und Akkulturation als ein lebenslanger Prozess-beginn halten das Bemühen, die sozial (kulturell) relevanten Normen, Werte, Ein-stellungen und Verhaltensweisen zu erlernen, die ein Leben in der Gemeinschaft ermög-lichen, in die man hineingeboren worden ist. Wer hierin weitreichende Fähigkeiten erworben, also ein hohes Maß an sozialer Kompetenz entwickelt hat, kann auch relativ konfliktfrei in dieser eigenen Gemeinschaft leben und produktiv mit ihr umgehen. Pro-bleme entstehen für ihn erst dann, wenn er in eine fremde soziale Gemeinschaft (Na-tion, Kultur, aber auch Organisation und Gruppe, gerät, die andere, ihm nicht vertraute Symbole zur gegenseitigen Verständigung und Weltinterpretation nutzt oder die ihm durchaus vertrauten Symbole anders bewertet, ihnen also andere Bedeutungen zuweist oder sie in ihm vertrauten Kontexten anwendet. In diesen Fällen kommt es zwangs-läufig zu Fehlwahrnehmungen, Fehlinterpretationen, Missverständnissen und Konflik-ten bei der Beobachtung, Interpretation und Attribution des Partnerverhaltens sowie in der Kommunikation und in der Kooperation mit den neuen Partnern.

Anschaulich und gut nachvollziehbar dargestellt werden diese zu beachtenden, zu analysierenden und zu verarbeitenden Aspekte in den folgenden Fallbeispielen kul-turell bedingt kritischer Interaktionssituationen, gewonnen aus Interviews mit deut-schen Fach- und Führungskräften in der Kommunikation und aus der Kooperation mit ausländischen Partnern.

11.2 **Hauptteil**

Unter „normalen" Alltagsbedingungen bei einem Leben in unserem Kulturkreis können wir uns mit hoher Wahrscheinlichkeit darauf verlassen, dass unsere individuelle Sicht der Welt auch von unseren Mitmenschen verstanden, wenn auch nicht von allen in gleicher Weise akzeptiert und geteilt wird. In Sonderfällen bedarf es näherer Erläuterungen, um ein Verständnis zu erzielen oder um selbst den anderen zu verstehen. Für die normale Alltagskommunikation und -interaktion reicht aber das gemeinsame, kulturspezifische Hintergrundwissen zum gegenseitigen Verständnis aus, ohne dass noch eine zusätzliche Explikation notwendig wäre.

Im Verlauf des individuellen Sozialisationsprozesses, durch den das Individuum „in Auseinandersetzung mit anderen Personen die ihm gemäßen Muster sozial relevanten Verhaltens und sozial relevanter Erfahrungen entwickelt" (Zigler & Child, 1969, S. 474), und dem damit zusammenhängenden Prozess der Enkulturation wächst der Einzelne in die soziale Gemeinschaft hinein. „Sozialisation findet nicht nur in der Kindheit oder in bestimmten Lebensabschnitten statt, sondern vollzieht sich während der gesamten Lebensspanne eines Menschen. Dabei sind in den einzelnen Entwicklungsphasen jeweils spezifische sozial relevante Verhaltensweisen zu erlernen, damit die in der Auseinandersetzung mit der sozialen Umwelt sich stellenden Aufgaben gelöst werden können" (Thomas, 1991, S. 199).

Der Erfolg dieser im Zuge der Sozialisation stattfindenden Enkulturation besteht genau darin, die Welt so zu verstehen und mit ihr so umgehen zu können, wie es die Mitmenschen in der eigenen sozialen Gemeinschaft auch tun, verstehen und akzeptieren. Vor diesem Hintergrund lässt sich eine, auch für psychologische Analysen interkultureller Begegnungen gut geeignete Definition von Kultur bestimmen: „Kultur ist ein universelles, für eine Gesellschaft, Organisation und Gruppe aber sehr typisches Orientierungssystem. Dieses Orientierungssystem wird aus spezifischen Symbolen gebildet und in der jeweiligen Gesellschaft usw. tradiert. Es beeinflusst das Wahrnehmen, Denken, Werten und Handeln aller ihrer Mitglieder und definiert somit deren Zugehörigkeit zur Gesellschaft. Kultur als Orientierungssystem strukturiert ein für die sich der Gesellschaft zugehörig fühlenden Individuen spezifisches Handlungsfeld und schafft damit die Voraussetzungen zur Entwicklung eigenständiger Formen der Umweltbewältigung" (Thomas, 1993, S. 380). Als Handlungsfeld bietet die Kultur Handlungsmöglichkeiten, stellt aber auch Handlungsbedingungen: „Sie bietet Ziele an, die mit bestimmten Mitteln erreichbar sind, setzt zugleich aber auch Grenzen des möglichen oder „richtigen" Handelns" (Boesch, 1980, S. 17).

Wer in seiner Kultur längere Zeit einen solchen Sozialisationsprozess durchlaufen hat, der kennt sich aus, weiß über das, was er zu tun und zu lassen hat, Bescheid, erfährt ständige Bestätigung aus seiner sozialen Umwelt, wenn er sich den bestehenden Normen und Regeln entsprechend verhält, und erlebt bei Abweichungen direkte oder indirekte Missbilligung oder muss die Erfolglosigkeit seiner Anstrengungen leidvoll erfahren. Die durch Sozialisation erreichte Enkulturation erfolgt auf dem Wege des sozialen Lernens, des Verstärkungs- und Vorbildlernens. Solange die sozial relevanten Einstellungen und Verhaltensweisen noch nicht in ausreichendem Maße eingeübt und beherrscht werden, kommt es zu Störungen im Handlungsablauf, die zur Aktivierung mehr oder weniger bewusster kognitiver Kontroll- und Feedbackprozesse führen. Das Individuum überlegt selbst, wie die Probleme zukünftig gemeistert werden können, holt Rat und Unterstützung bei anderen ein oder wird von anderen Personen direkt auf das entstandene Problem und Möglichkeiten seiner Lösung angesprochen. Nach erfolgreichem Verlauf der sozialen Lernprozesse sind Wahrnehmungs-, Denk- und Beurteilungs- sowie Verhaltensschemata so entwickelt und implementiert, dass der Handelnde über ihre Funktionsweisen, ihre Dynamik und ihre Folgen nicht mehr nachzudenken braucht. Sie sind so in die Handlungsroutine eingegangen, dass sie in der Regel nicht mehr bewusstseinspflichtig sind. Allenfalls bei unerwarteten Ereignissen und Reaktionen des Interaktionspartners oder an anderen beobachteten ungewöhnlichen Ereignisfolgen, besonders wenn sie gehäuft in ähnlichen Situationen auftreten, kommt es unter günstigen Umständen, evtl. erst mit Unterstützung durch andere, zum Überdenken, zur kritischen Kontrolle und zur Veränderung der Denk- und Handlungsroutinen, was neue Prozesse sozialen Lernens erfordert. Dies rechtfertigt auch die Behauptung, dass Sozialisation und Enkulturation sowie Lernen allgemein ein lebenslanger und nicht allein auf die ersten Lebensjahrzehnte begrenzter Prozess sei.

So betrachtet, liefert eine erfolgreiche Sozialisation dem Individuum die Werkzeuge, mit denen es sich in seiner Welt zurechtfinden und orientieren kann. Die Werkzeuge können zur Anpassung an gegebene Verhältnisse der natürlichen und sozialen Umwelt, aber auch zur Veränderung des Bestehenden eingesetzt werden. So wird beides möglich: Adaptation und Innovation.

Die in den oben beschriebenen fünf Beispielen interkultureller Begegnung einbezogenen Personen hatten alle einen kulturspezifischen Sozialisationsprozess durchlaufen. Sie kannten sich aus, sie wussten Bescheid, sie konnten sich gut orientieren, und sie wussten mit den Werkzeugen umzugehen, bis sie mit Menschen konfrontiert wurden und mit ihnen zusammenarbeiten mussten, die eine andere Art von Sozialisation durchlaufen hatten. Sie hatten dabei andere sozial relevante Einstellungen, Werte, Normen und Verhaltensweisen kennengelernt, andere Werkzeuge zur Anpassung und Innovation in die Hand bekommen, also eine andere Kultur und damit andere Orientierungssysteme entwickelt. In den Beispielen treffen Menschen aufeinander, die in unterschiedlichen Kulturen sozialisiert worden sind, ihre kulturspezifischen Einstellungen, Werte, Normen, Regeln und Verhaltensweisen gelernt haben und wissen, wie man damit umzugehen hat.

Das alles für sich genommen provoziert noch keine problematische Begegnungssituation, sondern weckt vielleicht Neugier, den anderen näher kennenzulernen, oder fördert Ängste, Ablehnung und Rückzug. Als problematisch wird eine Kommunikations- und Interaktionssituation erst dann wahrgenommen, wenn:

- die Begegnung und die erwarteten Resultate für einen Partner oder für beide bedeutsam sind,
- die Partner gegenseitig gehäuft unerwartete Reaktionen in bedeutsamen Phasen des Interaktionsprozesses erfahren,
- die Partnerreaktionen mit den bekannten Orientierungsschemata nicht mehr zu erfassen und zu verstehen sind,
- der Partner auf die ihm vermittelten eigenen Intentionen und der Verständigung dienenden Aktionen nicht adäquat reagiert resp. sie nicht versteht,
- der Handelnde sich in einer Situation befindet, in der er seine soziale Umwelt und sich selbst nicht mehr versteht, da die bisher eingesetzten „Werkzeuge" zur Orientierung und Verhaltenssteuerung nicht mehr taugen.

Die Dramatik dieses gegenseitigen Unverständnisses wird getragen durch die Tatsache, dass

- beide Partner unterschiedliche Orientierungssysteme besitzen, die ihnen in ihrer Kultur und für ihren Lebenskontext die natürliche und soziale Umwelt verstehbar, kontrollierbar, beeinflussbar und beherrschbar werden lassen (kulturelle Divergenz),
- beide Partner glauben, dass ihr Orientierungssystem für alle anderen Menschen in gleicher Weise gültig sei resp. zu sein habe (Generalisierung),
- beiden Partnern ihr Orientierungssystem zur Selbstverständlichkeit geworden ist und keiner kritischen Kontrolle und Reflexion mehr bedarf (Routinisierung).

Für die in kulturellen Überschneidungssituationen tätigen Personen ergeben sich aus dieser Dynamik eine Reihe unterschiedlicher Anforderungen, die sich den drei Themenkomplexen „eigenkulturelle Thematik", „fremdkulturelle Thematik" und „interkulturelle Thematik" zuordnen lassen (s. ◗ Abb. 11.1).

Die zu bewältigenden Anforderungen sind umso größer, je bedeutsamer die Begegnung ist, je wichtiger die erwarteten Resultate für die Partner sind und je divergenter die kulturellen Orientierungssysteme erlebt werden. Eine einmalige, flüchtige Begegnung zwischen zwei Studenten aus unterschiedlichen Kulturen, wie im Fallbeispiel 3 „Die deutsch-amerikanische Begegnung" stellt weit geringere Anforderungen als das geschilderte Fallbeispiel 2 „Das deutsch-chinesische Verhandlungsproblem" und Fallbeispiel 4 „Der amerikanische Vorgesetzte und der griechische Mitarbeiter" oder das Fallbeispiel 5 „Das Interview als problematische interkulturelle Kommunikationssituation".

11.2.1 Das Eigene

Wie bereits ausgeführt, gehen Menschen üblicherweise davon aus, dass so, wie sie sich verhalten, sich auch alle anderen Menschen verhalten. Sie generalisieren ihr eigenes kulturelles Orientierungssystem auf alle Menschen. So, wie wir die Welt wahrnehmen, wie wir sie beurteilen, wie wir die Welt und die Menschen, mit denen wir es zu tun haben, zu beeinflussen versuchen, so meinen wir, ist es richtig und angemessen. Andere Formen der Wahrnehmung, der Beurteilung und Beeinflussung erscheinen uns zunächst einmal als falsch, nicht ganz richtig, lückenhaft, primitiv usw. Im Laufe der individuellen Entwicklung sind uns die eigenen Wahrnehmungsweisen, die eigenen Arten des Urteilens, die eigenen Formen der Beeinflussung und die eigenen Verhaltensweisen so zur Gewohnheit und Selbstverständlichkeit geworden, sie sind so in die Routine übergegangen, dass wir sie nicht mehr als etwas Besonderes, Spezifisches und Eigenständiges bemerken.

Unter diesen Bedingungen ergeben sich im Zusammenhang mit den notwendigen Prozessen des interkulturellen Lernens, des interkulturellen Verstehens und der Entwicklung einer interkulturellen Handlungskompetenz die Aufgaben, die eigenkulturellen Bedingungen des Wahrnehmens, Denkens und Verhaltens zu thematisieren, zu reflektieren, ihre Eigenständigkeiten und Besonderheiten zu erkennen und verstehen zu lernen.

Für den deutschen Professor im ersten Fallbeispiel stand außer Frage, dass der Zweck des Arbeitstreffens in Frankreich darin bestand, das geplante Kongress-

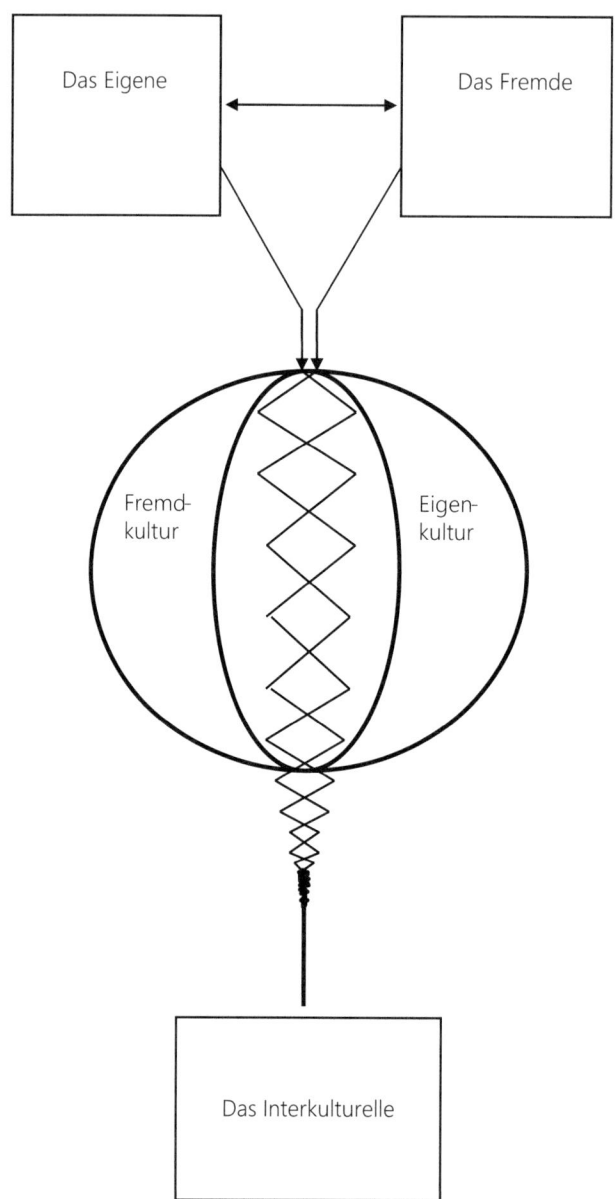

◘ Abb. 11.1   Dynamische Einflussfaktoren in kulturellen Überschneidungssituationen

programm vorzubereiten und abzustimmen. Seiner Ansicht nach gehört dazu, dass alle Arbeitsgruppenmitglieder vorbereitet sind, ihre Vorstellungen zu präsentieren und eine verbindliche Kongressplanung vorzunehmen. So und nicht anders erledigt ein professionell arbeitender Professor die gestellte Aufgabe. Das Verhalten des deutschen Professors ist durch den für Deutsche sehr typischen Kulturstandard „Sach-orientierung" (Schroll-Machl, 2016) gesteuert. Für ihn ist klar, dass nicht er einen Feh-ler macht oder eine kritische Situation provoziert, sondern die Franzosen, die zu spät kommen, zu früh gehen, zu lange essen und dabei noch mitten am Tag Wein trinken.

Für den deutschen Manager im zweiten Fallbeispiel ist es selbstverständlich, dass nach einer angemessenen Zeit die Verhandlungen zum Abschluss kommen müssen, zumal wenn alles Wichtige zum Gegenstand bereits besprochen ist. Nach dem deutschen Kulturstandard „Regelorientierung" hätten die Verhandlungen längst positiv oder negativ abgeschlossen sein können und müssen. Einer längeren Verhandlungsdauer kann aus seiner Sicht nur eine bewusste Verhandlungsverzögerung, in Verbindung mit einer absichtlichen Regelverletzung zur Durchsetzung unlauterer Absichten (Hinhaltetaktik mit Ausbeutungsintention) zugrunde liegen.

Auch der deutsche Interviewer im fünften Beispielfall ist sich sicher, dass man Menschen nach allem fragen kann, von dem sie etwas verstehen, was sie selbst erlebt haben, und dass sie im Rahmen einer wissenschaftlichen Untersuchung dann über ihre Erlebnisse wahrheitsgetreu berichten werden, also so, wie es gewesen ist. Der Interviewer unterstellt, dass für den chinesischen Interviewpartner der Kulturstandard „Direktheit und Wahrhaftigkeit" genauso gilt wie für ihn selbst.

Keiner der Handelnden in den Beispielen reflektiert seine eigenen Denk- und Verhaltensgewohnheiten und kommt auf die Idee, dass sie vielleicht nur eine mögliche Spielart, Handlungsmaxime, Weltsicht unter vielen anderen ist. Das Eigene, das Typische am Eigenen wird niemandem bewusst.

11.2.2 Das Fremde

Menschen aus anderen Kulturen, anderen kulturellen, religiösen und sozialen Traditionen, aus anderen Wert-, Rechts- und Wirtschaftssystemen, aus anderen natürlichen und sozialen Lebensbedingungen haben abweichende Formen des Wahrnehmens, Urteilens, Empfindens und Handelns entwickelt. Sie sind unter anderen geografischen, klimatischen, wirtschaftlichen, politischen, sozialen und geistig-kulturellen Bedingungen aufgewachsen und haben somit auch andere Überlebensstrategien, Formen der Problembewältigung und der Lebensgestaltung erfunden und für sich verbindlich festgelegt. Vielleicht ist in einer fremden Kultur manches so entwickelt worden wie in der eigenen Kultur, aber sicher ist vieles auch sehr anders. Da die in anderen Kulturen sozialisierte Menschen ebenfalls davon ausgehen, dass so, wie sie sich verhalten, es alle anderen Menschen auf der Welt auch tun, und dass ihr Verhalten das einzig richtige und erfolgversprechende ist, sind die Interaktionspartner in einer kulturellen Überschneidungssituation in doppelter Weise blind: für das Eigene und für das Fremde. Aus der zu erwartenden Unterschiedlichkeit der Orientierungssysteme und der verhaltenssteuernden Kulturstandards ergeben sich im Zusammenhang mit interkulturellem Lernen, Verstehen und Handeln folgende Anforderungen: 1.) Erkennen der fremdkulturellen Bedingungen des Wahrnehmens, Denkens, Urteilens, Empfindens und Handelns; 2.) Verstehen dieser fremdkulturellen Formen der Lebens- und Problembewältigung; 3.) Anerkennen, dass diese Formen ebenso vernünftig und sinnvoll sein können wie die eigenen Formen der Lebensbewältigung.

Hätten beispielsweise die amerikanischen Studenten im Fallbeispiel 3 „Deutsch-amerikanische Begegnung" gewusst, dass es in Deutschland als Tugend gilt, sich nicht unaufgefordert in die Angelegenheiten eines anderen Menschen einzumischen, sich eher zurückzuhalten und sich nicht aufzudrängen, zugleich aber auf eine Bitte um Hilfe mit entsprechendem Verhalten zu reagieren, dann hätten sie das aufgrund ihres kulturspezifischen Orientierungssystems als abweisend und unfreundlich interpretierte Verhalten der Deutschen besser verstehen und adäquater bewerten können.

Ähnliches gilt auch für den deutschen Manager in Fallbeispiel 2, der – wie ausgeführt – aus Unkenntnis des Fremden und aus mangelnder Feinfühligkeit sowie aufgrund kulturinadäquater Begründungskonstrukte eine Reihe gravierender Fehler begangen hat. Aber wie hätte er sich verhalten sollen, damit unter Berücksichtigung der geschilderten Rahmenbedingungen und des Verhandlungsverlaufs seine Verhandlungen erfolgreich beendet worden wären?

Nachdem die Verhandlungen sehr erfolgversprechend begonnen hatten, bereits viele Gespräche durchgeführt wurden, der deutsche Manager immer wieder neue Informationen nachgeschoben hatte sowie seine Bereitschaft zu Zugeständnissen und Konzessionen gezeigt hatte, schienen die Verhandlungen aus seiner Sicht auf ein für ihn positives Ergebnis zuzulaufen. Als er schließlich bemerkte, dass im Sinne des angestrebten Verhandlungsergebnisses bisher noch nichts Substanzielles erreicht worden war, hätte er sich zunächst einmal gezielt um Informationen über den Verlauf der internen Diskussions- und Abstimmungsprozesse bei den Chinesen bemühen müssen. Dazu hätte er beispielsweise eine chinesische Vertrauensperson einschalten können, die über ihr persönliches Beziehungsnetz („guanxi") Informationen darüber hätte einholen können, welche Teile des Verhandlungspakets unstrittig sind und welche Abstimmungen, Entscheidungen, Genehmigungen usw. noch ausstanden.

Falls ihm keine Mittelsperson für diese Aufgabe zur Verfügung gestanden hätte, wäre es für ihn möglich gewesen, vorsichtig und auf indirekte Weise den Leiter der chinesischen Verhandlungsdelegation darüber zu informieren, dass er seitens seiner deutschen Vorgesetzten immer wieder Anfragen bekommt, wie weit die Verhandlungen nun gediehen seien und wann man zum Abschluss kommen könne. Er hätte seinem chinesischen Verhandlungspartner zu verstehen geben können, dass er versuche, seine Vorgesetzten davon zu überzeugen, dass die Verhandlungen auf einem guten Wege seien, dass aber noch viele Details im Verhandlungspaket in China besprochen werden müssten und dass es zur Klärung einer längeren Zeit bedürfe. Er könnte zudem seinen Partner darauf hinweisen, dass die deutschen Vorgesetzten nun eine Art Zwischenbescheid benötigen, damit sie den Fortschritt der Verhandlungen beurteilen können. Er könnte vorschlagen, mit dem chinesischen Partner zusammen zu überlegen, mit welchen Informationen man seine Vorgesetzten in Deutschland überzeugen könnte, dass die Verhandlungen bisher gut verlaufen sind und dass man sich weiterhin um eine Einigung auf ein Verhandlungsergebnis bemüht. So könnte der deutsche Manager in dieser Situation vier für ihn wichtige Ziele erreichen:

Er signalisiert seinem chinesischen Partner, dass er von einer positiven Verhandlungsabwicklung ausgeht und dass er, damit das so bleibt, seine Kooperationsbereitschaft bei der Erstellung von Argumentationshilfen benötigt.

Falls der chinesische Partner auf dieses Angebot eingeht, erhält er konkrete Informationen über den Stand der Abstimmungsprozesse auf chinesischer Seite. Er gewinnt dadurch Klarheit und Orientierungssicherheit. Falls ihm der Chinese diese Zusammenarbeit verweigert, indem er ihn mit nichtssagenden Floskeln abspeist, ihn nicht unterstützt, dann dient das ebenfalls der Klarheit.

Falls der chinesische Partner ihm die erbetene Unterstützung gibt, gewinnt er wieder Kontrolle über die Situation. Er hat erreicht, dass der chinesische Partner ihn informiert, und er kann aufgrund dieser Informationen gegenüber seinen Vorgesetzten seine Leistungsfähigkeit in der Beherrschung der schwierigen Verhandlungssituation unter Beweis stellen.

Der deutsche Manager kann über diese zunächst harmlos erscheinende Bitte um Unterstützung und Kooperation prüfen, ob es dem chinesischen Partner wirklich um Zusammenarbeit geht oder ob das Verhalten tatsächlich ein Resultat von Hinhaltetaktik, Informationsausbeutung und Ausspielen gegenüber Konkurrenten ist.

Falls dieser Versuch, auf indirektem Wege Informationen über den Entscheidungsprozess auf chinesischer Seite zu bekommen, fehlschlagen sollte, bestünde für den deutschen Manager immer noch die Möglichkeit, den chinesischen Partnern zu signalisieren, dass er wegen anderweitiger Verpflichtungen zunächst einmal für längere Zeit nach Deutschland zurückreisen müsse, dass er aber jederzeit für ihn als Gesprächspartner zur Verfügung stünde, falls die Verhandlungen weitergeführt werden sollten. Er könnte sich so zunächst einmal von dem auf ihm lastenden Druck befreien, die chinesischen Partner schnell zu einem Verhandlungsabschluss zu bringen. Die Gesprächs- und Verhandlungsinitiative läge nun bei den Chinesen, die – falls sie wirklich ein so hohes Interesse an dem angebotenen Produkt und dem geplanten Joint Venture haben – darauf über kurz oder lang eingehen würden.

Für den deutschen Manager ist es von entscheidender Bedeutung, in der geschilderten Situation Handlungs- und Entscheidungsblockierungen aufgrund überstarker emotionaler Belastungen zu verhindern. Durch ein kulturadäquates Kommunikations- und Kooperationsverhalten (Gesicht wahren, „guanxi") kann er ein für beide Seiten produktives und zufriedenstellendes Gesprächs- und Arbeitsklima schaffen.

Dieses Verhalten bedeutet noch keineswegs, sich nur nach den chinesischen Kulturstandards zu richten, sich völlig anzupassen und alle eigenen Wertvorstellungen und Normen aufzugeben. Das geschilderte Lösungsverhalten zielt ab auf: 1. Informationssammlung und Situationsanalyse, 2. Kooperationsangebot zum gemeinsamen Vorteil, 3. eigene Vorstellungen und Wünsche sozial verträglich und mit Überzeugung zu vermitteln, 4. Kontrolle über das Geschehen zu behalten und 5. alle sich bietenden, kulturspezifischen Handlungsmöglichkeiten unter Beachtung der kulturspezifischen Handlungsgrenzen zur Problemlösung zu nutzen.

11.2.3 Das Interkulturelle

Man kann sich mit den eigenen Denk- und Verhaltensgewohnheiten befassen und mit den an Menschen aus fremden Kulturen zu beobachtenden Denk- und Verhaltensweisen beschäftigen. Man kann beides zur Kenntnis nehmen und beides mit Interesse vergleichen, ohne davon in seinem eigenen Denken und Verhalten berührt zu werden. Die eigene Betroffenheit setzt aber spätestens dann ein, wenn es darum geht, mit Menschen aus anderen Kulturen zusammenzuarbeiten. In diesem Falle reicht es nicht mehr aus, das Eigene zu reflektieren und das Fremde zur Kenntnis zu nehmen. Der Zwang bzw. die Absicht zur Zusammenarbeit provoziert und erzwingt die Bewältigung einer neuen Anforderung. Eigenes und Fremdes muss unter den Bedingungen interkultureller Zusammenarbeit aufeinander abgestimmt werden. So hat Eigenes und Fremdes seinen je spezifischen Stellenwert in der Kommunikation und Kooperation in kulturellen Überschneidungssituationen. Unterscheiden lassen sich folgende Handlungsalternativen:

1. Es muss geprüft werden, inwieweit das Eigene und das Fremde miteinander übereinstimmen (kulturelle Identität), in welchem Maße Eigenes und Fremdes voneinander abweichen (kulturelle Differenz) und inwieweit Elemente des Eigenen und des Fremden nebeneinander bestehen können (kulturelle Kompatibilität).
2. Weiterhin muss geprüft werden, was vom Eigenen in Richtung auf das Fremde geändert werden kann. Wie weit kann und sollte man sich dem Fremden anpassen? Keinerlei Anpassung und Anpassungsbereitschaft führen eventuell zu direkten Konflikten mit dem Fremden. Ein solches Verhalten kann von den Gastlandbewohnern als arrogant, hochnäsig, dominant und als abweisend empfunden werden. Völlige Anpassung an die Fremde kann zur Karikatur werden und ins Lächerliche abgleiten, wie das z. B. mit einem Afrikaner passiert, der in Lederhose und Seppelhut den Hamburger Hafen besichtigt.
3. Es muss geprüft werden, wie das Fremde in Richtung auf das Eigene geändert werden kann, welche Möglichkeiten bestehen, dem Fremden die eigenen Ziele und Verhaltensgewohnheiten so zu vermitteln, dass er sie erkennen, anerkennen und sich ihnen eventuell annähern kann. Oft wird der Fremde direkt gezwungen, oder die Lebensverhältnisse im Gastland erzwingen indirekt eine Anpassung an die Verhaltensgewohnheiten im Gastland.
4. Es muss geprüft werden, welche produktiven oder destruktiven Konsequenzen solche Änderungsbemühungen in Richtung auf das Fremde und in Richtung auf das Eigene haben.

Die hier geforderten Prüfungen im Rahmen der interkulturellen Thematik können nur unter günstigen Umständen vom Individuum alleine vorgenommen werden. Der Austausch und die Diskussion fremdkultureller Erfahrungen mit anderen betroffenen Personen ist ein hilfreiches und häufig praktiziertes Mittel, diese Prüfungsanforderungen zu bewältigen. Bei steigenden Anforderungen an die Qualität interkultureller Kooperation, ob im Jugend-, Schüler- oder Wissenschaftsaustausch oder in der berufsbedingten, internationalen Zusammenarbeit, ist es allerdings erforderlich, dass wissenschaftliche Erkenntnisse aus dem Bereich der kulturvergleichenden Forschung zur Prüfung herangezogen werden bzw. themenspezifische Forschungen zur Begründung und Kontrolle der notwendigen Prüfungen durchgeführt werden.

Daraus ergeben sich unter den Bedingungen interkulturellen Lernens, Verstehens und Handelns spezifische Anforderungen:

Das Erfassen der kompatiblen (miteinander in Übereinstimmung zu bringenden) Elemente des Eigenen und Fremden und Prüfen von Änderungsrichtung und Änderungsstärke der inkompatiblen (einander widerstrebenden) Elemente. Die kompatiblen Elemente erlauben gegenseitige Annäherung. Die tatsächlich inkompatibel erscheinenden Elemente sind in der Regel resistent gegenüber Kompromissbemühungen. Kompatible Elemente können sein: Begegnungs- und Kommunikationsrituale oder Organisationsregeln. Inkompatible Elemente können sein: religiös begründete und wertbehaftete Tabubereiche, Menschenrechtsverletzungen und alle sich gegenseitig ausschließenden Verhaltensregeln, Werte und Normen.

Entwickelt werden müssen unter Berücksichtigung der interkulturellen Thematik Toleranz für Ambiguitäten, d. h., unklare und zunächst widersprüchlich erscheinende Situationen und Verhaltensreaktionen sind zu akzeptieren und partiell zu ertragen.

Synergetische Formen interkultureller Interaktion und Kooperation sind zu entdecken und durchzusetzen.

Fremdkulturellen Spielarten der Lebensgestaltung, der Lebensbewältigung und des sozialen Miteinanders ist Wertschätzung entgegenzubringen. Nicht Anpassung um jeden Preis, Uniformität und Konvergenz sind die adäquaten Reaktionen auf die sich aus dem Themenkomplex „Das Interkulturelle" ergebenden Anforderungen, sondern aufmerksam werden, Beachtung schenken und Wertschätzung dem entgegenbringen, was die kulturelle Überschneidungssituation an interkulturellen Handlungsmöglichkeiten und -anreizen zu bieten hat, was sich davon nutzen lässt und was zur Erweiterung der eigenen Handlungsspielräume beibehalten werden kann. So betrachtet bietet dieser Themenkomplex die Chance zur Erweiterung und, in Anbetracht der geforderten interkulturellen Handlungskompetenzen, für beide Partner die Chancen zur Qualifizierung ihrer eigenkulturellen Orientierungssysteme.

Die in den oben beschriebenen fünf Beispielen agierenden Partner bleiben alle in ihren eigenen kulturspezifischen Orientierungssystemen verhaftet. Dies führt zu Missverständnissen und Konfrontationen mit gegenseitigen intrapersonalen Attribuierungen negativer Qualität (Desinteresse, hinterhältiges Verhalten, Unfreundlichkeit und Unverbindlichkeit, Unzuverlässigkeit und Unfähigkeit zur Selbstreflexion) sowie Ratlosigkeit und Verärgerung über den Partner. Die aus den Beispielen ersichtlichen Reaktionen auf solche undurchschaubaren, konflikthaft verlaufenden kulturellen Überschneidungssituationen zeigen das durchaus übliche Spektrum: 1. Erstaunen, Neugier; 2. Dominanzverhalten, Durchsetzen der Anerkennung des eigenen Orientierungssystems, Ausnutzen einseitiger Machtverteilung in asymmetrischen Kontingenzbeziehungen; 3. Rückzug, „aus dem Felde gehen", Ausweichen; 4. Ertragen, Erdulden, Erleiden; 5. sich daran gewöhnen, sich ins Unvermeidliche fügen; 6. Anpassung an das Fremde im Kognitiven, im Emotionalen und im Handeln; 7. äußere Akzeptanz bei innerem Widerstand.

Es gibt sicher individuelle Vorlieben bezüglich einzelner Reaktionsformen. Je nach Situationskontext können unterschiedliche Reaktionsformen zum Einsatz kommen. Spezielle Reaktionsformen werden selbst über lange Zeiten des Lebens im Ausland und der Zusammenarbeit mit Gastlandbewohnern beibehalten, z. B. äußerliches Anpassen und sich Fügen in das Unvermeidbare bei andauerndem inneren Widerstand und innerer Abneigung gegen unverständliches Partnerverhalten. Selbst nach langjährigen Aufenthalten in einer anderen Kultur und durchaus zufriedenstellend verlaufender Zusammenarbeit mit den Partnern bleibt Fremderfahrung in einem mehr oder weniger hohen Maße erhalten (Latein, 1996). Gastlanderfahrene Trainingsteilnehmer können in gastlandspezifischen Orientierungstrainings, z. B. in Culture-Assimilator-Trainings, oft einen qualitativ höheren Lerngewinn verbuchen als gastlandunerfahrene Trainingsteilnehmer. Selbst nach jahrelangem Umgang mit Gastlandbewohnern entdecken sie erst im Training die Grundlagen fremdkultureller Verhaltensreaktionen, können erst jetzt ihre eigenkulturellen Orientierungsmuster in Bezug setzen zu den ihnen aus dem Alltagshandeln vertrauten fremdkulturellen Orientierungssystemen und gewinnen jetzt erst auf einer höheren kognitiven Verarbeitungsebene im Sinne des gestaltpsychologischen Konzepts des „produktiven Denkens" (Wertheimer, 1957) ein Verständnis für das, was ihre Partner so ganz anders machen, als sie es gewohnt sind.

„Learning by Doing", „Lernen aus Erfahrung", „Lernen nach Versuch und Irrtum" und „Lernen vor Ort" alleine reichen in kulturellen Überschneidungssituationen zum interkulturellen Verstehen und zur Entwicklung einer interkulturellen Handlungskompetenz offensichtlich nicht aus (Thomas & Schenk, 1996a; Layes, 1995).

11.2.4   Das Konzept der Kulturstandards

Im Zusammenhang mit mit den Erläuterungen zu den 5 Fallbeispielen wurde bereits der Begriff „Kulturstandard" verwandt. Auf das, diesem Begriff zugrunde liegende, Konzept wird im Folgenden genauer eingegangen.

Das Kulturstandardkonzept erhebt nicht den Anspruch auf universelle Gültigkeit, sondern es handelt sich dabei um ein relationales und somit perspektivisches Konzept. Mit Kulturstandards werden auch keine Kulturen definiert, kategorisiert oder vermessen. Kulturstandards werden auf der Basis von persönlichen Interviews mit spezifischen Bezugsgruppen (zum Beispiel Fach- und Führungskräfte, Entwicklungsexperten, Studenten, Praktikanten etc.) über deren konkrete, alltägliche, immer wiederkehrende Erfahrungen in den Interaktionen mit fremdkulturellen Partnern und der Auseinandersetzung und Bewertung der geschilderten Ereignisse, Beobachtungen und Erfahrungen durch Experten erhoben. Dies sind Wissenschaftler, die kulturvergleichend forschen.

Wissenschaftstheoretisch können Kulturstandards in diesem Kontext als hypothetische Konstrukte verstanden werden, die sich auf nicht direkt beobachtbare Sachverhalte und Eigenschaften beziehen. Sie werden aus einem theoretischen Zusammenhang heraus sowie mithilfe beobachteter Ereignisse erschlossen. Kulturstandards sind zu gewinnen aus dem Verlauf und der Analyse kulturell bedingt kritischer Interaktionssituation, in denen sie in kulturspezifischer Weise bei speziell definierten Personengruppen spezifische Arten der Wahrnehmung, des Denkens, des Urteilens, des Wertens, des Empfindens und des Handelns determinieren, die von der Mehrzahl der Mitglieder einer bestimmten Kultur für sich persönlich und für andere Personen als normal, typisch, selbstverständlich und verbindlich angesehen werden. Eigenes und fremdes Verhalten wird auf der Grundlage von Kulturstandards beurteilt und reguliert. Kulturstandards wirken wie ein Maßstab, ein Gradmesser, ein Bezugssystem für richtiges und kulturell akzeptiertes Handeln. Ein Kulturstandard erfüllt einerseits die Funktion einer Norm, stellt also ein Idealbild dar, und eröffnet andererseits einen Toleranzbereich, innerhalb dessen Abweichungen vom Normwert noch akzeptiert werden. So kann der individuelle und gruppenspezifische Umgang mit Kulturstandards zur Handlungssteuerung innerhalb eines gewissen Toleranzbereichs variieren, z. B. die Verbindlichkeit von Vereinbarungen. Verhaltensweisen, die Grenzen des Toleranzbereichs überschreiten, werden von der sozialen Umwelt abgelehnt und sanktioniert.

Kulturstandards, die in einer Kultur von großer Bedeutung sind, können in einer anderen Kultur zwar auch vorhanden sein, aber eine andere Funktionalität besitzen. So ist der Kulturstandard „Sachorientierung" im Alltagsleben und im beruflichen Handeln in Deutschland von zentraler Bedeutung, wenn es um die Erbringung von Leistungen geht. Für Menschen in vielen europäischen und z. B. asiatischen Kulturen schreibt der Kulturstandard „Beziehungs- und Personorientierung" vor, sich zunächst einmal um ein gutes, harmonisches und motivierendes Klima in der interpersonalen Begegnung und Kooperation zu bemühen, den Partner näher kennenzulernen, ihm „Gesicht" zu geben, bevor man sich mit sachbezogenen Details befasst.

Das den Kulturstandards bestimmter Personengruppen in einer spezifischen Kultur gemäße Verhalten wird im Verlauf des individuellen Sozialisationsprozesses in der eigenen Kultur erlernt (Enkulturation). Die Wirkungen von Kulturstandards sind im Alltagsverhalten nicht mehr bewusstseinspflichtig, da die Regel- und Steuerungsprozesse automatisch ablaufen.

Die hier und im weiteren Verlauf der Behandlung von Kulturstandards dargestellten Merkmale, Funktionen und Wirkungen von Kulturstandards zeigen, dass diese Konstrukte nicht frei erfundene Vermutungen sind, sondern dass sie aus einem theoretischen Zusammenhang heraus sowie mithilfe von beobachtbaren Ereignissen erschlossen werden. Weiterhin sind Kulturstandards als Konstrukte zu definieren, die deskriptive und explikative Funktionen aufweisen. Deskriptive Konstrukte versuchen, konkretes Verhalten in begrifflichen Klassen beschreibend einzuordnen. Explikative Konstrukte suchen nach einer Erklärung des unterschiedlichen Verhaltens von Individuen. Genau dies geschieht bei den oft schwierigen Versuchen der Erfassung, der Interpretation und des Verstehens kulturell bedingter kritischer Erfahrungen in kulturellen Überschneidungssituationen sowie bei der Verwendung von Kulturstandards in der Ausbildung und in interkulturellen Trainings." (Thomas, 2016, S. 34–36).

Zur Gewinnung und Benennung von Kulturstandards werden mithilfe von Interviews kulturell bedingt kritische Interaktionssituationen erhoben.

Dazu dient folgendes Verfahren: „Nach der Identifizierung einer spezifischen Zielgruppe, z. B. Manager, Fach- und Führungskräfte im Auslandseinsatz, international tätige Personen aus Deutschland, Experten der internationalen Entwicklungszusammenarbeit, Studenten, Schüler und Praktikanten im Auslandstudium, Fachkräfte aus Politik, Verwaltung und Bildung, Fach- und Führungskräfte im Inland mit Kooperationsaufgaben mit Partnern aus unterschiedlichen Kulturen etc., werden Personen aus diesen Zielgruppen befragt, die mindestens seit einem halben Jahr Erfahrungen im Umgang mit ausländischen Partnern in einer bestimmten Zielkultur haben. Mit diesen Personen werden am Ort ihres Auslandseinsatzes leitfragengestützte, narrative Interviews über kulturell bedingte kritische Interaktionssituationen (KIs) geführt. Die geschilderten KIs sollen typisch sein für den Lebensalltag im Gastland, und sie sollen immer wieder in ähnlicher Weise bei Begegnungen mit unterschiedlichen Personen im Gastland erlebt worden sein. Die interviewten Personen werden zudem gebeten, eine eigene Erklärung für das erwartungswidrige Verhalten des ausländischen Partners zu formulieren und diese zu begründen.

Aus dem gespeicherten Interviewmaterial werden dann die kritischen Interaktionssituationen herausgefiltert (pro Interview ca. 4–6 KIs), nahe am originalen Interviewmaterial sprachlich geglättet und als authentisch erlebte Ergebnisse formuliert.

Von sogenannten bikulturellen Experten, also Personen, die beide Kulturen (zum Beispiel die deutsche und die französische Kultur) gut kennen und eventuell schon Themen zu Deutschland und Frankreich wissenschaftlich kulturvergleichend bearbeitet haben, werden die KIs unter folgenden Gesichtspunkten bearbeitet:

1. Erklärungen für das fremdkulturelle Verhalten formulieren.
2. Empfehlungen für kulturadäquate Reaktionen geben.
3. Kulturspezifische Grundlagen für das fremdkulturelle Verhalten thematisieren.
4. Auf themenspezifische Literatur verweisen.

Bei der Auswertung des Datenmaterials liefern die Experten aus ihrer Sicht auch eine Begründung für das unerwartete Verhalten der fremdkulturellen Partner in den KIs. Danach erfolgte eine inhaltsanalytische Bearbeitung der Expertenerklärungen (Mayring, 2015) durch den Bearbeiter. Auf der Basis der Kenntnisse aller in den Interviews gesammelten KIs, der Bewertung des erwartungswidrigen Verhaltens durch die interviewten Personen, die Ergebnisse der Expertenbefragung und seiner eigenen Begründung für das erwartungswidrige Verhalten formuliert der Bearbeiter Kulturstandards, die eine Erklärung für das beobachtete erwartungswidrige Verhalten liefern können."(Thomas, 2016, S. 36–38).

So sind für die Länder, aus denen die oben geschilderten fünf Fallbeispiele stammen, folgende Kulturstandards ermittelt worden:

1. Deutsche Kulturstandards	2. Französische Kulturstandards
1. Sachorientierung	1. Indirekter Kommunikationsstil
2. Individualismus	2. Personorientierung
3. Schwacher Kontext in der Kommunikation	3. Autoritätsorientierung
4. Wertschätzung von Strukturen und Regeln	4. Dynamischer Entscheidungsprozess
5. Regelorientierte internalisierte Kontrolle	5. Flexibilität
6. Direktheit/Wahrhaftigkeit	6. Polychrones Zeitverständnis
7. Interpersonale Distanzdifferenzierung	7. Nationalstolz
8. Hierarchie- und Autoritätsorientierung	
9. Zeitplanung	
10. Trennung von Persönlichkeits- und Lebensbereichen	
Schroll-Machl (2016)	Mayr & Thomas (2008)

Chinesische Kulturstandes (VR China):	US-amerikanische Kulturstandards
Hierarchie	1. Gleichheitsdenken
Strategie und Taktik	2. Handlungsorientierung
Gesicht wahren	3. Gelassenheit („easy going")
Soziale Harmonie	4. Leistungsorientierung
5. Das Guanxi-System	5. Individualismus
6. Bürokratie	6. Soziale Anerkennung („nice guy")
7. Regelrelativismus	7. Interpersonale Distanzminimierung
Thomas et al., (2015)	Slate & Schroll-Machl (2013)

„Wenn man Kultur als Orientierungssystem auffasst, muss man sich fragen, welche Orientierungsmerkmale für eine spezifische Kultur typisch sind. Solche Orientierungsmerkmale bzw. – noch spezifischer – Maßstäbe, Gradmesser und Bezugssysteme kann man als „Kulturstandards" bezeichnen. Unter dem Begriff „Kulturstandard" wäre dann Folgendes zu verstehen:

Kulturstandards können aufgefasst werden als die von den in einer Kultur lebenden Menschen untereinander geteilten und für verbindlich angesehenen Normen und Maßstäbe zur Ausführung und Beurteilung von Verhaltensweisen. Kulturstandards wirken als Maßstäbe, Gradmesser, Bezugssysteme und Orientierungsmerkmale. Kulturstandards sind die zentralen Kennzeichen einer Kultur, die als Orientierungssystem des Wahrnehmens, Denkens und Handelns dienen. Kulturstandards bieten den Mitgliedern einer Kultur Orientierung für das eigene Verhalten und ermöglichen zu entscheiden, welches Verhalten als normal, typisch und noch akzeptabel anzusehen bzw. welches Verhalten abzulehnen ist. Kulturstandards wirken wie implizite Theorien und sind über den Prozess der Sozialisation internalisiert. Kulturstandards bestehen aus einer zentralen Norm und einem Toleranzbereich. Die Norm gibt den Idealwert an, der Toleranzbereich umfasst die noch akzeptierbaren Abweichungen vom Normwert. Die Kulturstandards einer Kultur sind miteinander verflochten, wobei unterschiedliche Ordnungsstrukturen wirksam werden können (zentrale vs. periphere Kulturstandards, zentrale vs. kontextuelle Kulturstandards, vertikal vs. horizontal verflochtene Kulturstandards usw.). Kulturstandards können zudem auf verschiedenen Abstraktionsebenen definiert werden, z. B. auf sehr abstrakten Wertebenen bis hin zu sehr spezifischen kontextabhängigen Verhaltensregeln. Kulturstandards einer Kultur können in einer anderen Kultur völlig fehlen. Zwei Kulturen können ähnliche Kulturstandards aufweisen. Ähnliche Kulturstandards können in zwei Kulturen auf unterschiedlichen Hierarchiestufen angesiedelt sein und unterschiedliche Toleranzbereiche aufweisen" (Thomas & Schenk, 1996a, S. 24).

In verschiedenen Studien (Sandner, 1989; Müller, 1992; Markowsky, 1994; Brüch, 1994 sowie neun weiteren Arbeiten im Rahmen eines von der Volkswagen-Stiftung geförderten Forschungsprojekts zum Thema „Handlungswirksamkeit zentraler Kulturstandards in der Interaktion zwischen Deutschen und Chinesen", siehe Thomas & Schenk, 1996a, Anlage Nr. 26) konnte gezeigt werden, dass es möglich ist, mithilfe der Methode „Analyse kritischer Ereignisse" („critical incident technique") (vgl. Flanagan, 1954), die in vielen Teilbereichen der Psychologie, von der klinischen Psychologie bis zur Unfallforschung, seit Langem erfolgreich angewandt wird, handlungswirksame Kulturstandards zu erfassen. Das Verfahren besteht aus folgenden Schritten:

1. Sammlung als „kritisch" erlebter Interaktionssituationen in der interkulturellen Begegnung mit einem ausländischen Partner mithilfe teilstrukturierter Interviews. Als kritisch gelten dabei solche Interaktionssituationen, in denen das Verhalten des Interaktionspartners nach Meinung des Befragten nicht seinen (eigenkulturellen) Erwartungen oder Vorstellungen entsprach und das er sich aus seinen bisherigen Erfahrungen nicht erklären kann.
2. Beurteilung der so gewonnenen kritischen Interaktionssituationen durch Experten, die aus den beteiligten Kulturen stammen und sich wissenschaftlich mit interkulturellen Prozessen zwischen beiden Kulturen befasst haben.
3. Psychologische Analyse der kommunikativen und integrativen Prozesse in den geschilderten kulturellen Überschneidungssituationen.

4. Inhaltsanalytische Bearbeitung der Expertenurteile und der psychologischen Analyse.
5. Klassifikation der von Experten beurteilten kritischen Interaktionssituationen nach gemeinsamen kulturspezifischen Erklärungsmustern.
6. Benennung der handlungswirksamen Kulturstandards.
7. Vergleich der Kulturstandards mit Belegen aus literarischen Quellen und aus der kulturvergleichenden Forschung (Absicherung durch externe Daten).
8. Erstellung einer Zusammenhangsstruktur der Kulturstandards so, dass erkennbar wird, wie die einzelnen Kulturstandards miteinander verbunden sind.
9. Versuch einer kulturhistorischen Verankerung der einzelnen Kulturstandards mithilfe einer historischen Analyse ihrer Funktionalität.

Es ist also möglich, die Handlungswirksamkeit von Kulturstandards aus der Analyse „kritisch" verlaufender Interaktionssituationen in kulturellen Überschneidungssituationen zu ermitteln, und darauf aufbauend gelingt es dann, mithilfe eines auf diesem Material basierenden und an der Vermittlung von Kulturstandards orientierten Trainings, einen interkulturellen Lernprozess in Gang zu setzen mit dem Ziel, interkulturelle Handlungskompetenz zu entwickeln und erfolgreich einzusetzen.

Auf diese Untersuchungen wird im nächsten Abschnitt eingegangen.

Mit der „Culture-Assimilator"-Technik liegt bereits ein interkulturelles Trainingsverfahren vor (Fiedler, Mitchell & Triandis, 1971; Triandis, 1975, 1984, 1986; Lange, 1994; Thomas, 1988, 1990; Cushner & Landis, 1996), das „kritische Interaktionen" und deren Analyse als Lernmaterial verwendet. Das mit den im vorhergehenden Abschnitt beschriebenen Verfahren gewonnene qualitative Datenmaterial wurde zur Entwicklung von Trainingsprogrammen zur Vorbereitung auf die Kooperation mit Partnern aus einer Zielkultur genutzt. Culture-Assimilator-Trainings wurden bislang für folgende Zielgruppen und Zielkulturen erstellt:

1. Deutsche Studenten und Praktikanten zur Vorbereitung auf einen Studienaufenthalt in den USA (Müller & Thomas, 1991, 1995);
2. Amerikanische Studenten und Praktikanten zur Vorbereitung auf ein Studium in Deutschland (Markowsky & Thomas, 1995);
3. Deutsche Manager zur Vorbereitung auf den Arbeitseinsatz in der VR China (Thomas & Schenk, 1996b);
4. Chinesische Manager zur Vorbereitung auf die Zusammenarbeit mit deutschen Partnern (Thomas & Schenk, 1996c);
5. Deutsche Manager zur Vorbereitung auf den Arbeitsaufenthalt in Südkorea (Brüch & Thomas, 1995);

Das Culture-Assimilator-Training hat folgende Verlaufsstruktur:
1. Ausgangspunkt ist eine „kritische Interaktionssituation", bei der zum Schluss gefragt wird, warum sich der ausländische Partner so ungewöhnlich verhalten hat.
2. Danach werden drei bis vier unterschiedliche Erklärungen für das Fremdverhalten präsentiert, die alle mehr oder weniger gut den handlungswirksamen Kulturstandard treffen.

3. Anschließend hat der Proband auf einer Skala alle vorgegebenen Erklärungs-alternativen nach ihrer Kulturäquivalenz zu beurteilen, also danach einzu-schätzen, wie genau sie das fremdkulturelle Verhalten begründen können.

4. Anschließend werden zu jeder Erklärungsalternative ausführliche Erläuterungen präsentiert, in denen die Gründe dargelegt werden, warum die Erklärungsalter-native den Kern des Interaktionsproblems zutreffend, weniger genau oder un-zutreffend beschreibt.

5. Der Proband wird anschließend aufgefordert, zu überlegen oder mit einem Trainingsteilnehmer zu diskutieren, wie man sich in einer solchen Situation der Zielperson gegenüber sinnvollerweise verhalten soll. Er wird also aufgefordert, eine eigenständige Handlungsstrategie für die kritische Situation zu entwickeln.

6. Anschließend wird ihm eine kuluradäquate Handlungsstrategie vorgestellt, mit der er seine eigene vergleichen kann.

7. Nachdem der Proband mehrere kritische Interaktionssituationen durchgearbeitet hat, wird ihm der Kulturstandard mitgeteilt, der in allen diesen Situationen hand-lungswirksam war, und er bekommt nähere Informationen über die Wirksamkeit dieses Kulturstandards im Kontext der Zielkultur.

8. Abschließend erhält der Proband eine ausführliche Information über die kultur-historische Verankerung und Funktionalität des Kulturstandards.

Die Bestandteile, Arbeitsaufgaben und Funktionen/Lernziele des Culture-Assimilators sind in ◻ Abb. 11.2 im Überblick dargestellt. Ein Culture-Assimilator besteht in der Regel aus 20 bis 30 kritischen Interaktionssituationen als Beispielfälle für die Handlungswirksamkeit von etwa 10 Kulturstandards.

Ein solches Culture-Assimilator-Training kann in Papierform oder in multi-medialer Form präsentiert und bearbeitet werden. Es kann als Selbstlernmedium im Einzelstudium genutzt werden, es kann – und das ist die übliche Praxis – als zentraler Trainingsbaustein im Rahmen eines mehrtägigen Gruppentrainings zur Sensibilisie-rung für das Leben und Arbeiten in einer Fremdkultur und zur Entwicklung kultur-spezifischer Handlungskompetenzen eingesetzt werden. Neben der Präsentation kri-tischer Interaktionssituationen in Form von Beschreibungen können einzelne Szenen videografiert und zur Auflockerung eines Trainingsprogramms, zur Erhöhung der Anschaulichkeit kritischer Elemente in der Begegnung mit dem Fremden sowie zur Qualifizierung des Lerneffekts in das Trainingsmaterial eingebaut werden. Zudem lassen sich kritische Interaktionssituationen einschließlich der kuluradäquaten Lösungsstrategien in Form von Rollenspielen erfahrbar machen. Wenn dabei Ver-treter der Zielkultur einbezogen sind, können die überwiegend kognitiv orientierten Anteile des Trainings durch emotionale Aspekte – hervorgerufen durch ein hohes Maß an persönlicher Betroffenheit – ergänzt werden.

Bislang durchgeführte Evaluationsstudien zur Überprüfung der Handlungswirk-samkeit von Kulturstandards und Culture-Assimilator-Trainings zeigen nach Lange (1994), „… dass die Culture-Assimilator-Methode einem Lerner auf effektive Weise kognitive Fähigkeiten zum Umgang mit Fremdkulturellen vermittelt. Lerner ver-fügen nach der Bearbeitung des Culture-Assimilator über eine differenzierte Kennt-nis einer spezifischen Fremdkultur und über die Fähigkeit, gedanklich den Blick-winkel eines Angehörigen dieser Kultur einzunehmen. Die zur interkulturellen Orientierung außerdem erforderlichen affektiven Fähigkeiten, Einstellungen und Handlungskompetenzen werden durch den Culture-Assimilator bedingt gefördert"

☐ Abb. 11.2   Bestandteile, Arbeitsaufgaben und Funktionen/Lernziele des Culture-Assimilator-Trainings

Bestandteil	Arbeitsaufgabe	Funktion/Lernziel
Schilderung der kritischen Interaktionssituation Nr. 1	Lesen	Kennenlernen konkreter Konfliktsituationen und Bereiche sowie fremdkultureller Verhaltensweisen
Frage nach Erklärung des fremdkulturellen Verhaltens	Sich in die Situation hineinversetzen, eigene Reaktionsweise antizipieren Eigenkulturelles Erklärungsmuster aktivieren und bewusst machen	Kulturelle Sensibilisierung Bewusstwerden der Handlungswirksamkeit eigenkultureller Standards
Vier Antwortalternativen	Alle Antworten lesen und hinsichtlich kuluradäquatem Erklärungswert gegeneinander abwägen	Erkennen der Orientierungslosigkeit im fremdkulturellen Umfeld. Kennenlernen neuer möglicher Deutungsmuster.
Antwortskala	Entscheidung treffen, jede Antwortalternative beurteilen, statt eine zu favorisieren	Erkennen der Ambiguität von Verhalten
Erklärungen zu jeder Antwortalternative	Lesen, vergleichen mit Selbsteinschätzung	Kennenlernen neuer Verhaltens- und Deutungsmuster
Aufforderung, eigene Handlungsstrategie zu entwickeln	Aufforderung, eigene Handlungsstrategie zu entwickeln	Intensive, selbstständige Auseinandersetzung zur Förderung der Lernwirksamkeit; Erkennen, dass Orientierung wiederhergestellt werden kann
Handlungsstrategie	Lesen, mit eigener vergleichen	Erkennen der kulturtypischen Handlungsbarrieren und Lösungswege
Schilderung der kritischen Interaktionssituation Nr. 2	Wie oben	Wie oben
Ablauf wie oben ⇩	⇩	⇩
Kulturstandard, kulturhistorische Verankerung	Lesen	Kennenlernen des abstrakten, in den jeweiligen Situationen auf verschiedene Art und Weise operationalisierten Kulturstandards sowie seiner kulturhistorischen Wurzeln
Diskussion	Fragen, Beispiele aus eigener Erfahrung, Problematisierung der multiplen Interpretationsmöglichkeiten	Vertiefen; Aufbau einer individuellen Erklärungs- und Deutungskompetenz
Erneuter Durchlauf mit weiteren KIs und KS		

11

(S. 79). Weiter folgert Lange (1994): „Die Tatsache, dass die Culture-Assimilator-Methode mehr als jede andere interkulturelle Trainingsmethode empirisch auf ihre Wirksamkeit untersucht wurde, kann Signalfunktion für das gesamte interkulturelle Forschungs- und Arbeitsfeld haben, da hier insgesamt die ungenügende theoretische Fundierung und empirische Absicherung der interkulturellen Trainingspraxis beklagt werden muss (Brislin et al., 1983, S. 2; Sandner, 1989, S. 92). In zukünftigen Evaluationsstudien zur Culture-Assimilator-Methode und auch zu anderen Trainingsmethoden sollte jedoch sehr viel mehr Aufmerksamkeit auf die abhängigen Variablen gerichtet werden. Da aus vergangenen Studien nicht immer eindeutig hervorgeht, weshalb bestimmte Trainingseffekte vermutet und warum bestimmte Maßstäbe benutzt worden sind, sollten künftig Maßstäbe entwickelt werden, an denen sich sowohl spezifischere als auch allgemeine Lerneffekte messen lassen (Albert, 1983, S. 211). Zukünftige Evaluationsstudien sollten auf der Grundlage bisheriger Ergebnisse standardisiert werden, damit eindeutigere Aussagen über die Wirksamkeit und über Einflussfaktoren auf die Wirksamkeit des CA-Trainings getroffen werden können …" (S. 77).

Bei früheren Evaluationsstudien von Urbanek (1994) und Scheufler (1996) zum Culture-Assimilator zur Vorbereitung deutscher Studenten auf ein Studium in den USA (Müller & Thomas, 1991) und den quantitativen und qualitativen Evaluationsstudien (Degen, 1996; Kammhuber, 1996; Layes, 1995; Abt, 1996) zum Culture-Assimilator zur Vorbereitung deutscher Manager auf den Arbeitseinsatz in China (vgl. Thomas & Schenk, 1996b) wurden genau diese Forderungen berücksichtigt. Wenn in den Evaluationsstudien auch erneut die hohe Akzeptanz und Effizienz des Culture-Assimilator-Trainings bestätigt werden konnte, so zeigten besonders die qualitativen Evaluationsstudien, dass die Trainingsteilnehmer unterschiedliche Arten der Verarbeitung des Trainingsmaterials entwickelten und zur Orientierung in interkulturellen Interaktionssituationen nutzten. Dabei scheinen Vorerfahrungen mit der Zielkultur, allgemeine Erfahrungen im Umgang mit Ausländern und dem Leben im Ausland, individuelle Fähigkeiten der Informationsverarbeitung und Informationsspeicherung, z. B. Abstraktionsniveau, Differenzierungsniveau u. Ä., und der Abrufbarkeit zur Orientierung geeigneter Trainingsinhalte, z. B. konkrete kritische Interaktionssituationen und deren Lösungen, bestimmte Kulturstandards und deren handlungsregulierende Funktionen, hochgeneralisierte ganzheitlich orientierte Regelmechanismen u. Ä., eine Rolle zu spielen. Ob sich mithilfe dieser Evaluationsstudien eine Typologie der Handlungswirksamkeit von Kulturstandards, eingebunden in ein Culture-Assimilator-Training, generieren lässt, erscheint wahrscheinlich, ist aber bisher noch nicht empirisch nachgewiesen.

In den eingangs dargestellten Fallbeispielen sind zweifellos Kulturstandards in mannigfacher Weise handlungswirksam. So ist das Verhalten des deutschen Professors in der deutsch-französischen Arbeitsgruppe bestimmt von einer Dominanz der Sachorientierung, wohingegen für die französischen Teilnehmer bei dieser Erstbegegnung die Beziehungs- resp. Personorientierung einen dominanten Stellenwert einnahm. In dem deutsch-chinesischen Verhandlungsproblem werden die deutschen Kulturstandards „Aufgaben- und Sachorientierung" sowie „Direktheit" (unverschlüsselte, direkte, auch kritische Meinungsäußerungen werden als nützlich erachtet und haben praktischen Nutzen, z. B. im Sinne von Effektivität, Sachdienlichkeit) beim deutschen Manager handlungswirksam und geraten in Konflikt mit den chinesischen Kulturstandards „Konfliktvermeidung" (Konflikte werden als die Harmonie zerstörend betrachtet; individueller Widerspruch und Selbstbehauptung als Mittel argumentativer Problem- oder Konfliktlösung werden vermieden) und „Gesicht wahren" (Gesicht definiert den Wert eines Individuums in der Gesellschaft und umfasst in China moralische Integrität und soziales Prestige; Gesicht wahren garantiert die Integrität der Persönlichkeit in der Gesellschaft). Erst aus der Wirksamkeit dieser Kulturstandards entwickelt sich die Verhandlungssituation so kritisch und konfrontativ, was schließlich zu ihrem Abbruch führt. In der deutsch-amerikanischen Begegnung wird auf amerikanischer Seite der Kulturstandard „Distanzminimierung" und auf deutscher Seite der Kulturstandard „Distanzdifferenzierung" handlungswirksam. Bei den amerikanischen Partnern führt die Handlungswirksamkeit des deutschen Kulturstandards „Distanzdifferenzierung" (Mische dich nicht ungefragt in die Angelegenheiten einer fremden Person ein und überlege erst, ob eine Verpflichtung zur Kommunikation besteht und ob es passend ist, bevor du jemanden ansprichst!) sofort zu kritisch verlaufenden Interaktionserfahrungen, indem sie die Deutschen als abweisend, stur und unfreundlich erleben. Demgegenüber wirkt der amerikanische Kulturstandard „Distanzminimierung" auf die deutschen Partner zunächst sehr positiv und erleichternd, indem sie die Amerikaner als offen, freundlich, zugänglich und unkonventionell erleben, daraus aber Verpflichtungen zur Aufnahme dauerhafter Bindungen bis hin zu Freundschaften ableiten, was bei den Amerikanern auf Unverständnis und Ablehnung stößt und somit gleichsam im zweiten Schritt auch bei Deutschen kritische Interaktionssituationen heraufbeschwört. Im Beispiel des amerikanischen Vorgesetzten und des griechischen Mitarbeiters kontrastieren die amerikanischen Kulturstandards „Chancengleichheit" und „Partizipation" mit den griechischen Kulturstandards „Hierarchieorientierung" und „Paternalismus". Der amerikanische Vorgesetzte sucht in dem griechischen Untergebenen den „Mit-"Arbeiter, der mit-denkt, mit-plant, mit-entscheidet, wohingegen der griechische Untergebene im amerikanischen Vorgesetzten nur den Vorgesetzten, den Chef, der alles bestimmt, regelt, kontrolliert und anweist, zu sehen gewohnt ist. Das Interview zwischen dem deutschen Interviewer und dem chinesischen Befragten über kritische Interaktionssituationen auf deutscher Seite ist bestimmt von gegenseitigen Blockaden durch die Handlungswirksamkeit des deutschen Kulturstandards „Direktheit/Wahrhaftigkeit" und auf chinesischer Seite durch die chinesischen Kulturstandards „Beziehungsorientierung", „Gesicht wahren" und „Konfliktvermeidung". Zudem geht der deutsche Interviewer von der Annahme aus, dass man jeden zu jeder Zeit über alles Mögliche befragen kann, zumindest im Rahmen einer wissenschaftlichen Untersuchung.

Das bereits erwähnte Forschungsprojekt „Handlungswirksamkeit zentraler Kulturstandards in der Interaktion zwischen Deutschen und Chinesen" ist das bisher umfangreichste Forschungsvorhaben, das explizit auf dem Kulturstandardkonzept aufbaut. Die dabei gewonnenen Einsichten in die handlungsrelevanten Funktionen von Kulturstandards lassen sich nach Thomas und Schenk (1996a) wie folgt zusammenfassen:

„Durch die zahlreichen, unabhängig erbrachten Ergebnisse – es wurden mehrere Arbeiten unabhängig voneinander mit unterschiedlichen Zielgruppen und Kulturregionen durchgeführt – der empirischen Untersuchung konnte gezeigt werden, dass Kulturstandards zentrale Merkmale eines Bedeutungs- und Orientierungssystems von Mitgliedern einer Gruppe, Kultur, Nation repräsentieren. Diese regulieren weite Bereiche des Wahrnehmens, Denkens, Urteilens und Handelns. Kulturstandards werden somit zu einem Regulativ zwischenmenschlichen Verhaltens, indem sie als Regeln sozialer Interaktion durch die handelnden Individuen repräsentiert sind und als normal und selbstverständlich erachtet werden. Dabei liegt dem Verhaltenskonsens nicht unbedingt eine explizite Normdiskussion zugrunde, er kann ebenso durch Anpassung an vorherrschende Meinungen und Gegebenheiten entstanden sein (vgl. Thomas, 1993; Samberger, 1994; Müller & Müller-Andritzky, 1983). Zwischen Individuum und Kulturstandard besteht immer eine relative Differenz und Distanz, die für die individuelle Handlungsgestaltung ebenso wie für den Erhalt der Dynamik einer Kultur von Bedeutung sind. Kulturstandards sind also keine starren Regeln, sondern weisen unterschiedlich große Toleranzbereiche sowohl innerhalb als auch zwischen Kulturen auf. Abweichungen vom Standard werden in Abhängigkeit des Verpflichtungscharakters des Kulturstandards in der jeweiligen (Sub-)Gruppe von den anderen Gruppenmitgliedern sanktioniert, Einhaltung wird belohnt. So weist Samberger (1994, S. 126) auf die Perspektivenabhängigkeit bei der Identifikation von Kulturstandards hin, also auf unterschiedliche Relevanz von Kulturstandards in verschiedenen kulturellen Subgruppen und auf die Perspektive des Untersuchers. Diese wirkt sich insofern aus, als nur kulturdivergentes Material zur Identifikation der Kulturstandards herangezogen wird. Amerikaner werden, so ist zu erwarten, andere Verhaltensabweichungen an Chinesen beobachten als Deutsche und daher andere Kulturstandards definieren. Die dabei wirksamen Sanktions- und Belohnungsweisen, meist sozialer Art, können über die Ausgrenzung oder Protektion des Individuums massiven Einfluss auf dessen Persönlichkeit und Identität sowie seine gesellschaftliche Verortung ausüben. Somit kommt Kulturstandards eine integrierende und koordinierende Funktion zu, die Ordnung und Berechenbarkeit innerhalb einer Gruppe oder Kultur herstellt (vgl. Krewer, 1993).

Kulturstandards sind evolutionär entstanden aufgrund materieller und immaterieller, z. B. philosophischer Gegebenheiten und Strömungen, und unterliegen daher auch einem stetigen Wandel. Sie sind als bewährte Muster historisch verwurzelt und nicht bloße Ad-hoc-Lösungen sich gegenwärtig stellender Probleme. Dabei bleiben sie nicht nur so lange erhalten, wie ihre Funktion als Problemlösestrategie, womöglich nach rationalen Kriterien, als optimal erachtet wird. Auch in einer reinen Symbolfunktion erfüllen sie für eine Gruppe oder Kultur entscheidende Anforderungen nach Einhaltung einer gewissen Konformität, Ordnung und Definition eines Raumes geteilter Bedeutungen, die für die Mitglieder identitätsstiftend sein können (Boesch, 1991; Eckensberger, 1993a, 1996).

Der Wandel von Kulturstandards vollzieht sich weniger als homogener Entwicklungsprozess einer Kultur als ganzer, sondern nimmt seinen Anfang in einzelnen Subgruppen, die veränderte Umfeldbedingungen (soziokulturelle Faktoren), z. B. verstärkte Außenkontakte, erfahren. Dadurch verändern sich die Problemlagen schneller, als die vorhandenen Konzepte verändert werden können („cultural lag"). Dieses Auseinanderklaffen zwischen Anforderung und Lösungskonzept kann zu einem „cultural borrowing" führen, also der Übernahme eines fremdkulturellen Konzeptes, wobei dieses häufig Umdeutungen zu neuentwickelten Mustern erfährt oder als Reaktanz zu einer Rückbesinnung und orthodoxen Deutung alter traditioneller Wertemuster führt (Sinozentrismus).

Die Ausgangshypothese der Wirksamkeit mehrerer Kulturstandards in einer Interaktionssituation wurde bestätigt. Dabei interagieren die Kulturstandards untereinander, d. h. es werden unterschiedliche Aspekte der Kulturstandards handlungswirksam. Der Bedeutungsraum eines Kulturstandards ist keine feste Größe, die jeweils in vollem Umfang handlungswirksam wird. Die gefundenen Ähnlichkeiten zwischen den identifizierten Kulturstandards und ihre Zusammenhangsstruktur deuten auf folgende Punkte hin:

1. Es bestätigt sich die Annahme von intrakulturell über die verschiedensten Subgruppen hinweg existenten Verhaltens- und Denkmustern, die „Kulturstandards" genannt werden können.

2. Kulturstandards sind für die jeweiligen Subgruppen von unterschiedlicher Relevanz, in Abhängigkeit ihres Handlungsfelds.

3. Die Inhalte der bei verschiedenen Subgruppen identifizierten Kulturstandards differieren nur geringfügig. Dies deutet auf das bezeichnete interindividuelle und interaktionistische Wesen der Kulturstandards hin, die ihre spezifische Form der Ausprägung durch die und in der Interaktion erhalten. Die gefundenen Unterschiede wurden in der Darstellung der Kulturstandards bewusst erhalten. Es wurde nicht versucht, durch einen höheren Abstraktionsgrad die Gemeinsamkeiten in den Vordergrund zu stellen und Differenzen zu minimieren. Die Benennung und inhaltliche Beschreibung stützt sich auf die identifizierten kritischen Interaktionssituationen und damit auf das spezifische Handlungsfeld, wodurch ihr Wert für eine zielgruppengerechte Beschreibung zentraler Kulturstandards erhalten bleibt.

4. So erklärt sich auch die beidseitig kulturspezifische Ausprägung von Kulturstandards, d. h. Kulturstandards sind nur in Abhängigkeit von Ziel- und Anwenderkultur identifizierbar. Dieselbe Untersuchung mit einer anderen Zielgruppe würde zur Identifikation anderer Kulturstandards führen.

5. Die identifizierten Kulturstandards haben somit Gültigkeit für den interkulturellen Überschneidungsbereich, der sich zwischen Deutschen und Chinesen aufspannt. Sie sind nicht übertragbar auf andere interkulturelle Überschneidungssituationen, in denen die handelnden Personen anderen Anwender- oder Zielkulturen angehören.

6. Die hier identifizierten Kulturstandards sind handlungsleitend für interkulturelle Überschneidungssituationen zwischen Deutschen und Chinesen mit einem Beschreibungsschwerpunkt auf der jeweiligen Anwenderkultur, jedoch beschreiben sie keine Kultur als solche. Eben darin zeigt sich ihr interaktionistischer Charakter.

7. Die begrifflichen Benennungen von Kulturstandards sind ohne die zugehörige inhaltliche Beschreibung ungeeignet, als Repräsentation eines Kulturstandards zu dienen. Ein Kulturstandard umfasst grundsätzlich einen größeren Bedeutungsraum als die lexikalische Definition oder die kulturspezifische Konnotation des gewählten Begriffs.

8. Die inhaltlichen Beschreibungen sind Versuche, den Bedeutungsraum eines Kulturstandards zu spezifizieren und einzugrenzen. Dabei ergeben sich zwangsweise Überlappungen zwischen verschiedenen Kulturstandards einer untersuchten Zielgruppe, aber auch zwischen den Definitionen verschiedener Kulturstandards in verschiedenen Zielgruppen, da der ontologische Status von Kulturstandards kein genuin fixierter, sondern der von Konstrukten ist. So können z. B. unter einem Kulturstandard „Systematische Aufgabenbewältigung" teilweise dieselben Aspekte gefasst sein, die in einer anderen Zielgruppe unter dem Kulturstandard „Sach- und Aufgabenorientiertheit" beschrieben sind. Ebenso kann ein Kulturstandard „Hierarchieorientierung" sowohl für das

Handlungsfeld deutscher Studenten/Lektoren beschrieben sein als auch für das von Managern in China. Nicht der Begriff, sondern erst die inhaltliche Bestimmung verweist dann auf die Modalität des Kulturstandards und zeigt Unterschiede auf.

9. Daraus folgt, dass die in einer spezifischen Zielgruppe identifizierten Kulturstandards nicht austauschbar, sondern alle Kulturstandards einer Zielgruppe jeweils als zusammengehöriges, unteilbares System zu verstehen sind. Die Unterteilung in einzelne Kulturstandards macht nur innerhalb dieses Systems Sinn. Sie ermöglicht die Deskription eines dicht verwobenen Systems interagierender Kulturstandards oder einzelner Aspekte derselben.

10. Die Bestimmung diskreter, für alle Untersuchungsgruppen gleichermaßen gültiger Abstraktionsniveaus erwies sich als problematisch. Daher wurde für jede Untersuchungsgruppe ein eigenständiges deskriptives System entwickelt, dessen Beschreibungselemente auf nicht austauschbaren Abstraktionsniveaus liegen und damit nur bedingt vergleichbar sind" (S. 60–62).

11.3 Fallbeispiele

Fallbeispiel 1: die deutsch-französische Wissenschaftlertagung

Ein deutscher Professor berichtet:

„Ich war von einer deutsch-französischen Organisation zur Förderung der Zusammenarbeit zwischen beiden Völkern nach Paris eingeladen, um dort an einer Arbeitstagung zur Vorbereitung einer deutsch-französischen Wissenschaftlerkonferenz teilzunehmen. Ziel des Treffens, so war vorher telefonisch vereinbart worden, die Diskussion und Festlegung des Tagungsprogramms und begleitender Aktivitäten sowie die Auswahl der einzuladenden Teilnehmer auf deutscher und französischer Seite sein. Ich hatte bislang keine persönlichen Erfahrungen mit der einladenden Organisation gemacht und kannte weder die anderen Deutschen (zwei) noch die anderen französischen (drei) Sitzungsteilnehmer. Die Sitzung sollte vereinbarungsgemäß von 9:30 Uhr bis 18:00 Uhr stattfinden, was für mich bedeutete, einen Tag vorher mit dem Flugzeug anreisen zu müssen, um pünktlich sein zu können.

Da ich mich wegen der mir unbekannten Ortsverhältnisse recht früh auf den Weg gemacht hatte, erreichte ich das Tagungsgebäude schon um 9:15 Uhr, meldete mich am Empfang an und erfuhr dort, dass die Sitzung wohl erst gegen 10:00 Uhr beginnen werde. Nachdem ich um ein Gespräch mit dem französischen Kontaktpartner noch vor der Sitzung gebeten hatte, wurde mir der Tagungsraum aufgeschlossen, und ich begann mit der Einarbeitung in meinen bereits fertig skizzierten Programmvorschlag, den ich der Arbeitsgruppe vorstellen wollte. Um 9:30 Uhr trafen die beiden deutschen Teilnehmer ein, um 10:05 Uhr der französische Kontaktpartner und gegen 10:30 Uhr schließlich die letzten französischen Teilnehmer. Die Sitzung begann um 10:40 Uhr mit einer kurzen persönlichen Vorstellung der Anwesenden und einer Einführung in die Ziele der geplanten Wissenschaftlertagung durch den französischen Tagungsleiter. Danach wurde ich gebeten, mich zu der geplanten Tagung zu äußern.

Ich war froh, dass nun endlich gegen 11:00 Uhr die eigentliche Arbeitssitzung stattfinden konnte. Anhand einer vorbereiteten Folie mit einem ausgearbeiteten Tagungsprogramm (Referenten, Themenstellung, Zeitplanung, aufgeteilt in Vortragszeit, Diskussionszeit und Pausen) legte ich den versammelten Fachkollegen meine Vorstellungen von Zielen, Verlauf und Resultaten der geplanten Wissenschaftstagung dar. Während meines Vortrags fiel mir auf, dass nur ein Teilnehmer sich hier und da einige Notizen machte, die anderen mir aufmerksam und mit einer Mischung aus Erstaunen und Bewunderung zuhörten. Nach meinem etwa 40-minütigen Vortrag forderte der Tagungsleiter zur Diskussion auf, wobei ein französischer Teilnehmer mich bat, meinen Kulturbegriff und meine Vorstellungen von interkulturellem Lernen zu erläutern. Über diese Frage war ich sehr erstaunt, da ich schon zu Beginn meines Vortrags darauf speziell eingegangen war und meine Definition vorgestellt hatte. Nachdem ich noch mal kurz meinen Kulturbegriff und meine Definition von interkulturellem Lernen wiederholt hatte, entstand eine etwas längere Schweigepause. Es meldete sich niemand mehr zu Wort, bis dann schließlich ein französischer Tagungsteilnehmer an den Tagungsleiter die Frage stellte „Wann gehen wir zum Essen?". Der Tagungsleiter fragte zurück: „Essen wir deutsch oder französisch?" Auf meine etwas erstaunte Frage, was denn das bedeute, wurde mir mitgeteilt, dass dies bei deutsch-französischen Arbeitsbesprechungen eine durchaus übliche Frage sei, die bedeutete, wenn man deutsch essen geht, bestellt man belegte Brote, verzehrt diese am Tisch und arbeitet weiter; französisch essen zu gehen aber bedeute, das nahe gelegene italienische Speiserestaurant aufzusuchen, was eine ausgezeichnete französisch-italienische Küche hat. Es wurde beschlossen, um 12:00 Uhr zum „französischen" Essen aufzubrechen.

Während des Essens wurden intensive Unterhaltungen gepflegt, die aber zu keiner Zeit einen Bezug zur Arbeitsthematik hatten. Um 15:00 Uhr schließlich wurde die Tagung fortgesetzt mit einer ausführlichen Diskussion darüber, wen man von französischer Seite zu der geplanten Konferenz einladen sollte. Die Diskussion wurde unter den französischen Tagungsteilnehmern sehr lebhaft und kontrovers geführt, und man einigte sich schließlich nach etwa einer Stunde auf die einzuladenden Personen. Die Tagungsorganisation wurde vertrauensvoll in die Hände der einladenden Institution gelegt, bis schließlich gegen 16:30 Uhr ein Tagungsteilnehmer bemerkte, dass er in fünf Minuten leider die Versammlung verlassen müsse, da er bei einer späteren Abreise zu lange im Pariser Feierabendstau stecken bleibe. Die noch verbleibende Zeit wurde zur Diskussion eines akzeptablen Termins für ein neues Treffen und einige organisatorische Details aufgewandt. Jedenfalls, um 17:20 Uhr stand ich mitten in Paris an einer Metrostation und stellte mir die Frage, warum ich zwei Tage meiner Arbeitszeit für eine Arbeitstagung aufgewendet hatte, um 40 Minuten lang auftragsgemäß ein von mir sorgfältig vorbereitetes Kongressprogramm vorzustellen, über das aber nicht diskutiert wird und dem auch von französischer Seite kein Gegenvorschlag gegenübergestellt wird. Zudem wurden aus meiner Sicht auf der Tagung eigentlich nur Belanglosigkeiten diskutiert, die so gut wie nichts mit dem vereinbarten Ziel zu tun hatten. Ich war enttäuscht darüber, dass hier eine Chance für eine produktive, sachliche Zusammenarbeit vertan worden war, und verärgert über die verlorene Zeit. Für mich war klar, die Franzosen sind nicht nur desinteressiert an dem, was ich als Deutscher vorschlage, sondern sie sind überhaupt nicht besonders an einer Zusammenarbeit mit Deutschen und schon gar nicht an der Durchführung einer deutsch-französischen Wissenschaftlertagung interessiert.

In einem späteren Gespräch mit dem französischen Tagungsleiter, in dem ich mich kritisch zu diesem ersten Treffen äußerte, wurde mir folgendes erklärt: Über ein Zuspätkommen bei einem Arbeitstreffen würde sich in Frankreich niemand aufregen, wenn, wie in Paris, die Verkehrsverhältnisse für die anreisenden Teilnehmer nicht so gut kalkulierbar seien. Es sei für Franzosen höchst ungewöhnlich, wenn man bei einer ersten Zusammenkunft, anstatt sich langsam kennenzulernen und näherzukommen, sofort mit einer rein sachbezogenen Präsentation beginne. Kein französischer Teilnehmer käme auf die Idee, zu einer solchen Sitzung mit einer perfekt bis ins Detail ausgearbeiteten Vorlage zu kommen und diese zu präsentieren. Das wäre auch von mir nicht so erwartet worden. Für die französischen Teilnehmer sei mein Vortrag mit seiner Systematik und Detailliertheit zu einem Zeitpunkt, zu dem mich noch niemand gekannt hätte, ein Zeichen für die typisch deutsche Art (eindeutig negativ bewertet) gewesen, mit einer solchen Situation umzugehen. Deshalb hätte sich auch niemand der französischen Teilnehmer von meinem Vortrag angesprochen gefühlt, geschweige denn darauf zu antworten oder eine inhaltsbezogene Diskussion zu beginnen. Aus französischer Sicht sei das eine durchaus sehr gelungene Arbeitstagung gewesen, da man sich kennengelernt, viel miteinander gesprochen habe und mit der Überzeugung auseinandergegangen sei, dass es sich lohnen könnte, einmal eine deutsch-französische Wissenschaftlertagung zur interkulturellen Thematik zu starten.

In diesem Gespräch ist mir bewusst geworden, wie weit Deutsche und Franzosen sich kulturell unterscheiden, und zwar in Verhaltensbereichen, in denen man bei benachbarten Völkern mit einer so langen gemeinsamen Vergangenheit überhaupt nicht mehr mit Unterschieden rechnet. Anschließend habe ich die französischen Tagungsteilnehmer bewundert, dass sie überhaupt mit einem Deutschen, der sich aus französischer Sicht in dieser Erstbegegnungssituation so unmöglich verhalten hat, wissenschaftlich kooperieren wollen. Im Laufe der Jahre haben mehrere deutsch-französische Wissenschaftlertagungen und vorbereitende Arbeitssitzungen stattgefunden. Fremdkulturelle Erfahrungen habe ich während dieser Konferenzen und Tagungen ständig machen können. Oft habe ich mich geärgert, wie wenig effektiv und sachbezogen in Frankreich gedacht und gearbeitet wird, jedenfalls erschien mir das so. Allmählich aber wurde ich fähig, zwischen der deutschen und der französischen Perspektive ein und desselben Sachverhalts zu wechseln, und hier und da gelang es mir, ungewohnte Verhaltensweisen der französischen Partner als Bereicherung zu erfahren und partiell für mich zu übernehmen (Thomas, 2003, S. 292–295)."

Fallbeispiel 2: das deutsch-chinesische Verhandlungsproblem

Von deutsch-chinesischen Joint-Venture-Verhandlungen wird folgende Begebenheit berichtet: „Der Manager eines deutschen Unternehmens ist innerhalb kurzer Zeit zum vierten Mal zu Joint-Venture-Vertragsverhandlungen nach China gereist. Die bisherigen Gespräche fanden in einer außerordentlich angenehmen Atmosphäre statt. Die Chinesen waren sehr interessiert an dem, was der deutsche Manager vorschlug.

Doch richtig vorwärts ging bei diesen Verhandlungen nichts.

Inzwischen bekam der deutsche Firmenrepräsentant erhebliche Schwierigkeiten im eigenen Stammhaus. Die Zeit drängte, der Geschäftsführung des Unternehmens schienen die Verhandlungen nicht effektiv genug zu laufen, und man äußerte Missfallen über die „wenig glückliche" Verhandlungsführung des Beauftragten.

Bei diesem stauten sich Frust und Verärgerung auf. Als auch in einer weiteren Verhandlungsrunde keine Einigung zustande zu kommen schien, glaubte der Manager, die Taktik seiner chinesischen Verhandlungspartner endlich durchschaut zu haben.

Die wollten ihn doch nur hinhalten, um möglichst viele Informationen aus ihm herauszupressen, mit denen sie dann sein Unternehmen gegen die Konkurrenz ausspielen könnten.

Er war wütend und verärgert über seine Verhandlungspartner. Hinzu kamen die Belastungen der zermürbenden Verhandlungswoche. Zu guter Letzt zeigte er eine Reaktion, die man hierzulande mit dem Ausdruck „denen mal ordentlich Bescheid sagen" und „kräftig auf den Tisch hauen" umschreiben würde. Völlig unvermittelt schrie der Manager seine chinesischen Verhandlungspartner an, er sei nicht mehr bereit, sich weiter hinhalten zu lassen, dass „um den heißen Brei Herumreden" müsse endlich aufhören, er wolle Klarheit und Verbindlichkeit, und überhaupt, seine Geduld sei nun am Ende.

Für chinesische Verhältnisse wurden diese Beschwerden in einer schockierenden Direktheit und Lautheit vorgetragen. Die chinesischen Verhandlungspartner wurden blass und schwiegen. Die Verhandlungen kamen nicht zum Abschluss.

Nach seiner Rückkehr in die Heimat erfuhr der Manager von seinem Vorgesetzten, dass dies seine letzte Chinareise gewesen sei. Die Chinesen hätten zwar brieflich weiterhin Interesse an dem geplanten Joint Venture geäußert, ohne aber auf die von ihm geführten Verhandlungen auch nur mit einem Wort einzugehen. Man müsse wohl mehr oder weniger wieder von vorne anfangen, und dies mit einem anderen Firmenvertreter."

Der deutsche Manager hat aus Unkenntnis, aus mangelnder Feinfühligkeit und aufgrund falscher, d. h. kulturinadäquater Begründungskonstrukte (Attributionen) folgende Fehler begangen:

1. Er hat nicht beachtet, dass in China, wie auch in anderen ostasiatischen Kulturen, alle wichtigen Entscheidungen unter den von der Entscheidung betroffenen Personen besprochen, diskutiert und auf gegenseitige Akzeptanz hin überprüft werden. Diese gegenseitige Information und Abstimmung aber kostet viel Zeit. Eine auf diese Weise getroffene Entscheidung ist dann allerdings auch stabil und über lange Zeit hinweg widerstandsfähig.

2. Er hat nicht beachtet, dass gerade dann, wenn die zu treffenden Entscheidungen von großer Bedeutung sind und weitreichende Folgen haben, aus chinesischer Sicht keine Eile geboten ist, sondern eher eine der Bedeutung des Verhandlungsgegenstands angemessen lange Zeit zur Vorbereitung der zu treffenden Entscheidungen und der Verhandlungsführung notwendig ist.

3. Hinzu kommen die in planwirtschaftlich-zentralistischen Systemen üblichen Rücksichtsmaßnahmen auf politische und bürokratische Entscheidungsträger, verbunden mit umständlichen und langwierigen Antrags- und Genehmigungsverfahren. Seine Partner konnten gar nicht schneller verhandeln, selbst wenn sie es gewollt hätten.

4. Er hat nicht beachtet, dass es für Chinesen unüblich ist, Konflikte mit anderen Personen und problematische Situationen dadurch zu bereinigen, dass man die Konfliktursachen und die als problematisch erlebte Beziehung offen und sehr direkt anspricht, um auf diese Weise Klarheit in die Beziehungsverhältnisse zu bringen und eine gegenseitig befriedigende Lösung anzustreben. Er hat nicht beachtet,

dass Chinesen dazu neigen, über interpersonale Konflikte und Schwierigkeiten hinwegzusehen, sie zu ignorieren und sie allenfalls auf indirektem Wege anzusprechen und zu klären.

5. Er hat nicht beachtet, dass es in China unüblich ist, so unkontrolliert seine Gefühle zu äußern und den Partner zu maßregeln, mit dem man doch weiter verhandeln und eventuell einmal gut zusammenarbeiten möchte. Dies führt in China unweigerlich zu einem so nachhaltigen Gesichtsverlust, dass eine weitere Zusammenarbeit speziell mit diesem deutschen Manager für die chinesischen Verhandlungspartner unmöglich ist. Nur wenn die Person, die ihr Gesicht verloren hat, gegen einen neuen Verhandlungspartner ausgetauscht wird, können die Verhandlungen wieder aufgenommen und zum Abschluss gebracht werden. Das gilt auch für den Fall, dass ein Chinese sein Gesicht verliert.

Auf jeden Fall sind durch das aus deutscher Sicht durchaus verständliche Verhalten des deutschen Managers nicht nur erhebliche Kosten entstanden und die Verhandlungen verzögert worden. Es entstand zudem ein erhebliches Risiko, dass diese Verhandlungen völlig scheitern, kein erfolgreicher Abschluss zustande kommen und die angestrebten langfristigen ökonomischen Erfolge ausbleiben würden.

Fallbeispiel 3: die deutsch-amerikanische Begegnung

Wenn Amerikaner nach einem Studien- oder Arbeitsaufenthalt in Deutschland über ihre Begegnung mit Deutschen berichten, finden sich oft Aussagen folgender Art:

„Es war schwer für mich, Deutsche kennenzulernen. Meist musste ich jemanden ansprechen, dann waren die Leute oft ganz bereitwillig, sich mit mir zu unterhalten."

„Man kommt mit Deutschen nur schwer in Kontakt, aber wenn man sie um Hilfe bittet, sind sie hilfsbereit. Sie versuchen jedenfalls, einem zu helfen."

„Wenn Deutsche ein echtes Interesse an mir hatten, dann stellten sie mir eine Frage. Ansonsten kam auch kein Gespräch auf. Am Anfang habe ich das nicht verstanden; das war für mich sehr schwer."

„In Deutschland ist mir aufgefallen, dass man sich nicht miteinander unterhält (auch nicht, wenn man zusammen am Tisch sitzt), wenn es nichts Wichtiges zu besprechen gibt. Die Deutschen scheinen auch keinen Druck zu verspüren, wenn sie schweigend zusammensitzen. In den USA ist man dagegen immer gezwungen, offen zu sein, Gespräche zu beginnen. Tut man das nicht, so fühlt man sich irgendwie unter Druck. Das ist zwar manchmal ganz nett, mit vielen Menschen in eine Unterhaltung zu kommen, es ist aber auch stressig."

Wenn ein Deutscher nach einem längeren Studien- oder Arbeitsaufenthalt in den USA über seine Begegnungen mit Amerikanern berichtet, sind oft folgende Aussagen zu finden:

„Das, was mich im Umgang mit Amerikanern überwältigt hat, ist ihre Freundlichkeit, Offenheit, Zwanglosigkeit und Spontaneität. Wo man steht und geht, immer wird man angesprochen, mit einem kurzen „Hallo" begrüßt, und oft kommt ganz spontan, völlig zwanglos ein lockeres Gespräch zustande. Amerikaner geben einem immer das Gefühl, an einem selbst, an dem, was man tut und lässt, interessiert zu sein. Sie sind, was die persönliche Kontaktaufnahme anbetrifft, sehr aufmerksam, äußern sich lobend und schaffen eine insgesamt sehr positive Atmosphäre. Manchmal hatte ich ein Gefühl, als hätten mich die amerikanischen Gesprächspartner geradezu erwartet, obwohl sie mich doch überhaupt nicht kannten, und würden sich nun freuen, mit mir ein Gespräch zu führen. So spontan und schnell, wie ein Gespräch zustande kommt und ein Interesse an einem selbst bekundet wird, so rasch nimmt auch das Interesse wieder ab. Da kann ich Ihnen ein Beispiel aus eigener Erfahrung berichten: Ich saß in der Cafeteria der Universität, als plötzlich ein amerikanischer Student auf mich zukam und mich sehr freundlich mit Namen begrüßte. Da ich dem amerikanischen Kommilitonen vorher nur ein paar Mal über einen anderen amerikanischen Freund begegnet war und diese Begegnung auch schon über einen Monat zurücklag, war ich sehr erstaunt, dass der Amerikaner sich noch an meinen Namen erinnerte. Aus dieser persönlichen Begrüßung schloss ich, dass der Amerikaner ein gewisses Interesse an mir hatte. Ich war daher sehr überrascht, als er sich nach einem kurzen belanglosen Dialog schnell verabschiedete, ohne dabei ein mögliches Wiedersehen anzusprechen. Diese Beobachtung habe ich häufiger gemacht, und ich habe mich immer wieder gefragt, warum die Amerikaner überhaupt so freundlich auf einen zugehen, einen sogar noch nach längerer Zeit mit Namen begrüßen, obwohl sie scheinbar überhaupt nichts von einem wollen und auch eigentlich kein persönliches Interesse an einem haben."

Offensichtlich organisieren und interpretieren Amerikaner und Deutsche interpersonale Begegnungssituationen, zumindest Erstbegegnungen oder Begegnungen zwischen flüchtig bekannten Personen, in unterschiedlicher Weise. Sie entwickeln auch unterschiedliche Erwartungen hinsichtlich des Verlaufs sowie der kurzen und langfristigen Resultate interpersonaler Begegnungen und verfolgen damit unterschiedliche Ziele. Das Grundproblem, das hier thematisiert ist, besteht darin, dass die Art und Weise, wie Amerikaner und Deutsche einander begegnen, wie sie Begegnungssituationen organisieren und interpretieren, offensichtlich kulturspezifisch geprägt ist. Amerikaner organisieren solche Situationen offensichtlich eher nach dem Prinzip der Distanzminimierung, d. h., sie sind es gewohnt und fühlen sich gezwungen, die zwischen ihnen und einer anderen Person bestehende psychische Distanz so weit wie möglich zu verringern und einen möglichst positiven, harmonischen Bezug zum Partner herzustellen. Deutsche organisieren vergleichbare Situationen offensichtlich eher nach dem Prinzip der Distanzdifferenzierung, d. h., sie versuchen Abstand zu halten, sich nicht ungefragt in die Angelegenheiten des anderen einzumischen und aus einer abwartenden Haltung heraus den anderen danach „abzutasten", ob es sich lohnt, ob eine Verpflichtung besteht oder ob es sonst wie sinnvoll erscheint, mit ihm näheren Kontakt aufzunehmen. Wenn es sinnvoll erscheint, kann der Kontakt sehr intensiv und lange andauern, wenn das nicht der Fall ist, lohnt es sich nicht, auch nur ein Wort zu verlieren.

Fallbeispiel 4: der amerikanische Vorgesetzte und der griechische Mitarbeiter
Divergierende Attributionen in einer kulturellen Überschneidungssituation zwischen amerikanischem Vorgesetzten und griechischem Mitarbeiter (das Beispiel ist entnommen aus Triandis & Vassiliou, 1972; Übersetzung durch den Autor):

Verhalten	Attribution
Amerikaner: Wie lange brauchst du, um diesen Bericht zu beenden?	Amerikaner: Ich bitte ihn, sich zu beteiligen.
Grieche: Ich weiß nicht. Wie lange sollte ich brauchen?	Grieche: Sein Verhalten ergibt keinen Sinn. Er ist der Chef. Warum sagt er es mir nicht? Amerikaner: Er lehnt es ab, Verantwortung zu übernehmen. Grieche: Ich bat ihn um eine Anweisung.
Amerikaner: Du kannst selbst am besten einschätzen, wie lange es dauert.	Amerikaner: Ich zwinge ihn, Verantwortung für seine Handlungen zu übernehmen. Grieche: Was für ein Unsinn! Ich gebe ihm wohl besser eine Antwort.
Grieche: 10 Tage.	Amerikaner: Er ist unfähig, die Zeit richtig einzuschätzen; diese Schätzung ist völlig unrealistisch.
Amerikaner: Besser 15. Bist du damit einverstanden, es in 15 Tagen zu tun?	Amerikaner: Ich biete ihm eine Abmachung an. Grieche: Das ist meine Anweisung: 15 Tage.
	In Wirklichkeit brauchte man für den Bericht 30 normale Arbeitstage. Also arbeitete der Grieche Tag und Nacht, benötigte aber am Ende des 15. Tages immer noch einen weiteren Tag.
Amerikaner: Wo ist der Bericht?	Amerikaner: Ich vergewissere mich, dass er unsere Abmachung einhält. Grieche: Er will den Bericht haben.
Grieche: Er wird morgen fertig sein.	(Beide attribuieren, dass er noch nicht fertig ist.)
Amerikaner: Aber wir haben ausgemacht, er sollte heute fertig sein.	Amerikaner: Ich muss ihm beibringen, Abmachungen einzuhalten. Grieche: Dieser dumme, inkompetente Chef! Nicht nur, dass er mir falsche Anweisungen gegeben hat, er würdigt noch nicht einmal, dass ich einen 30-Tage-Job in 16 Tagen erledigt habe.
Der Grieche reicht seine Kündigung ein.	Der Amerikaner ist überrascht. Grieche: Ich kann für so einen Menschen nicht arbeiten.

Offensichtlich haben der amerikanische Vorgesetzte und der griechische Mitarbeiter unterschiedliche Vorstellungen davon, welche Aufgaben, Pflichten und Verantwortung ein Chef und ein Untergebener haben. Sie definieren diese Rollen entsprechend ihren Orientierungs- und Bedeutungssystemen. Der amerikanische Vorgesetzte möchte einen „Mit"-Arbeiter haben, der mitdenkt, kooperiert und eigenverantwortlich handelt. Der griechische Angestellte sieht im Amerikaner den Chef, der alles kann und alles weiß und deshalb befugt und verpflichtet ist, ausführbare Anweisungen zu geben, denen man zu gehorchen hat. Wer das nicht kann, taugt nicht zum Chef und verdient auch keinen Respekt. So sind Missverständnisse und Konflikte in der Zusammenarbeit bei allem guten Willen auf beiden Seiten unausweichlich.

11

Fallbeispiel 5: das Interview als problematische interkulturelle Kommunikationssituation

Ein deutscher Interviewer befragt einen chinesischen Manager, der in Deutschland studiert und promoviert hat und für eine deutsche Firma in Shanghai arbeitet, über seine Erfahrungen und Beobachtungen im Umgang mit seinen deutschen Partnern. Erfasst werden sollen Verhaltensweisen deutscher Manager in China, die für Chinesen unerwartet, ungewohnt und unverständlich sind. Die so gewonnenen und ausgewerteten Erfahrungen sollen helfen, chinesische Manager, die im deutsch-chinesischen Joint Venture tätig sind oder die einen Arbeitsaufenthalt in Deutschland planen, auf die Bewältigung solcher Situationen vorzubereiten. Dabei entwickelt sich das Interview selbst allmählich zu einer kulturell bedingten problematischen Interaktionssituation. Die nachfolgenden wörtlichen Zitate stammen aus dem Transkript eines Interviews, in dem ein deutscher Forscher einen chinesischen Manager, der deutsch spricht, über kritische Interaktionerfahrungen im Umgang mit deutschen Partnern befragt (vgl. Thomas & Schenk, 1996a, S. 113–140):

Verhalten Frage- und Antwortverhalten	Kognitionen (Intentionen, Attributionen etc.)
Deutscher: „Mich interessieren Ihre eigenen Erlebnisse oder Beobachtungen im Umgang mit Deutschen, bei denen sich die Deutschen anders verhielten als Sie es erwarteten, und was für sie völlig unverständlich und nicht nachvollziehbar war."	Deutscher: Ich spreche ihn als Experten für interkulturelle Probleme an. Er muss sie kennen, er wird sie mir schildern können. Chinese: Also, ich soll ihm von meinen Problemen mit Deutschen erzählen.
Chinese: „In der Tat, es gibt da einen großen Unterschied zwischen der deutschen Mentalität und der chinesischen Mentalität."	Chinese: Probleme zwischen Deutschen und Chinesen auszubreiten, schickt sich nicht, ist unhöflich. Mich als so unwissend darzustellen, dass ich deutsches Verhalten nicht verstehe, will ich nicht und ist eine Zumutung. Eine allgemein gehaltene Zustimmung, dass es Unterschiede gibt, wird den Frager wohl schon zufriedenstellen, und das heikle Thema ist so erledigt. Deutscher: Er ist für mich der richtige Interviewpartner, nun geht er in die Details.
Deutscher: „Fällt Ihnen da eine konkrete Situation ein? Irgendetwas, was Sie selbst erlebt oder beobachtet haben?"	Deutscher: Jetzt geht es los! Chinese: Was soll die Frage? Der hat noch nicht verstanden, dass ich darauf im Detail nicht eingehen will und kann.
Chinese: „Im Moment nicht, nur generell so."	Chinese: Das ist doch wohl deutlich genug, aber nicht unhöflich. Deutscher: Der hat noch immer nicht richtig verstanden, auf was ich hinaus will. Da muss ich etwas deutlicher werden.

Verhalten Frage- und Antwortverhalten	Kognitionen (Intentionen, Attributionen etc.)
Deutscher: „Wenn Sie vielleicht an Verhandlungen oder Besprechungen denken oder solche Bereiche."	Chinese: Dem muss ich jetzt klar machen, dass ich keine Probleme mit den Deutschen habe, damit er mich positiv einschätzt und mit der persönlichen Fragerei aufhört. Aber ich muss ihn auch höflich behandeln.
Chinese: „Ja, für mich ist das natürlich ersichtlich, weil ich 12 Jahre in Deutschland gewesen bin und die deutsche Mentalität ein wenig kenne, und ich bin selbst Chinese und kenne auch die Chinesen. Für mich ist das offensichtlich, aber für manche Chinesen, die noch nie in Deutschland gewesen sind und sich nur über die Sprache mit den Deutschen verständigen können, aber nichts von dem sozialen Hintergrund wissen, da gibt es in der Tat Probleme."	Deutscher: Also er kann doch von anderen etwas berichten, wenn er selbst keine Probleme hat. Jetzt nachfassen!
Deutscher: „Haben Ihnen andere schon mal von solchen Problemen berichtet, oder was wäre für Sie eine Situation, wo es für Sie ersichtlich wäre und für jemand, der die Deutschen nicht so gut kennt, schwierig zu verstehen?"	Chinese: Der Deutsche will einfach nicht verstehen. Jetzt wühlt er schon wieder in Problemen.
Chinese: „Ich kann Ihnen momentan kein konkretes Beispiel nennen. Das fällt mir jetzt nicht ein. Es sind auch Kleinigkeiten, die im Alltag öfter passieren, das fällt auch nicht weiter auf. Denn was ist schon ein Missverständnis. Ein Missverständnis ist der Schmierstoff des Lebens. Damit kann man durchaus leben."	Deutscher: Der weicht mir wieder aus; aber so einfach kommst du mir nicht davon!
Deutscher: „Aber es kann ja auch zu ernsthaften Missstimmungen kommen, wenn man etwas falsch versteht." Chinese: „Mit Chinesen ist das nicht so leicht."	Deutscher: Ich verstehe nicht, warum er meine konkreten Fragen nicht beantwortet. Warum weicht er immer aus? Versteht er immer noch nicht, worum es hier geht; will er es nicht verstehen oder will er nicht mit der Sprache heraus? Das ganze Drumherumgerede bringt nichts mehr. Ich werde das Interview wohl beenden müssen. Chinese: Wenn er schon nicht von der peinlichen und primitiven Fragerei lassen will, dann wäre es erträglicher, wenn die Probleme deutscher Manager im Umgang mit Chinesen angesprochen werden könnten.

Das Interviewthema verlagert sich nun mehr und mehr auf die möglichen Probleme deutscher Manager, mit der Lebens- und Arbeitssituation in China zurechtzukommen.

Das, was in der Spalte „Kognitionen" thematisiert ist, sind lediglich Vermutungen über das, was der deutsche Interviewer bzw. der chinesische Befragte gedacht und empfunden haben. Das meiste davon wird den beteiligten Personen während des Interviews sicher nur in Ansätzen, verschwommen, andeutungsweise oder überhaupt nicht bewusst gewesen sein, jedenfalls nicht so bewusst, dass man sie darüber hätte nachträglich befragen können. Manches ist nur vage erahnt, gespürt, emotional empfunden worden oder hat sich als diffuse Stimmungslage im Erleben niedergeschlagen.

Dieses Beispiel zeigt deutlich, dass eine weltweit wissenschaftlich anerkannte und praktizierte Methode der Datenerhebung, die zudem in den empirischen Sozialwissenschaften am häufigsten angewandt wird, in einem interkulturellen Forschungskontext höchst problematisch sein kann. Die Befragungssituation selbst und die darin ablaufenden kommunikativen Akte sind so sehr von kulturspezifischen Einflüssen aufseiten des Interviewers und der befragten Person bestimmt, dass der Einsatz dieser Methode – und sei es auch nur in Form „narrativer" Interviews ohne vorherige Festlegung und Strukturierung der Gesprächsinhalte durch den Versuchsleiter – so sehr zu Interaktions- und Kommunikationsproblemen führen kann, dass die Resultate nichts anderes als Artefakte sind, die mit dem tatsächlichen Erleben und Verhalten der befragten Person relativ wenig zu tun haben.

Anwendungstipps

11

Ein zentrales Bedürfnis des Menschen ist es, sich in seiner Welt zurechtzufinden, sich orientieren zu können und die lebenswichtigen Bereiche zu kontrollieren, d. h. zutreffende Vorhersagen machen zu können, Kausalitäten zu erfassen und unerwartete, unangenehme Ereignisse so zu beeinflussen, dass sie gut enden. Das Bedürfnis nach Orientierung ist nur dann zu befriedigen, wenn das Individuum über einen ausreichend großen Bestand an verlässlichem Wissen über seine gegenständliche und soziale Umwelt und über Erfahrungen darüber verfügt, wie mit diesem Wissen sachgerecht und effektiv umzugehen ist, und Fähigkeiten besitzt, gegebene Situationen entsprechend den eigenen Intentionen zu verändern. Bei all dem bietet das, was wir hier „Kultur" nennen, insofern wertvolle Hilfen, als sie uns ermöglicht, den uns umgebenden Dingen, Personen, aber auch Ereignisfolgen und ganzen Prozessabläufen resp. Handlungssequenzen Bedeutung und Sinn zu verleihen. Diese im Prozess der Wahrnehmung resp. Informationsverarbeitung erfolgt, gleichsam automatisch, also ohne besonderen psychischen Aufwand. Die sich vollziehende Sinnstiftung ist zwar ein individueller Akt und eine für jede Person einmalige individuelle Leistung, die aber zugleich über Vermittlung durch die Kultur die kollektiven, sozial verbindlichen Werte, Normen und Regeln mitenthält.

Die Generierung von Kulturstandards auf induktivem Wege über die Analyse und Bewertung tatsächlich erlebter kritischer Interaktionssituationen, in denen gerade die gewohnten kulturspezifischen Orientierungsmittel nicht mehr passen und zu inadäquaten Reaktionen führen, erscheint plausibel. Die Vernetzung der Kulturstandards und ihrer kulturhistorischen Verankerung als Antwort auf die Fragen:

Wie hängen Kulturstandards miteinander zusammen? Wie und warum haben sie sich so und nicht anders entwickelt? Lassen sie als sinnvolle Einheiten in einem Bedeutungs- und Funktionssystem erscheinen. Auf ihnen aufbauend ein Orientierungstraining zu entwickeln, auf solche Kulturstandards hin zentrierte Culture-Assimilator-Trainings durchzuführen und ihre Ergebnisse zu evaluieren, kann als Beleg für ihre durchaus auch praxisnahe Bedeutung gewertet werden.

Inzwischen gibt es aber einige kritische Analysen dieses Kulturstandardkonzepts und seiner Konsequenzen zum Verständnis der eigenen Kultur und fremder Kulturen. Das Konzept als Ganzes und einzelne Teilaspekte kommen auf den Prüfstand und werden auf ihre Standfestigkeit, ihre Erkenntnisgrenzen, womöglich fehlerhaften Schlussfolgerungen und schließlich auf ihre Nützlichkeit hin untersucht, so in den Beiträgen von Eckensberger (1996), Harnisch (1996), Helfrich (1996), Krewer (1996) und Wassmann (1996) (alle in „Psychologie interkulturellen Handelns", Thomas, 1996).

So geht Krewer in einer Analyse mit dem Titel „Kulturstandards als Mittel der Selbst- und Fremdreflexion" von der Grundthese aus: „Kulturstandards sind als spezifische Orientierungssysteme aufzufassen, die konstruiert werden, um eigenes und fremdes Wahrnehmen, Denken, Fühlen und Handeln in spezifischen interkulturellen Kontaktsituationen verständlich und kommunizierbar zu machen, oder, kurz gesagt, Kulturstandards sind Mittel der Selbst- und Fremdreflexion in interkulturellen Begegnungen" (Krewer, 1996, S. 152). Die Tatsache, dass Kulturstandards aus kritischen Interaktionssituationen zwischen Individuen oder Gruppen abgeleitet werden, provoziert die Frage, inwieweit dabei die Spezifika berücksichtigt werden, „die erst dadurch zustande kommen, dass die jeweiligen Partner zu einem bestimmten Zweck in einem bestimmten Kontext zusammenkommen und dabei mit unüblichen, konfligierenden Handlungs- und Denkweisen konfrontiert werden, die sie jeweils kulturellen Gruppeneigenheiten zuschreiben" (ebd., S. 152). „Ein weiterer allgemeiner Aspekt der spezifischen Zielvorstellung von betrachteten Personengruppen ist die Unterscheidung von „Interkulturalitätsstrategien", die quasi als Voreinstellung vor der Kontaktaufnahme wesentlich Einfluss darauf haben, welche Form von interkultureller Übereinkunft angestrebt wird und damit auch, was als Problem oder Konflikt bei der Umsetzung dieser Zielvorstellung perzipiert wird" (ebd., S. 153). Konsequenterweise schlägt Krewer eine Unterscheidung von „Interkulturalitätsstrategien" einerseits auf der Ebene der betrachteten Subjekte und andererseits auf der Reflexionsebene der Forscher vor, „die Kulturstandards mit unterschiedlichen Vorannahmen ableiten und ihnen einen unterschiedlichen Status bezüglich ihrer Beziehung zu und Herkunft aus den beteiligten kulturellen Systemen zuordnen. (…) Insgesamt liegt in der Spezifität der Kooperation und Kontaktsituation zwischen zwei Kulturen die Gefahr, dass divergente Normierungen des Handelns, die von den Beteiligten als Problem erlebt werden, fälschlicherweise der kulturellen Herkunft zugeschrieben werden, eigentlich aber Ausdruck von konkreten Interessengegensätzen, von betroffenen Handlungsfeldern, von der jeweiligen Subgruppenzugehörigkeit oder der dominierenden Zielvorstellung sind" (S. 155). „Die dynamische Konstruktion von Kulturstandards im Kontakt mit einem fremdkulturellen Partner beruht nun aber nicht nur auf diesen unterschiedlichen Quellen von Vorannahmen bezüglich des jeweiligen Gegenübers, sondern auch auf der Dynamik des Fremdverstehens in der konkreten Interaktionssituation. (…) Zum Ersten ist bekannt, dass die Dynamik von Selbstdarstellungs-, Zuschreibungs- und Deutungsprozessen im interkulturellen Feld zu neuen Handlungs- und Kommunikationsformen führen kann. (…) Andererseits ist dieser Konstruktionsprozess von kultureller Fremd- und Eigenbeschreibung aber auch partnerabhängig, d. h. je nach kulturellem Gegenüber werden unterschiedliche Merkmale der eigenen kulturellen Organisation auffällig" (Krewer, 1996, S. 157). Schließlich kommt Krewer zu der Feststellung, „dass eine einseitige Interpretation von Kulturstandards als allgemeingültige Merkmale einer kulturellen Gruppe die Gefahr der stereotypen Kulturalisierung von Vorannahmen und dynamischen Konstruktionen in sich birgt, die tatsächlich aber nur in bestimmten bilateralen interkulturellen Situationen handlungsbedeutsam sind" (ebd., S. 158). Seine Betonung der identitätsstiftenden Funktionalität und Veränderbarkeit von Kultur will Krewer als Plädoyer aufgefasst haben „für eine Dynamisierung des Konzeptes Kulturstandard, die weniger auf das Resultat als auf den Prozess der Konstruktion fokussiert. Ziel des Prozesses ist die wechselseitige Orientierung und Verständigung in interkulturellen Kommunikations- und Kooperationssituationen. In solchen interkulturellen Kooperationen ist die Zuschreibung eigener und fremder kultureller Standards jedoch eingebettet in eine Reihe bedeutsamer Kontextfaktoren, die entscheidenden Einfluss darauf haben, welche Problemsituationen kulturell attribuiert werden und welche kulturellen Differenzen zu einem Problem werden" (Krewer, 1996, S. 159).

Auch Harnisch (1996) betont in seinem Beitrag „Konstanz und Wandel von Wertvorstellungen in der Interaktion mit Ausländern am Beispiel Chinas" die Dynamik in der Veränderung von Kulturstandards und liefert somit einen Beitrag zu der These von Krewer, „Kulturstandards sind menschengeschaffene kulturelle Regelsysteme, die sozialem Wandel unterliegen und innerhalb einer kulturellen Gruppe in unterschiedlicher Weise „geteilt" werden, also subkulturellen Toleranzgrenzen unterliegen" (Krewer, 1996, S. 158), indem er schreibt: „Wie in den angeführten Beispielen zu erkennen war, waren Situationen, die sich aus dem direkten Kontakt zwischen Deutschen und Chinesen ergaben, häufig besonders schwierig zu interpretieren; dies hängt damit zusammen, dass diese Situationen zwar von traditionellen Wertvorstellungen geprägt waren, diese aber im Kontakt mit Ausländern stark abgewandelt zum Tragen kamen. Auch spielte in solchen Situationen zwischen Chinesen und Ausländern häufig nicht nur eine grundlegende Wertvorstellung eine Rolle, sondern das Verhalten basierte meistens auf einem Konglomerat von Wertvorstellungen, deren Wertigkeit untereinander, gerade durch die Dynamik der Beziehungen mit dem Ausland, ebenfalls Veränderungen unterliegt. Zuletzt muss noch eine Schwierigkeit erwähnt werden, die häufig Ursache von Missverständnissen in den berichteten Interaktionen war; das war das chinesische Ausländerbild, dem natürlich auch traditionelle Vorstellungen zugrunde liegen, wie die von der Rolle Chinas in der Welt, die sich in dem Begriff des „Reiches der Mitte" selbst expliziert, oder auch die von den Qualitäten der Ausländer, von denen als „Barbaren" in Hinblick auf kulturelle und geistige Werte aus chinesischer Sicht wenig erwartet wurde. Diese traditionellen Vorstellungen sind natürlich auch Modifikationen unterworfen, die teilweise durch die politischen Vorgaben und wirtschaftliche Öffnung erzeugt wurden. Aber daraus ist keine realistische Kenntnis des Auslands entstanden, sondern Vorurteile, die das Ausland in wirtschaftlich-materieller Hinsicht glorifizieren. Diese überwiegen und können in den Interaktionen zwischen Deutschen und Chinesen zu teilweise übersteigerten Erwartungen an die „reichen" Ausländer führen" (S. 145).

In ihrem Beitrag „Kulturstandard und individuelle Varianten" argumentiert Helfrich (1996): „Kulturstandards sind zwar die für eine Kultur typischen Arten des Wahrnehmens, Denkens, Wertens und Handelns (Thomas, 1993, S. 391), aber sie sind auch innerhalb ein- und derselben Kultur nicht als invariant zu betrachten. Hierbei müssen verschiedene Arten der Variation unterschieden werden [Sie unterscheidet zwischen intrapersonalen, interindividuellen und interkulturellen Variationsarten]. Eine von einem nomothetischen Standpunkt aus vorgenommene Taxonomie zeigt, dass die Kombinationen der Ausprägungen der einzelnen Variationsarten bestimmten Restriktionen unterworfen sind. Durch diese Restriktionen werden kulturelle Ausprägungsprozesse einerseits erleichtert, bei den verbleibenden Kombinationen können sie aber andererseits dadurch erschwert sein, als für die in der interkulturellen Handlungssituation stehende Person die einzelnen Varianzquellen nicht immer leicht zu trennen sind und ihre Einschätzung systematischen Urteilsverzerrungen ausgesetzt sein kann [So kann etwa ein Partnerverhalten als kulturtypisch eingeschätzt werden, obwohl es eine Reaktion auf die spezifische interkulturelle Begegnungssituation ist oder individuellen Vorlieben entspringt]. Ein interkulturelles Training muss sein Augenmerk darauf richten, solche Urteilsverzerrungen bewusst zu machen und durch Perspektivenwechsel zu neuen Situationsdeutungen zu gelangen" (S. 206).

Ausgehend von einer handlungstheoretischen Konzeption versucht Eckensberger (1996) in seinem Beitrag unter dem Titel „Auf der Suche nach den (verlorenen?) Universalien hinter den Kulturstandards" eine Integration der dargelegten unterschiedlichen Aspekte. Kulturelle Regeln (Kulturstandards) haben auch aus handlungstheoretischer Perspektive keine naturgesetzlichen Qualitäten, sondern sind selbst „Ergebnisse von Handlungen (…), auch wenn sie sich ‚verselbstständigen' können und ihre finale Struktur dadurch verdeckt wird. Auch sie müssen vom Handelnden verstanden, interpretiert und gedeutet werden, auch sie beeinflussen ihn deshalb nicht kausal. Die (materielle, soziale und ideatorische) Kultur bietet nicht nur den Möglichkeitsraum sowie Begrenzungen/Kanalisierungen für die individuellen Handlungen; sondern die individuellen Interpretationsschemata oder Deutungsmuster korrespondieren umgekehrt auf dem Kulturniveau mit bereits vorhandenen spezifischen kulturellen Regelsystemen, die deshalb gleichzeitig die Folie bilden, vor deren Hintergrund sich die ontogenetische Entwicklung vollzieht. Auf der Ebene der sekundären Handlungen sind dies gewissermaßen überdauernde, ‚vergegenständlichte' oder ‚institutionalisierte' Lösungen solcher Regulationsprozesse; auf der Ebene der tertiären Handlungen handelt es sich um generalisierte Erwartungen (personhood). Die kulturellen (geteilten) Deutungs- und Regelsysteme bilden also für die Ontogenese die Bezugssysteme, in die das Individuum hineinwächst, also kanalisierende und anleitende, aber auch begrenzende oder tabuisierende Bedingungen" (S. 185–187).

Die Brauchbarkeit des von Eckensberger favorisierten handlungstheoretischen Konzepts zur Analyse der Probleme in interkulturellen Begegnungen soll im Folgenden am Beispiel zweier „Grundorientierungen", nämlich Zeit und Handlungsorientierung, dargelegt werden:

Für die Grundorientierung „Zeit" gilt hier wie für andere Konzepte, dass es zur Entstehung des Verständnisses der physikalischen Zeit natürlich in der Piaget-Nachfolge eine Fülle von Ergebnissen gibt. Boesch (1963, 1991) erläutert jedoch, dass auch das Zeitkonzept als erlebte Zeit oder als „Valenzzeit" im handlungstheoretischen Rahmen weit mehr ist als die Rekonstruktion der „objektiven" Zeit. Zeit wird hier zur subjektiv erlebten Dauer, die inhaltlich unterschiedlich gefüllt sein kann. Für unseren Zusammenhang ist wichtig, dass Boesch (1991) expressis verbis von „Standards" spricht, die sich im Einzelnen, aber auch auf der Kulturebene bezüglich dieser Handlungszeit ausbilden. Sie sind so etwas wie Erwartungen über Handlungs- oder Ereignissequenzen, die über- oder unterschritten werden können: Im ersten Fall tritt Gehetztheit, im zweiten Fall Langeweile auf, und auf beide können Regulationen (passiv: Warten, aktiv: Anstrengung, Reizsuche) folgen. Natürlich haben diese Standards eine situative wie eine ontogenetische Variation, sie verknüpfen sich aber mit anderen normativen Standards, denn Zeit ordnet nicht nur sachliche (biologische, physikalische) Prozesse, sondern sie koordiniert auch soziale Interaktionen. Dann entsteht z. B. der Fantasmus „Pünktlichkeit" im Subjekt, der für eine ganze (Industrie-)Gesellschaft zu einem Mythos werden kann. Oder Zeit wird mit der Handlungsökonomie selbst verknüpft („time is money"). Der Umgang mit der Zeit in der Kultur/Gesellschaft (Stechuhren in der Wirtschaft, „deadlines" in der Wissenschaft etc.) bildet den Kontext, die Angebote oder Handlungszwänge, aus denen diese Standards hervorgehen. Dies gilt nicht nur für die Handlungszeit, sondern auch für übergeordnete Konzepte, wie Vergangenheit und Zukunft, die weltlich begrenzt oder ins Jenseits verlängert sein kann und dann zum zentralen Motiv für Religiosität und Religion werden (Eckensberger, 1993b) und die nicht nur z. B. zum individuellen Bedürfnis nach Vorhersage von Ereignissen führen, sondern auch zu einem „Vorhersagemythos" in der Wissenschaft" (S. 190).

Als weitere exemplarische „Grundorientierung" führt Eckensberger die unterschiedlichen Ausprägungen der Handlungsorientierung für Menschen aus „westlichen und nicht-westlichen" Ländern aus, die gerade für eine interkulturelle Kommunikation von wesentlicher Bedeutung sein kann: „Sinha (1992) hat z. B. kürzlich darauf hingewiesen, dass sich die Handlungsorientierung der Angehörigen westlicher und nicht-westlicher (ostasiatischer) Kulturen grundsätzlich hinsichtlich ihrer Bereitschaft unterscheidet, überhaupt Einfluss zu nehmen. In unserer Sprache ausgedrückt, vermutet er unterschiedliche kulturspezifische „Fantasmen": Während der „westliche" Mensch die Natur und andere zu kontrollieren versuche (etwas herstellen will, etwas am Auftreten hindern will), strebe der „nicht westliche" Mensch eine Harmonie mit der Umwelt an (lässt also häufiger geschehen). Verknüpft man diese Grundorientierungen mit den grundsätzlich unterschiedenen Interpretationsfolien der Realität (als Mitwelt und als Umwelt), so ergeben sich vier Handlungstypen" (S. 191). Diese Handlungstypen sind in der Abbildung „Unterschiedliche Handlungstypen der Angehörigen westlicher und nicht-westlicher Kulturen" dargestellt:

Realitätsdeutung	Handlungsorientierung	
	Kontrolle	Harmonisierung
Umwelt (physikalisch/materiell/biologisch)	instrumentelle Handlung	adaptive Handlung
Mitwelt (sozial)	strategische Handlung	kommunikative Handlung

„Gleichgültig, inwieweit diese grobe Unterscheidung empirisch valide ist, bildet sie ein interessantes Suchraster für mögliche Kommunikationsprobleme im interkulturellen Dialog" (S. 191).

In dem von Thomas (1996) herausgegebenen Buch haben Masako Sugitani unter dem Titel „Kontextualismus als Verhaltensprinzip: ‚Kritisch' erlebte Interaktionssituationen in der japanisch-deutschen Begegnung" (Sugitani, 1996) und Yong Liang unter dem Thema „Sprachroutinen und Vermeidungsrituale im Chinesischen" (Liang, 1996) als Vertreter nicht westlicher Kulturen dargestellt, welche kulturspezifischen Unterschiede in einem solchen deutsch-japanischen und deutsch-chinesischen Dialog zu erwarten sind. Damit werden Teilaspekte dieses Suchrasters für mögliche Kommunikationsprobleme im interkulturellen Dialog bereits näher beleuchtet.

Für Eckensberger sind weiter die Regel- und Deutungssysteme wichtig, „die sich aus den möglicherweise unterschiedlichen sozialen Regelsystemen ergeben". Hier halte ich es zunächst für zentral, welchem Regelbereich eine Situation durch die Interaktionspartner überhaupt zugeordnet wird. So ist es etwa aus der Entwicklungspsychologie bekannt, dass bei Streitfällen in Familien die Kinder den Konflikt nicht selten im Deutungssystem der „personal concerns", der Individualinteressen, deuten und entsprechend bewerten, dass die Erwachsenen die gleichen Situationen jedoch häufig im Bereich konventioneller Regeln einordnen (Nucci & Lee, 1993). Diese unterschiedlichen Zuordnungen ein und desselben Verhaltens zu unterschiedlichen Regelbereichen sind auch aus der kulturvergleichenden Psychologie bekannt (vgl. Nisan, 1987; Zimba, 1994). Diese Zuordnungen zu überprüfen, scheint mir deshalb im interkulturellen Kommunikationsprozess ein erster wichtiger Schritt sowohl für die praktische Problemlösung als auch für die Forschung zu sein.

Weiterhin liefert die Entwicklungsperspektive, die explizit in dem Systematisierungsvorschlag enthalten ist, wichtige Anregungen für die konkrete Entstehung der Kulturstandards im Sinne von Krewer (1996). Auch wenn die Grundlagenforschung zur Veränderung/Transformation dieser Regelsysteme primär ontogentisch orientiert ist, spricht doch zunächst nichts dagegen, die dort benutzten Ansätze einer „Entwicklungslogik" auch für aktualgenetische Transformationen in konkreten Kommunikationsprozessen über kurze oder längere Zeitspannen anzuwenden. Allerdings werden hier – wie bei jedem Versuch, normative Standards in realen Lebenszusammenhängen zu untersuchen (vgl. Eckensberger et al., 1992) – affektive Prozesse und ihre Bearbeitung (Abwehr/Bewältigung) zu berücksichtigen sein. Erste diesbezügliche Versuche liegen in der Forschung zur „interkulturellen Sensitivität" vor (vgl. Bennett, 1994).

Schließlich lassen sich auch methodische Anregungen aus dem hier vorgestellten, handlungstheoretisch rekonstruierten Bereich der sozialkognitiven Forschung schöpfen: etwa die Verwendung von speziellen Szenarien und „Konfliktkernen" als Erhebungsmethode und die Verwendung der Handlungsstrukturen als Auswertungsrationale, ein Verfahren, das wir in anderem Zusammenhang entwickelt haben (s. Eckensberger & Burgard, 1986) (S. 192).

Diese durchaus kritischen Beiträge zum Kulturstandardkonzept verstehen sich nicht als Alternativen, sondern als Ergänzungen, Klarstellungen und Differenzierungen eines im Prinzip akzeptierten theoriegeleiteten Beschreibungs- und Analysesystems, das zudem empirischer Forschung zugänglich ist. Eckensberger hat, wie er selbst sagt, „einen Vorschlag zu einer Systematisierung von Voraussetzungsbedingungen für interkulturelle Kommunikationsprozesse entwickelt, der sowohl die kulturelle Spezifität der Kulturstandards enthalten als auch deren mögliche universelle Grundlage berücksichtigen soll und der des Weiteren die Dynamik des Entstehens von Kulturstandards in konkreten Situationen ebenso berücksichtigen soll wie deren längerfristige Wirkung. Natürlich kann man mir vorwerfen, mit dem Handlungsbegriff selbst einen „westlichen", „ethnozentrisch voreingenommenen" Rahmen gewählt zu haben. An der Berechtigung dieser Kritik zweifle ich allerdings insofern, als ich zunehmend überzeugt bin, dass ein Handlungsbegriff, der von Anfang an flexibel gehalten ist (die Agency nicht auf das Subjekt beschränkt, kognitive wie affektive Prozesse enthält etc.), ein Begriff ist, der der Species Homo Sapiens im Gegenteil universell gerecht wird" (S. 193). Wenn sich eine solche handlungstheoretische Fundierung des Kulturstandardkonzepts als tragfähig erweisen sollte, dann wäre dies nicht nur von großem Vorteil für den interkulturellen Forschungsdialog und die wissenschaftliche Kooperation bei der Bearbeitung interkultureller Themen, sondern eröffnet darüber hinaus auch die Möglichkeit zu einem fruchtbaren interdisziplinären Prozess der Erforschung von Bedingungen, Verlaufsprozessen und Wirkungen interkulturellen Lernens, interkulturellen Verstehens und interkulturellen Handelns.

Fazit

In Anbetracht der Schnelligkeit und Intensität, mit der die Internationalisierung aller Gesellschaftsbereiche und vieler Handlungsfelder jedes einzelnen Menschen voranschreitet, sowie der hohen Qualitätsanforderungen an die internationale Zusammenarbeit, sind unsere wissenschaftlichen Kenntnisse und lebenspraktischen Erfahrungen über kulturelle Einflüsse auf unser Denken und Handeln relativ dürftig. Dies trifft für jede wissenschaftliche Einzeldisziplin zu, denn alles fachspezifische Fragen, Analysieren und Bewerten ist kulturspezifisch beeinflusst, gilt aber auch für interdisziplinäre Bemühungen um vertiefte Einsichten in das, was als „inter"kulturelles Lernen, Verstehen und Handeln bezeichnet werden kann.

Was fehlt, sind Theorien, Modelle und wissenschaftlich verlässliche Konstrukte, die es erlauben, interkulturelle Begegnungen, wie sie in den geschilderten Situationen beispielhaft dargestellt wurden, zu diagnostizieren, Maßnahmen zur Vertiefung, zur Qualifizierung und zur Differenzierung interkultureller Begegnung und Kooperation zu entwickeln, z. B. in Form von Trainings zur interkulturellen Sensibilisierung und Handlungskompetenz (Landis & Brislin, 1983; Landis & Bhagat, 1996; Cushner & Brislin, 1996; Thomas & Müller, 1991, 1995; Brüch & Thomas, 1995; Markowsky & Thomas, 1995; Thomas & Schenk, 1996b, c), zur Auswahl geeigneter Auslandsmitarbeiter (Bergemann & Sourisseaux, 1992; Kühlmann, 1995) oder zum Einzel- und Gruppencoaching, und die geeignet sind, die erzielten oder potenziell erzielbaren Wirkungen von Interaktionsmaßnahmen zur Verbesserung der internationalen Zusammenarbeit zu erfassen (Evaluation).

Der Handlungsbegriff mit seinen intentionalen, konstruktivistischen und prozessualen Strukturmerkmalen in Verbindung mit dem Kulturstandardkonzept könnte womöglich eine Theorie interkulturellen Handelns begründen. Die Konstruktionselemente sind im Rohzustand vorhanden, die Diskussion über die Möglichkeiten und

Grenzen ihrer Funktionalität ist eröffnet, erste Erfahrungen mit ihren konstruktiven Eigenschaften und ihrer Tragfähigkeit liegen vor (Thomas, 1991, 1996; Thomas & Schenk, 1996a). Ihre Bewährung in unterschiedlichen Feldern interkultureller Begegnung und Kooperation bei unterschiedlichen Zielgruppen und Kulturen steht noch an.

Literatur

Abt, H. (1996). *Qualitative Evaluation der Trainings deutscher Manager zur Vorbereitung auf China und unter Berücksichtigung handlungspsychologischer Aspekte*. unveröffentl. Diplomarbeit.

Albert, R. D. (1983). The intercultural sensitizer or culture assimilator. A cognitive approach. In D. Landis & R. W. Brislin (Hrsg.), *Issues in theory and design: Handbook of intercultural training* (Bd. II, S. 186–217). Pergamon.

Bennett, M. J. (1994). Towards ethnorelativism: A developmental model of intercultural sensitivity. In M. Paige (Hrsg.), *Education for the intercultural experience* (S. 21–71). Intercultural Press Inc.

Bergemann, N., & Sourisseaux, A. L. J. (Hrsg.). (1992). *Interkulturelles Management*. Physika.

Boesch, E. E. (1963). Raum und Zeit als Valenzsystem. In H. Hiltmann & F. Vonessen (Hrsg.), *Dialektik und Dynamik der Person*. Kiepenheuer & Witsch.

Boesch, E. E. (1980). *Kultur und Handlung – Eine Einführung in die Kulturpsychologie*. Huber.

Boesch, E. E. (1991). *Symbolic action theory and cultural psychology*. Springer.

Brislin, R. W., Landis, D., & Brandt, M. E. (1983). Conceptualizations of intercultural behavior and training. In D. Landis & R. W. Brislin (Hrsg.), *Issues in theory and design: Handbook of intercultural training* (Bd. I, S. 1–35). Pergamon.

Brüch, A. (1994). *Entwicklung eines Culture Assimilators für deutsche Führungskräfte zur Vorbereitung auf einen Arbeitseinsatz in Südkorea*. unveröffentl. Diplomarbeit.

Brüch, A., & Thomas, A. (1995). *Beruflich in Südkorea – Interkulturelles Orientierungstraining für Manager, Fach- und Führungskräfte*. Asanger.

Cushner, K., & Brislin, R. W. (1996). *Intercultural interactions*. Sage.

Cushner, K., & Landis, D. (1996). The intercultural sensitizer. In D. Landis & R. S. Bhagat (Hrsg.), *Handbook of intercultural training* (2. Aufl., S. 185–202). Sage.

Degen, L. (1996). *Kognitionspsychologische Analyse qualitativer Evaluationsergebnisse des China Business and Culture Assimilator*. unveröffentl. Diplomarbeit.

Eckensberger, L. H. (1993a). *Protokoll zur Fachtagung „Theorien interkulturellen Handelns" vom 09.–11.12.93 an der Univ.* Unveröffentl. Manuskript.

Eckensberger, L. H. (1993b). Normative und deskriptive, strukturelle und empirische Anteile in moralischen Urteilen: Ein Ökonomie-Ökologie-Konflikt aus psychologischer Sicht. In L. H. Eckensberger & U. Gähde (Hrsg.), *Ethnische Norm und empirische Hypothese* (S. 328–379). Suhrkamp.

Eckensberger, L. H. (1996). Auf der Suche nach den (verlorenen?) Universalien hinter den Kulturstandards. In A. Thomas (Hrsg.), *Psychologie interkulturellen Handelns* (S. 165–197). Hogrefe.

Eckensberger, L. H., & Burgard, P. (1986). *Zur Beziehung zwischen Struktur und Inhalt in der Entwicklung des moralischen Urteils aus handlungstheoretischer Sicht. Arbeiten der Fachrichtung Psychologie, Nr. 77*. Universität des Saarlandes.

Eckensberger, L. H., Sieloff, U., Kasper, E., Schirk, S., & Nieder, A. (1992). Psychologische Analyse eines Ökonomie-Ökologie-Konflikts in einer saarländischen Region: Kohlekraftwerk Bexbach. In K. Pawlik & K. Stapf (Hrsg.), *Umwelt und Verhalten* (S. 145–168). Huber.

Fiedler, F. E., Mitchell, T., & Triandis, H. C. (1971). The culture assimilator: An approach to cross-cultural training. *Journal of Applied Psychology, 55*, 95–102.

Flanagan, J. C. (1954). The critical incident technique. *Psychological Bulletin, 51*(4), 327–358.

Harnisch, T. (1996). Konstanz und Wandel von Wertvorstellungen in der Interaktion mit Ausländern am Beispiel Chinas. In A. Thomas (Hrsg.), *Psychologie interkulturellen Handelns* (S. 137–146). Hogrefe.

Helfrich, H. (1996). Kulturstandard und individuelle Varianten. In A. Thomas (Hrsg.), *Psychologie interkulturellen Handelns* (S. 199–208). Hogrefe.

Kammhuber, S. (1996). *Konzeption, Einsatz und Evaluation von Videosequenzen in interkulturellen Orientierungsseminaren.* unveröffentl. Diplomarbeit.

Krewer, B. (1993). *Interkulturelle Trainingsprogramme – Bestandsaufnahme und Perspektiven.* unveröffentl. Vortrag.

Krewer, B. (1996). Kulturstandards als Mittel der Selbst- und Fremdreflexion in interkulturellen Begegnungen. In A. Thomas (Hrsg.), *Psychologie interkulturellen Handelns* (S. 147–164). Hogrefe.

Kühlmann, T. M. (Hrsg.). (1995). *Mitarbeiterentsendung ins Ausland.* Hogrefe.

Landis, D., & Bhagat, R. S. (Hrsg.). (1996). *Handbook of intercultural training* (2. Aufl.). Sage.

Landis, D., & Brislin, R. W. (1983). *Handbook of intercultural training.* Pergamon.

Lange, C. (1994). *Interkulturelle Orientierung am Beispiel der Trainingsmethode „Cultural Assimilator"* (Bd. 3). Beiträge zur interkulturellen Didaktik.

Latein, B. (1996). *Über den Umgang mit kritischen Interaktionen in der interkulturellen Begegnung.* unveröffentl. Diplomarbeit.

Layes, G. (1995). *Qualitative Evaluation eines interkulturellen Managementtrainings für deutsche Manager zur Vorbereitung auf die Kooperation mit Chinesen.* Unveröffentl. Diplomarbeit.

Liang, Y. (1996). Sprachroutinen und Vermeidungsrituale im Chinesischen. In A. Thomas (Hrsg.), *Psychologie interkulturellen Handelns* (S. 147–268). Hogrefe.

Lindner, W., Schenk, E., & Thomas, A. (in Vorbereitung). *Lehren und Lernen in China.* Heidelberg: Asanger.

Markowsky, R. (1994). *Analyse zentraler deutscher Kulturstandards zur Entwicklung eines Culture Assimilator Trainings für amerikanische Austauschstudenten.* unveröffentl. Diplomarbeit.

Mayr, S., & Thomas, A. (2008). Beruflich in Frankreich. Trainingsprogramm für Manager, Fach- und Führungskräfte. Vandenhoeck und Ruprecht.

Mayring, P. (2015). Qualitative Inhaltsanalyse. Grundlagen und Techniken (12., überarb. Aufl.). Beltz.

Markowsky, R., & Thomas, A. (1995). *Studienhalber in Deutschland – Interkulturelles Orientierungstraining für amerikanische Studenten, Schüler und Praktikanten.* Asanger.

Müller, A. (1992). *Psychologische Voraussetzungen und Trainingsmaßnahmen für erfolgreiches interkulturelles Handeln.* unveröffentl. Diplomarbeit.

Müller, A., & Thomas, A. (1991). *Interkulturelles Orientierungstraining für die USA. Übungsmaterial zur Vorbereitung auf ein Studium in den Vereinigten Staaten* (SSIP-Bulletin Nr. 62). Breitenbach.

Müller, A., & Thomas, A. (1995). *Studienhalber in den USA – Interkulturelles Orientierungstraining für deutsche Studenten, Schüler und Praktikanten.* Asanger.

Müller, G., & Müller-Andritzky, M. (1983). Norm, Rolle, Status. In D. Frey & S. Greif (Hrsg.), *Sozialpsychologie. Ein Handbuch in Schlüsselbegriffen* (S. 250–254). Urban & Schwarzenberg.

Nisan, M. (1987). Moral norms and social conventions: A cross-cultural comparison. *Developmental Psychology, 23*(5), 719–725.

Nucci, L. P., & Lee, J. (1993). Moral und personale Autonomie. In G. Nunner-Winkler & W. Edelstein (Hrsg.), *Moral und Person* (S. 69–103). Suhrkamp.

Samberger, E. (1994). *Identifikation zentraler chinesischer Kulturstandards, analysiert an deutschen Fremdsprachendozenten in Taiwan.* unveröffentl. Diplomarbeit.

Sandner, R. (1989). *Untersuchung zur Wirkung handlungssteuernder Faktoren in der Interaktion zwischen Deutschen und Chinesen.* unveröffentl. Diplomarbeit.

Scheufler, I. (1996). *Qualitative Evaluation der handlungssteuernden Wirkungen ausgewählter Aspekte des American Study and Culture Assimilator anhand eines Gruppenvergleichs.* unveröffentl. Diplomarbeit.

Schroll-Machl, S. (2016). Die Deutschen – Wir Deutsche. Fremdwahrnehmung und Selbstsicht im Berufsleben (5. Aufl.). Vandenhoeck & Ruprecht.

Sinha, D. (1992). Indigenous psychology: Need and potentiality. Paper presented at a symposium on developments in Indigenous Psychology, held at the 3237 Regional Asian Conference of the IACCP, Kathmandu, 2–7 Jan 1992.

Slate, E. J., & Schroll-Machl, S. (2013). Beruflich in den USA. Trainingsprogramm für Manager, Fach- und Führungskräfte (3. Auflage). Vandenhoeck & Ruprecht.

Sugitani, M. (1996). Kontextualismus als Verhaltensprinzip: „Kritisch" erlebte Interaktionssituationen in der japanisch-deutschen Begegnung. In A. Thomas (Hrsg.), *Psychologie interkulturellen Handelns* (S. 227–246). Hogrefe.

Thomas, A. (1988). Untersuchungen zur Entwicklung eines interkulturellen Handlungstrainings in der Managerausbildung. *Psychologische Beiträge, 30*, 147–165.

Thomas, A. (1990). Interkulturelles Handlungstraining als Personalentwicklungsmaßnahme. In *Zeitschrift für Arbeits- und Organisationspsychologie* (Bd. 3, S. 149–154). Hogrefe.

Thomas, A. (1991). *Grundriß der Sozialpsychologie. Band 1. Grundlegende Begriffe und Prozesse.* Hogrefe.

Thomas, A. (2003). Interkulturelle Wissenschaftskooperation. In A. Thomas, S. Kammhuber & S. Schroll-Machl (Hrsg.) Handbuch Interkulturelle Kommunikation und Kooperation. Band 2: Länder, Kulturen und interkulturelle Berufstätigkeit (S. 290-308). Vandenhoeck & Ruprecht.

Thomas, A. (2016). Interkulturelle Psychologie. Verstehen und Handeln in internationalen Kontexten. Göttingen: Hogrefe.

Thomas, A. (Hrsg.). (1993). *Kulturvergleichende Psychologie. Eine Einführung.* Hogrefe.

Thomas, A. (Hrsg.). (1996). *Psychologie interkulturellen Handelns.* Hogrefe.

Thomas, A., & Schenk, E. (1996a). *Abschlußbericht zum Forschungsprojekt „Handlungswirksamkeit zentraler Kulturstandards in der Interaktion zwischen Deutschen und Chinesen".* unveröffentl.

Thomas, A., & Schenk, E. (1996b). *Beruflich in China. Interkulturelles Orientierungstraining für Manager, Fach- und Führungskräfte.* Vandenhoeck & Ruprecht.

Thomas, A., & Schenk, E. (1996c). *Interkulturelles Orientierungstraining für chinesische Fach- und Führungskräfte zum Umgang mit deutschen Partnern* (Text in deutscher und chinesischer Sprache). unveröffentl.

Thomas, A., Schenk, E., & Heisel, W. (2015). Beruflich in China. Trainingsprogramm für Manager, Fachund Führungskräfte (5. Aufl.). Vandenhoeck & Ruprecht.

Triandis, H. C. (1975). Culture training. Cognitive complexity and interpersonal attitudes. In R. W. Brislin, S. Bochner, & W. Lonner (Hrsg.), *Cross-cultural perspectives on learning.* Wiley.

Triandis, H. C. (1984). A theoretical framework for the more effective construction of culture assimilators. *International Journal of Intercultural Relations, 8,* 301–310.

Triandis, H. C. (1986). Approaches to cross-cultural orientation and theory of culture-assimilatortraining. In M. R. Page (Hrsg.), *Cross-cultural orientation: New conceptualization and application* (S. 193–222). University Press of America.

Triandis, H. C., & Vassiliou, V. (1972). A comparative analysis of subjective culture. In H. C. Triandis et al. (Hrsg.), *The analysis of subjective culture* (S. 299–335). Wiley.

Urbanek, E.-U. (1994). *Evaluation der handlungssteuernden Wirkungen des American Study and Culture Assimilator.* unveröffentl. Diplomarbeit.

Wassmann, J. (1996). Kulturstandard und individuelle Varianten: Eine interdisziplinäre Fallstudie. In A. Thomas (Hrsg.), *Psychologie interkulturellen Handelns* (S. 209–226). Hogrefe.

Wertheimer, M. (1957). *Produktives Denken.* Kramer.

Zigler, E. F., & Child, I. L. (1969). Socialization. In G. Lindzey & E. Aronson (Hrsg.), *The handbook of social psychology* (2. Aufl., Bd. III, S. 450–589). Addison-Wesley.

Zimba, R. F. (1994). The understanding of morality, convention, and personal preference in an African setting: Findings from Zambia. *Journal of Cross-Cultural Psychology, 25*(3), 369–393.

Praxisnahe Mittel und Wege zur Entwicklung interkultureller Handlungskompetenz als Grundlage erfolgreicher internationaler Zusammenarbeit

Inhaltsverzeichnis

© Der/die Autor(en), exklusiv lizenziert durch Springer-Verlag GmbH, DE,
ein Teil von Springer Nature 2022
A. Thomas, *Praxisbuch Interkulturelle Handlungskompetenz*,
https://doi.org/10.1007/978-3-662-63671-8_12

12.1 Einleitung

Wenn Menschen unterschiedlicher kultureller Herkunft zufällig, freiwillig oder erzwungenermaßen einander begegnen, füreinander bedeutsam werden, miteinander verbal oder nonverbal kommunizieren oder kooperieren, tritt häufig der Fall ein, dass ihre Erwartungen an den Partner nicht erfüllt werden, weil dieser sich in wichtigen Bereichen der interpersonalen Begegnung und Zusammenarbeit völlig anders verhält als erwartet. Das trifft in der Regel nicht nur für den Handelnden selbst zu, sondern auch für seinen Partner. Beide suchen dann nach einer Erklärung für das erwartungswidrige Verhalten, denn nur so kann es ihnen gelingen, den entstandenen Verlust an Orientierung wiederzugewinnen und entscheidungs- und handlungsfähig zu bleiben.

Unerwartetes Verhalten und unerwartete Reaktionen auf das eigene Handeln sind uns aus dem Alltagsleben in der Begegnung und Zusammenarbeit mit Personen identischer kultureller Herkunft gut bekannt. Jeder hat im Verlauf seines Lebens solche Erfahrungen gemacht und dabei Strategien entwickelt, damit umzugehen. Diese Strategien sind z. B. nachfragen wie der Partner das gemeint hat, andere Personen, die den Partner gut kennen, um Erklärungen für sein irritierendes Verhalten bitten, die eigene Irritation thematisieren und den Partner um weitere Informationen zur Klärung und Begründung seines Verhaltens bitten, die Irritation ignorieren, den Partner dazu bringen, überzeugen oder zwingen, die eigenen Erwartungen zu erfüllen, den Kontakt abbrechen mit der Begründung „mit einer solchen Person komme ich nicht klar, ich verstehe den einfach nicht." Einige dieser schon früh gelernten und in der Alltagspraxis bewährten Reaktionen können zur Klärung erwartungswidrigen Verhaltens in Interaktionen mit fremdkulturellen Partnern durchaus nützlich sein. Dazu bedarf es aber der Fähigkeit und Bereitschaft, sich auf, Neues, Ungewohntes und Andersartiges einzulassen, die bisher geltenden Überzeugungen in Bezug auf richtiges und falsches Verhalten zu überprüfen, der Offenheit für Veränderungen der eigenen bislang so erfolgreichen Gewohnheiten und der Förderung und Stärkung von Empathie, also des sich Hineinversetzens in die Ziele, Erwartungen Verhaltensnormen und -regeln des fremden kulturellen Partners.

In diesem Beitrag werden die in Interviews mit deutschen Fach- und Führungskräften im Auslandseinsatz geschilderten, immer wieder aufgetretenen Fälle kulturell bedingt kritischer Interaktionssituationen und ihrer Folgen auf ihre kulturspezifischen Interaktionsverläufe hin analysiert. Aufbauend auf diesen Analysen werden dann Vorgehensweisen präsentiert, die es ermöglichen, fremdkulturelles, erwartungswidriges Verhalten zu verstehen, um daraus interkulturelle Handlungskompetenz zur Beseitigung der entstandenen Irritationen zu entwickeln.

12.2 Hauptteil

12.2.1 Kultur als Orientierungssystem und die Folgen für interkulturelles Handeln

Es gibt eine Fülle von Definitionen von „Kultur". Der hier zu behandelnden Thematik liegt folgende Definition zugrunde:

1. Unter „Kultur" versteht man den von Menschen geschaffenen Teil der Umwelt.
2. Alle Menschen haben zu allen Zeiten und in allen Gegenden der Welt „Kultur" entwickelt.
3. Alle Menschen leben in einer spezifischen Kultur und entwickeln sie weiter.
4. Kultur manifestiert sich immer in einem für eine Nation, Gesellschaft, Organisation oder Gruppe typischen Bedeutungs-/Orientierungssystem.
5. Das Orientierungssystem wird aus jeweils spezifischen Symbolen (z. B.) Sprache, Mimik, Gestik Verhaltensweisen, Handlungen und Reaktionen) gebildet und in der jeweiligen Gesellschaft tradiert.
6. Kultur als Orientierungssystem beeinflusst das Wahrnehmen, Denken, Empfinden, Werten und Handeln aller Mitglieder der Gesellschaft.
7. Kultur strukturiert für die von ihr beeinflussten Menschen ein spezifisches Handlungsfeld, das von geschaffenen und genutzten Objekten bis hin zu Institutionen, Ideen und Werten reicht.
8. Das kulturspezifische Bedeutungs-/Orientierungssystem eröffnet einerseits Handlungsmöglichkeiten und setzt Handlungsanreize und definiert andererseits Handlungsbedingungen und setzt Handlungsgrenzen fest.

Kultur beeinflusst zwar alle wichtigen Elemente in der Interaktion und Kooperation zwischen Menschen unterschiedlicher kultureller Herkunft, aber deshalb muss es nicht in allen Fällen zu kulturell bedingt kritischen Interaktionen kommen. Ein Treffen mit Arbeitskollegen, Freunden und Familienmitgliedern in einem bayerischen Biergarten, mit all seinen kulturspezifischen Ausprägungen, Sitten und Gebräuchen, oder ein Treffen in einer Kneipe nebenan, zu denen die geladenen deutschen Gäste noch ausländische Freunde mitbringen, kann lustiger und anregender sein, als wenn nur die altbekannten deutschen Freunde unter sich sind. Unerwartete Reaktionen der ausländischen Gäste bei Tisch oder im Gespräch erzeugen dann zwar Aufmerksamkeit und irritieren zunächst, sie werden aber auch möglicherweise erwartet, machen Spaß und werden als lustig empfunden oder einfach ignoriert. Bei Konferenzen, beim Umgang mit Kunden, Arbeitskollegen, bei geschäftlichen Meetings und Verhandlungen wird das Einhalten der eigenen kulturell bedingten Normen und Regeln wie selbstverständlich erwartet. Bei als wichtig angesehenen Ereignissen wird die Nichterfüllung der Erwartungen und das Überschreiten kulturell bestimmter traditioneller Grenzen, Gewohnheiten, Ansprüche und Leistungen als Störung und Belastung empfunden, die beseitigt werden muss.

Eine produktive internationale Zusammenarbeit kann aber nicht dadurch erreicht werden, dass Vertreter einer Nation/Kultur den Mitgliedern einer anderen Kultur vorschreiben und aufzwingen, was und wie sie sich zu verhalten und wie sie zu handeln haben. Dies wird als Lösung der Irritationen häufig eingesetzt, führt aber nie zu für beide Seiten zufriedenstellenden und produktiven Resultaten. Produktiv kann die globale Zusammenarbeit nur werden durch gegenseitige Akzeptanz und Anpassungsbereitschaft. Aus dieser Erkenntnis lässt sich schon eine Reihe von Anforderungsmerkmalen für die produktive internationale Fach- und Führungskraft ableiten, wie sie bereits in der internationalen Forschungsliteratur zu finden sind:

1. fachliche Qualifikation, 2. Führungsfähigkeit, 3. Managementfähigkeiten, 4. Unabhängigkeit, 5. Zielstrebigkeit, 6. Kommunikationsfähigkeit, 7. Flexibilität, Lern- und Anpassungsfähigkeit, 8. Toleranz, 9. psychische und physische Belastbarkeit, 10. soziale Handlungskompetenz, 11. Fremdsprachenkenntnisse.

Diese Qualifikationsmerkmale gelten aber nicht nur für den erfolgreichen Auslandsmitarbeiter, sondern sind nahezu identisch mit dem, was eine qualifizierte Fach- und Führungskraft eines modernen Unternehmens zu erbringen hat. Forschungen über relevante Anforderungen an Menschen, die mit fremdkulturellen Partnern zusammenarbeiten müssen, zeigen vier sehr unterschiedliche Reaktionsweisen, um mit kulturell bedingten erwartungswidrigen Reaktionen umzugehen:

1. Der Ignorant: Wer nicht so denkt und handelt, wie es richtig ist, d. h. wie ich es gewohnt bin, ist entweder dumm (ihn muss man aufklären), unwillig (ihn muss man motivieren oder zwingen) oder unfähig (ihn kann man trainieren). Wer sich nach allen erdenklichen Bemühungen immer noch falsch verhält, dem ist nicht zu helfen. Er kommt als Partner nicht in Betracht. Kulturell bedingte Verhaltensunterschiede werden nicht wahrgenommen, nicht ernst genommen oder einfach negiert.

2. Der Universalist: Menschen sind im Grunde auf der ganzen Welt gleich. Kulturelle Unterschiede haben – wenn überhaupt – nur unbedeutende Einflüsse auf das berufliche und alltägliche Verhalten. Mit Freundlichkeit, Toleranz und Durchsetzungsfähigkeit lassen sich alle Probleme meistern. Im Zuge der Tendenz zur kulturellen Konvergenz werden die noch bestehenden Unterschiede im „global village" sowieso rasch verschwinden.

3. Der Macher: Ob kulturelle Einflüsse das Denken oder Verhalten bestimmen oder nicht, ist nicht so wichtig, entscheidend ist, dass man weiß, was man will, dass man klare Ziele hat, sie überzeugend vermitteln kann und sie durchzusetzen versteht. Wer den eigenen Wettbewerbsvorteil erkennt und ihn zu nutzen versteht, gewinnt – unabhängig davon, in welcher Kultur er lebt und tätig wird.

4. Der Potenzierer: Jede Kultur hat eigene Arten des Denkens und Handelns ausgebildet (kulturspezifisches Orientierungssystem), die von den Mitgliedern der Kultur gelernt und als „richtig" anerkannt werden. Produktives internationales Verhalten muss diese unterschiedlichen Denk- und Handlungsweisen auch als Potenzial erkennen und ernst nehmen. Kulturelle Unterschiede können, aufeinander abgestimmt und miteinander verzahnt, synergetische Effekte erzeugen und so einen Wettbewerbsvorteil im internationalen Management bieten.

12

Diese vier Reaktionstypen unterscheiden sich hinsichtlich der Dimensionen Einfachheit/Komplexität, Aktionismus/Reflexivität und interkulturelle Dominanz/interkulturelle Kompetenz. „Der Ignorant" und „der Macher" übersehen und negieren die Bedeutung kultureller Unterschiede zugunsten eines einfach strukturierten, machbarkeitsorientierten und machtdeterminierten Welt- und Menschenbildes. Erfolgreich sind international tätige Fach- und Führungskräfte dieses Typs dann, wenn sie als Monopolisten begehrter Ressourcen (Kapital, Know-how, Waren, Dienstleistungen) konkurrenzlos und einseitig die Geschäftsbedingungen diktieren können. „Der Universalist" kann als Utopist so lange erfolgreich sein, wie seine Überzeugungen vom „global village" nicht ernsthaft auf die Probe gestellt werden oder solange sich seine Kulturerfahrungen im Milieu einer weitgehend standardisierten internationalen Businesskultur (Hotel, Flugzeug, Konferenzritual etc.) ausbilden und dort verbleiben.

Allein „der Potenzierer" ist in der Lage, interkulturelle Kompetenzen zu erwerben, die ihn in die Lage versetzen, eigene kulturelle Denk- und Verhaltensgewohnheiten mit fremdkulturellen Orientierungsmustern so zu verbinden, dass

Missverständnisse und Spannungen minimiert und Handlungspotenziale maximiert werden. Ignoranz kultureller Unterschiede und Dominanz einer Kultur über die andere Kultur – oft gar nicht einmal bewusst als Machtinstrument eingesetzt, häufig aber wohlmeinend naiv praktiziert – bewirken keine Formen produktiver und kompetenter internationaler Zusammenarbeit, die für alle beteiligten Partner zufriedenstellende Zielerreichung ermöglichen.

Die folgende Aufstellung zeigt Aufgaben- und Arbeitsfelder für Fach- und Führungskräfte im Auslandseinsatz, die auf den Handlungsebenen besonders stark von kulturell unterschiedlichen Interpretationen und Handlungsweisen beeinflusst sind und deshalb verstärkt kulturell bedingt kritische Interaktionssituationen aufweisen:

Kulturell beeinflusste Aufgabenfelder international tätiger Fach- und Führungskräfte

1. Kommunikation und Interaktion
2. Wertorientierung
3. Entscheidungsverhalten
4. Verhandlungsverhalten
5. Konfliktlösungsverhalten
6. Austausch von Kritik
7. Festlegung von Prioritäten
8. Umgang mit Raum/Zeit
9. Bewertungskriterien entwickeln und anwenden
10. Partizipationsgrad festlegen
11. Mitarbeiterführung
12. Teammanagement
13. Arbeitsmotivation/-zufriedenheit
14. Austausch von Emotionen und Empfindungen
15. Interaktion in Problemlösesituationen
16. Arbeits- und Organisationskultur

12.2.2 Interkulturelle Handlungskompetenz

Um den Ansprüchen zur Bewältigung kulturell bedingter kritischer Interaktionssituationen und damit zur produktiven Bearbeitung der Aufgabenfelder gerecht zu werden, bedarf es interkultureller Handlungskompetenz, die folgendermaßen definiert wird:

1. Interkulturelle Handlungskompetenz ist die notwendige Voraussetzung für eine angemessene, erfolgreiche und für alle Seiten zufriedenstellende Kommunikation, Begegnung und Kooperation zwischen Menschen aus unterschiedlichen Kulturen.
2. Interkulturelle Handlungskompetenz ist das Resultat eines Lern- und Entwicklungsprozesses.
3. Die Entwicklung interkultureller Kompetenz setzt die Bereitschaft zur Auseinandersetzung mit fremden kulturellen Orientierungssystemen voraus, basierend auf einer Grundhaltung kultureller Wertschätzung.
4. Interkulturelle Handlungskompetenz zeigt sich in der Fähigkeit, die kulturelle Bedingtheit der Wahrnehmung, des Urteilens, des Empfindens und des Handelns

bei sich selbst und bei anderen Personen zu erfassen, zu respektieren, zu würdigen und produktiv zu nutzen.

5. Ein hoher Grad an interkultureller Handlungskompetenz ist dann erreicht, wenn:
   (1) differenzierte Kenntnisse und ein vertieftes Verständnis des eigenen und fremder kultureller Orientierungssysteme vorliegen,
   (2) aus dem Vergleich der kulturellen Orientierungssysteme kulturadäquate Reaktions-, Handlungs- und Interaktionsweisen generiert werden können,
   (3) aus dem Zusammentreffen kulturell divergenter Orientierungssysteme synergetische Formen interkulturellen Handelns entwickelt werden können,
   (4) in kulturellen Überschneidungssituationen alternative Handlungspotenziale, Attributionsmuster und Erklärungskonstrukte für erwartungswidrige Reaktionen des fremden Partners kognizierbar sind,
   (5) die kulturspezifisch erworbene interkulturelle Kompetenz mithilfe eines generalisierten interkulturellen Prozess- und Problemlöseverständnisses und Handlungswissens auf andere kulturelle Überschneidungssituationen transferiert werden kann,
   (6) in kulturellen Überschneidungssituationen mit einem hohen Maß an Handlungskreativität, Handlungsflexibilität, Handlungssicherheit und Handlungsstabilität agiert werden kann (Thomas, 2016).

Dabei sind Persönlichkeitsmerkmale und situative Kontextbedingungen so ineinander verschränkt, dass zwischen Menschen aus unterschiedlichen Kulturen eine von Verständnis und gegenseitiger Wertschätzung getragene Kommunikation und Kooperation möglich wird.

Bei Fach- und Führungskräften ist die Akzeptanz und die Bereitschaft, in die Schlüsselqualifikation „Interkulturelle Handlungskompetenz" zu investieren, nicht selbstverständlich, obwohl die Anforderungen jedem, der mit ausländischen Partnern zusammenarbeitet, klar sein müssten. Die Gründe dafür sind, dass die Kommunikation, Interaktion und Kooperation zwischen Menschen aus unterschiedlichen Kulturen einen spezifischen Handlungsraum schaffen. Dieser Handlungsraum ist im monokulturellen Kontext so nicht vorhanden, und deshalb konnten auch keine Erfahrungen mit ihm im Verlauf der Entwicklung sozialer Kompetenz eingeübt werden. Die charakteristischen Merkmale dieses Handlungsraums und der Umgang mit ihnen, nämlich die eigenkulturelle, die fremdkulturelle und die interkulturelle Thematik müssen erst einmal bewusst gemacht und der Umgang mit ihnen erlernt werden.

12.2.3   Die eigenkulturelle Thematik

Jeder Mensch wird üblicherweise in eine spezifische Kultur hineingeboren, und über den Prozess der Sozialisation und der Enkulturation lernt er die sozial relevanten Regeln, Normen, Werte und Verhaltensweisen seiner Kultur kennen, verinnerlicht sie, und sie werden so zur nicht mehr infrage gestellten Selbstverständlichkeit (eigenkulturelle Thematik). Üblicherweise gehen wir davon aus, dass so, wie wir uns verhalten, alle anderen Menschen auf der Welt sich auch verhalten. Verhalten sie sich einmal anders als üblich und erwartet, ergibt sich dafür schnell eine passende Begründung, oder der Handelnde konstruiert eine Begründung, die ihn zufriedenstellt und so vor Orientierungsverlust bewahrt. Diese Vorgehensweise ist zunächst immer vernünftig und richtig, und meist geraten wir mit unseren Mitmenschen nicht in ernsthafte Konflikte, sondern kommen mit ihnen relativ gut aus. Wenn wir erfahren, dass Menschen in unserer Umgebung sich nicht so verhalten, wie wir es gewohnt sind, und sich dafür keine zufriedenstellende Begründung finden lässt, dann führt dies zur Beunruhigung und macht uns nachdenklich. Diese Verhaltensweisen reflektieren sowie als etwas Spezifisches, als eine mögliche „Spielart" menschlichen Verhaltens neben anderen erkennen, anerkennen verstehen und damit umzugehen lernen: Genau dies lehrte bereits um 500 v. Chr. Sun Tsu, ein chinesischer Kriegsphilosoph, der sich Gedanken machte, wie man Kriege siegreich bestehen kann, nämlich: „Nur wer den Gegner und sich selbst gut kennt, kann in 1000 Schlachten (in allen Schlachten) siegreich sein."

12.2.4 Die fremdkulturelle Thematik

Menschen aus anderen Kulturen, aus anderen kulturellen, religiösen und sozialen Traditionen, aus anderen Wert-, Rechts- und Wirtschaftstraditionen haben für das einigermaßen reibungslose Zusammenleben der Menschen untereinander andere Formen des Wahrnehmens, Urteilens und Empfindens entwickelt. Diese Menschen sind über viele Generationen hinweg unter anderen geografischen, klimatischen, wirtschaftlichen, politischen, historischen, sozialen und ökonomischen Umweltbedingungen aufgewachsen. Sie haben eigene Überlebensstrategien und Formen der Problembewältigung entwickelt. Manches ist in anderen Kulturen möglicherweise so ähnlich entwickelt worden wie in der eigenen Kultur, aber sicherlich ist auch vieles sehr anders und unbekannt. Auch die Menschen, die in anderen Kulturen sozialisiert worden sind, gehen davon aus, dass so, wie sie sich verhalten, alle anderen Menschen auf dieser Welt dies auch tun, dass ihr Verhalten das einzig richtige und erfolgversprechende ist. Daraus ergibt sich die Anforderung, zu erkennen, dass diese so fremdartig erscheinenden Formen des Verhaltens genauso vernünftig und sinnvoll sein können wie die eigenen Formen der Lebensbewältigung.

12.2.5 Die interkulturelle Thematik

Man kann sich mit den eigenen Denk- und Verhaltensgewohnheiten befassen und mit den an Menschen aus fremden Kulturen zu beobachtenden Denk- und Verhaltensweisen beschäftigen. Man kann beides zur Kenntnis nehmen, beides mit Interesse vergleichen, ohne davon in seinem eigenen Denken und Verhalten berührt zu werden. Die eigene Betroffenheit setzt aber spätestens dann ein, wenn es darum geht, mit Menschen aus anderen Kulturen zusammenzuarbeiten. In diesem Fall reicht es nicht mehr aus, das Eigene zu reflektieren und das Fremde zur Kenntnis zu nehmen. Der Zwang bzw. die Absicht zur Zusammenarbeit provoziert und erzwingt die Bewältigung einer neuen Anforderung: Eigenes und Fremdes muss unter den Bedingungen interkultureller Zusammenarbeit aufeinander abgestimmt werden, und genau daraus ergibt sich eine Reihe von Konsequenzen.

Es muss geprüft werden, inwieweit das Eigene und das Fremde miteinander übereinstimmen, in welchem Maße Eigenes und Fremdes voneinander abweichen und inwieweit Elemente des Eigenen und des Fremden nebeneinander bestehen können.

Es muss geprüft werden, was vom Eigenen in Richtung auf das Fremde geändert werden kann. Wie weit kann und sollte man sich dem Fremden anpassen? Keinerlei Anpassung und Anpassungsbereitschaft führt eventuell zu direkten Konflikten mit dem Fremden. Ein solches Verhalten kann von den Partnern als arrogant, hochnäsig, dominant und abweisend empfunden werden. Bemühungen um völlige Anpassung an die fremden Verhaltensweisen können unter Umständen zur Karikatur verkommen, ins Lächerliche gehen und auf Unverständnis stoßen.

Es muss geprüft werden, wie das Fremde in Richtung auf das Eigene geändert werden kann. Welche Möglichkeiten bestehen, den Fremden auf die eigenen Ziele und Verhaltensgewohnheiten so hinzuweisen, dass er bereit ist, sie anzuerkennen und sich ihnen eventuell anzunähern? Oft wird der Fremde direkt gezwungen, oder die Lebensverhältnisse im Gastland zwingen ihn indirekt, eine Anpassung an die Verhaltensgewohnheiten im Gastland zu erbringen.

Es muss geprüft werden, welche produktiven und destruktiven Konsequenzen solche Annäherungsbemühungen in Richtung auf das Fremde und in Richtung auf das Eigene haben.

Die hier geforderten Prüfungen im Rahmen der interkulturellen Thematik können nur unter günstigen Umständen vom Individuum allein vorgenommen werden. Der Austausch und die Diskussion fremdkultureller Erfahrungen mit anderen betroffenen Personen ist ein hilfreiches und häufig praktiziertes Mittel, um diese Anforderungen zu bewältigen. Die steigenden Anforderungen an die Qualität interkultureller Kooperation, besonders unter den komplizierten und belastenden Bedingungen im Auslandseinsatz, machen es erforderlich, dass wissenschaftliche Erkenntnisse aus dem Bereich kulturvergleichender Forschung zur Prüfung herangezogen werden. Darüber hinaus sollten vorliegende praktische Einsatzerfahrungen ergänzend miteinbezogen werden. Weiterhin sollten themenspezifische Forschungen themenspezifische Forschungen zur Begründung und Kontrolle der notwendigen Prüfungen durchgeführt und die betroffenen Personen auf die zu bewältigenden Anforderungen systematisch vorbereitet werden.

12.2.6 Kulturstandards als Orientierungsmerkmale zum Verständnis fremdkulturellen Handelns

12.2.6.1 Gewinnung von Kulturstandards

Im Zusammenhang mit einem Forschungsprojekt zur Entwicklung interkultureller Trainings für deutsche Fach- und Führungskräfte wurden in den Jahren 2000–2008 Interviews mit deutschen Fach- und Führungskräften an ihren jeweiligen Einsatzorten und Arbeitsstellen im Ausland in 40 Ländern durchgeführt (Thomas u. a.). Befragt wurden die deutschen Fach- und Führungskräfte nach den von ihnen selbst erlebten Situationen in der Zusammenarbeit mit ihren ausländischen Partnern, in denen immer wieder erwartungswidrige Reaktionen auftraten, die sie sich nicht erklären konnten, die sie irritierten und deren Ursachen sind nicht verstanden, also kulturell bedingt kritische Interaktionssituationen. Die Befragten betonten immer wieder, dass es sich um häufig wiederkehrende Ereignisse handelte, deren Ursachen nicht den Charaktereigenschaften des jeweiligen Interaktionspartners oder den Besonderheiten des gegebenen Begegnungsumfeldes zuzurechnen sind, sondern wohl eindeutig auf kulturspezifische Unterschiede im Entscheidungsverhalten und auf kulturspezifische Verhaltensgewohnheiten zurückzuführen sind.

So werden z. B. Geschäftstreffen mit asiatischen Partnern, selbst wenn diese unter Zeitdruck stattfinden, nie nur mit einer kurzen Begrüßung und dem Präsentieren der vorgesehenen Tagesordnung, die dann abzuarbeiten ist, beginnen. Vielmehr werden zunächst einmal ausgiebige, wechselseitige Freundschaftsbekundungen ausgetauscht, es wird nach dem persönlichen Wohlbefinden und dem der Familienangehörigen gefragt, und es werden weitere „Belanglosigkeiten" thematisiert, bis man dann nach einiger Zeit zu den Sachthemen übergeht. So lernt man sich außerhalb der Geschäftsordnung besser kennen, kommt sich emotional näher, und es entwickelt sich auf der persönlichen Ebene eine interpersonale Vertrautheit, die dazu dient, das gegenseitige Vertrauen zu stärken. Aus Sicht deutscher Fach- und Führungskräfte ist ein solches „Geplauder" völlig überflüssig und Zeitverschwendung, denn sie interessieren sich für den Fortgang der Verhandlungen über die noch ausstehenden sachbezogenen Themen. Außerdem wird die so geschaffene interpersonale Nähe als unangenehm empfunden. Wem das Verhalten der asiatischen Verhandlungspartner so sehr zuwider ist, dass er den Prozess abkürzen oder zu beenden versucht, wird auf Dauer keine positiven Geschäftsergebnisse erzielen können. Das Verhalten der chinesischen Partner kann man als „Beziehungsorientierung" im Vergleich zur deutschen „Sachorientierung" bezeichnen. Jedenfalls ist das Verhalten der asiatischen Partner ein Zeichen dafür, dass in ihrer Kultur die „Beziehungsorientierung" einen sehr hohen Stellenwert hat, man sehr viel Zeit und Kraft investieren muss, um eine positive interpersonale Beziehung herzustellen, aufrechtzuerhalten und zum Wohlergehen aller zu nutzen.

In der deutschen Kultur ist „Sachorientierung" und in asiatischen Kulturen und vielen weiteren Kulturen weltweit ist „Beziehungsorientierung" ein zentraler Kulturstandard für die Gestaltung des zwischenmenschlichen Umgangs. Beide setzen sehr unterschiedliche Prioritäten und haben ein dementsprechendes Verhalten zur Folge, was zu kritischen Interaktionssituationen führt. Im Zuge einer genaueren und intensiven Analyse der Ursachen und Wirkungen in den kulturell bedingt kritischen Interaktionssituationen konnten Kulturstandards identifiziert werden, die im Folgenden für verschiedene Länder benannt sind und untereinander, also länderspezifisch und vorrangig mit Bezug auf deutsche Kulturstandards, verglichen werden können. Die deutschen Kulturstandards wurden gewonnen aus Befragungen ausländischer Fach- und Führungskräfte, die in deutschen Unternehmen tätig waren.

12.2.6.2 Definition von Kulturstandards

Unter Kulturstandards (KS) werden hypothetische Konstrukte verstanden, die kulturspezifische Arten des Wahrnehmens, des Denkens, des Werdens, des Empfindens und des Handelns determinieren, die von der Mehrzahl der Mitglieder einer bestimmten Kultur für sich persönlich und für andere Personen als normal, typisch, selbstverständlich und verbindlich angesehen werden. Eigenes und fremdes Verhalten wird auf der Grundlage von KS beurteilt und reguliert. KS wirken wie ein Maßstab, ein Gradmesser, ein Bezugssystem für richtiges und kulturell akzeptiertes Handeln. KS erfüllen einerseits die Funktion einer Norm, stellen also einen Idealwert dar, und enthalten andererseits einen Toleranzbereich, innerhalb dessen Abweichungen vom Normwert noch akzeptiert werden. Ein den geltenden KS gemäßes

Verhalten wird im Verlauf des individuellen Sozialisationsprozesses in einer Kultur gelernt (Enkulturation). Die Wirkungen von KS sind im Alltagsverhalten nicht mehr bewusstseinspflichtig, da die Regel- und Steuerungsprozesse automatisch ablaufen. KS sind für das Verständnis interkulturellen Handelns, interkulturellen Lernens und interkultureller Trainings von zentraler Bedeutung. KS, die in einer Kultur von großer Bedeutung sind, können in einer anderen Kultur zwar auch vorhanden sein, aber eine andere Funktionalität besitzen. So ist der KS „Sachorientierung" im Alltagsleben und im beruflichen Handeln in Deutschland von zentraler Bedeutung. Für Menschen in vielen europäischen und z. B. auch asiatischen Kulturen schreibt der KS „Beziehungs- und Personorientierung" vor, also sich zunächst einmal um ein gutes, harmonisches, motivierendes Klima in der interpersonalen Begegnung und Kooperation zu bemühen, den Partner näher kennenzulernen, ihm „Gesicht" zu geben, bevor man sich mit sachbezogenen Details befasst.

12.2.7 Kulturstandards einiger Länder

12.2.7.1 Deutsche Kulturstandards

1. Sachorientierung
2. Individualismus
3. Schwacher Kontext in der Kommunikation
4. Differenzierung sozialer Distanz
5. Wertschätzung von Strukturen und Regeln
6. Regelorientierte internalisierte Kontrolle
7. Direktheit/Wahrhaftigkeit
8. Hierarchie- und Autoritätsorientierung
9. Zeitplanung
10. Trennung von Persönlichkeits- und Lebensbereichen

Quelle: Schroll-Machl, 2016.

12.2.7.2 Französische Kulturstandards

1. Indirekter Kommunikationsstil
2. Personenorientierung
3. Autoritätsorientierung
4. Dynamischer Entscheidungsprozess
5. Flexibilität
6. Politik ohne Zeitverständnis
7. Nationalstolz

Quelle: Mayr & Thomas, 2008.

12.2.7.3 US-amerikanische Kulturstandards

1. Individualismus
2. Chancengleichheit
3. Handlungsorientierung
4. Leistungsorientierung

5. Minimierung interpersonaler Distanz
6. Intrapersonale Reserviertheit
7. Bedürfnis nach sozialer Anerkennung
8. Gelassenheit („easy going")
9. Patriotismus

Quelle: Slate & Schroll-Machl, 2016.

12.2.7.4 Chinesische Kulturstandards

1. Gesicht wahren
2. Hierarchie
3. Soziale Harmonie
4. Netzwerkbildung (Guanxi-System)
5. Strategie und Taktik
6. Regelrelativismus
7. Bürokratie

Quelle: Thomas et al., 2015.

12.2.7.5 Kulturstandards im Vergleich

Argentinien	Deutschland
1. Unverbindlicher Umgang mit Absprachen	Wertschätzung von Strukturen Regeln
2. Simpatía	Sachorientierung
3. Polychrones Zeitverständnis	Zeitplanung
4. Flexibilität	Regelorientierter Kontrolle
5. Hierarchieorientierung	Individualismus
6. Gegenwartsorientierung	Trennung von Persönlichkeits- und Lebensbereichen
7. Ambivalente nationale Identität	Eindeutige nationale Identität
8. Buena Presencia	„Schwacher Kontext" im Kommunikationsstil

Quelle: Thomas, 2011.

12.2.7.6 Konfliktträchtige Kulturstandards

Aus dem Befragungsmaterial deutscher Fach- und Führungskräfte im Auslandseinsatz weltweit und der Befragung ausländischer Fach- und Führungskräfte in Deutschland ergaben sich immer wieder Kulturstandards, die besonders häufig und intensiv zu kulturell bedingt kritischen Interaktionssituationen führen. Die folgende Aufstellung dokumentiert diese konfliktträchtigen Kulturstandards.

12

Weltweit	Deutschland
Frankreich, Spanien	
Personorientierung	Sachorientierung
Regelrelativierung	Regelorientierung
Externe Regelkontrolle	Internalisierte Regelkontrolle
Polychrone Aufgabenerledigung	Monochrone Aufgabenerledigung
Indien, Japan, China	
Starke Kontextorientierung	Schwache Kontextrealisierung
Russland, China	
Kollektivismus	Individualismus
Russland, Japan, arabische Golfstaaten, China, Indien, Thailand	
Verschmelzung von Persönlichkeits- und Lebensbereichen	Trennung von Persönlichkeits- und Lebensbereichen
Hierarchieorientierung	Funktions-/Statusorientierung
USA, Kanada, Großbritannien, Irland, Israel	
Distanzminimierung	Distanzdifferenzierungen
Arabische Golfstaaten, Türkei	
Ehre und Würde	Personbezogener Respekt
Spanien, Türkei, Russland, China, Malaysia	
Regelrelativierung	Internalisierte Regelkontrolle
Italien, Polen, Rumänien, Bulgarien, Brasilien, Indien	
Emotionalität	Rationalität
Chile, Mexiko, Brasilien	
Gegenwartsorientierung	Vergangenheits- und Zukunftsorientierung
Russland	
Traditionalismus	Modernismus
Indonesien, Vietnam	
Amok/Aggressionen	Internalisierte Kontrolle
Italien, Argentinien	
Bella Figura/Buena Presencia	Situationsangepasstes Erscheinungsbild
Slowenien, Rumänien, Tschechien, Ukraine, Ungarn, Kanada	
Schwankende Selbst-/Nationale Unsicherheit	Selbstsicherheit
Niederlande, Kenia, Südafrika, Chile	
Religiöse Orientierung	Säkulare Orientierung

12.2.8 Die Handlungswirksamkeit von Kulturstandards in der Zusammenarbeit deutscher Fach- und Führungskräfte mit ausländischen Partnern

Bei den im Folgenden beschriebenen Ereignissen handelt es sich nicht um konstruierte, sondern um tatsächliche Begegnungen zwischen deutschen und ausländischen Partnern. Bei diesen waren alle darum bemüht, die Zusammenarbeit zum Erfolg zu führen, brachten aber tatsächlich zu wenig interkulturelle Kompetenz mit, um den Anforderungen gerecht zu werden. Es ist sinnvoll, diese Beispiele auch bei den Schilderungen weiterer derartigen Ereignissen mit im Auge zu behalten.

12.2.8.1 Die deutsch-französische Wissenschaftlertagung

■ **Vorbemerkung**

Deutsche und Franzosen haben nicht nur eine lange gemeinsame Grenze, sondern blicken auch auf eine Jahrhunderte während freudvolle und leidvolle Begegnung und Zusammenarbeit zurück. Zu diesen Zeiten fand ein intensiver Austausch von Menschen, Ideen, Waren, Technologien, aber auch von künstlerischen, kulturellen und politischen Konzepten statt. Jedenfalls waren sich beide Länder nie gleichgültig, man kannte einander, und der eine war beim anderen immer irgendwie präsent. Dies alles könnte zu der Annahme verleiten, zwischen Deutschen und Franzosen gäbe es keine ernst zu nehmenden kulturellen Unterschiede, jedenfalls nicht in der Begegnung zwischen Menschen aus beiden Ländern.

■ **Ein deutscher Professor berichtet**

„Ich war von einer deutsch-französischen Organisation zur Förderung der Zusammenarbeit zwischen beiden Völkern nach Paris eingeladen, um dort an einer Arbeitstagung zur Vorbereitung einer deutsch-französischen Wissenschaftlerkonferenz teilzunehmen. Ziel des Treffens, so war vorher telefonisch vereinbart worden, sollte die Diskussion und Festlegung des Tagungsprogramms und begleitender Aktivitäten sowie die Auswahl der einzuladenden Teilnehmer auf deutscher und französischer Seite sein. Ich hatte bislang keine persönlichen Erfahrungen mit der einladenden Organisation gemacht und kannte weder die anderen Deutschen (zwei) noch die anderen französischen (drei) Sitzungsteilnehmer. Die Sitzung sollte vereinbarungsgemäß von 9:30 Uhr bis 18:00 Uhr stattfinden, was für mich bedeutete, einen Tag vorher mit dem Flugzeug anreisen zu müssen, um pünktlich sein zu können.

Da ich mich wegen der mir unbekannten Ortverhältnisse recht früh auf den Weg gemacht hatte, erreichte ich das Tagungsgebäude schon um 9:15 Uhr, meldete mich am Empfang an und erfuhr dort, dass die Sitzung wohl erst gegen 10:00 Uhr beginnen werde. Nachdem ich um ein Gespräch mit dem französischen Kontaktpartner noch vor der Sitzung gebeten hatte, wurde mir der Tagungsraum aufgeschlossen, und ich begann mit der Einarbeitung in meinen bereits fertig skizzierten Programmvorschlag, den ich der Arbeitsgruppe vorstellen wollte. Um 9:30 Uhr trafen die beiden deutschen Teilnehmer ein, um 10:05 Uhr der französische Kontaktpartner und gegen 10:30 Uhr schließlich die letzten französischen Teilnehmer. Die Sitzung begann um 10:40 Uhr mit einer kurzen persönlichen Vorstellung der Anwesenden und einer Einführung in die Ziele der geplanten Wissenschaftlertagung durch den französischen Tagungsleiter. Danach wurde ich gebeten, mich zu der geplanten Tagung zu äußern.

Ich war froh, dass nun endlich gegen 11:00 Uhr die eigentliche Arbeitssitzung stattfinden konnte. Anhand einer vorbereiteten Folie mit einem ausgearbeiteten Tagungsprogramm (Referenten, Themenstellung, Zeitplanung, aufgeteilt in Vortragszeit, Diskussionszeit und Pausen) legte ich den versammelten Fachkollegen meine Vorstellungen von Zielen, Verlauf und Resultaten der geplanten Wissenschaftlertagung dar. Während meines Vortrags fiel mir auf, dass nur ein Teilnehmer sich hier und da einige Notizen machte, die anderen mir aufmerksam und mit einer Mischung aus Erstaunen und Bewunderung zuhörten. Nach meinem etwa 40-minütigen Vortrag forderte der Tagungsleiter zur Diskussion auf, wobei ein französischer Teilnehmer mich bat, meinen Kulturbegriff und meine Vorstellungen von interkulturellem Lernen zu erläutern. Über diese Frage war ich sehr erstaunt, da ich schon zu Beginn meines Vortrags darauf speziell eingegangen war und meine Definition vorgestellt hatte. Nachdem ich nochmals kurz meinen Kulturbegriff und meine Definition von interkulturellem Lernen wiederholt hatte, entstand eine etwas längere Schweigepause. Es meldete sich niemand mehr zu Wort, bis dann schließlich ein französischer Tagungsteilnehmer an den Tagungsleiter die Frage stellte „Wann gehen wir essen?". Der Tagungsleiter fragte zurück: „Essen wir deutsch oder französisch?". Auf meine etwas erstaunte Frage, was denn das bedeute, wurde mir mitgeteilt, dass dies bei deutsch-französischen Arbeitsbesprechungen eine durchaus übliche Frage sei, die bedeutete, wenn man deutsch essen gehe, bestelle man belegte Brote, verzehre diese am Tisch und arbeite weiter; französisch essen zu gehen aber bedeute, das nahe gelegene italienische Speiserestaurant aufzusuchen, was eine ausgezeichnete französisch-italienische Küche hat. Es wurde beschlossen, um 12:00 Uhr zum „französischen" Essen aufzubrechen.

Während des Essens wurden intensive Unterhaltungen gepflegt, aber immer nur auf Französisch, an denen ich deshalb mangels ausreichender französischer Sprachkenntnisse nicht teilnehmen konnte, die aber zu keiner Zeit einen Bezug zur Arbeitsthematik hatten. Um 15:00 Uhr schließlich wurde die Tagung fortgesetzt mit einer ausführlichen Diskussion darüber, wen man von französischer Seite zu der geplanten Konferenz einladen sollte. Die Diskussion wurde unter den französischen Tagungsteilnehmern sehr lebhaft und kontrovers geführt und man einigte sich schließlich nach etwa einer Stunde auf die einzuladenden Personen. Die Tagungsorganisation wurde vertrauensvoll in die Hände der einladenden Institution gelegt, bis schließlich gegen 16:30 Uhr ein Tagungsteilnehmer bemerkte, dass er in fünf Minuten leider die Versammlung verlassen müsse, da er bei einer späteren Abreise zu lange im Pariser Feierabendstau stecken bleibe. Die noch verbleibende Zeit wurde zur Diskussion eines akzeptablen Termins für ein neues Treffen und einige organisatorische Details aufgewandt. Jedenfalls, um 17:20 Uhr stand ich mitten in Paris an einer Metrostation und stellte mir die Frage, warum ich zwei Tage meiner Arbeitszeit für eine Arbeitstagung aufwende, um 40 Minuten lang auftragsgemäß ein von mir sorgfältig vorbereitetes Kongressprogramm vorzustellen, über das aber nicht diskutiert und dem auch von französischer Seite kein Gegenvorschlag gegenübergestellt wird. Zudem wurden aus meiner Sicht auf der Tagung eigentlich nur Belanglosigkeiten diskutiert, die so gut wie nichts mit dem vereinbarten Ziel zu tun hatten. Ich war enttäuscht darüber, dass hier eine Chance für eine produktive, sachliche Zusammenarbeit vertan worden war, und verärgert über die verlorene Zeit. Für mich war klar, die Franzosen sind nicht nur desinteressiert an dem, was ich als Deutscher vorschlage, sondern sie sind überhaupt nicht besonders an einer Zusammenarbeit mit Deutschen

12

und schon gar nicht an der Durchführung einer deutsch-französischen Wissenschaftlertagung interessiert.

In einem späteren Gespräch mit dem französischen Tagungsleiter, in dem ich mich kritisch zu diesem ersten Treffen äußerte, wurde mir Folgendes erklärt: Über ein Zuspätkommen bei einem Arbeitstreffen würde sich in Frankreich niemand aufregen, wenn, wie in Paris, die Verkehrsverhältnisse für die anreisenden Teilnehmer nicht so gut kalkulierbar seien. Es sei für Franzosen höchst ungewöhnlich, wenn man bei einer ersten Zusammenkunft, anstatt sich langsam kennenzulernen und näherzukommen, sofort mit einer rein sachbezogenen Präsentation beginne. Kein französischer Teilnehmer käme auf die Idee, zu einer solchen Sitzung mit einer perfekt bis ins Detail ausgearbeiteten Vorlage zu kommen und diese zu präsentieren. Das wäre auch von mir nicht so erwartet worden. Für die französischen Teilnehmer sei mein Vortrag mit seiner Systematik und Detailliertheit zu einem Zeitpunkt, zu dem mich noch niemand gekannt hätte, ein Zeichen für die typisch deutsche Art (eindeutig negativ bewertet) gewesen, mit einer solchen Situation umzugehen. Deshalb hätte sich auch niemand der französischen Teilnehmer von meinem Vortrag angesprochen gefühlt, geschweige denn darauf zu antworten oder eine inhaltsbezogene Diskussion zu beginnen. Aus französischer Sicht sei das eine durchaus sehr gelungene Arbeitstagung gewesen, da man sich kennengelernt, viel miteinander gesprochen habe und mit der Überzeugung auseinandergegangen sei, dass es sich lohnen könnte, einmal eine deutsch-französische Wissenschaftlertagung zur interkulturellen Thematik zu starten.

In diesem Gespräch ist mir bewusst geworden, wie weit Deutsche und Franzosen sich kulturell unterscheiden, und zwar in Verhaltensbereichen, in denen man bei benachbarten Völkern mit einer so langen gemeinsamen Vergangenheit überhaupt nicht mehr mit Unterschieden rechnet. Anschließend habe ich die französischen Tagungsteilnehmer bewundert, dass sie überhaupt mit einem Deutschen, der sich aus französischer Sicht in dieser Erstbegegnungssituation so unmöglich verhalten hat, wissenschaftlich kooperieren wollen. Im Laufe der Jahre haben mehrere deutschfranzösische Wissenschaftlertagungen und vorbereitende Arbeitssitzungen stattgefunden. Fremdkulturelle Erfahrungen habe ich während dieser Konferenzen und Tagungen ständig machen können. Oft habe ich mich geärgert, wie wenig effektiv und sachbezogen in Frankreich gedacht und gearbeitet wird, jedenfalls erschien mir das so. Allmählich aber wurde ich fähig, zwischen der deutschen und der französischen Perspektive ein und desselben Sachverhalts zu wechseln, und hier und da gelang es mir, ungewohnte Verhaltensweisen der französischen Partner als Bereicherung zu erfahren und partiell für mich zu übernehmen."

(Thomas, 2003 S. 292–295)

Der deutsche Professor hatte Glück, dass ihm ein verständnisvoller und sachkundiger Gesprächspartner zur Verfügung stand. Er hatte auch Glück, dass er wohl aufgrund seiner Ausbildung in der Lage war, seine konkreten Erfahrungen zu reflektieren, nach Ursachen zu suchen und Rat und Aufklärung einzuholen. Er zeigte ein gewisses Maß an Offenheit und Reflexionsfähigkeit, verbunden mit der Fähigkeit zu Perspektivenwechsel, also Grundfähigkeiten, die ein interkulturelles Lernen erleichtern und die Wahrscheinlichkeit zu produktivem Problemlösen der erwartungswidrig und kritisch verlaufenden kulturellen Überschneidungssituation erhöhen. Jedenfalls kann man davon ausgehen, dass die vom deutschen Professor beobachteten Probleme bei seiner aktiven Teilnahme an der Wissenschaftlertagung in Paris nicht auf persönliche Schwächen auf seiner Seite oder der seiner französischen Partner zurückführbar sind, sondern durch die Wirksamkeit unterschiedlicher Kulturstandards auf Perzeption, Kognition, Emotion und Verhalten der interagierenden Partner.

„Gesicht wahren" in deutsch-chinesischen Beziehungen

In unzähligen Erfahrungsberichten und vielen kritisch verlaufenen Interaktionssituationen zwischen Deutschen und Chinesen wird von Deutschen immer wieder betont, dass „Gesicht wahren" für Chinesen von allergrößter Bedeutung ist. Wenn in Deutschland der Begriff „Gesicht wahren" zur Bezeichnung von angepasstem, normgerechtem oder wunschgemäßem Verhalten verwendet wird, schwingt oft immer noch die Überzeugung mit, dass es sich dabei um etwas typisch Asiatisches bzw. Chinesisches handelt.

Es folgt eine kritische Interaktionssituation zwischen deutschen und chinesischen Verhandlungspartnern, in der „Gesicht wahren" als Kulturstandard wirksam wird:

» „Der Manager eines deutschen Unternehmens reist innerhalb kurzer Zeit zum vierten Mal zu Vertragsverhandlungen nach China. Die bisherigen Gespräche fanden in einer außerordentlich angenehmen Atmosphäre statt. Die Chinesen waren sehr an dem interessiert, was der deutsche Manager vorschlug. Aber so richtig vorwärts ging bei den Verhandlungen nichts.

Aus dem Verlauf der Verhandlungen gewann der deutsche Manager den Eindruck, dass die Chinesen ihn nur hinhalten wollen, um möglichst viele Informationen aus ihm herauszupressen, mit denen sie dann sein Unternehmen gegen die Konkurrenz ausspielen wollten. Er wurde wütend und war verärgert über seine Verhandlungspartner. Bei einer erneuten Sitzung zeigte er eine Reaktion, die man hierzulande mit dem Ausdruck ‚denen mal ordentlich Bescheid sagen' und ‚kräftig auf den Tisch hauen' umschreiben würde. Völlig unvermittelt schrie der deutsche Manager seine Verhandlungspartner an, er sei nicht mehr bereit, sich weiter hinhalten zu lassen. Das ‚um den heißen Brei Herumreden' müsse endlich aufhören. Er wolle Klarheit und Verbindlichkeit, und überhaupt, seine Geduld sei nun am Ende.

Die chinesischen Verhandlungspartner wurden blass und schwiegen. Die Verhandlungen kamen zu keinem Abschluss. Nach der Rückkehr in seine Heimat erfuhr der Manager von seinen Vorgesetzten im Stammhaus, dass dies seine letzte Chinareise gewesen sei. Die Chinesen hätten zwar weiterhin Interesse an dem geplanten Joint Venture geäußert, aber die Verhandlungen müssten wohl wieder von vorne beginnen, und zwar mit einem anderen Firmenvertreter."

Aus deutscher Sicht ist sicher das massive Drauflospoltern des deutschen Managers nicht gerade die feine Art, wie man bei internationalen Geschäftsverhandlungen mit seinen Partnern verkehren sollte, andererseits ist es aber aus deutscher Sicht völlig verständlich, dass nach so langen zermürbenden und nicht recht vorankommenden Verhandlungen den Partnern einmal klargemacht werden muss, dass es so nicht weitergeht. Die Partner sollten gezwungen werden, „Farbe zu bekennen" und eine Begründung für die verzögernde Verhandlungsführung zu liefern. Die dabei zutage tretende emotionale Erregung und Heftigkeit des deutschen Managers würde zwar aus deutscher Sicht nicht gerade den „guten Sitten" deutschen Managementverhaltens entsprechen, aber als aus einer Stresssituation heraus entstandenen Reaktion toleriert. Aus deutscher Sicht würde man erwarten, dass die Verhandlungspartner dem deutschen Manager Kontra geben, sich bei ihm entschuldigen oder in diplomatischer Weise versuchen, ihren Partner zu beruhigen und mit den Informationen zu versorgen, die er braucht, um das zögerliche Verhandlungsverhalten seiner Partner verstehen zu können. Jedenfalls würde es mit hoher Wahrscheinlichkeit in Deutschland nicht zum Abbruch der Verhandlungen und zur Erwartung einer Wiederaufnahme mit einem neuen Verhandlungspartner kommen.

Aus chinesischer Sicht hat der deutsche Verhandlungspartner ganz eindeutig sein „Gesicht verloren". Selbst wenn die chinesischen Verhandlungspartner die physischen und psychischen Belastungen ihres deutschen Partners erkannt hätten, was eher unwahrscheinlich ist, da sie selbst mit ihren Verhandlungsproblemen vollauf beschäftigt waren, hätten sie die Reaktion des Deutschen nicht verstehen und akzeptieren können. Jemand, der sich so gehen lässt, verliert nach chinesischer Auffassung sein „Gesicht". Er zerstört damit die zwischenmenschliche Harmonie, indem er sich selbst und seinen Partner in Verlegenheit bringt. Wer sich so wenig unter Kontrolle hat und gehen lässt, kann kein zuverlässiger und vertrauensvoller Verhandlungs- und Kooperationspartner sein. Aus chinesischer Sicht verliert er mit seinem „Gesicht" auch seine Macht, Kompetenz und sein Renommee. Die weitere Verhandlungsführung ist nur mit einem neuen Verhandlungspartner möglich.

Die hier geschilderte Verhandlungssituation wird dadurch kritisch, dass der deutsche Manager allein die sachbezogenen Aspekte wie Schnelligkeit und Effektivität der Verhandlung im Auge hat. Deshalb will er seine Verhandlungspartner zwingen, sich seinen Erwartungen von effektiver Verhandlungsführung anzupassen, indem er sie mit seiner These von der Hinhaltetaktik konfrontiert und provoziert.

Für die chinesischen Partner sind in dieser Situation die Sachbezüge völlig unbedeutend. Sie interpretieren die Reaktion des deutschen Managers allein unter dem Gesichtspunkt der Störung zwischenmenschlicher Beziehungen durch unkontrolliertes und unbeherrschtes Verhalten, durch das er selbst sein Gesicht verliert, aber durch das auch ihnen ihr „Gesicht genommen" wird.

Viele Manager beklagten auch, dass die Notwendigkeit, auf „Gesicht" Rücksicht zu nehmen, nicht selten dysfunktionale Managementeffekte nach sich zieht. So muss der Manager sich bei Kritik gegenüber Untergebenen zurückhalten, um nicht sein Gesicht vor den Untergebenen zu verlieren bzw. um das „Gesicht" des kritisierten Untergebenen vor Dritten zu erhalten. Weiterhin sind erhebliche Aufwendungen notwendig, um bei Störungen im Geschäftsablauf vor Kunden sein „Gesicht" nicht zu verlieren. Zudem führt jede Form von „Gesichtsverlust" seitens des Managers unweigerlich zu Macht- und Autoritätsverlust. Für alle befragten Manager stand aber außer Zweifel, dass im Entscheidungsfall der „Gesichtswahrung", dem „Gesichtserhalt" und dem „Gesichtgeben" immer Vorrang gegenüber „objektiven", sachbezogenen Managementerfordernissen gebührt.

Während es für einen chinesischen Vorgesetzten nicht so sehr darauf ankommt, sich seinem Untergebenen oder Partner gegenüber im sachbezogenen Sinne richtig, objektiv, wahrhaftig oder gerecht zu verhalten, sondern die Begegnungssituation so zu organisieren, dass alle beteiligten Personen ihr „Gesicht" bewahren und nach Möglichkeit „Gesicht gebende" Effekte entstehen, so geht es dem deutschen Manager primär darum, nüchtern, sachlich und rational mit seinen Mitarbeitern umzugehen. Ein Manager, der einen solchen Verhaltensstil zeigt, wird nach deutscher Auffassung effektiv und problemlos seine Arbeit erledigen können, wer dagegen zu viel Emotionalität und Persönliches in die Vorgesetzten-Mitarbeiter-Interaktion investiert, darf sich nicht wundern, wenn seine Effektivität leidet und er sich um zu viele nebensächliche Probleme kümmern muss.

Eine US-amerikanische Austauschstudentin in Deutschland

Eine amerikanische Studentin, die mit einem Stipendium nach Deutschland gekommen ist, um dort ein Jahr zu studieren, berichtet von ihren Erfahrungen bei der Kommunikation mit den Deutschen:

» „Wenn man in Deutschland jemand völlig Fremdes ohne Not anspricht, schaut der einen an, als wäre man verrückt. Man kommt mit Deutschen nur schwer in Kontakt, aber wenn man sie um Hilfe bittet, sind sie sehr hilfsbereit. Sie versuchen jedenfalls, einem zu helfen. Wenn ich noch einmal nachfragen muss, weil ich etwas nicht verstanden habe, reagieren sie allerdings manchmal etwas mürrisch. Wenn Deutsche ein echtes Interesse an einem haben, dann fragen sie mich. Ansonsten kommt kein Gespräch zustande. Am Anfang habe ich das nicht verstanden, das war sehr schwer für mich. Besonders in meiner Küche im Wohnheim ist dieser Unterschied zwischen Deutschen und Amerikanern immer sehr aufgefallen. Die Leute hier in Deutschland reagieren, was die Anbahnung und Weiterführung von Gesprächen anbetrifft, ganz anders als in den USA. Deutsche suchen sehr stark ihre Privatsphäre. Selbst im Wohnheim gibt es kaum offene Türen. Ich fange gerne Unterhaltungen an, weil ich mich auf Deutsch unterhalten möchte. Wenn die Leute hören, dass ich Amerikanerin bin, sind sie meist interessiert und fragen mich etwas. Dann ist es etwas leichter, ein Gespräch zu beginnen. Alles in allem habe ich den Eindruck gewonnen, dass Deutschen nur dann miteinander reden, wenn es etwas Wichtiges zu besprechen gibt. Wir US-Amerikaner fühlen uns verpflichtet, mit jedem Menschen, der uns begegnet, ein Gespräch zu beginnen. Das ist bisweilen schon sehr stressig, aber tun wir das nicht, dann fühlen wir uns irgendwie schuldig. Ich würde anderen Amerikanern raten, in Deutschland zurückhaltender zu reagieren, als sie es von zu Hause her gewohnt sind, und dann am besten immer um Hilfe zu bitten, denn sonst passiert nichts."

Ein deutscher Mitbewohner der amerikanischen Studentin im Wohnheim berichtet über diese Folgendes: „Ich habe die Erfahrung gemacht, dass sich amerikanische Studenten bezüglich der sozialen Kommunikation völlig anders verhalten als wir hier in Deutschland. Sobald man in ihre Nähe kommt, sprechen sie einen an, beginnen einen Small Talk, fragen einen aus, was man so macht und wofür man sich interessiert, und wollen sich schließlich noch mit einem zu weiteren Treffen verabreden. Diese Anbiederung und Distanzlosigkeit mag ich eigentlich nicht, aber da die amerikanischen Studenten nun einmal Gäste bei uns sind, bemühe ich mich, höflich zu bleiben. Im Grunde genommen aber lehne ich diese Art der Kommunikation ab, denn ich habe keine Lust, meine Zeit damit zu verbringen, mit Hinz und Kunz zu jeder Zeit an jedem Ort ein Gespräch anzufangen, wenn es dazu keinen triftigen Grund gibt. Wer von mir etwas will, soll sich gefälligst melden. Ich will mich niemandem aufdrängen und auch selbst nicht ständig in Anspruch genommen werden." (Thomas, 2017, S. 17–18).

Das sind zwei Beispiele für die Wirksamkeit des deutschen Kulturstandards „Distanzdifferenzierung" und des amerikanischen Kulturstandard „Distanzminimierung".

US-Amerikaner fühlen sich verpflichtet, mit jedem Menschen, der ihnen begegnet, ein Gespräch zu beginnen, um eine positive soziale Gesprächsatmosphäre zu schaffen (Distanzminimierung). Tun sie das nicht, fühlen sie sich irgendwie ungemütlich und schuldig.

Genau dieses Verhalten geht Deutschen manchmal sehr auf die Nerven, denn sie sind es gewohnt, zunächst einmal zu entscheiden, ob es angemessen, sinnvoll und notwendig ist, eine „wildfremde" gerade anwesende Person überhaupt zu grüßen und sich womöglich noch mit ihr zu unterhalten (Distanzdifferenzierung). Ohne Grund eine fremde Person anzusprechen, gilt in Deutschland als unhöflich, denn jeder Deutsche kennt die Aufforderung: „Mische dich nicht ungefragt in die Angelegenheiten eines anderen Menschen ein!" Wer das nicht beachtet, verhält sich distanzlos, und das wird stärker sanktioniert und abgelehnt, als wenn jemand im Umgang mit anderen Menschen als etwas gehemmt erscheint.

- **Schlussfolgerungen**
  1: Die Franzosen kommen zu spät zu meinem Vortrag und zeigen so, dass sie an meinen wissenschaftlichen Arbeiten und einer fachlichen Diskussion kein Interesse haben.
  2: Die Chinesen wollen mich bewusst hinhalten, um immer noch mehr Informationen aus mir herauszupressen.
  3: Deutsche sind verschlossen, sprechen von sich aus niemanden an und sind unzugänglich. Man kann mit ihnen keine lockeren Gespräche führen, und sie bemühen sich auch nicht darum.

Diese Ursachenzuschreibungen (Kausalattributionen) stellen sich sofort ein. Sie bedürfen keiner dezidierten Reflexion, denn diese Prozesse sind in der Regel nicht bewusstseinspflichtig. Diese sofort verfügbaren Ursachenzuschreibungen sind voreilige Konstrukte, die als Vorurteile zu falschen Bewertungen führen und alternative Erklärungen blockieren.

Alle Menschen, die privat oder beruflich mit Menschen aus anderen, ihnen fremden Kulturen zu tun haben und einen harmonischen gegenseitig verständnisvollen Umgang miteinander anstreben, können diese Ziele erreichen, wenn sie die im Folgenden thematisierten Regeln in der gegebenen Reihenfolge befolgen. Diese Regeln wurden aufgrund der im Ausland gemachten Erfahrungen deutscher und ausländischer Fach- und Führungskräfte gewonnen.

Anwendungstipps

1. Vermeide den automatischen Bewertungsprozess!
   Alle Fallbeispiele zeigen, wie irreführend die automatisch einsetzenden und voreilig zustande kommenden Ursachenzuschreibungen für das kulturell bedingt erwartungswidrige Verhalten der beteiligten ausländischen Partner ist. Die einfachen, nahe liegenden Erklärungen sind verführerisch, weil sie kurzfristig Orientierung versprechen, aber zugleich eine Analyse der entstandenen Ablaufprozesse und ihrer Ursachen blockieren. Weitere, vertiefende Analysen sind notwendig, um die kulturspezifischen Ursachen zu erkennen.

Das zeigt sich besonders deutlich am Fallbeispiel der Vorbereitung einer wissenschaftlichen Tagung in Paris: Für den deutschen Wissenschaftler ist der Vortrag in Paris und das, was anschließend stattfindet, ein einziges Desaster. Für die französischen Kollegen sind die Verspätungen in Anbetracht der üblichen Verkehrsstaus in Paris nicht der Rede wert: Hauptsache man kommt irgendwann an. Da sich die französischen Kollegen nicht auf Deutsch verständigen können und es nicht gewohnt sind, Vorträge in englischer Sprache anzuhören und der Vortragende kein Französisch beherrscht, wurde der Vortrag in Deutsch gehalten und simultan ins Französische übersetzt, sodass die französischen Teilnehmer zwar über den Inhalt informiert waren, danach aber doch keine rechte Möglichkeit hatten, mit dem Vortragenden zu diskutieren, denn sie konnten kein oder zu wenig Englisch, um sich mithilfe dieser Drittsprache mit ihm zu verständigen.

Der vom deutschen Professor vorbereitete und vorgetragene, bis ins Detail ausgearbeitete Plan für die geplante Tagung deutscher und französischer Wissenschaftler erscheint den französischen Partnern zu theoretisch, zu stark durchstrukturiert und zu wenig auf die praktischen Belange der deutsch-französischen Jugendarbeit Bezug nehmend konzipiert. Sie können sich damit überhaupt nicht anfreunden und fühlen sich bevormundet.

Die französischen Tagungsteilnehmer waren total überrascht, dass der deutsche Wissenschaftler schon einen so detaillierten Plan für die geplante Tagung vorbereitet hatte. Sie konnten dem nichts hinzufügen. Die Franzosen waren zudem verärgert, dass der deutsche Wissenschaftler ohne jede Rücksprache mit ihnen einen Tagungsplan ausgearbeitet hatte und ihn so präsentierte, als gäbe es dazu nichts mehr zu diskutieren. Die französischen Wissenschaftler waren sprachlos.

Alle diese Schwierigkeiten werden aber nicht in den vom deutschen Wissenschaftler voreilig vorgenommenen Ursachenzuschreibungen berücksichtigt. Für ihn ist klar: Wer zum Vortrag zu spät kommt, anschließend keine Fragen stellt und sich auch an der Diskussion nicht beteiligt, sondern dann erst alle wieder aktiv wird, wenn es zum „französischen Mittagessen" geht, zeigt kein Interesse an einer deutsch-französischen Zusammenarbeit bei der Entwicklung eines Konzepts für die die geplante Fachtagung. Banale Ursachen wie zu spät zu kommen und keine Fragen zu stellen erzeugen große Wirkungen: kein Interesse an einer wissenschaftlichen Zusammenarbeit, obwohl die Organisation der Fachtagung beide Parteien beschäftigt.

In diesem Fall hat der deutsche Wissenschaftler Glück gehabt, dass er so bald einen kompetenten französischen Kollegen zur Hand hatte, der ihm das Verhalten der französischen Teilnehmer erklären konnte.

2. Präzisiere, was dich irritiert und was den Partner irritieren könnte!
    Es ist sinnvoll, schriftlich festzuhalten, was einem konkret in der Interaktionssituation am Verhalten des Partners irritiert hat, und zu versuchen, sich in die Gedanken, Gefühle, Entscheidungen und Handlungsweisen des Partners hineinzuversetzen und mit den eigenen Gedanken und Gefühlen zu vergleichen. Erforderlich ist also eine von voreilig konstruierten Ursachenzuschreibungen freie Analyse der Ursachenverlaufsprozesse und ihrer Wirkungen der kulturell bedingt kritischen Interaktionssituation. Besonders das, was den Partner irritieren könnte, müsste genauer geklärt und hinsichtlich seiner Konsequenzen beschrieben werden. Dazu könnte es sinnvoll sein, einen deutschen Geschäftspartner hinzuzuziehen, der sich

mit den Normen, Regeln und Gepflogenheiten im sozialen Umfeld des ausländischen Partners gut auskennt. Wichtig ist dabei, dass der Blick für alternative Kausalattributionen offen bleibt. Im zweiten Fallbeispiel, Verhandlungen in China, wäre es für den deutschen Geschäftsmann günstig gewesen, wenn er gewusst hätte, was der um 1900 in China seit 30 Jahren tätige englische Zollinspektor Sir Robert Hart auf die Frage „Können Europäer Chinesen verstehen?" geantwortet hatte: „China ist wirklich ein schwer zu verstehendes Land. Nur eins habe ich gelernt. In meinem Heimatland heißt es gewöhnlich: Lass dich nicht biegen, selbst wenn es dabei auch zum Bruch bekommt! In China dagegen gerade umgekehrt: Lass dich biegen, aber lass es nicht zum Bruch kommen!" (Smith, 1900).

3. Reflektiere und präzisierte die eigenen Erwartungen!

Schriftlich festzuhalten wäre, welche Erwartungen man selbst an die Begegnung mit dem fremdkulturellen Partnern während der Begegnung und während der Erfahrung des unerwarteten fremdkulturellen Verhaltens des Partners und der anschließend ergebenden Resultate hatte. Die eigenen Erwartungen an das Verhalten des fremden kulturellen Partners spielen sicherlich in allen psychologisch relevanten Bereichen interkulturellen Handelns eine zentrale Rolle, wie da wären Erwartungen bezüglich des Sozialverhaltens, des Entscheidungsverhaltens, der Verlässlichkeit, des Vertrauens oder der Kooperationsbereitschaft.

4. Analysiere die individuellen und kontextuellen Bedingungen des Handelns!

Alles Verhalten findet in bestimmten Kontexten statt, deren handlungsrelevante Bedingungen den Handlungsverlauf und die Handlungsergebnisse nachhaltig beeinflussen können. Es macht einen Unterschied, ob man fremdkulturelles Verhalten beim Essen in einem Restaurant beobachtet oder bei der Art und Weise der Einführung in einen wissenschaftlichen Vortrag vor Publikum oder bei Vertragsverhandlungen, die über die Zukunft des eigenen Unternehmens entscheiden. Das zweite Fallbeispiel zeigt, wie wichtig es ist, das soziale Umfeld des chinesischen Partners, sein Ansehen und seine Einbindung in dieses Feld zu kennen um einschätzen zu können, wie er auf Vorschläge und Angebote im Rahmen der geplanten Kooperation reagiert und welche Entscheidungsmöglichkeiten er besitzt. Dazu könnte es sinnvoll sein, vertrauenswürdige Personen zurate zu ziehen, die das soziale Umfeld des Verhandlungspartners gut kennen und die wissen, was er bewirken kann und was nicht, also denen seine Befugnisse vertraut sind.

5. Antizipiere die Wirkungen deines eigenen Verhaltens!

Die Wirkungen des eigenen Verhaltens auf andere Personen und Gruppen sind einem selbst im Kontext des alltäglichen und des beruflichen monokulturellen Umfelds oft nicht bewusst, da sie automatisch ablaufen und nur selten vom sozialen Umfeld so widergespiegelt und kommentiert werden, dass der Handelnde daraus zuverlässigen Schlüsse über sein eigenes Verhalten ziehen kann. Manchmal merkt man zwar, wenn eine erwartete Wirkung ausbleibt, man ist sich dann aber oft nicht sicher, ob das an einem selbst liegt oder an anderen Einflüssen. Mithilfe von per Video aufgenommenen Rollenspielen kann man lernen, wie groß die Diskrepanz zwischen der eigenen subjektiven Einschätzung der Wirkung auf andere Personen und Gruppen und den Wirkungen, die tatsächlich erzielt werden, ist. Das trifft insbesondere auf die realistische Einschätzung erzielter eigener Wirkungen auf Personen und Gruppen in fremdkulturellen Kontexten zu. Rollenspielszenarien, gespielt mit fremdkulturellen Partnern aus der Kultur des Einsatzlandes, sind deshalb zur Vorbereitung auf den Auslandseinsatz sehr nützlich und wirksam. Nur so lassen sich die Wirkungen des eigenen Verhaltens zuverlässig antizipieren. Die Erfahrung lehrt: Ohne kritische Reflexion der Wirkungen des eigenen Verhaltens wird die erzielte Wirkung in der Regel deutlich überschätzt und oft falsch eingeschätzt. Die angestrebten Ziele können nicht erreicht werden, wenn die handelnden Personen bereits in die kritische Interaktionssituation involviert sind. Deshalb ist es wichtig, sich schon vorher mit kulturspezifischen Besonderheiten der Entwicklung, des Verlaufs und der zu erzielenden Ergebnisse zu befassen. Geschieht das nicht, kann der Erfolg der interkulturellen Kooperation nicht gewährleistet werden, und zwar selbst dann nicht, wenn sich alle Mühe geben und sich einen Erfolg wünschen würden. Um aber ein hohes Maß an Zufriedenheit aller beteiligten Personen zu erzielen, bedarf es einer ausgeprägten interkulturellen Handlungskompetenz.

Die beiden folgenden Bauprojekte zwischen deutschen und thailändischen Partnern zeigen mit aller Deutlichkeit, wo interkulturelle Handlungskompetenz erforderlich ist sowohl in Bezug auf Vorbereitung, Planung, Ausführung und Nachbereitung als auch auf Nachhaltigkeit. Damit solche Projekte nicht nur aus Sicht der ausländischen Partner und Geldgeber als nützlich, zielführend und langfristig angesehen werden, sondern damit auch die einheimische Bevölkerung davon überzeugt ist, dass diese Projekte positive Wirkungen für sie haben, dass sie sich deshalb mit ihnen identifizieren und dass so ein hohes Maß an Zufriedenheit erreicht wird.

12

- **Das Aufforstungsprojekt in Afghanistan**

Ein Wissenschaftler, der sich mit dem Vergleich der Lebensverhältnisse in unterschiedlichen Kulturen in diversen Kontinenten befasst hat, berichtet:

„Während einer Reise durch Afghanistan, Pakistan und Indien hatte ich in der afghanischen Hauptstadt Kabul die Gelegenheit, mit einem deutschen Landwirt, Herrn Dr. Müller, der Agrarwissenschaften studiert hatte, zu sprechen. Er leitete seit mehreren Jahren in Afghanistan im Auftrag einer deutschen Gesellschaft für wirtschaftliche und technische Zusammenarbeit ein Aufforstungsprojekt. Die verkarsteten Berghänge sollten aufgeforstet werden, um die Bodenerosion aufzuhalten, die Niederschlagsmenge in diesen Regionen zu erhöhen und das Regenwasser im Boden so festzuhalten, dass mit der Zeit wieder eine landwirtschaftliche Nutzung möglich wird, so der Plan; also ein in jeder Hinsicht nützliches Entwicklungsprogramm!

Nach einem kurzen Kontaktgespräch über Einzelaspekte des Projekts meinte Herr Dr. Müller plötzlich: „Wissen Sie, Aufforsten ist technisch kein Problem. Man gräbt ein kleines Loch, setzt einen Setzling hinein, häufelt Erde an, bewässert die Anpflanzung so lange, bis die Wurzeln greifen, und überlässt die restliche Entwicklung der Natur. Es gibt aber hier ein gravierendes Problem, bei dessen Lösung Sie mir als Psychologe sicher helfen können: Wie lässt sich verhindern, dass die verarmte Landbevölkerung die kleinen Stämmchen in der Anpflanzung, wenn diese Daumendicke erreicht haben, absägt und im nächsten Basar als Brennholz verkauft?

Nun stand ich da, irgendwie sprachlos, aber auch herausgefordert.

Ihm den Rat zu geben, die wirtschaftlichen Bedingungen der lokalen Bevölkerung so zu verbessern, dass sie auf den Verkauf von Brennholz aus der Anpflanzung nicht mehr angewiesen sind, erschien mir unrealistisch, da doch die Aufforstung schon einige Jahre lief und man gerade mit ihr hoffte, langfristig die Lebensbedingungen verbessern zu können. Ich begann mit dem Versuch, ihm vorzuschlagen, die lokale Bevölkerung über Klima, Klimawandel, Bodenerosion, Niederschläge, Bewaldung und die Folgen aufzuklären, also eine auf naturwissenschaftlichen Erkenntnissen aufbauende Aufklärungskampagne zu starten. Damit hörte ich aber schnell auf, als ich bemerkte, wie Herr Dr. Müller nur müde und resigniert lächelte. Mir war bewusst, dass mit einer solchen Aufklärungskampagne bei afghanischen Bauern in dieser Region nicht die gewünschte Wirkung zu erreichen wäre. Ihm vorzuschlagen, Verbote bezüglich des Abholzens auszusprechen, deren Nichteinhaltung dann entsprechend bestraft werden müsste, traute ich mich schon gar nicht.

Also, ein in jeder Hinsicht sinnvolles Entwicklungsprojekt, das der lokalen Bevölkerung in Jahrzehnten eine landwirtschaftliche Nutzung der ausgetrockneten Böden ermöglichen würde, drohte zu scheitern, weil es mit den aktuellen Bedürfnissen und Handlungsgewohnheiten der dort jetzt lebenden Menschen nicht vereinbar war. Das Scheitern war absehbar, und keiner konnte es verhindern!

Jahrelang habe ich dieses Beispiel in Publikationen und bei Vorträgen erwähnt, meine Ratlosigkeit thematisiert und nach Lösungsmöglichkeiten gefragt. Erst nach mehr als 30 Jahren kam mir die Idee, was ich Herrn Dr. Müller hätte raten sollen. Mithilfe eines ägyptischen Dozenten für Arabisch an meiner Universität wurde mir allmählich klar, wie die Lösung hätte funktionieren können:

Die muslimischen, religiösen Autoritäten der Region hätten von Anfang an in das Entwicklungsprogramm mit einbezogen und so zur Mitarbeit gewonnen werden müssen, dass auch sie vom Sinn und Zweck des Aufforstungsprogramms überzeugt gewesen wären. Dann hätten sie in ihren Freitagsgebeten und -predigten in den Moscheen der Region im Alltag und bei Festtagen immer wieder darauf hinweisen können, dass die Natur ein Geschenk Gottes ist, dass frühere Generationen dieses Geschenk missbraucht und nicht ausreichend bewahrt haben und, dass nun die Zeit gekommen ist, mit Allahs Hilfe die beschädigte Natur wieder zu heilen. Dazu hätte man auf folgende Koranstellen vorweisen können:

Koransure Nr. 6, Vers 20: „Habt ihr denn nicht gesehen, dass Allah euch alles dienstbar gemacht hat, was in dem Himmel und was auf Erden ist, (dass Er) seine Wohltaten reichlich über euch ergossen hatte – in sichtbarer und unsichtbarer Weise?"

Koransure Nr. 6, Vers 99. „Und Er ist es, der aus dem Himmel Wasser niedersendet, damit bringen wir alle Arten Pflanzen hervor; mit diesem bringen wir dann Grünes hervor, woraus wir Korn in Reihen sprießen lassen und aus der Dattelpalme, aus ihren Blütendolden, (sprießen) nieder hängende Datteltrauben und Gärten mit Beeren und Oliven- und Granatapfel-(Bäume) einander ähnlich und nicht ähnlich. Betrachtet ihre Frucht, wenn sie Früchte tragen, und ihr Reifen. Wahrlich, hierin sind Zeichen für Leute, die glauben."

Koransure Nr. 16, Vers 10–11: „Er ist es, der Wasser aus den Wolken niedersendet; davon habt ihr zu trinken und davon wachsen die Gebüsche, an denen ihr (euer Vieh) weiden last. Damit lässt Er für euch Korn sprießen und den Ölbaum und die Dattelpalme und die Trauben und Früchte aller Art. Wahrlich, darin liegt ein Zeichen für nachdenkliche Leute."

Hinzu kommen Aussprüche und Taten des Propheten Mohammed, Hadidh genannt, z. B.: „Wenn wir einen Samen hätten, diesen auch dann pflanzen sollten, wenn es bereits der jüngste Tag ist. Dein Schicksal ist es, diesen Samen zu pflanzen, ob der jüngste Tag nun kommt oder nicht."

Mit allen auf den Islam Bezug nehmenden Mitteln hätte so die einheimische Bevölkerung dazu gebracht werden können, die Aufforstungsgebiete als Geschenk Gottes zu betrachten, die für zukünftige Generationen zu erhalten und zu pflegen sind, und dass diese Aufgabe an alle zukünftigen Generationen weiterzugeben ist. Eine tiefgläubige Bevölkerung wie in Afghanistan wäre so für ein Entwicklungsprozessprojekt gewonnen worden, das sie allmählich als ihr eigenes Zukunftsprojekt, mit dem Segen Gottes (also Allahs) versehen, betrachtet und behandelt hätte.

Eigentlich leuchtet das als Problemlösung sofort ein, aber niemand ist offensichtlich zu Beginn des Projektes auf die Idee gekommen, Entwicklungsprojekte mit den kulturellen und religiösen Lebenswirklichkeiten und den Traditionen der einheimischen Bevölkerung in Verbindung zu bringen und zu verzahnen.

Bis heute gibt es immer noch Geber und Empfänger von Entwicklungshilfe, die der irreführenden Meinung sind, dass die aus dem Westen kommenden technischen und zivilisatorischen Errungenschaften für jeden auf der Welt ein Segen sind. Sie müssen eben nur noch finanziert, bekanntgemacht und eingeführt werden. Alles Weitere ergibt sich dann schon von alleine."

■ **Die Montagehalle in Thailand**

Es wird berichtet:

„Der Manager eines mittelständigen deutschen Unternehmens hat sich entschlossen, einen Produktionsstandort in Thailand zu eröffnen. Durch einen thailändischen Mittelsmann wird dem Unternehmen ein Grundstück 50 km außerhalb Bangkoks an einer sechsspurigen Autobahntrasse, die den Flughafen mit der Innenstadt verbindet, zum Kauf angeboten. Die Firma erwirbt das Grundstück und beabsichtigt, dort eine Produktionshalle von 2000 m² zu errichten. Wegen der besonders schweren Maschinen, die zudem noch vibrationsfrei installiert werden müssen, sind umfangreiche und tief in den Boden gehende Erd- und Fundamentierungsarbeiten erforderlich.

Ein deutscher Bauingenieur hat nun die Aufgabe bekommen, die Bauarbeiten zu begleiten und zu leiten. Bevor es losgehen soll, hat er an einem interkulturellen Sensibilisierungstraining teilgenommen, in dem ihm die Bedeutung von kulturellen Einflussfaktoren auf das Denken, Empfinden und Handeln der Menschen und insbesondere die Problematik interkultureller Zusammenarbeit vermittelt wurde. Anhand einschlägiger Literatur über die Geschichte, Kultur und Religion (Theravada-Buddhismus) der Thais hat er sich auf seinen Auslandseinsatz in Thailand vorbereitet. Er hat erfahren, dass die Thais ein sehr enges Verhältnis zur Natur pflegen und in einer kosmologischen Gesamtschau sich selbst als Teil der Natur empfinden. Für sie ist die Natur nicht einfach nur ein seelenloser Gegenstand, eine Sache also, sondern sie ist von guten und bösen Geistern, die in Bäumen, Flüssen, Bergen, Hügeln, Wäldern, Steinen, im Erdboden usw. wohnen, beseelt, denen man opfern muss, um sie zu besänftigen und ihr Wohlwollen zu erlangen. Zudem darf man sie auf keinen Fall in ihren jeweiligen Zuständen stören. Der deutsche Manager weiß, dass durch den Bau der Fabrikationshalle und durch die umfangreichen Fundamentierungen nach Auffassung der Thais die Wohnungen der Erdgeister zerstört werden und diese, falls man ihnen keine adäquate Ersatzwohnung anbietet, schädliche Einflüsse auf das Bauvorhaben und das Leben der daran beteiligten Personen ausüben können und werden. Aus diesem Wissen heraus sucht er, bevor der erste Spatenstich erfolgte, den Rat eines in diesen spirituellen Angelegenheiten kundigen Fachmanns, um zu erfahren, wie er vorgehen sollte, um keine bösen Überraschungen auf seiner Baustelle zu erleben.

Der deutsche Manager weiß, dass durch den Bau der Fabrikationshalle und durch die umfangreichen Fundamentierungen nach Auffassung der Thais die Wohnungen der Erdgeister zerstört werden und sie, falls man ihnen keine adäquate Ersatzwohnung anbietet, schädliche Einflüsse auf das Bauvorhaben und das Leben der daran beteiligten Menschen ausüben können und werden. Aus diesem Wissen heraus sucht er, bevor der erste Spatenstich erfolgt, den Rat eines ortskundigen buddhistischen Mönchs, um zu erfahren, wie er vorgehen sollte, um keine „bösen" Überraschungen zu erleben.

Schließlich errichtet er am Rande des Grundstücks in einer dafür geeigneten Ecke unter schattenspendenden Bäumen ein traditionelles thailändisches Geisterhaus, in dem vom Augenblick der ersten Baumaßnahme an täglich Opfergaben in Form von Blumen, Früchten und Reis dargebracht werden, frisches Wasser hingestellt wird und alles nach traditionellen Regeln daran gesetzt wird, die Erdgeister zu bewegen, dort Platz zu nehmen, sich häuslich einzurichten und sich wohlzufühlen. So sind dann die irdische und die überirdische Welt wieder im Gleichgewicht.

Nachdem er mit den Bauleuten Richtfest nach deutscher Tradition gefeiert hat, erfährt er, dass die thailändischen Handwerker und Bauunternehmer, die das Gebäude errichtet haben, überrascht und überglücklich darüber waren, dass der deutsche Manager mit der Errichtung des Geisterhauses so sehr für das Wohlergehen seiner thailändischen Mitarbeiter gesorgt hat, dass sie mit besonderer Freude und Motivation auf dieser Baustelle gearbeitet haben. Die entsprechenden thailändischen Subunternehmer waren selbst überrascht von dem Arbeitseinsatz ihrer Mitarbeiter.

Keiner der bisherigen ausländischen Bauherren, so wurde ihm berichtet, habe auch nur einen einzigen Gedanken darauf verschwendet, dieser thailändischen Tradition der Geisterverehrung Folge zu leisten. Selbst vorsichtige Hinweise seitens der Bauunternehmer seien nur auf Unverständnis und Ablehnung gestoßen. Man habe auf den Baustellen der Ausländer immer mit Widerwillen, aber noch vielmehr mit Angst vor den Folgen, die von den aus ihrer Ruhe gebrachten Erdgeistern ausgehen könnten, gearbeitet.

Der deutsche Firmenvertreter freut sich über diese positive Reaktion und nimmt sich vor, zukünftig bei allen Auslandseinsätzen nicht nur auf die materiellen Notwendigkeiten zu achten, sondern sich auch um die spirituellen Aspekte, die sein Handeln in einer fremden Kultur berühren, zu kümmern.

Aus Sicht eines Atheisten ist das, was die einheimischen Bauleute auf der Baustelle bewegt, Spinnerei, aus Sicht eines streng gläubigen Christen „Götzendienst" oder vormoderner Geisterglaube, also etwas Verwerfliches, und aus Sicht eines aufgeklärten, modernen, postmodernen säkularen Menschen ist das alles eine unnötige Ressourcenverschwendung. Aber aus christlicher Sicht mit dem zentralen Gebot der Nächstenliebe ist es durchaus geboten, alles zu tun, um die thailändischen Mitarbeiter abzusichern, ihnen also sichere Arbeitsplätze zur Verfügung zu stellen, was durchaus mehr und anderes sein kann und muss als Sicherheitshelme zu verteilen und die Baugerüste nach gültigen Sicherheitsnormen zu installieren.

Die in diesem Fall Beispiel geschilderten Maßnahmen zur Vorbereitung auf den Auslandseinsatz, die Durchführung der Baumaßnahmen und die Berücksichtigung der Normen, Werte und Traditionen sowie der religiösen Orientierungen der einheimischen Bevölkerung sind vorbildhaft und sichern so den Erfolg des Projekts.

Literatur

Mayr, S., & Thomas, A. (2008). *Beruflich in Frankreich. Trainingsprogramm für Manager, Fach- und Führungskräfte*. Vandenhoeck und Ruprecht.

Schroll-Machl, S. (2016). Die Deutschen – Wir Deutsche. Fremdwahrnehmung und Selbstsicht im Berufsleben (5. Aufl.). Vandenhoeck & Ruprecht.

Slate, E. J., & Schroll-Machl, S. (2006). *Beruflich in den USA. Trainingsprogramm für Manager, Fach- und Führungskräfte*. Vandenhoeck & Ruprecht.

Smith, A. H. (1900). *Chinesische Charakterzüge*. Dürbig.

Thomas, A. (2003). Interkulturelle Wissenschaftskooperation. In A. Thomas, S. Kammhuber, S. Schroll-Machl (Hrsg.) Handbuch Interkulturelle Kommunikation und Kooperation. Band 2: Länder, Kulturen und interkulturelle Berufstätigkeit (S. 290–308). Göttingen: Vandenhoeck & Ruprecht.

Thomas, A. (2011). Das Kulturstandardkonzept. In W. Dreyer & U. Hössler (Hrsg.), *Perspektiven interkultureller Kompetenz* (S. 97–124). Hogrefe.

Thomas, A. (2016). *Interkulturelle Psychologie. Verstehen und Handeln in internationalen Kontexten*. Hogrefe.

Thomas, A., Schenk, E., & Heisel, W. (2015). *Beruflich in China. Trainingsprogramm für Manager, Fach- und Führungskräfte* (5. Aufl.). Vandenhoeck & Ruprecht.

12

Serviceteil

Hinweis – 254

Hinweis

Unter der Leitung und Herausgeberschaft des Autors dieses Buches Prof. Dr. Dr.
Alexander Thomas sind im Verlag Vandenhoeck und Ruprecht im Zeitraum von
2001 bis 2013 unter dem Titel „Handlungskompetenz im Ausland – Beruflich in …"
Trainingsmaterialien für deutsche Fach- und Führungskräfte zur Entwicklung interkultureller Handlungskompetenz für die Zusammenarbeit mit ausländischen Partnern in folgenden Ländern erschienen:

- Arabische Golfstaaten
- Argentinien
- Australien
- Chile
- China
- Frankreich
- Griechenland
- Großbritannien
- Indien
- Indonesien
- Irland
- Israel
- Italien
- Japan
- Kanada
- Kenia und Tansania
- Malaysia
- Mexiko
- Niederlande
- Österreich
- Peru
- Polen
- Rumänien
- Russland
- Schweiz
- Slowakei
- Spanien
- Südafrika
- Südkorea
- Thailand
- Tschechien
- Türkei
- Ukraine
- Ungarn
- USA
- Vietnam

MIX
Papier aus verantwortungsvollen Quellen
Paper from responsible sources
FSC® C105338

If you have any concerns about our products,
you can contact us on
ProductSafety@springernature.com

In case Publisher is established outside the EU,
the EU authorized representative is:
**Springer Nature Customer Service Center GmbH
Europaplatz 3, 69115 Heidelberg, Germany**

Printed by Libri Plureos GmbH
in Hamburg, Germany